LA STYLISTIQUE

INITIATION A LA LINGUISTIQUE

sous la direction de Pierre GUIRAUD et Alain REY

———————— Série A : Lectures, 1 ————————

Dans la série A, Lectures :

1. LA STYLISTIQUE, par Pierre GUIRAUD et Pierre KUENTZ (4ᵉ tirage).
2. LA LEXICOLOGIE, par Alain REY.
3. LA GRAMMAIRE, par Michel ARRIVÉ et Jean-Claude CHEVALIER (2ᵉ tirage).
4. LA PSYCHOLINGUISTIQUE, par Tatiana SLAMA-CAZACU.
5. THÉORIES DU SIGNE ET DU SENS, vol. 1, par Alain REY.
6. THÉORIES DU SIGNE ET DU SENS, vol. 2, par Alain REY.
7. LA PHONOLOGIE : Les Écoles et les théories, par Pierre LÉON, Edouard N. BURSTYNSKY et Henry G. SCHOGT.

Dans la série B, Problèmes et Méthodes.

1. ESSAIS DE STYLISTIQUE, par Pierre GUIRAUD (2ᵉ tirage).
2. GRAMMAIRE DE L'ANCIEN FRANÇAIS, par Gérard MOIGNET.
3. LINGUISTIQUE GÉNÉRALE, THÉORIE ET DESCRIPTION, par Bernard POTTIER.
4. L'ACQUISITION D'UNE LANGUE ÉTRANGÈRE, par Charles P. BOUTON.
5. BILINGUISME ET CONTACT DES LANGUES, par William Francis MACKEY.
6. MÉTHODES EN GRAMMAIRE FRANÇAISE, par Jean-Claude CHEVALIER et Maurice GROSS.

Pierre GUIRAUD et Pierre KUENTZ

LA STYLISTIQUE
Lectures

Quatrième tirage

KLINCKSIECK
PARIS
1978

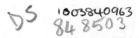

ISBN 2-252-02081-4.

© Éditions KLINCKSIECK, 1970.

Printed in France

PRÉFACE

Cet ouvrage est le premier d'une série qui s'est fixé pour objectif de mettre à la portée du public, — et tout particulièrement du public universitaire — des textes les plus caractéristiques parmi ceux auxquels s'alimente la pensée linguistique actuelle.

Tâche ambitieuse, à vrai dire, et, en l'occurrence, singulièrement limitée par des impératifs purement pratiques et le souci de réduire ces volumes à un prix qui les rende accessible au plus grand nombre possible de lecteurs.

Cette contrainte pèse d'un poids particulièrement sévère sur ce premier volume consacré à la Stylistique. De ce sujet si vaste, nous avons été amenés à sacrifier des aspects importants.

Et tout d'abord la rhétorique classique et cela sans méconnaître qu'elle reste la source de toute théorie du style et qu'elle retrouve, d'ailleurs, une place privilégiée dans les spéculations de la linguistique la plus récente.

Notre seconde victime est la stylistique littéraire, conçue comme une étude des thèmes dont on connaît la brillante fortune, — particulièrement en France — à la suite des travaux de Bachelard sur l'imagination poétique ; et, plus récemment, procédant de Propp et de Lévi-Strauss, cette thématique structurale qui emprunte à la linguistique ses modèles et plus particulièrement à la phonologie.

C'est là une des voies royales de la stylistique, car nous n'oublions pas que pour beaucoup, — et les plus grands — le style a toujours été considéré comme « l'ordre et le mouvement mis dans la pensée » avant de se manifester dans la forme du langage.

Et cependant nous avons dû laisser tout ce problème de côté, — faute de place comme on l'a dit.

Enfin, dans le domaine même de l'étude des formes linguistiques, qui est l'objet du présent volume, nous avons été amenés à sacrifier les auteurs les plus connus.

Mais s'il a été accordé si peu de place à Bally, à Bruneau, à Spitzer, etc., c'est moins par un mépris de leurs travaux que dans la pensée qu'ils étaient depuis longtemps incorporés au cursus des études universitaires, toujours cités et partout facilement accessibles.

Nous avons jugé opportun, en revanche, de mettre l'accent sur des œuvres récentes, encore dissimulées dans des revues techniques à faible diffusion ; et plus particulièrement sur des travaux étrangers n'ayant pas encore fait l'objet d'une traduction.

INTRODUCTION

Qu'est-ce que le style?

Le style est la manière de *faire* et, sur le plan du langage qui est seul ici en cause, c'est le moyen d'exprimer la pensée par le moyen des mots et constructions.

Mais cette définition, très simple et universellement acceptée, pose de nombreux problèmes : « langage », « pensée » finissent par englober tout l'homme, toute la vie ; « manière » est ambigu et « exprimer » fort complexe dès qu'on essaie d'analyser les catégories et les modes de fonctionnement de l'expression. Et faut-il lire exprimer *la* pensée, ou *sa* pensée, ou *une* pensée ?

Au sens le plus étroit, l'expression de la pensée est la mise en œuvre de la grammaire et du lexique. Mais on peut la concevoir aussi comme l'élaboration de la pensée, son développement, son exposition, et finalement l'œuvre entière dans la totalité des circonstances qui la motivent et qui l'informent.

C'est pourquoi certains définissent le style au niveau immédiat de l'expression quand d'autres visent à une science de la littérature.

Non moins ambigu est le mot « pensée ». Les uns y voient la pensée en général, considérée dans ses catégories dont le style définit l'expression : clair, brillant, ironique, majestueux, etc... D'autres étudient une pensée déterminée et en situation : les pensées de Lamartine dans *Le lac,* par exemple.

Certains, — avant tout linguistes, — partent de la forme vers son contenu et son rendement en effets de sens, là où les philosophes étudient la langue à partir de la pensée.

Tantôt, on considère le style comme l'aspect esthétique de l'expression littéraire, à l'exclusion de la langue vulgaire, simple instrument de la communication, à laquelle d'autres, en revanche, attachent d'autant plus de signification.

Tel voit le style dans le choix conscient des moyens d'expression, tandis que tel autre cherche à déterminer les forces obscures qui informent le langage dans le subconscient.

On ne s'étonnera donc pas de rencontrer du style les définitions les plus variées, souvent même contradictoires.

Au seuil de cette anthologie, il a donc paru opportun de placer quelques-unes de ces définitions, ceci en limitant notre choix et en mettant évidemment l'accent sur les plus récentes.

Il a paru bon, toutefois, de replacer dans son contexte le célèbre aphorisme de Buffon, « le style c'est l'homme même », si souvent cité, si souvent déformé.

On l'a fait suivre de larges extraits de l'article *Style* du Larousse du XIXᵉ siècle qui présente une image assez exacte de l'idée qu'on se faisait du style au moment où s'est formée la doctrine des stylisticiens modernes.

« L'ORDRE ET LE MOUVEMENT QU'ON MET DANS SES PENSÉES ».

« ...La véritable éloquence suppose l'exercice du génie et la culture de l'esprit. Elle est bien différente de cette facilité naturelle de parler qui n'est qu'un talent, une qualité accordée à tous ceux dont les passions sont fortes, les organes souples et l'imagination prompte. Ces hommes sentent vivement, s'affectent de même, le marquent fortement au dehors, et, par une impression purement mécanique, ils transmettent aux autres leur enthousiasme et leurs affections. C'est le corps qui parle au corps ; tous les mouvements, tous les signes concourent et servent également. Que faut-il pour émouvoir la multitude et l'entraîner ? Que faut-il pour ébranler la plupart même des autres hommes et les persuader ? Un ton véhément et pathétique, des gestes expressifs et fréquents, des paroles rapides et sonnantes. Mais pour le petit nombre de ceux dont la tête est ferme, le goût délicat et le sens exquis, et qui, comme vous Messieurs, comptent pour peu le ton, les gestes et le vain son des mots ; il faut des choses, des pensées, des raisons ; il faut savoir les présenter, les nuancer, les ordonner : il ne suffit pas de frapper l'oreille et d'occuper les yeux, il faut agir sur l'âme et toucher le cœur en parlant à l'esprit.

Le style n'est que l'ordre et le mouvement qu'on met dans ses pensées. Si on les enchaîne étroitement, si on les serre, le style devient ferme, nerveux et concis ; si on les laisse se succéder lentement, et ne se joindre qu'à la faveur des mots, quelque élégants qu'ils soient, le style sera diffus, lâche et traînant.

Mais avant de chercher l'ordre dans lequel on présentera ses pensées, il faut s'en être fait un autre plus général et plus fixe, où ne doivent entrer que les premières vues et les principales idées : c'est en marquant leur place sur ce premier plan qu'un sujet sera circonscrit, et que l'on en connaîtra l'étendue ; c'est en se rappelant sans cesse ces premiers linéaments, qu'on déterminera les justes intervalles qui séparent les idées principales, et qu'il naîtra des idées accessoires et moyennes qui serviront à les remplir...

Ce plan n'est pas encore le style, mais il en est la base ; il le soutient, il le dirige, il règle son mouvement et le soumet à des lois ;

sans cela le meilleur écrivain s'égare, sa plume marche sans guide, et jette à l'aventure des traits irréguliers et des figures discordantes. Quelque brillantes que soient les figures, quelque beautés qu'il sème dans les détails, comme l'ensemble choquera, ou ne se fera pas assez sentir, l'ouvrage ne sera point construit ; en en admirant l'esprit de l'auteur, on pourra soupçonner qu'il manque de génie. C'est par cette raison que ceux qui écrivent comme ils parlent, quoiqu'ils parlent très bien, écrivent mal ; que ceux qui s'abandonnent au premier feu de leur imagination, prennent un ton qu'ils ne peuvent soutenir ; que ceux qui craignent de perdre des pensées isolées, fugitives, et qui écrivent en différents temps des morceaux détachés, ne les réunissent jamais sans transitions forcées ; qu'en un mot, il y a tant d'ouvrages faits de pièces de rapport, et si peu qui soient fondus d'un seul jet.

Cependant tout sujet est un, et quelque vaste qu'il soit, il peut être renfermé dans un seul Discours ; les interruptions, les repos, les sections ne devraient être d'usage que lorsqu'on traite des sujets différents ; ou lorsqu'ayant à parler de choses grandes, épineuses et disparates, la marche du génie se trouve interrompue par la multiplicité des obstacles, et contrainte par la nécessité des circonstances, autrement, le grand nombre de divisions, loin de rendre un ouvrage plus solide, en détruit l'assemblage ; le livre paraît plus clair aux yeux, mais le dessein de l'auteur demeure obscur : il ne peut faire impression sur l'esprit du lecteur, il ne peut même se faire sentir que par la continuité du fil, par la dépendance harmonieuse des idées, par un développement successif, une gradation soutenue, un mouvement uniforme que toute interruption détruit ou fait languir.

Pourquoi les ouvrages de la Nature sont-ils si parfaits ? C'est que chaque ouvrage est un tout, et qu'elle travaille sur un plan éternel dont elle ne s'écarte jamais... L'esprit humain ne peut rien créer, il ne produira qu'après avoir été fécondé par l'expérience et la méditation ; ses connaissances sont les germes de ses productions : mais s'il imite la Nature dans sa marche et dans son travail, s'il s'élève par la contemplation aux vérités les plus sublimes, s'il les réunit, s'il les enchaîne, s'il en forme un tout, un système par la réflexion, il établira sur des fondements inébranlables des monuments immortels...

Pour bien écrire, il faut donc posséder pleinement son sujet, il faut y réfléchir assez pour voir clairement l'ordre de ses pensées et en former une suite, une chaîne continue, dont chaque point représente une idée ; et lorsqu'on aura pris la plume, il faudra la conduire successivement sur ce premier trait, sans lui permetre de s'en écar-

ter, sans l'appuyer trop inégalement, sans lui donner d'autre mouvement que celui qui sera déterminé par l'espace qu'elle doit parcourir. C'est en cela que consiste la sévérité du style, c'est aussi ce qui
en fera l'unité et ce qui en réglera la rapidité, et cela seul aussi suffira pour le rendre précis et simple, égal et clair, vif et suivi. A cette
première règle, dictée par le génie, si l'on joint de la délicatesse et
du goût, du scrupule sur le choix des expressions, de l'attention à ne
nommer les choses que par les termes les plus généraux, le style
aura de la noblesse. Si l'on y joint encore de la méfiance pour son
premier mouvement, du mépris pour tout ce qui n'est que brillant, et
une répugnance constante pour l'équivoque et la plaisanterie, le style
aura de la gravité, il aura même de la majesté ; enfin, si l'on écrit
comme l'on pense, si l'on est convaincu de ce que l'on veut persuader ; cette bonne foi avec soi-même, qui fait la bienséance pour les
autres et la vérité du style, lui fera produire tout son effet pourvu
que cette persuasion intérieure ne se marque pas par un enthousiasme trop fort, et qu'il y ait partout plus de candeur que de
confiance, plus de raison que de chaleur...

Les ouvrages bien écrits seront les seuls qui passeront à la posté-
rité : la quantité des connaissances, la singularité des faits, la nou-
veauté même des découvertes ne sont pas de sûrs garants de l'immortalité ; si les ouvrages qui les contiennent ne roulent que sur de
petits objets, s'ils sont écrits sans goût, sans noblesse et sans génie,
ils périront, parce que les connaissances, les faits et les découvertes
s'enlèvent aisément, se transportent et gagnent même à être mises en
œuvre par des mains plus habiles. Ces choses sont hors de l'homme,
le style est l'homme même : le style ne peut donc ni s'enlever ni se
transporter, ni s'altérer : s'il est élevé, noble, sublime, l'auteur sera
également admiré dans tous les temps ; car il n'y a que la vérité qui
soit durable et même éternelle... Or un beau style n'est tel en effet
que par le nombre infini des vérités qu'il présente. Toutes les beautés intellectuelles qui s'y trouvent, tous les rapports dont il est
composé,sont autant de vérités aussi utiles, et peut-être plus précieu-
ses pour l'esprit humain, que celles qui peuvent faire le fond du
sujet... »

BUFFON,
Discours sur le style.

On voit que, pour Buffon, le style n'est que « l'ordre et le mouvement
qu'on met dans ses pensées » et qu'il est conditionné par l'unité de l'œuvre, son plan et son organisation. Et que, surtout, l'auteur n'a jamais eu la
pensée, qu'on lui prête si souvent, de voir dans le style l'expression spontanée du génie individuel. Il constate simplement que les idées, la substance du discours, peuvent être reprises de leur auteur alors que la forme

qu'il leur a donnée lui appartient en propre et ne peut être ni transformée, ni altérée, ni imitée. Il va même plus loin encore lorsqu'il affirme expressément qu' « un grand écrivain ne doit pas avoir de cachet ; l'impression du même sceau sur des productions diverses décèle le manque de génie » (Art d'écrire).

Cependant, l'idée d'un style exprimant la nature même de l'homme, fait son chemin. Elle est déjà chez d'Alembert ; on la retrouve chez Chateaubriand, puis chez la plupart des grands écrivains du XIXᵉ siècle. Voici un extrait de l'article *Style* du Larousse du XIXᵉ siècle.

« TOUT ÉCRIVAIN A SON STYLE »

« Le style, étant la forme parlée ou écrite que revêt la pensée, comprend à la fois la diction et l'élocution, c'est-à-dire le choix des mots et l'arrangement des phrases ; c'est lui qui donne à l'élocution et à la diction une physionomie propre et qui fait que chaque orateur ou chaque écrivain, tout en exprimant des idées qui peuvent appartenir à tout le monde, à l'aide de mots tirés d'un vocabulaire commun et de tournures de phrases dont les mécanismes sont tirés de tous, imprime cependant à sa pensée un cachet particulier, individuel, qui fait reconnaître son style, bon ou mauvais, parmi cent autres.

Tout écrivain a donc son style, son style à lui qu'il tient peut-être plus encore de la nature que de l'étude, qui dépend de ses facultés, de sa manière de voir ; l'étude qui peut changer l'élocution est impuissante à changer complètement le style.

. . . .

La diversité des caractères et des humeurs produit donc nécessairement la diversité des styles, de peuple à peuple et d'homme à homme ; de même qu'il n'y a pas sur toute la surface du monde, deux physionomies humaines qui soient exactement semblables, il n'y a pas non plus deux styles qui se ressemblent exactement ; on ne peut constater qu'une sorte de parenté reconnaissable à certains traits.

Il n'en est pas moins possible, à travers cette diversité infinie, de distinguer les lois générales qui constituent le style... Ces lois générales portent les unes sur l'arrangement et la composition de l'ensemble d'un ouvrage, l'enchaînement logique de ses diverses parties, la méthode qui préside à la liaison des idées, aussi bien d'une phrase à l'autre que du premier chapitre au dernier ; les autres sur les qualités résultant de l'expression, du choix des mots ; ce sont là la clarté, la précision, la propriété, la correction, la pureté, la nature, la noblesse et l'harmonie. . . . .

. . . .

La rhétorique va plus loin ; elle classe tous les styles, malgré leur grande variété, en trois groupes principaux et les ramène à trois types : le style simple dont les caractères sont, outre la simplicité, la brièveté, la naïveté, la finesse et la grâce ; le style tempéré, qui brille par l'abondance, la richesse, la vivacité, l'énergie et le style sublime, qui cherche particulièrement les grands effets, la magnificence des expressions, la profondeur des idées et dont l'énergie peut aller jusqu'à la véhémence. . . . .

Une classification plus oiseuse est celle qui assigne un style particulier à chaque genre littéraire (suivent les définitions des différents styles lyrique, épique, tragique, comique, dramatique, descriptif, didactique, bucolique, de l'apologue historique, oratoire et épistolaire).

Larousse XIX , art. Style.

Cette définition contient posés déjà tous les problèmes qui vont diviser les stylisticiens et dont le principal est de délimiter l'objet de leur étude : l'homme ou l'œuvre, la pensée ou la langue, choix des mots et phrases ou organisation de l'œuvre.

Le style c'est l'homme.

Quoi qu'en ait voulu dire Buffon, on voit de bonne heure dans cet aphorisme l'idée que la forme de l'œuvre exprime la nature profonde de son auteur :

Le style se dit des qualités du discours plus particulières, plus difficiles et plus rares, qui marquent le génie ou le talent de celui qui écrit ou qui parle.

D'Alembert,
Mélanges littéraires.

En vain, on se révolte contre cette vérité : l'ouvrage le mieux composé, orné de portraits d'une bonne ressemblance rempli de mille autres perfections, est mort-né si le style manque. Le style, et il en est de mille sortes, ne s'apprend pas ; c'est le don du ciel, c'est le talent !

Chateaubriand,
Mémoires d'outre-tombe.

Le style est pour nous une disposition de l'existence, une manière d'être.

Au premier coup d'œil, il semble une vertu organique. En d'autres termes, il semble tenir au genre d'organisation de l'individu. . . . .

Que cette action émane spontanément d'un moi profond ou que cette technique soit réfléchie, qu'importe ; elle est l'œuvre d'un choix, la signature d'un goût. La façon d'agir correspond à la façon de sentir et de penser.

H. MORIER,
La psychologie des styles.

Le style est le système d'expression d'une œuvre, d'un auteur, d'une époque.

DAMASO ALONSO.

Chacune des différentes habitudes linguistiques d'un individu varie avec les différentes situations dans lesquelles il se trouve et les différents rôles qu'il joue à tout moment dans la société. ......
Ces différences dans la façon de parler d'une même personne sont souvent appelées *Styles.*

R. H. ROBINS,
Gen. Ling. An Introduction Survey, p. 52.

Nous ne multiplierons pas les citations car l'idée est désormais lieu commun et à l'origine d'une branche de la stylistique que nous étudierons plus loin sous le nom de *stylistique génétique.*

On se contentera, pour l'instant de donner la définition récente et présentement fort à la mode, que Roland Barthes a donnée du *Style* en l'opposant à l'*écriture ;* le premier étant l'expression de la nature profonde de l'écrivain, de son « génie » alors que la seconde est une « manière » plus ou moins empruntée dans le souci d'adhérer à une mode ou à une idéologie.

STYLE ET ÉCRITURE.

Ainsi sous le nom de Style se forme un langage autarcique qui ne plonge que dans la mythologie personnelle de l'auteur, dans cette hypophysique de la parole, où se forme le premier couple des mots et des choses, où s'installent une fois pour toutes les grands thèmes verbaux de son existence. Quel que soit son raffinement, le style a toujours quelque chose de brut : il est une forme sans destination, il est le produit d'une poussée non d'une intention, il est comme une dimension verticale et solitaire de la pensée... Le style est proprement un phénomène d'ordre germinatif, il est la transmutation d'une Humeur (pp. 19-20).
. . . .
Langue et Style sont des objets ; l'écriture est une fonction : elle est le rapport entre la création et la société, elle est le langage littéraire transformé par sa destination sociale, elle est la forme saisie

dans son intention humaine et liée ainsi aux grandes crises de
l'Histoire. Par exemple Mérimée et Fénelon sont séparés par des
phénomènes de langue et par des accidents de style, et pourtant ils
pratiquent un langage chargé d'une même intentionalité, ils se
réfèrent à une même idée de la forme et du fond, ils acceptent un
même ordre de conventions, ils sont le lien des mêmes réflexes
techniques, ils emploient avec les mêmes gestes, à un siècle et demi
de distance, un instrument identique, sans doute un peu modifié dans
son aspect, nullement dans sa situation, ni dans son usage : en bref
ils ont la même écriture (pp. 24-25). »

Roland BARTHES,
Le Degré zéro de l'écriture.

EXPRESSION ET COMPOSITION.

C'est un héritage de la rhétorique que la distinction entre différents
niveaux de l'expression.

Il y a le niveau immédiat des mots et constructions grammaticales. Celui
de la liaison des idées d'une phrase à l'autre et finalement l'arrangement
et l'organisation de l'ensemble.

A la limite, le style manifeste la forme de l'œuvre dans sa totalité.

C'est là un débat qui se poursuit à l'intérieur de la linguistique moderne.

« Une phrase élargie laisse généralement une liberté considérable
pour l'emploi de ce qu'on peut appeler les choses non essentielles,
c'est cette marge de liberté qui permet le style individuel. »

Ed. SAPIR, *Le langage*, p. 14.

« L'autre principale approche, défendue par Archibald A. Hill,
maintient que le style est le message véhiculé par des relations entre
les éléments linguistiques manifestés dans un espace plus étendu
que celui de la phrase, c'est-à-dire, dans les textes ou un discours
étendu. »

HILL A. A., *d'après* LEVIN, *Ling. Structure in poetry*, p. 16.

« La conception synthétique dans sa totalité, dont toutes les
formes linguistiques d'une œuvre sont arrangées, est le style. »

W KAYSER, *Das sprachliche Kunstwerk*, Berne, 1951.

« Le style est l'œuvre même. ».

R. A. SAYCE.

DE LA PENSÉE A LA LANGUE.

La conception totalisante du style implique d'y voir une organisation des idées beaucoup plus que des formes linguistiques.

C'est là le point de vue de la rhétorique lorsqu'elle distingue l'*invention* qui constitue ce que nous appelerions aujourd'hui une « thématique » et la *composition* qui traite de l'organisation de ces thèmes. La plupart des critères rhétoriques traditionnels : *clarté, énergie, naïveté, grâce, finesse,* etc., etc., montrent, par ailleurs, que le style est bien conçu comme une qualité de la pensée.

C'est, on l'a vu, la définition de Buffon : « l'ordre et le mouvement qu'on met dans ses pensées » ; on la retrouve constamment :

« Le style ne consiste point seulement dans les tournures grammaticales : il tient au fond des idées, à la nature des esprits ; il n'est point simple forme. »

Mme DE STAEL.

« Le style, c'est ajouter à une pensée donnée toutes les circonstances propres à produire tout l'effet que doit produire cette pensée. »

STENDHAL.

« Je conçois un style qui entrerait dans l'idée comme un coup de stylet. »

FLAUBERT.

« Le style est la pensée même. »

Rémy DE GOURMONT.

« Un style n'est pas seulement son écriture (1), ne se réduit à son écriture que lorsqu'il cesse d'être conquête pour devenir convention. Les goûts d'époque sont des écritures, qui suivent celles des styles ou existent sans elles ; mais le style roman n'est pas un modern-style médiéval, il est un sentiment du monde ; et tout vrai style est la réduction à une perspective humaine du monde éternel qui nous entraîne dans une dérive d'astres selon son rythme mystérieux. »

André MALRAUX,
Les Voix du Silence, pp. 319-21.

Sur cette définition d'un style conçu comme la forme de la pensée, — et d'une pensée organisée et totalisante — s'est greffée toute une branche de la critique appelée parfois *stylistique littéraire* et qui depuis quelques années est essentiellement orientée vers l'étude des thèmes.

(1) [Distinction qu'on ne confondra pas avec celle de R. Barthes, cf. *supra*, p. 9].

Dans une première approche génétique, sous l'influence de la psychologie, de la sociologie et, tout particulièrement, de la psychanalyse, elle s'est donné pour tâche, — avec Bachelard et ses épigones — l'établissement d'une sorte de *topique,* inventaire et description des grands thèmes — *l'eau, le feu, le sang, l'arbre,* etc., etc. — de l'imagination littéraire, tant individuelle que collective.

Sous l'inspiration du structuralisme, plus récemment, elle s'attache à réduire ces thèmes à des éléments de base (*mythèmes, narrèmes,* etc.), dont les combinaisons définissent un *système.*

A notre grand regret, — et pour les raisons qu'on a dites — il nous sera impossible d'exposer ces problèmes et nous nous cantonnerons dans l'étude de la *stylistique linguistique,* c'est-à-dire de la forme du discours, — et plus particulièrement du discours littéraire — en fonction de ses composantes phonétiques, lexicales, morphologiques, syntaxiques.

LANGUE ET STYLE.

Nous donnerons maintenant un certain nombre de définitions récentes qu'il n'est pas possible de classer, car la plupart sont complexes. Mais on y retrouvera, chemin faisant, les mêmes notions de spécificité du message, d'expressivité, d'écart, de choix, d'origine, de destination, d'organisation, etc., etc...

« Style, aspect de l'expression chez un écrivain, dû à la mise en œuvre de moyens d'expressions dont le choix résulte, dans la conception classique, des conditions du sujet et du genre, et dans la conception moderne, de la réaction personnelle de l'auteur en situation. »

Dictionnaire ROBERT.

« Qualité de l'énoncé, résultant d'un choix que fait, des éléments constitutifs d'une langue donnée, celui qui l'emploie dans une circonstance déterminée. »

J. MAROUZEAU, *Lexique.*

« Le style de la langue est le reflet spécifique du but de la manifestation de la langue dans le matériel linguistique. »

Dict. Ling. de l'Ecole de Prague,
O Jazykovem stylu, 1941.
I. M. KORINEK.

« ...L'emploi esthétique du langage ou plus précisément, du fait qu' « esthétique » est lui-même susceptible de plusieurs interprétations, l'emploi du langage dans une œuvre d'art... »

R. A. SAYCE.

Stylistique : l'étude et art de la sélection parmi les formes linguistiques.

M. PEI et F. GAYNOR,
Dict. of Linguistics.

« Le style peut être étudié à la fois comme déviation par rapport à une norme et comme un système de moyens et de modèles cohérents en vue d'effectuer les choses. »

Dell. H. HYMES
in *St. in Lang.*

« Un style est une orientation dans une culture ou une civilisation : un moyen cohérent et logique d'exprimer un certain comportement ou d'effectuer certains types d'actions. C'est aussi un moyen sélectif : il doit exister des possibilités de choix, bien, qu'en fait, elles puissent n'être jamais choisies. »

KROEBER.
Style and civilizations.

« Le style d'un discours est le message véhiculé par les distributions de fréquences et les probabilités transitionnelles de ces traits linguistiques, spécialement dans la mesure où elles diffèrent de celles de mêmes traits dans la langue prise dans sa totalité. »

B. BLOCH,
in *Ling. structure and ling. analysis,* 1953.

« Par style, nous entendons, dans le cadre de cette communication, l'ensemble de toutes les données qu'une analyse quantitative permet de dégager dans la structure formelle d'un texte. »

J. LAUTER et D. WICKMANN.
Recherches Stylistiques. Cahiers du C.R.A.L., n° 2.

« Le terme style n'est pas facile à définir avec précision. En gros, deux énoncés dans une même langue qui véhiculent à peu près la même information, mais qui sont différents dans leur structure linguistique, peuvent être considérés comme différents du point de vue du style : *Il est venu trop tôt* et *Il est arrivé en avance* ou *Monsieur, j'ai l'honneur de vous informer* et *Hé ! chef, ouvre bien les oreilles.* Les variations stylistiques à l'intérieur d'un seul langage sont universelles et dans bien des cas il y a des styles spéciaux qui sont sentis comme appropriés à certaines circonstances. »

Ch. F. HOCKETT,
A course in Modern Linguistics, p. 556.

Le style est le mode d'utilisation (le choix) des moyens linguistiques dans des manifestations de langue respectives, aussi bien selon
leurs buts concrets, leur forme et leur situation, que selon l'orientation d'individualisation (par exemple émotionnelle, esthétique, etc.)
du sujet parlant ou écrivant. Ou, mieux, du point de vue
structural, le style est l'organisation d'individualisation (autonome)
du tout structural de la langue (un tout intégral) comme manifestation de la langue... La stylistique elle-même, en tant qu'étude spéciale de style ainsi conçue est, à son tour, une discipline scientifique
faisant partie comme leur secteur, des recherches linguistiques.

> *Dict. Ling. de l'Ecole de Prague,*
> d'après B. HAVRANÉK, *Stylistika.*

Toute langue comporte à la fois des marques obligatoires et des
marques variables à tous les niveaux de l'analyse, phonologique,
morphologique et syntaxique. L'étude du style a trait aux caractères
variables de code. Toutefois la variabilité n'est pas nécessairement
entièrement « libre » (*i.e.* soumise au hasard, imprévisible) ; le stylisticien est plutôt intéressé dans les caractères statistiques des choix
comportant un certain degré de liberté. Les choix opérés en parlant
ou en écrivant peuvent aussi être caractérisés comme lexicaux ou
structuraux. La stylistique se soucie en général davantage des choix
structuraux que des choix lexicaux, c'est-à-dire de savoir *comment*
quelqu'un parle de quelque chose plutôt que de la chose dont il
parle. Finalement, le stylisticien est en général intéressé par les
déviations par rapport à des normes plutôt que par les normes elles-
mêmes.

. . . .

Le style est défini comme les déviations d'un individu par rapport
aux normes relatives aux situations dans lesquelles le message est
codé, ces déviations consistant dans les propriétés statistiques des
traits de structure pour lesquels il existe une certaine marge de choix
dans son code.

> Charles E. OSGOOD,
> *Style in Language,* p. 293.

« Le style d'une œuvre littéraire est le système d'oppositions par
lequel des modifications expressives (intensification de la représentation, coloration affective, connotation esthétique) sont apportées à
l'expression linguistique, au processus de communication minimale »...

> M. RIFFATERRE,
> *Problèmes d'analyse du style littéraire.*

« Le style est compris comme une emphase (expressive, affective ou esthétique) ajoutée à l'information véhiculée par la structure linguistique, sans altération du sens. Ce qui veut dire que la langue exprime et que le style met en relief. »

M. RIFFATERRE, *Criteria for style analysis.*

« Nous comprenons par style le caractère individuel et unifiant d'une œuvre réalisée intentionnellement. »

V. MATHESIUS, *Dict. Ling. Ec. de Prague.*

« Le style est l'organisation individualisante de l'énonciation. »

V. SKALIČKA, *Promluva jako linguisticky pojem.*

« Le style est le système linguistique individuel d'une œuvre ou d'un groupe d'œuvre. »

WARREN et WELLECK, in *Theory of literature.*

L'analyse de ces définitions permet de dégager un certain nombre de concepts.

Le style est la forme de l'expression propre à l'énoncé. Un double problème se pose : d'une part, la description de cette forme prise en elle-même, d'autre part la définition de sa spécificité.

La forme de l'expression est définie, par la plupart, en termes d'expressivité ou mise en relief de la pensée par un emploi des signes qui contraste avec l'usage normal dans la mesure où ils s'en écartent.

Ces écarts qui spécifient l'énoncé sont le résultat d'un choix fait par l'écrivain parmi les différentes possibilités d'expression.

Ceci au niveau de la description. Mais se pose, par ailleurs, le problème de la fonction et il est double : selon qu'on se place du point de vue de l'origine ou de la destination de la forme. Celle-ci, en effet, peut être déterminée par l'écrivain et son milieu, leur nature, leur expérience, leur culture ; elle est, d'autre part, déterminée par la destination de l'énoncé, les intentions de l'auteur, ses rapports avec son public, la fin et les moyens de l'œuvre, tels que la rhétorique les concevait sous le nom de genres.

Enfin, beaucoup de définitions mettent l'accent sur le syncrétisme du style ; l'énoncé est un tout et c'est l'organisation de ses différents éléments qui lui confère sa forme propre. Il en résulte alors, pour certains, que la forme ainsi conçue ne peut être définie au niveau des mots, mais à celui de la phrase, du passage, voire de l'œuvre dans sa totalité.

En gros, on aboutit au schéma suivant :

A) *Les fonctions du style :*

1) individualisation, spécification de l'énoncé ;
2) origine de cette spécification (auteur, milieu, époque) ;
3) destination, fins et moyens (genres).

B) *Forme et description du style :*

1) expressivité par mise en relief issue du choix des moyens d'expression ;
2) écart par rapport à la norme, pouvant, éventuellement, donner lieu à une étude quantitative.

Sur ces bases, une division s'est opérée entre deux grandes écoles.

Les premiers ont l'ambition de constituer — sur le modèle de la rhétorique — un dictionnaire, une grammaire, une phonétique des « effets de style » ; ceci en regroupant en catégories les effets de style relevés dans les textes. C'est à partir de cette grammaire des valeurs stylistiques en puissance dans la langue qu'on pourra ensuite analyser leurs effets dans le discours.

Les seconds, constatant la spécificité du fait stylistique et son caractère individuel, dénient toute possibilité de réduire les effets de style à des catégories. Immanent au texte, il ne peut être défini qu'à partir et à l'intérieur de ce dernier. C'est la structure du texte et la place du signe dans cette structure qui seule définit la source et la nature de l'effet stylistique observé.

CHAPITRE I

PROBLÈMES THÉORIQUES DE LA STYLISTIQUE

A. LA STYLISTIQUE ENTRE LA LINGUISTIQUE
ET LA LITTÉRATURE

C'est comme un problème bien plus que comme une méthode ou une solution que la stylistique fait son apparition dans le champ des sciences humaines. Employer, au début du siècle, ce mot nouveau, c'est désigner, aux frontières de la littérature et de la linguistique un espace vide, reconnaître l'existence d'un domaine de recherche que l'ancienne rhétorique avait — partiellement — occupé, mais que laisse vacant son effondrement.

Le partage de ce domaine fait encore problème aujourd'hui. Pour certains, il doit être annexé entièrement soit à la littérature, soit à la linguistique. Pour d'autres, il est à partager entre les deux sciences voisines. Pour d'autres enfin, il faut lui reconnaître une existence autonome, ou même une véritable hégémonie.

On trouvera dans cette première section du Chapitre I quelques-uns des textes qui, depuis le début du siècle, jalonnent ce débat.

1. LA STYLISTIQUE DE BALLY :
UNE EXTENSION DU DOMAINE DE LA LINGUISTIQUE

Pour Ch. Bally, la science nouvelle qu'il concevait sous le nom de stylistique, se présentait comme une extension de la linguistique saussurienne au domaine des faits expressifs. Alors que la linguistique s'était intéressée surtout au langage intellectualisé, le savant genevois lui propose l'étude du langage affectif, saisi au niveau de la langue parlée. Ne voyant dans l'œuvre littéraire qu'une « parole » individuelle, il se refuse à en envisager l'étude scientifique. Selon l'heureuse formule de M. Antoine, « le pionnier de la stylistique française lui interdit le domaine du style ».

Nous donnons ici les pages du *Traité de Stylistique* où Bally souligne l'opposition entre la stylistique « littéraire » et la science de la stylistique.

> « **§ 19. Définition.** *La stylistique étudie donc les faits d'expression du langage organisé au point de vue de leur contenu affectif, c'est-à-dire l'expression des faits de la sensibilité par le langage et l'action des faits de langage sur la sensibilité...*

On voit que la recherche de cet objet se trouve encadrée dans une étude préparatoire et dans une étude constructive, qui en est du reste une partie intégrante et même le point culminant.

La partie préparatoire comprend la *délimitation* et l'*identification* des faits expressifs. Délimiter un fait d'expression, c'est tracer, dans l'agglomération des faits de langage dont il fait partie, ses limites propres, celles qui permettent de l'assimiler à l'unité de pensée dont il est l'expression ; l'identifier, c'est procéder à cette assimilation en définissant le fait d'expression et en lui substituant un terme d'identification simple et logique, qui corresponde à une représentation ou à un concept de l'esprit.

Ces deux opérations, purement intellectuelles, sont étrangères à l'étude stylistique proprement dite, mais lui sont nécessaires : ce n'est que par la détermination du contenu logique d'une expression que sa valeur affective peut être mise en évidence.

La partie proprement stylistique de notre étude comprend les *caractères affectifs* des faits d'expression, les *moyens* mis en œuvre par la langue pour les produire, les *relations* réciproques existant entre ces faits, enfin l'ensemble du *système expressif* dont ils sont les éléments.

Il faut le répéter, la première partie ne saurait être revendiquée par la stylistique seule ; elle pourrait aussi bien être réclamée par la grammaire et la lexicologie ; mais d'autre part, la stylistique ne peut s'en désintéresser, parce que c'est de la manière dont ces faits sont étudiés que dépend le succès de sa recherche propre : si les fondements logiques de notre science occupent une grande place dans ce livre, c'est que cette étude s'inspire généralement de méthodes empiriques, incompatibles avec le but que nous poursuivons, et capables de fausser dès le début la vue des faits.

§ 20. Les trois stylistiques. On ne peut se flatter de répondre par une définition générale à toutes les questions qui surgissent ; les explications particulières devront être cherchées aux points du livre où elles ont leur place naturelle ; mais il est une question de principe qui ne saurait être passée sous silence. *Ces moyens d'expression, les chercherons-nous dans le mécanisme du langage en général, ou dans une langue particulière, ou enfin dans le système d'expression d'un individu isolé ?* Devrons-nous entendre par moyens d'expression les tendances universelles de l'esprit humain, telles qu'elles se reflètent dans la parole articulée, ou bien nous attacherons-nous à caractériser celles d'un idiome particulier, ou encore chercherons-nous le reflet d'une personnalité dans le parler d'un individu quelconque ?

Je crois qu'il est pratiquement impossible de répondre à une question aussi générale : elle suppose la solution des problèmes les plus difficiles, de ceux qu'une science n'aborde que lorsqu'elle a pris conscience d'elle-même et qu'elle est en possession d'une méthode définitivement établie. Précisons. Si l'on demande que la stylistique détermine les lois générales qui gouvernent l'expression de la pensée dans le langage, elle ne pourra le faire qu'en étudiant toutes les langues humaines pour n'en retenir que les traits communs ; c'est comme si l'on exigeait du psychologue une définition et une description de l'homme en général, non pas de l'homme en soi, dans ses caractères immuables, mais de l'homme tel qu'il apparaîtrait si l'on superposait les portraits de tous les êtres humains. Si l'on demande, ce qui est déjà plus modeste, comment la pensée se reflète habituellement dans l'idiome d'un groupe social déterminé, cela équivaut à demander le portrait psychologique de ce groupe social : entreprise à peine ébauchée à l'heure qu'il est, mais bien moins chimérique que la première. Demander enfin de définir le parler d'un individu, c'est comme si l'on demandait à la psychologie le portrait moral de cet individu. Tels sont les termes du problème : la stylistique étudie-t-elle les procédés d'expression de tous les hommes, des groupes linguistiques ou des individus ? Passons en revue ces propositions et procédons par élimination.

Le premier terme peut être exclu d'emblée : il ne viendra à la pensée de personne, j'imagine, de demander un tableau, même sommaire, des moyens d'expression de toutes les langues du passé et du présent. Sautons provisoirement par-dessus le second terme, et demandons-nous ce qu'on doit penser du « portrait stylistique » d'un individu isolé ?

§ 21. La stylistique individuelle et le style. Remarquons qu'en cette matière « *individuel* » peut signifier deux choses complètement différentes et mêmes contradictoires, au point de vue de notre étude.

a) On peut se demander comment et dans quelle mesure le langage d'un individu diffère du langage de tout le groupe *lorsqu'il est placé dans les mêmes conditions générales que les autres individus de ce groupe*. Chaque individu a sa manière propre d'employer son idiome maternel ; il lui fait subir, dans certaines circonstances ou habituellement, des déviations portant sur la grammaire, la construction des phrases, le système expressif ; il lui arrive d'employer dans l'usage courant des mots dont les autres se servent rarement. Ces particularités sont en général peu apparentes, mais elles ne sont pas entièrement négligeables : d'abord parce que ces déviations du parler individuel peuvent amener à la longue des changements dans la langue du groupe, si des circonstances favorables font adopter par la collectivité les innovations individuelles ; ces déviations ont, ensuite et par ce fait même, une importance méthodologique, puisqu'on peut montrer, par des exemples particulièrement significatifs, la nature de ces changements individuels et leur répercussion dans la langue ; toutefois malgré quelques travaux remarquables, la méthode à suivre pour étudier les parlers individuels n'est pas assez bien établie pour qu'on puisse sérieusement conseiller de s'y livrer. Il n'en est pas moins vrai, notons-le, expressément, que c'est dans ce sens, et dans ce sens seulement qu'on peut parler d'une *stylistique individuelle.*

b) Tout autre chose est d'étudier le *style* d'un écrivain ou la parole d'un orateur. Il y a là une distinction capitale, et si nous n'arrivions pas à la faire comprendre, il y aurait confusion entre deux objets d'étude étrangers l'un à l'autre, et un malentendu intolérable planerait sur tous les développements de ce livre. On a dit que « le style, c'est l'homme », et cette vérité, que nous ne contestons pas, pourrait faire croire qu'en étudiant le *style* de Balzac, par exemple, on étudie la *stylistique individuelle* de Balzac : ce serait une grossière erreur. Il y a un fossé infranchissable entre l'emploi du langage par un individu dans les circonstances générales et communes imposées à tout un groupe linguistique, et l'emploi qu'en fait un poète, un romancier, un orateur. Quand le sujet parlant se trouve dans les mêmes conditions que tous les autres membres du groupe, il existe de ce fait une norme à laquelle on peut mesurer les écarts de l'expression individuelle ; pour le littérateur, les conditions sont toutes différentes : *il fait de la langue un emploi volontaire et conscient* (on a beau parler d'inspiration ; dans la création artistique la plus spontanée en apparence, il y a toujours un acte volontaire) ; en second lieu et surtout, *il emploie la langue dans une intention esthétique ;* il veut faire de la beauté avec les mots comme le peintre en fait avec les couleurs et le musicien avec les sons. Or cette intention, qui est presque toujours celle de l'artiste, n'est presque jamais celle du sujet qui parle spontanément sa langue maternelle. Cela seul suffit pour séparer à tout jamais le style et la stylistique. Tout ce qu'on peut alléguer pour combattre cette thèse se ramène, selon nous, à l'existence de cas intermédiaires, comme on en trouve partout dans l'étude du langage. D'ailleurs, nous profiterons de chaque occasion pour éclairer cette distinction à la lumière des faits particuliers : par exemple à propos de l'identification des faits d'expression, à propos des faits de langage qui passent pour avoir une valeur essentiellement esthétique, à propos du langage figuré, et de l'expression littéraire, etc. Même si cette vue était fausse, ce que nous croyons de moins en moins, on devrait, par une sorte de paradoxe, la soutenir encore dans l'intérêt d'une saine méthode : que d'erreurs ne sont pas dues à l'habitude vingt fois séculaire d'étudier le langage à travers la littérature, et combien celle-ci, pour être appréciée sans parti pris, gagnerait à être ramenée à sa source naturelle, l'expression spontanée de la pensée !

§ 22. **Etude de la langue maternelle ; étude de la langue parlée.** Il semble donc que, par élimination, la tâche provisoire de la stylistique soit plus nettement délimitée de deux côtés ; mais l'est-elle réellement ? Le chercheur peut-il, avec ces remarques préliminaires, aborder une étude presque entièrement nouvelle, sans craindre de faire fausse route ? Si nous sommes arrivés à la conclusion que la recherche doit se porter de préférence sur un idiome particulier, nous voici obligés de choisir entre les innombrables langues qui se sont parlées ou se parlent sur la surface du globe, et notre embarras s'en accroît. Mais si l'on songe que dans ces premiers pas, la recherche veut avant tout établir sa méthode et a besoin d'un contrôle incessant, on devine que c'est par la langue maternelle qu'il convient de commencer. C'est là que la correspondance entre la parole et la pensée se manifeste de la façon la plus claire et la plus aisée. Chacun porte en soi, dans la langue qu'il emploie à tout instant et qui exprime ses pensées les plus intimes, les éléments de l'information la plus fructueuse et la plus sûre. Ainsi nous dirons que la stylistique ne saurait mieux commencer que par la *langue maternelle,* et cela sous sa forme la plus spontanée, qui est la *langue parlée.* Ce double principe sera bien souvent utilisé dans la suite ; il sera notre norme de comparaison ; et ne savons-nous pas que tout est comparaison dans notre étude ? En résumé, si d'une part, on juge les faits d'expression d'une autre langue d'après les impressions éprouvées dans la pratique de l'idiome maternel ; si en outre, dans l'étude de cet idiome, on ramène toutes les observations au parler proprement dit, on a toutes les chances de serrer de près la réalité dans les choses de cet ordre. »

Ch. BALLY,
Traité de Stylistique,
pp. 16-21. Klincksieck, Paris.

2. LA POSSIBILITE D'UNE « STYLISTIQUE LITTERAIRE »

Malgré la mise en garde de Bally, les tentatives pour justifier l'application à l'œuvre littéraire des méthodes de la stylistique telle qu'il l'avait conçue ont été nombreuses. Nous retiendrons ici trois développements dont le rôle a été considérable dans l'histoire des discussions sur le statut de la stylistique :

a) LA STYLISTIQUE APPLIQUÉE : UNE SCIENCE DE RAMASSAGE.

« § 2. Stylistique appliquée (à la langue littéraire). Les divers aspects de la stylistique que j'ai étudiés jusqu'ici peuvent être groupés sous le nom de *stylistique pure*. J'entends par là que les linguistes, dans cet ordre de recherches, ne sortent pas du domaine qui est le leur, celui de la langue, le mot langue étant pris dans le sens le plus étendu (langue et style réunis). Il est possible de concevoir une *stylistique appliquée*. Nous avons vu que l'étude des faits linguistiques pouvait apporter aux psychologues des documents et même des conclusions utiles. Il est évident que l'histoire littéraire doit tirer profit d'études portant sur la langue et le style des écrivains.

Je m'explique ici sur les nombreuses études — pour la plupart inédites — que j'ai acceptées ou suscitées en Sorbonne depuis une vingtaine d'années et qui portent des titres de ce genre : *La langue et le style de Huysmans*. Dans ma pensée, ces travaux n'étaient que des travaux d'approche. Il s'agissait, avant de donner une forme définitive à la science créée et nommée par Bally, et que Bally avait dirigée vers l'étude de la langue parlée impressive, de réunir des documents de caractère littéraire. Il est des sciences de « ramassage », si je puis dire, telles que la botanique et la zoologie ; elles observent et classent des faits sans établir de lois. Sous sa forme première et modeste, la stylistique ne pouvait guère être qu'une science descriptive. Il ne sera possible de construire des synthèses solides qu'en s'appuyant sur un grand nombre de faits bien établis, soigneusement datés et précisément localisés. Pour ne prendre qu'un exemple, Ferdinand Brunot considérait vers 1900 comme un néologisme, dans les auteurs de la fin du XIX⁰ siècle, un mot qu'il ne trouvait ni dans le *Littré*, ni dans le *Dictionnaire Général*, ni dans le *Dictionnaire de l'Académie*, de 1878. Il est trop évident — étant donné la date du *Littré* et les principes qui ont dirigé les choix de l'Académie et des auteurs du *Dictionnaire Général* — que le mot dont nous attribuons imprudemment le mérite à Huysmans, par exemple, a pu avoir été lancé des mois ou des années auparavant, et paraissait peut-être alors démodé, sinon banal, aux lecteurs « parisiens ». La plupart des néologismes de vocabulaire notés dans les œuvres modernes ne peuvent donc être portés « au compte » des écrivains. Ce n'est qu'après un dépouillement sérieux des imprimés et des manuscrits du XIX⁰ siècle qu'on pourra affirmer avec quelque vraisemblance que tel mot est d'Henri de Régnier ou de Verhaeren. Il en est d'ailleurs de même pour toutes les innovations de langue et de style. Sans accepter dans le détail les *Methodische Richtlinien* de Julius Petersen, il est nécessaire de les méditer. La science de la stylistique doit se plier aux exigences des sciences exactes.

Pouvons-nous toutefois concevoir dès maintenant une stylistique des écrivains qui méritât le nom de science ? Je le crois.

Il n'est pas douteux que Victor Hugo n'ait été doué d'une « imagination » originale, et que cette « imagination » ne soit un des traits essentiels — sinon le trait essentiel — de ce qu'on appelle, d'un terme vague, son génie. Un travailleur peut s'attacher à relever toutes les métaphores et toutes les comparaisons de Hugo, et à réunir — la chose est possible, Hugo étant le créateur de l'image « pittoresque » et ne trouvant, dans ce domaine, aucune possibilité d'emprunter aux poètes, ses prédécesseurs — un grand nombre d'images indiscutablement neuves et créées par lui. Si l'on procède de même avec l'œuvre de Lamartine, la nature particulière de l'imagination de Lamartine, opposée à celle de Victor Hugo, son contemporain, ne peut manquer de ressortir de leur comparaison. Il est d'ailleurs évident qu'il sera inutile, pour la caractériser, de recourir aux adjectifs de la langue commune, peu nombreux, peu précis, et d'ailleurs compromis par de multiples emplois inconsidérés (les critiques littéraires ont vraiment trop abusé des adjectifs). J'ajoute que la création d'un terme nouveau — procédé cher à certains linguistes — ne résout pas le problème, le mot nouveau étant par définition inintelligible (Vaugelas l'a dit jadis en termes excellents). Appeler un champignon « craterellus cornucopioides » peut se justifier ; le champignon est décrit avec toutes ses particularités et chaque mycologue a le moyen de l'examiner à loisir, en reproduction ou en réalité. Mais l'esprit peut créer des concepts nouveaux qu'un mot nouveau n'éclaire nullement. Et nous courons le danger grave — la *Grammaire* de Damourette et Pichon nous en offre des exemples nombreux — d'inventer des mots qui ne recouvrent aucun concept. Valéry nous a mis en garde contre ces « perroquets ». C'est l'affaire des stylisticiens de trouver une méthode originale de classement et de caractérisation. Le plus simple, en attendant mieux, serait sans doute d'aligner, sur deux colonnes ou sur deux pages, des séries d'images choisies parmi les plus caractéristiques des deux auteurs. Ces images auraient de préférence un caractère commun, soit qu'elles portent sur les mêmes objets ou qu'elles expriment des sentiments analogues. Le contraste des deux « potentiels » imaginatifs serait sensible.

Ici nous rejoignons le domaine de la psychologie. La même remarque s'impose que nous avons faite déjà : de pareilles études risquent de susciter de sérieux progrès à cette discipline en lui fournissant des documents d'une précision vraiment scientifique.

Des études analogues, qui comprennent tous les exemples d'un même mot chez un auteur (*raison, nature, cœur, instinct,* etc.), soigneusement éclairés par le contexte et logiquement classés, sont extrêmement utiles pour saisir dans toutes ses nuances la pensée d'un Pascal. Mais il est indispensable, pour que de pareilles recherches puissent être considérées comme scientifiques, de procéder à des dépouillements complets. Des études portant sur un champ trop étendu ou fondées sur un petit nombre de mots choisis au hasard ne peuvent aboutir à aucune conclusion solide... »

La fin de l'article est consacré à une critique très vive des " stylistiques littéraires " de Damaso Alonso et de Leo Spitzer, considérées comme non scientifiques et purement intuitives. »

Ch. Bruneau.

© 1951 by the Regents of the University of California.
Reprinted from Romance Philology, Vol. V, 1951, pp. 8-10.
by permission of the Regents.

b) « Déterminer les lois qui régissent le choix de l'expression ».

Dans l'Introduction de son manuel de stylistique (« Le Style et ses Techniques »), M. Cressot développe les vues de l'école de Bruneau ; il tente d'appliquer les méthodes élaborées par Bally à l'étude des textes littéraires.

« D'accord jusqu'ici avec M. Ch. Bally, nous allons nous séparer de lui. Il exclut du domaine de la stylistique l'expression littéraire.

Pour nous, *l'œuvre littéraire n'est pas autre chose qu'une communication*, et toute *l'esthétique qu'y fait rentrer* l'écrivain n'est en définitive qu'un moyen de gagner plus sûrement l'adhésion du lecteur. Ce souci y est peut-être plus systématique que dans la communication courante, mais il n'est pas d'une autre nature. Nous dirions même que l'œuvre littéraire est par excellence le domaine de la stylistique précisément parce que le choix y est plus « volontaire » et plus « conscient ».

Est-ce à dire que la stylistique ait comme but dernier d'étudier les styles littéraires ? Je réponds sans hésiter : non. Il y a dans le style quelque chose qui dépasse le fait d'expression. Qui prétendrait avoir défini le style de Flaubert dans *Salammbô* parce qu'il aurait étudié, même à fond, l'utilisation du vocabulaire et des images, du matériel grammatical, de l'ordre des mots et de la phrase ? Le style est plus que tout cela. Nous n'avons pas le droit d'en exclure toute la vie latente de l'œuvre depuis la naissance d'une vision confuse mais *sui generis,* qui, peu à peu, a pris forme dans la conscience de l'écrivain, s'est clarifiée, stylisée pour devenir la chose qui sera l'objet de la rédaction.

Si, comme le définit Herzog remarquablement, « le terme de style nous sert à désigner l'attitude que prend l'écrivain vis-à-vis de la matière que la vie lui apporte », *il y a dans le style un domaine qui déborde le cadre de la stylistique.* Il est vrai que d'autres définitions ont été proposées. Pour L. Spitzer, le style est « la mise en œuvre méthodique des éléments fournis par la langue ». Pour M. Marouzeau, le style est « l'attitude que prend l'usager, écrivant ou parlant, vis-à-vis du matériel que la langue lui fournit ». Mais qui ne voit que ces deux excellents philologues n'ont voulu retenir du contenu de ce terme de style que ce qui rentrait dans le domaine de la stylistique ? Nous ferons comme eux. Lorsqu'il nous arrivera, pour la commodité de notre exposé, d'employer ce terme de style, ce sera toujours avec cette valeur restreinte.

L'œuvre littéraire, au même titre que toute autre communication, fournira donc à la stylistique *les matériaux dont elle a besoin pour ses enquêtes :* matériaux commodes parce qu'on se les procure aisément, et de qualité parce qu'ils portent sur des faits volontaires et conscients. En passant, la stylistique pourra dresser de la manière d'écrire d'un littérateur un tableau exact et probant, mais son but véritable, que déjà l'on entrevoit peut-être, est plus vaste et plus lointain : déterminer les lois générales qui régissent le choix de l'expression, et dans le cadre plus réduit de notre idiome, le rapport de l'expression française et de la pensée française.

Analyse stylistique. — Les points de départ peuvent varier, mais comme tous convergent vers un but unique, l'unité de la méthode n'est pas en cause.

Nous pouvons étudier les moyens d'expression d'un individu, d'un groupe ou d'une époque. L'individu, lorsqu'il fait son choix dans le matériel fourni par la langue, est influencé par la sensibilité linguistique de son groupe, de son époque ; dans la mesure où il reflète cette sensibilité, il contribue à en consolider les formules stylistiques. Mais sa sensibilité personnelle peut jouer aussi un rôle actif : à ce titre il pourra lui-même influencer son groupe qui, à son tour, influencera des zones plus vastes : on ne peut nier qu'il y ait eu par exemple un style romantique, aboutissement de formules stylistiques individuelles mais aussi générateur d'une nouvelle sensibilité linguistique. C'est cette sensibilité que nous nous appliquerons à dégager d'après le choix du vocabulaire, du matériel grammatical, de l'ordre des mots, du mouvement et de la musique de la phrase. Mais, comme nous l'avons vu, une telle étude n'est pas une fin en soi : elle ne vaut que par les documents et les suggestions qu'elle apporte à *une synthèse future.*

On peut aussi procéder du fait linguistique, rechercher l'intention qui s'y est associée, s'inquiéter des raisons profondes qui justifient cette association, montrer à la lumière d'autres faits vaguement équivalents, la nuance qui a entraîné le choix. C'est l'attitude que nous suivrons ici. Elle ne s'oppose pas à celle que nous avons décrite plus haut : toutes deux se complètent. Tout justifie-t-il une étude stylistique ? théoriquement oui, car il n'y a pas de formule pour laquelle ne se soit à un moment donné posée la possibilité d'un choix. Il est admis qu'en indépendante normale le sujet précède le verbe : c'est un fait d'une stabilité en apparence indiscutable. Cependant Musset écrit : *T'aimera le vieux pâtre,* et Bossuet : *Restait cette redoutable infanterie d'Espagne.* Les intentions, différentes d'ailleurs, sont ici très nettes, mais si nous remontons au moyen-âge, nous constatons que l'inversion y a été longtemps un fait courant. Ensuite il y a eu une période de transition au cours de laquelle les usagers ont pu exercer librement leur choix, avant que ne s'imposât un usage, lequel n'est en définitive que le choix fait par une majorité, ou celui de quelques fortes personnalités. Usage et choix ne sont donc pas des antinomies. L'usage lui-même se transforme sous l'action de velléités individuelles. On peut ainsi affirmer qu'il n'y a pas de faits qui ne relèvent par certain côté de l'analyse stylistique, et la seule réserve qu'on pourra faire en conscience, c'est qu'à certaines époques tel problème se pose d'une façon plus aiguë qu'à d'autres. Et, puisque l'occasion s'en présente ici, disons bien haut que la stylistique ne saurait se cantonner dans l'étude de brillantes exceptions ou de stupéfiantes excentricités. L'étude des cas normaux se justifie autant et davantage que celle des cas pathologiques. Nous pourrons également enquêter sur les variations qui sont survenues dans le contenu affectif de tel tour linguistique : ce sera la stylistique historique ou diachronique. Elle sera la synthèse des monographies entreprises sur le plan synchronique, ce mot n'impliquant pas qu'on se limite au présent, mais qu'on aborde le problème avec la mentalité d'un contemporain de l'époque étudiée. On peut analyser stylistiquement la *Chanson de Roland,* tout comme on peut analyser du même point de vue l'œuvre moderne d'un Péguy.

Enfin, mais à une échéance plus éloignée encore, quand on aura dégagé les lois qui régissent l'expression de la pensée française, il sera possible d'étudier les analogies ou les différences qui la rapprochent ou la séparent de celle de langues sœurs ou d'une autre famille. Ce sera la stylistique comparée. »

M. Cressot,
Le Style et ses Techniques,
pp. 3-6, Paris, P.U.F.

c) Validité et limites de la stylistique littéraire.

Reprenant le débat qui opposait Ch. Bruneau et L. Spitzer, G. Antoine, dans un important article de la Revue de l'Enseignement Supérieur cherchait à préciser « la validité et les limites d'une stylistique littéraire » :

« Chacun conviendra qu'il n'y a pas de science sans objectivité, ni même sans évaluation quantitative. Le recours aux dénombrements et, le cas échéant, aux statistiques est donc une condition nécessaire ; est-elle suffisante ? — Celui qui affecte de le croire oublie une seule chose, c'est que la stylistique, comme toutes disciplines linguistiques, fait partie des « sciences humaines » ; que l'homme qui parle ou qui écrit — spécialement l'artiste — est un sujet, tout comme celui qui le lit ou l'écoute ; que la « profondeur » d'une pièce de vers ne se mesure pas, chiffres en main, comme celle d'une pièce d'eau ! « L'objet esthétique est profond », écrivait naguère un philosophe, « parce qu'il est au-delà de la mesure, et qu'il nous oblige à nous transformer pour le saisir : ce qui mesure la profondeur de l'objet esthétique, c'est la profondeur d'existence à laquelle il nous convie ; sa profondeur est corrélative, de la nôtre » (1). Ces derniers mots rappellent ceux de Barrès : « Tout ce qu'on reçoit, on le reçoit à sa mesure. » (2).

Alors, faut-il abandonner l'espoir d'offrir le domaine des œuvres d'art aux méthodes d'analyse stylistique et le renvoyer à celles de l'histoire et de la critique littéraire ? L'une pourtant ne fait qu'expliquer l'auteur (et encore, bien souvent, l'homme plus que l'auteur !) et les circonstances, mais non point la manière même dont l'œuvre est faite ; tandis que l'autre, portant jugement, surimpose au moi de l'écrivain celui de l'analyste.

Pour sortir d'embarras, il serait temps de constater que *toutes* les doctrines « stylistiques » examinées jusqu'ici pèchent par défaut, soit d'un côté, soit de l'autre. Un premier problème consisterait donc à déterminer une saine méthode en extension, relativement aux disciplines sœurs : grammaire et histoire de la langue d'une part ; psychologie, sociologie, esthétique et histoire littéraire de l'autre. Le second problème sera celui de sa définition en compréhension. Quant à sa légitimité, il serait de bonne guerre de commencer à l'établir par

référence à l'argument antistylistique fondamental — celui de
B. Croce.

Admettons en effet que l'œuvre d'art, produit et tout à la fois
expression d'une intuition, puisse être « immédiate, indivisible »
dans l'instant où elle se réalise : elle n'est pas pour autant soustraite
aux possibilités de l'analyse. Combien de créateurs authentiques
apporteraient ici leur témoignage ! Laforgue, par exemple, écrivant :
« Dans l'art il y aura toujours, comme toujours il y eut, instinct et
réflexion, inconscience inspiratrice, divinatoire et conscience ou
science » (3). De même, un peu plus tard, Proust : « Notre esprit
n'est jamais satisfait s'il n'a pu donner une claire analyse de ce qu'il
avait d'abord inconsciemment produit » (4). Et, il n'y a pas si
longtemps, Cocteau : « *La poésie* [...] *trouve d'abord et cherche
après.* Elle est la proie de l'exégèse qui est sans conteste une muse
puisqu'il lui arrive de traduire en clair nos codes, d'éclairer nos
propres ténèbres et de nous renseigner sur ce que nous ne savions pas
avoir dit » (5). Enfin, pour revenir à Hugo, sa formule citée plus
haut ne l'empêchait pas de proclamer avec autant de force : « La
forme importe dans les arts. La forme est chose beaucoup plus
absolue qu'on ne pense » (6).

Voilà pour la légitimité intrinsèque de la stylistique littéraire ; et
voici pour sa validité relativement aux disciplines voisines. Ne res-
sort-elle pas d'abord avec éclat du constat d'insuffisance qu'il faut
bien délivrer à ces dernières ? Ce n'est pas en effet l'histoire de la
langue qui peut, *à elle seule,* nous permettre d'atteindre le style.
Car le style se fait sans doute à partir de la langue, mais « pour l'an-
goisse extrême des poètes qui élaborent cette matière, [c'est] à des
fins qui ne sont jamais celles que l'usage commun lui assigne » (7).
Ce n'est pas davantage, encore une fois, l'histoire de la littérature
réduite *à elle seule.* Car, sans doute, selon une expression de Malraux, « la sensibilité d'un jeune artiste est liée à l'histoire, qui choisit
avant lui », mais la véritable « histoire de l'art est celle des formes
inventée contre les formes héritées » (8). Disons plus simplement,
toujours d'après Malraux : en art « l'héritage est toujours une
métamorphose », et c'est l'essence de la métamorphose qu'il s'agit
d'attraper ; Enfin ce n'est pas non plus la psychologie, même si elle
inclut les ressources de la psychanalyse, ni la sociologie, qui *à elles
seules* peuvent nous rendre maîtres de l'œuvre de style. Car sans
doute l'artiste entend-il exprimer son moi et, comme on dit, son univers intérieur ; sans doute aussi écrit-il dans et pur un second univers : celui des autres, *i.e.* du public ; mais c'est encore et toujours
par le truchement d'une matière, d'un texte qui appartient, lui, à un
monde distinct : celui des mots et des formes.

Voilà enfin désigné, et par le fait circonscrit, le domaine de la stylistique littéraire ; mais du même coup se trouvent garanties la légitimité et l'autonomie au moins relative de ses recherches et de ses méthodes. Le monde des formes est en effet, qu'on le veuille ou non, à quantité d'égards séparé, isolé et comme clos. Il faut relire, à ce sujet, la pénétrante préface donnée par Max Jacob à son *Cornet à dés* (1916). Il y explique comment l'œuvre d'art a besoin d'être « située » — prise qu'elle est dans une époque, un climat, un genre, etc. — et comment, à sa façon, *le style « crée, c'est-à-dire sépare »*. D'où il conclut : « *on reconnaît qu'une œuvre a du style à ceci qu'elle donne la sensation du fermé ; on reconnaît qu'elle est située au petit choc qu'on en reçoit, ou encore à la marge qui l'entoure, à l'atmosphère spéciale où elle se meut* ». — Ainsi reconnaîtra-t-on la stylistique véritable, quand elle s'attache à l'étude d'un fait ou d'une œuvre de style, à ceci qu'elle décèle et analyse tout ce qui sépare et isole son objet, *i. e.* les caractères irréductibles qui font cette œuvre unique, incomparable à toute autre. Reste à préciser comment elle doit y parvenir.

Définitions de méthodes et de contenu

Nous répondrons : en étant intégralement fidèle aux conditions de naissance et d'existence de son objet. Encore faut-il prendre le soin de les observer et de n'en négliger aucune.

Le *fait* de style est issu, ne l'oublions pas, d'un *acte* de style. Le texte sans doute représente pour des linguistes le donné sur lequel on doit travailler ; cependant, il est le fruit d'une inspiration individuelle, d'un élan de sensibilité créatrice : bref, si le texte est aux yeux du chercheur le véritable *donné*, l'écrivain, lui, en reste le *donateur*. D'autre part, nul non plus ne peut ignorer que l'ouvrage accompli résulte d'un effort de l'écrivain, aux prises lui aussi avec un *donné :* la langue. Enfin, une fois que l'auteur est délivré de son œuvre, celle-ci commence à mener une sorte de vie propre — ou pour mieux dire elle n'acquiert d'existence que celle que veulent bien lui conférer ses auditeurs et ses lecteurs. On pourrait résumer ce cycle de la création littéraire de la façon suivante : la sensibilité et la faculté créatrice de l'écrivain interviennent pour tirer de la langue (*A*), par un acte de style (*B*), un fait de style, son texte (*C*) qui, à son tour, doit être appréhendé par la sensibilité et la capacité réceptrice de l'auditeur ou du lecteur (*D*).

N'est-il pas dès lors clair que, pour rendre un compte juste — scientifique si l'on veut — du fait de style, la stylistique devra se reconnaître tributaire et des enquêtes psychologiques et sociologiques, et de l'histoire, et de la grammaire, et de la philologie ? ...Seulement, en vertu de sa position centrale — celle même de l'œuvre qui est, avant comme après tout, son objet — il lui appartient de solliciter dans un certain sens les recherches corrélatives de la sienne. Expliquons-nous en commençant par la plus imposante de ses voisines : l'histoire littéraire.

Tant que celle-ci s'attache à l'homme et aux circonstances matérielles, elle n'a pour nous qu'un intérêt, non point nul, mais *relatif*, l'homme lui-même demeurant toujours *relativement* extérieur à l'artiste. Deux exemples entre mille feront foi : Sainte-Beuve n'a rien entendu au génie de Stendhal, parce qu'il a gardé toutes ses ressources d'observation pour M. Beyle. Or ce n'est point M. Beyle, mais bien Stendhal qui a écrit *La Chartreuse* ! Qu'on relise là-dessus les deux analyses passionnantes, et concordantes, de Proust et de Malraux.

Cependant l'histoire, soutenue par la psychologie, peut s'interroger aussi sur l'évolution et l'état des idées et des sensibilités : celles de l'auteur et celles des autres. En quoi elle touche déjà de beaucoup plus près le domaine propre à la stylistique. Il faut seulement, ici comme ailleurs, distinguer les limites et le meilleur contenu de la recherche ; en particulier, veiller derechef à ne pas confondre l'homme avec l'écrivain. Que de méprises engendrées par l'us et l'abus du mot de Buffon : « Le style est l'homme même » ! Nous répondrons à la suite de *Max Jacob* : « *Ce qui est l'homme même, c'est son langage spontané, sa sensibilité* [...]. *On a tort de croire que ce soit le style.* ». Et nous préciserons encore avec Malraux que l'artiste n'est pas nécessairement un être plus sensible que les autres (à la manière dont on dit « quelle femme sensible ! ») mais que, par vocation, il est avant tout sensible à l'Art, et donc aux résultats des expériences esthétiques antérieures à la sienne.

Cela conduit à assigner deux tâches à l'enquête dont la fin dernière est d'expliquer l'œuvre d'art : l'une, regardant encore l'histoire, est la connaissance des sensibilités avant, mais aussi pendant et après le passage du météore-catalyseur de sensibilités qu'est le créateur de génie ; l'autre appartenant déjà à la stylistique proprement dite, consiste à tirer au clair le moi de l'écrivain, *i. e.*, avant tout, ses idées sur son art et, pour commencer, sur la langue qu'il a reçue et dont il a tiré son style. Faute de cette analyse préalable, les plus scrupuleux recensements de matériaux risqueront toujours de manquer leur but, un procédé formel donné n'acquérant sa valeur qu'en vertu de l'intention esthétique qui le dicte.

L'historien peut enfin, se doublant cette fois d'un linguiste et d'un philologue, étudier d'une part l'évolution et la situation de la langue au moment où l'écrivain compose son œuvre, et d'autre part reconstituer la genèse de l'œuvre même, des premières ébauches à l'édition définitive. Ce lourd travail, également indispensable à qui entreprend une recherche stylistique, ne saurait être toutefois assimilé à un « préalable » comme l'analyse de l'esthétique propre à l'écrivain ; par son ampleur et les exigences de ses méthodes, il fait l'objet naturel de deux disciplines distinctes : histoire de la langue, et critique de textes.

Que reste-t-il, demandera-t-on, à la stylistique *stricto sensu ?* — En vérité, tout L'ESSENTIEL ! Une fois instruit de l'histoire des faits, des hommes et des sensibilités (zone d'information éloignée), de la situation de la langue et de l'esthétique littéraire, des réactions de l'écrivain à l'égard de celles-ci, enfin de l'histoire interne de l'œuvre (zone d'information proche), *le stylisticien doit : 1° constituer le catalogue des procédés utilisés par l'artiste, i. e.* les identifier par rapport à l'état de langue où ils ont vu le jour ; 2° *les « expliquer », i. e. les motiver et les caractériser en fonction de l'intention qui les a fait choisir.* Il faut seulement s'entendre pour finir sur les limites, la nature et les modalités de ces deux opérations.

Point n'est besoin (on l'a déjà souligné), il est même peu souhaitable que l'enquête porte sur la somme des ressources mises en œuvre par un écrivain. Un des bénéfices des informations préliminaires susdites sera, justement, de faire ressortir le ou les aspects les plus *caractéristiques* de son style. On se souviendra seulement que le domaine de la stylistique, pris dans sa totalité, recouvre en extension celui de la grammaire, *i. e.* à la fois le monde des sons, des mots, des ensembles de mots, enfin des « figures » — de mots ou de construction. A chacune de ces rubriques correspond une variété de recherches. Pour abréger, on retiendra ici, à titre d'illustration, l'une d'entre elles, non la moins complexe : la *stylistique des mots.*

Nul doute sur le premier effort à accomplir, même s'il est ingrat : il faut dresser un « lexique » complet de l'œuvre à étudier. Ainsi fut fait, entre autres, pour les *Fleurs du Mal,* de Baudelaire. Un tel travail révèle, sous l'angle lexicologique, la part de la langue commune actualisée par le poète aux fins de son expression ; il ne nous livre toutefois que le « contenu brut » de son univers de mots. Il faut encore transformer ce répertoire en un véritable dictionnaire de l'œuvre d'art. Mais celui-ci — et c'est le plus important, qu'il me paraît qu'on entend assez mal d'ordinaire ! — ne saurait se contenter d'être une table de *significations ;* il doit se présenter comme *une table de valeurs,* au sens où l'entendent les peintres. En effet si, pour quiconque (et pour le poète lui-même, dans le courant de sa vie d'homme), le mot n'est qu'un instrument servant à signifier, il devient, dans le monde de l'art, un véritable objet de dilection, chargé de puissance et de saveur, à la fois en soi par ce qu'il évoque à l'esprit et aux sens, et par rapport aux mots d'alentour qui réagissent sur lui autant qu'il agit sur eux, pour former au bout du compte soit le vers, soit la phrase — ceux-ci, à leur tour, constituant un objet à valeur esthétique propre.

C'est à ce point que se situe le travail le plus délicat, mais combien attachant, du stylisticien ; c'est à ce point aussi que l'on retrouve la fameuse objection de Ch. Bruneau à l'égard du talent. Car il est vrai que l'esprit de finesse doit s'unir à celui d'arithmétique pour rendre un compte entier de ce phénomène de transmutation sans lequel le miracle du style n'a pas lieu ! Mais... depuis quand talent et intuition sont-ils interdits au savant, même dans le domaine des sciences exactes ? Il n'y a pas de phénomène physique sans un physicien habile à le découvrir, et les secrets de la science la plus rigoureuse appartiennent à l'enquêteur pourvu de la plus fine perspicacité ; le savant devine et croit d'abord, il n'est sûr qu'ensuite. »

M. Antoine souligne alors l'intérêt pour « une stylistique *exacte* » des techniques d'analyse quantitative du vocabulaire telles qu'elles sont exposées dans *Les caractères statistiques du vocabulaire* de P. Guiraud. Il reproche à celui-ci, cependant, de « se refuser à sauter tout à fait du quantitatif au qualitatif ».

« Mais, par le fait, la situation de P. Guiraud est moins éloignée qu'on pourrait croire de certains points de vue adoptés par Ch. Bruneau, G. Devoto, voire Marouzeau lui-même. Les uns comme les autres ne ramènent-ils pas l'analyse des faits de style à l'observation des *écarts ?* Ce qui les intéresse avant tout ce sont, comme le dit Devoto, les « *cas cliniques* », et tous se sentent désarmés peu ou prou devant les écrivains dont le style consiste en un usage spécifique des ressources communes. Or ils sont peut-être au nombre des plus grands, ceux que Ch. Du Bos baptisait « les cristallins » et qui ont « *cette manière d'épauler, de viser, de tirer vite et juste, que je nomme le style* », ainsi que s'exprime Cocteau.

En réalité, n'en déplaise à l'auteur du Potomak comme aux linguistes cités, un grand style peut se situer n'importe où entre ces deux pôles : l'excentricité et la banalité absolues. Et selon la place qu'il occupe dans l'entre-deux, la méthode d'analyse à lui appliquer doit faire varier son orientation et ses moyens.

Dans tous les cas, seront, au demeurant, tenus pour une base, une table de référence nécessaire, les décomptes « exhaustifs » d'éléments et de procédés, avec toutes les appréciations qui en découlent : mesure du degré d'excentricité, de concentration ou de dispersion du vocabulaire, de la proportion qu'il entretient entre termes de motivation et de caractérisation, entre les différentes parties du discours, etc. Mais cela fait, il reste encore à se rappeler l'avertissement de Ch. Bally : « toute recherche linguistique est illusoire, tant qu'elle n'arrive pas à relier l'expression à la pensée », axiome auquel plus près de nous G. Guillaume a donné son fondement véritable : « ce n'est pas le langage qui est intelligent [j'ajouterais : ni affectif], mais la manière dont on l'emploie ».

Cette manière — *i. e.*, quand il s'agit d'une œuvre de style, ce *faire* de l'écrivain — voilà ce que le stylisticien doit atteindre, s'il comprend sa discipline comme il faut. A travers un constant va-et-vient entre le système d'expression réalisé et l'acte inspirateur, il lui appartient de reconnaître enfin tout ce qui fait le style, « *volonté de s'extérioriser par des moyens choisis* » (9)...

...Qu'on ne vienne donc plus prétendre que la stylistique des styles — révolutionnaires ou classiques, « style point de départ » ou « style point d'arrivée » — n'a pas de contenu propre. Le vrai, c'est qu'il est plutôt luxuriant et qu'il faudra souvent veiller à bien choisir, pour commencer, et à restreindre l'angle de visée : un style d'écrivain, cela embrasse trop de champs divers et entraîne à trop de dispersion. L'étude de tel procédé d' « extériorisation » chez tel écrivain, ou dans telle école, ou bien encore au sein de tel genre : voilà ce qui nous paraît, en l'état actuel des recherches, un programme sage et sûr.

Conclusion

L'insistance avec laquelle vient d'être défendue et définie la stylistique appliquée à la langue littéraire — parce qu'elle était la plus attaquée ou la plus ignorée — ne doit pas faire perdre de vue, au moment de conclure, l'éventail complet des recherches stylistiques prises dans leur généralité. On notera, en effet, que nous avons rencontré en cours de route de nombreux problèmes incomplètement ou confusément posés, mais pas un qui ne méritât point de l'être. Il convient donc surtout à présent de les énumérer en les classant. Leur ordonnance prendra un appui naturel, d'après ce qui précède, sur les notions de *système* et de *procédé* d'expression.

Un premier type d'études stylistiques groupera les *analyses des sys-*

tèmes d'expression : 1° *d'une langue,* ou mieux d'un état de langue
— c'est la stylistique de Bally ; 2° *d'un genre, ou d'une école* ou
tendance littéraire ; 3° *d'un écrivain, ou d'une œuvre,* ou d'une
partie d'œuvre — c'est l'objectif aussi bien de L. Spitzer que de
G. Devoto ou de Ch. Bruneau : on a dit plus haut ce qu'il fallait
retenir et rejeter des diverses méthodes proposées par ces trois
savants pour l'atteindre.

Un second type embrassera, pour sa part, les *analyses d'un ou plusieurs procédés d'expression,* considérés dans l'un ou l'autre des
champs d'observation mentionnés à l'instant, c'est-à-dire : soit dans
une langue ou un état de langue donnée ; soit au sein d'un genre
ou d'un groupe littéraire où ce procédé a joué le rôle de facteur
déterminant ; soit enfin chez un écrivain ou seulement dans une
portion de son œuvre.

Répétons encore une fois que ce dernier type, à coup sûr moins
ambitieux, offre cependant aux chercheurs, dans l'immédiat, les terrains d'enquête les plus solides. A deux conditions : la première est
de sauvegarder les liens entre le moyen d'expression et le procédé de
l'esprit — ce qui signifie, au niveau de l'artiste : entre le procédé
formel et sa *motivation,* qui est en même temps sa *finalité* esthétique ; la seconde est de prendre soin d'éviter le plus grave péril, qui
réside dans la confusion des plans : plan de la langue, plan de la
parole, plan du style. Le premier est celui de la communauté linguistique, le second celui du sujet parlant qui s'exprime *sans autre intention que de communiquer avec autrui,* le troisième celui de l'artiste
qui vise, par-delà le devoir de la signification, le martyre et les joies
de l'expression. — Précaution de surcroît en ce dernier cas : renoncer dans la lettre et dans l'esprit aux études sur « la langue et le
style » de tel ou tel écrivain. Ce tandem risque de favoriser trop de
troubles : « *la partie de la langue commune actualisée* » par un
artiste est déjà le résultat et l'image d'un choix — donc d'un acte de
style.

Mais puissent surtout ces mises en garde ne pas réfréner l'audace
des chercheurs à venir : nous avons voulu montrer avec franchise les
dangers ; ils ne sauraient faire reculer devant l'attrait et l'urgence
également extraordinaires de la besogne. Songe-t-on au nombre de
livres que nous ont valus par exemple les tribulations de Rousseau le
persécuté, ou de ce fou de Nerval, ou de ces anges maudits : Verlaine et Rimbaud... Mais nous attendons encore **un** livre qui réponde
à la question — la seule à vrai dire d'essentielle : de quoi et comment sont faites les **Rêveries,** ou **Sylvie,** ou **Sagesse** ou **Une saison
en enfer ?**

La stylistique a pour mission, entre autres, de mettre un terme au scandale de ces vides, incompréhensibles et cruels. »

G. Antoine,

Revue d'Enseignement supérieur, I-1959, pp. 49-60.

---

(1) M. Dufrenne, *Phénoménologie de l'expérience esthétique*, II, 493.
(2) *Visite à Lourdes* (*Figaro littér.* du 18 janvier, 1958, p. 5).
(3) *Mélanges posthumes*, p. 148.
(4) *Chroniques*, p. 219.
(5) *Discours d'Oxford* (1956).
(6) *Littérature et philosophie mêlées*, I, 13.
(7) R. L. Wagner, dans le *Mercure de France* du 1ᵉʳ avril 1952, p. 737.
(8) *Voix du silence*, p. 315. La citation suivante appartient à la post-face des *Conquérants*.
(9) Définition de Max Jacob dans la préface du *Cornet à dés*.

3. LA STYLISTIQUE PEUT-ELLE ETRE CONSIDEREE COMME UNE BRANCHE DE LA LINGUISTIQUE ?

L'opposition aux tenants d'une stylistique littéraire, néanmoins, a continué à se manifester tout au long de la même période. Un article de A. Juilland répond longuement à l'article de Ch. Bruneau dans *Romance Philology* (cf. pp. 24-26) et tout récemment, M. K. Togeby s'est élevé contre l'idée d'une application pure et simple des méthodes de la linguistique à l'étude des textes littéraires.

a) Y A-T-IL UNE SPÉCIFICITÉ DE LA STYLISTIQUE LITTÉRAIRE ?

« ...Est-ce que la linguistique pourrait... offrir à la stylistique des bases solides en vue de l'établissement d'une science autonome des faits littéraires ? Bruneau en semble persuadé, et il est loin d'être le seul. Pour lui, comme pour beaucoup d'autres stylisticiens qui ne sont pas nécessairement des linguistes, la science du langage paraît seule susceptible de fournir à la stylistique les techniques d'investigation rigoureuse qui, en ces matières, puissent permettre de "savoir" et, dans une certaine mesure de "prévoir". Dans ces conditions, pour qu'elle puisse éviter le double-emploi avec la linguistique et jouir d'un statut indépendant, la stylistique doit disposer avant tout d'un domaine propre, d'un objet spécifique : ce serait le fait de langue littéraire (ou fait de style), opposé au fait de langue tout court, qui forme l'objet propre de la linguistique. Mais comme il se trouve que fait de langue et fait de style coïncident matériellement, c'est bien de techniques d'investigation différentes que l'on attend la différenciation du même objet naturel en deux ou plusieurs objets de science. Or, sur ce terrain, la stylistique ne peut rien emprunter d'essentiel à la linguistique, sous peine de se voir entièrement assimilée par celle-ci : les deux objets de science étant " naturellement " identiques, le rôle de la méthode devient décisif, car c'est bien elle qui, en dernier lieu, " ratifie " l'objet naturel pour lui conférer la dignité d'objet de science. En opérant avec des méthodes linguistiques sur n'importe quel objet, on ne peut faire que de la linguistique : si un objet quelconque, postulé inconnu, " répond " et " se prête " aux méthodes linguistiques, c'est que l'objet en question est une langue, ce qui rend inutile une science indépendante comme la stylistique pure. Si le fait envisagé, littéraire en l'espèce, est autre chose que le fait de langue, il échappera de ce fait même aux méthodes d'investigation linguistique : pour les méthodes linguistiques, les faits de langue littéraire ne sont que des faits de langue purs et simples. Et si le fait littéraire est un certain fait de langue, c'est-à-dire un fait de langue pourvu d'un caractère différentiel, ce caractère échappera nécessairement aux méthodes linguistiques : la perspective linguistique réduira à deux dimensions un objet qui est supposé en avoir au moins trois.

Méthodes linguistiques et analyse stylistique. Il est aisé d'en fournir la preuve : ceux qui veulent utiliser strictement les méthodes linguistiques dans les investigations littéraires oublient trop souvent que, en soumettant l'œuvre (ou un " texte "), de Hugo par exemple, à une analyse linguistique rigoureuse, le résultat en sera — une grammaire : à peu de chose près, la grammaire de la langue française telle qu'elle se pratiquait dans les milieux littéraires à l'époque en question. Il est vrai qu'on pourrait espérer que cette grammaire sera une *certaine* grammaire, la grammaire de Hugo en l'espèce, et qu'elle s'opposera à certaines autres grammaires, la grammaire de Gautier par exemple : les oppositions entre ces « grammaires » rendront compte de certaines différences dont on désignera l'ensemble comme « style ». Les méthodes linguistiques ayant isolé certains faits qu'on désignerait comme « littéraires », le style d'un écrivain (ou sa « langue ») serait à définir comme l'ensemble des traits différentiels qui opposent et distinguent le style d'un certain écrivain du style d'un certain autre. Cette définition serait oppositive et relative, donc variable : dans cette conception, la définition du « style » ou de la « langue » d'un auteur (ou d'une « école » ou d'une « époque ») variera par rapport à la langue de l'auteur (etc.) opposé. La définition de la « langue » de Hugo, par exemple, ne sera donc pas une et invariable, ainsi qu'on la conçoit généralement dans les diverses stylistiques : tel trait de la prose hugolienne, pertinent lorsqu'on l'oppose à Gautier, deviendrait non pertinent par rapport à Michelet et, vice versa, tel trait irrélévant par rapport à Gautier deviendrait distinctif pour le " style " de Hugo confronté avec Michelet.

Cette conception du " style " aurait pour conséquence un renversement total de perspective dans l'analyse des faits littéraires : à la littérature comparée, telle qu'elle se pratique de nos jours, on substituerait une littérature opposée. Aux investigations littéraires courantes — basées essentiellement sur la recherche des " sources ", des thèmes, des motifs, etc., et visant surtout à l'établissement des " filiations ", donc des identités — où les éléments différentiels sont envisagés comme une masse amorphe et indifférente qui sert de support aux traits communs pourvus, eux, de la valeur définitoire, on opposerait une méthode où les éléments communs — de substance (thèmes, motifs) ou de forme (procédés, types, figures, tours) — s'estomperaient pour céder la place aux éléments différentiels qui, passés au premier plan, assumeraient la fonction identificative.

On renverserait ainsi les termes des équations établies par la littérature comparée, où ce sont les éléments communs qui sont les termes marqués s'opposant aux traits différentiels, conçus comme termes neutres, non-marqués : comme en linguistique fonctionnelle, les éléments différentiels deviendraient les termes marqués qui servent à définir.

Il s'agirait, théoriquement, de refaire le même chemin en sens inverse : au lieu de partir du particulier à la recherche du principe réducteur qui puisse conduire au général, au lieu de redescendre des ramifications multiples vers la racine unique, on partirait des éléments communs comme d'une base neutre pour remonter de proche en proche, de différence en différence, jusqu'aux ramifications extrêmes et individuelles de l'arbre typologique littéraire.

Inconvénients des méthodes linguistiques en stylistique. Aussi séduisante qu'elle paraisse en théorie, cette procédure est frappée en pratique de certaines limitations qu'il convient de mettre en évidence. En effet, du point de vue différenciatif, la phonologie et la morphologie ne donneraient naturellement rien, car il faudrait opposer les langues d'écrivains fort éloignés dans le temps pour éviter la quasi-identité de l'analyse, qui serait d'ailleurs stylistiquement inconcluante. Quant aux différences de syntaxe et de vocabulaire (on devrait introduire aussi les " figures stylistiques ") dont on attend le verdict décisif, elles seraient, au moins dans l'inventaire, considérablement réduites : car presque chaque élément lexical, tour syntaxique ou figure stylistique caractéristique de la langue de Hugo se retrouvera au moins une fois chez Gautier, et vice versa. De sorte que, même sur ces terrains supposés favorables, on sera réduit, pour rendre compte des différences de style, à recourir à des données statistiques : telle construction, rare chez Gautier, apparaîtrait avec une fréquence X chez Hugo et X^2 chez Michelet. Sans nier la grande importance des faits de fréquence dans les investigations stylistiques et littéraires, il reste toujours que c'est justement la linguisique qui nous enseigne que les faits de cet ordre ne sont pas analytiquement décisifs. Et, qui plus est, ce n'est pas sur la statistique linguistique que l'on pourra bâtir une stylistique pure.

Il y a plus : une telle procédure renferme, d'autre part, certains dangers qu'un maniement prudent permettra néanmoins d'éviter jusqu'à un certain point. En effet, la grande majorité des différences est prévisible dans le domaine des "innovations" (de vocabulaire, de syntaxe, de " style "). Or, les innovations "heureuses ", celles qui ont une " valeur " dans la mesure où elles correspondent à l' " esprit " de la langue (autrement dit à ses lois de structure) sont justement celles qui ont été ratifiées par la langue, c'est-à-dire adoptées par les autres écrivains pour pénétrer dans le patrimoine linguistique et littéraire commun. Il s'ensuit que, du fait même de leur validation, les faits les plus significatifs risquent de devenir irrévélants du point de vue définitoire puisque, se retrouvant ailleurs, ils auront perdu leur valeur différenciative. Resteront donc, comme faits caractéristiques et analytiquement décisifs, les " innovations" malheureuses, celles que la langue (je veux dire les confrères et l'histoire) a condamnées : par une telle procédure, on risque d'être amené à juger un auteur dans ses exagérations et abus, donc dans ce que sa langue a de négatif, sinon de moins caractéristique. »

. . . .

« Ceci nous conduit tout droit à la définition de la stylistique comme la « science des écarts ». Le fait stylistique étant considéré dans cette conception, comme un écart par rapport à l'usage, comme un enfreignement de la norme linguistique (1), ceci équivaut à donner du « stylistique » une définition négative : dans un « texte », est stylistique ce qui n'est pas un fait de langue brut. Ceci nous indique par quelles voies on pourrait éventuellement utiliser les méthodes proprement linguistiques dans l'analyse des faits littéraires : en soumettant une œuvre littéraire à une analyse strictement linguistique, tout ce qui, dans le « texte », se prête aux critères de cet ordre est un fait de langue pur et, de ce fait même, ne saurait constituer un fait de style. Le stylisticien pourra ainsi, à l'aide des méthodes linguistiques, isoler son champ opératoire : l'application d'une telle procédure lui permettra d'ignorer dans l'analyse purement littéraire les faits identifiés au cours de l'analyse linguistique et de se concentrer uniquement sur les faits résiduels, ceux qui ont résisté ou échappé aux critères linguistiques. Dans cette phase préliminaire, le stylisticien sera amené à considérer les faits de style d'une manière transcendante — en les rapportant aux faits de langue — et à opérer provisoirement avec des jugements négatifs : le « fait de style » sera le fait non-linguistique et cette « métastylistique » sera conçue comme une sorte de contre-grammaire.

Ce n'est que dans une seconde phase, qui constituerait la stylistique proprement dite, que le stylisticien se libérerait de l'hypothèque linguistique pour s'attaquer aux éléments résiduels par une méthode propre, assortie à la spécificité de l'objet littéraire. Il pourra espérer de jeter ainsi les bases d'une discipline immanente et, éventuellement, de la stylistique pure entrevue par Bruneau.

Inconvénients de cette conception. Remarquons cependant que, même dans cette phase préliminaire, les méthodes linguistiques devront être utilisées avec prudence, car elles recèlent plus d'un danger et pourraient compromettre l'analyse stylistique proprement dite. Il se peut que l'écart, qui n'est pas un fait de langue dans le sens défini ci-dessus, ne soit pas un fait de style non plus, mais quelque chose d'autre — à définir par la suite —, une faute, par exemple. Et ce n'est pas en définissant avec Bruneau, d'après Valéry, l'écart comme un certain genre de faute, comme « une faute voulue », qu'on évitera les dangers. Car, Valéry n'étant plus parmi nous, invitons Bruneau, qui semble d'ailleurs opposé à l'introspection — à nous fournir les critères objectifs susceptibles de distinguer en ces matières ce qui est voulu de ce qui ne l'est pas. N'oublions pas que ce qui était voulu — un écart — hier, est involontaire — la norme — aujourd'hui ; que même en synchronie, ce qui est voulu, donc conscient, chez un sujet est mécanique chez l'autre ; enfin, que chez le même sujet, l'écart voulu dans certaines circonstances devient mécanique dans certaines autres.

Ce n'est pas tout : la conception de la stylistique comme « science des écarts » — qui implique le rejet des faits « normaux », abandonnés à la linguistique — peut brouiller irrémédiablement la perspective d'ensemble des faits littéraires. Car le même fait matériel, identifié par les critères linguistiques comme un fait de langue pur et simple peut, lorsqu'il est placé dans un autre éclairage et pris dans un réseau de relations différent, être validé sur un plan autre, sur le plan littéraire en l'espèce. En ignorant dans l'analyse littéraire un fait linguistiquement « banal » (c'est-à-dire correspondant à la « norme » linguistique), on risque d'omettre un élément constitutif de la structure littéraire (à déterminer).

C'est pourquoi il me semble que l'utilisation des méthodes linguistiques dans l'analyse des faits littéraires doit être pratiquée avec beaucoup de prudence : de plus, leur portée semble limitée au travail préparatoire, au nettoyage du terrain, et elle restera peut-être sans répercussion directe sur l'analyse stylistique proprement dite.

La stylistique comme « science exacte ». Une stylistique telle que Bruneau et tant d'autres la réclament, c'est-à-dire une discipline d'un type analogue aux sciences dites « exactes », est-elle d'ailleurs possible ? Au moins dans l'état actuel de nos connaissances et avec les méthodes d'investigation stylistique dont nous disposons à ce jour, il me semble qu'il faille répondre, contre Bruneau, par la néga-tive. Car ceux qui veulent faire profiter à la stylistique des surpre-nantes conquêtes de la linguistique moderne pour en faire une disci-pline également rigoureuse n'oublient que trop souvent la différence essentielle qui oppose celle-ci à celle-là, comme d'ailleurs à toutes les autres sciences exactes : à savoir, que les sciences dites « exactes » — la linguistique comprise — opèrent avec des jugements d'exis-tence, lorsque la stylistique (ou la science des faits littéraires) opère essentiellement avec des jugements de valeur. Le linguiste se contente d'enregistrer, il doit parfois interpréter, il n'a jamais à éva-luer. Par contre, ayant à faire à un objet indissolublement lié au pro-blème du « beau », le stylisticien ne saurait se contenter d'enregistrer et de classer : il doit en outre rendre compte de la valeur des faits enregistrés, ce qui bouleverse entièrement la perspective. Cette diffi-culté ne semble pas étrangère aux préoccupations de Bruneau, pour lequel « la stylistique ne peut pas se désintéresser de cette question de valeur ».

La stylistique comme « science des valeurs », Il s'ensuit que la possibilité de faire de la stylistique une science rigoureuse, de type plus ou moins « exact », dépend entièrement de la possibilité de transposer les jugements de valeur (littéraire) en jugements d'exis-tence (littéraire). Aussi longtemps qu'on n'aura pas trouvé une méthode adéquate pour opérer cette transposition, les exigences de Bruneau sont prématurées : le recours à la linguistique sera frappé de nullité et la stylistique ne saura en aucune façon prétendre à la dignité de science véritable. Il n'est pas le lieu ici de discuter par quelles voies une telle transposition pourrait offrir, sinon une solu-tion, du moins quelques lumières, dans le renversement de perspec-tive par lequel les écoles structurales ont réussi à transposer les juge-ments fondés sur le fameux « sentiment linguistique » en jugement d'existence linguistique. Peut-être que, de manière analogue, la sty-listique arrivera un jour à faire éclater le « goût littéraire » — qui est en quelque sorte le pendant du « sentiment linguistique » — en explicitant l'ensemble des jugements littéraires latents qui l'engen-drent.

Linguistique et stylistique. Contrairement à la tendance générale et aux vues exprimées par Bruneau, il résulte de ces considérations d'ordre général que si la linguistique a de précieux renseignements à fournir à la stylistique, ce n'est certainement pas en lui prêtant ses méthodes. Ce que la linguistique offre — et non seulement à la stylistique — c'est une certaine façon d'approcher les faits, un certain esprit de soumission à la spécificité de l'objet, visant avant tout à le surprendre dans ce qu'il a de propre, de caractéristique, de *sui generis*. Le linguiste qui sait qu'il n'a réussi à rendre sa science autonome qu'en s'élevant contre les servitudes imposées par la logique, la psychologie, la sociologie et la physiologie, déconseillera vivement au stylisticien à la recherche d'une doctrine « pure » de placer son objet au carrefour de ces disciplines. Au contraire, il l'encouragera d'essayer par tous les moyens de rompre (au moins provisoirement) les ponts avec les disciplines voisines et, à partir d'un certain point, avec la linguistique elle-même. Quitte à les reconstruire plus tard, à partir de sa propre rive et à l'endroit choisi par elle-même. Autrement dit, le dialogue ne sera repris que plus tard, lorsqu'elle pourra le faire d'égal à égal et dans ses propres termes. Et c'est peut-être dans ce mouvement temporaire de libération que la science du style se retrouvera.

Sur ce point, je me sépare donc très nettement de Harold Whitehall pour lequel « no criticism can go beyond linguistics » (From linguistics to criticism). Pour ma part, je suis plutôt tenté de croire que l'analyse littéraire proprement dite commence justement là où la linguistique s'arrête (tout comme, dans le sens contraire, la linguistique commence là où s'arrête l'étude proprement littéraire). Il est vrai qu'il se peut que je me trompe. Mais, dans ce cas, le « criticism » perd de ce fait même toute raison d'être, englouti qu'il est par la linguistique. Il va de soi que la linguistique peut et doit fournir un point de départ sûr à l'étude littéraire, tout comme la physiologie articulatoire, par exemple, sert de base à la phonématique. Vouloir cependant réduire l'étude littéraire à la linguistique équivaudrait à vouloir réduire la phonématique à la phonétique, voire à la physiologie ou à l'acoustique, autrement dit renoncer aux conquêtes les plus décisives de la linguistique moderne. Il est pourtant évident qu'à un certain niveau, le plus immédiat, ces deux ordres de faits coïncident : matériellement, le fait littéraire est un fait de langue. Ce qui est peut-être moins évident — mais non moins vrai — c'est que le fait littéraire est quelque chose de plus qu'un fait de langue pur et simple : un fait de langue pourvu d'une dimension supplémentaire, la dimension littéraire... Tout en tirant profit des données linguistique /la science de la littérature/ ne saurait, à mon avis, être conçue comme une simple branche de la linguistique...

Le fait littéraire est chose bien plus fragile que le fait linguistique brut ; il se pourrait qu'il ne résistât point à ce dépeçage, dans la mesure où c'est justement dans l'intégration indissoluble de la forme et du contenu, pour employer la terminologie traditionnelle, de l'expression et du contenu (de la forme et de la substance) pour recourir à la terminologie plus rigoureuse de la linguistique moderne, que réside sa nature spécifique... L'impasse où se trouvent actuellement prises les études littéraires est la conséquence directe de l'état précaire des études de contenu et du grand retard qu'elles ont pris par rapport aux études de l'expression... Le genre de linguistique dont les études littéraires ont le besoin le plus urgent est... la sémantique. C'est de l'établissement d'une sémantique saine mais souple, d'une étude du contenu rigoureuse mais compréhensive que dépend le plus essentiellement l'avenir des études littéraires. »

A. JUILLAND,
Stylistique et linguistique.
Language XXX², avr.-juin 1953, pp. 316-323.

---

(1) Ceci découle du caractère paradoxal de la norme (linguistique, littéraire, esthétique ou autre) : synchroniquement conçue, elle repose sur un jugement arbitraire ; historiquement définie, elle s'appuie sur un jugement circulaire.

Pour ce qui est de la norme linguistique, Bernard Bloch a plus d'une fois souligné son caractère arbitraire et protesté contre l'emploi abusif qu'on en fait. En effet, la norme linguistique n'a pas de valeur absolue : en termes purement descriptifs, l'apparition de l' « écart » annule la « norme » du fait même de son apparition. La seule conception descriptive de la norme serait celle offerte par les données statistiques, qui implique néanmoins une solution arbitraire : ayant abandonné les critères d'existence et de non-existence en faveur de critères de fréquence, il est impossible d'établir, en termes quantitatifs, une frontière précise entre la norme et l'écart.

Reste la solution dynamique, qui consisterait à concevoir la norme et l'écart en termes de procès. Cette solution ne nous avance malheureusement pas beaucoup, car elle repose sur un jugement circulaire : après avoir défini l'écart par rapport à la norme (descriptivement établie), on ne peut définir la norme que par un rapport à l'écart.

b) CRITIQUE LITTÉRAIRE ET LINGUISTIQUE.

Dans la ligne des recherches linguistiques inspirées par L. Hjelmslev (cf. ici même, p. 55 ss.), plusieurs chercheurs danois ont esquissé une théorie de la stylistique. M. K. Togeby, disciple de Hjelmslev, lui aussi, discute ici les vues formulées par M. Stender-Petersen dans un article paru dans les Travaux du Cercle linguistique de Copenhague : « Esquisse d'une théorie structurale de la littérature », 1939.

« La linguistique, qui avait dépendu de la physiologie et de la psychologie, s'affranchit, devient immanente et, par là, nécessairement structurale. Mais n'est-il pas curieux, bien que les parallèles historiques ne manquent pas, qu'une fois obtenue l'indépendance, la linguistique se fasse impérialiste et veuille annexer la critique littéraire qui, elle, a toutes les difficultés à se libérer de la domination de la biographie, de la sociologie, de la psychologie, etc.

Or c'est peut-être en poussant ce parallèle entre analyse linguistique et analyse littéraire le plus avant qu'on verra le mieux apparaître les différences profondes cachées sous ces analogies séduisantes. Prenons, par exemple, le schéma proposé par H. Sørensen, d'après lequel la littérature aurait pour substance de l'expression la langue, pour forme de l'expression le style (métaphores, figures, rythmes, rimes), pour forme du contenu les thèmes, la composition et les genres, et pour substance du contenu les idées, les sentiments, les visions...

...Tenir la langue pour la substance de l'expression de la littérature semble être vérité banale.

Mais une autre grande vérité consiste à constater qu'en devenant la matière de la littérature, la langue subit une métamorphose et devient autre chose...

C'est d'ailleurs ce que reconnaît implicitement le schéma que nous venons de citer. Car dire que la langue est la substance de l'expression de la littérature, c'est poser en somme que la langue n'a rien à faire avec la littérature proprement dite, avec la forme littéraire, qui ne commence qu'avec le style.

D'après ce schéma, c'est la littérature qui est une sorte de langue. Mais si l'on veut paralléliser un phénomène littéraire à une langue, ce n'est pas à la littérature en général, ni à la littérature d'une langue donnée, qu'il faut penser, mais à une seule œuvre littéraire. On peut, en effet, dire qu'une œuvre littéraire a une structure d'ensemble, des règles et des lois comme une langue. Mais si l'on précise ainsi le parallélisme, les différences sautent aux yeux.

Dans la linguistique, la condition nécessaire pour analyser une langue est de la comprendre. Les meilleures méthodes sont inopérantes face à une langue incomprise, comme par exemple l'étrusque. Mais cela signifie qu'avant d'analyser une œuvre littéraire, il faut la comprendre, et ce qui est banalité par rapport à une langue (car on a presque toujours des informants qui la comprennent) devient problème fondamental pour l'analyse littéraire. Le centre d'intérêt n'est pas le même pour les deux analyses.

Les unités de l'analyse sont également de nature très différente. Dans l'analyse linguistique, on passe rapidement par les livres, les chapitres, les paragraphes, pour ne commencer l'analyse proprement dite qu'au niveau des unités de l'intonation, les phrases. C'est au contraire dans les unités beaucoup plus grandes que réside l'intérêt capital de l'analyse littéraire. La composition et les thèmes opèrent avec les grandes lignes, et si le style est fait de phrases, il ne descend pas beaucoup plus bas.

Suivant Hjelmslev, la langue est définie, non seulement par les deux couches de l'expression et du contenu, comme dans le schéma ci-dessus, mais aussi par le fait qu'elle est à la fois système et discours. Une langue est, en effet, un texte infini, composé d'un système fini d'éléments qui reviennent dans les constructions autorisées par les règles de la langue. Mais l'œuvre littéraire est un texte fini ayant une structure, et aussi un discours, si l'on veut, mais ce discours est donné une fois pour toutes de façon que dans l'œuvre littéraire système et discours coïncident. Et l'on peut se demander si une œuvre littéraire est vraiment, dans le sens hjelmslevien du mot, une langue.

Les éléments et les unités linguistiques sont relevés par l'application de l'épreuve dite de commutation, par laquelle une différence dans le contenu est prouvée par un changement dans l'expression et inversement. Tout en reconnaissant l'existence de ces deux couches dans l'œuvre littéraire, peut-on y appliquer une preuve analogue ? C'est ce qu'affirme A. Stender-Petersen...

Mais en réalité, est-ce possible ? On ne peut pas changer les éléments d'une œuvre littéraire, qui est un objet d'art. L'auteur peut le faire en élaborant son œuvre, mais il cherche le mot propre et non pas à dire des choses différentes. Et si l'on envisage l'emploi d'un même élément dans deux œuvres littéraires différentes, on verra qu'il n'a pas de valeur de commutation en soi, mais que sa valeur sera conféré par la structure d'ensemble de chaque œuvre.

Ma conclusion est qu'il faut maintenir l'indépendance de la critique et de l'analyse littéraire et ne pas en faire une annexe de la linguistique. Les objets de la linguistique : les langues et ceux de la critique littéraire, les œuvres littéraires, sont de nature différente, d'où l'exigence de méthodes différentes.

Une telle critique littéraire indépendante est nécessairement structuraliste, ce qui n'est pas synonyme de linguistique. La linguistique structurale et la critique structurale sont deux sciences parallèles, mais non identiques. Et si l'on regarde de près les études littéraires dites linguistiques, on constate en effet qu'elles sont structuralistes, mais n'ont rien de particulièrement linguistique... »

K. TOGEBY, *Littérature et linguistique.*
Orbis Litterarum XXII, 1-4-1967, pp. 45-48.

4. LA STYLISTIQUE COMME MEDIATION ENTRE LA LITTERATURE ET LA LINGUISTIQUE

L'existence même de la stylistique a été contestée, on l'a vu, du point de vue d'une certaine conception de la littérature ou de la linguistique.

Mais elle peut apparaître également comme une remise en question d'une certaine conception et de la littérature et de la linguistique.

Ce point de vue se rencontre dans plusieurs textes récents, plus ou moins convergents.

a) LINGUISTIQUE STRUCTURALE ET ÉTUDES LITTÉRAIRES.

« ...Je voudrais attirer l'attention sur le déplacement qui s'est produit sur la ligne de partage entre les deux niveaux extrêmes de l'analyse considérés chacun comme un domaine autonome : d'une part, la linguistique au sens strict ; de l'autre, l'étude littéraire... Une comparaison avec un déplacement analogue qui s'est produit récemment en physique aidera à le comprendre.

Le courant auquel je songe est connu comme « géométrisation de la physique ». La différence essentielle — et profonde — entre la physique classique et la physique moderne, c'est-à-dire einsteinienne, est la suivante : la première pensait qu'il appartenait au mathématicien de définir et d'analyser les propriétés de l'espace et du temps, en construisant ces sciences de base que sont la géométrie et la cinématique. Ce n'est que lorsque la scène avait été ainsi préparée qu'intervenait le physicien, en introduisant les personnages du drame : corps matériels, aimants, charges électriques, lumière et autres ; la pièce alors pouvait commencer. La géométrie était celle d'Euclide, la seule possible, semblait-il, et le comportement des acteurs devait s'y conformer, quelles que fussent les difficultés et les contradictions dans lesquelles ils pouvaient ainsi se trouver impliqués.

Dans la conception einsteinienne de la relativité généralisée, ce sont au contraire les acteurs qui créent la scène en y évoluant ; la géométrie n'est plus antérieure à la physique, elle ne l'exclut plus, elle est au contraire intimement fondue avec elle en une discipline unique. La géométrie euclidienne se trouve dépouillée de son ancienne prépondérance et cesse d'être considérée comme une représentation valable de l'espace.

La question qui se posait à propos de ce passage de la physique classique à la physique moderne, c'était de savoir si l'on préférait disposer d'une géométrie facilement intelligible assortie de lois physiques compliquées, différentes selon les diverses branches de la physique, ou d'une géométrie moins intelligible assortie de lois physiques simples, unifiées pour les divers secteurs de l'univers physique.

On s'accorde, aujourd'hui, à considérer la géométrie comme une partie de la physique : la géométrie doit être telle que la physique puisse s'y formuler le plus simplement possible. C'est la considération qui a conduit finalement à l'espace courbe de la relativité généralisée.

Le développement a consisté, en somme, à se rendre compte que beaucoup de ce qui était considéré comme physique... pouvait être considéré comme géométrique.

Ce même mouvement caractérise le passage de la linguistique classique à la linguistique structurale. Le triple système « phonétique, vocabulaire, grammaire » d'une langue particulière était pour la linguistique classique, ce qu'était pour la physique classique la géométrie euclidienne, la forme de la scène sur laquelle évoluaient les idées, acteurs du drame. On ne pouvait rendre compte des différences entre les œuvres littéraires d'une langue donnée qu'en des termes qui n'avaient rien à voir avec la scène du langage en général.

Le développement qui conduit à la linguistique structurale consiste à considérer un nombre croissant de structures linguistiques comme faisant partie de la scène, tout à fait de la même manière qu'un nombre croissant de structures physiques se trouvent intégrées à la géométrie. Et l'avantage qui en résulte pour la linguistique est parallèle à celui qu'en retire la physique. Nous pouvons avoir ou bien les lois linguistiques simples et facilement intelligibles de l'ancien modèle, assorties de lois plutôt complexes — si tant est qu'il s'en trouve ! — gouvernant les événements linguistiques actualisés dans la parole, ou bien les lois moins intelligibles et beaucoup plus complexes de la linguistique structurale moderne, assorties de lois plus simples rendant compte des événements littéraires. On est d'accord aujourd'hui pour considérer cette dernière combinaison comme préférable.

Selon les vues classiques, c'est-à-dire préstructurales, les « départements » de linguistique et de littérature étaient tout à fait séparés. On entendait par linguistique des lois générales de la structure du langage ; l'usage du langage dans les œuvres littéraires était considéré comme une réalité purement individuelle et ne semblait pas susceptible d'un traitement général. A la lumière des résultats de la linguistique mathématique, une telle vue n'est plus soutenable, car les mathématiques ont réussi à établir quelques-unes des lois générales du langage dans son utilisation. Cette nouvelle discipline s'insère entre la linguistique et l'étude littéraire, et, puisqu'elle opère avec des lois générales du langage, elle appartient au propre à la linguistique. »

Intervention de G. HERDAN,
(Discussion de la communication de E. BENVENISTE).
Proceedings of the IXth Int. Congr. of the Linguists,
trad. P.K.

b) POUR UNE THÉORIE DE LA SITUATION DU TEXTE ET DU SUJET.

Si M. Herdan suggère une extension et une révision des méthodes de la linguistique pour lui permettre de rendre compte des phénomènes stylistiques, M. J. Dubois, de son côté, suggère une révision des fondements épistémologiques de l'étude littéraire :

« Pour ma part, je verrais la recherche littéraire se déployer dans trois directions différentes : d'un côté, le **littéraire** cherche dans une certaine *théorie de la situation* (à définir) les facteurs fondamentaux qui définissent le sujet parlant (ou écrivant) vis-à-vis de son texte et vis-à-vis du monde ; mais cette théorie de la situation, qui, dans le meilleur des cas, est empruntée au marxisme, c'est-à-dire à une certaine dialectique des traits pertinents de la situation, reste encore souvent insuffisamment approfondie. L'échec de l'enquête biographique, de l'enquête sociale, de l'enquête « mouvement des idées » ne vient pas de ce que ces éléments ne jouent pas de rôle dans le fait littéraire, mais seulement de ce que l'on n'a pas de théorie qui puisse définir d'une manière certaine la pertinence réciproque des éléments découverts : l'histoire littéraire est indéfinie dans son projet, c'est le tonneau des Danaïdes de la littérature universitaire. Le chercheur littéraire a donc besoin d'une *théorie du texte*, et il la demande à la linguistique qui au regard du texte a une méthode et une théorie, et donc les moyens d'investigation et de définition qui permettent de hiérarchiser les traits. Mais ce que le littéraire demande souvent à une théorie du texte, c'est beaucoup plus, ou, si l'on veut, autre chose : il exige du linguiste que les méthodes d'analyse textuelle au niveau de l'énoncé clos, achevé, puissent rendre compte en même temps du procès d'énonciation dans l'énoncé. Autrement dit, que les résultats obtenus ne définissent pas seulement la spécificité de l'œuvre, mais quelque chose du sujet écrivant et de la genèse de l'œuvre comme projet de l'écrivain : l'analyse de l'énoncé, le modèle élaboré doit servir à construire un modèle de l'écrivain en tant qu'auteur du texte. C'est pourquoi, dans son enquête sur l'œuvre littéraire et devant l'échec de l'analyse textuelle, le littéraire recourt à une *théorie du*

sujet : dans le meilleur des cas, cette théorie est celle d'une psychanalyse structurale, plus intuitive, chez les critiques littéraires que
structurale, et peu psychanalytique, en dépit du vocabulaire utilisé.
Et cette théorie du sujet, qui se fonde sur des oppositions élémentaires : signifiant/signifié, énonciation/énoncé, une dialectique du
« je » et du « tu », qui pourraient être très intéressantes, n'en sont
pas moins seulement une première approche et ne peuvent apporter
de solution au littéraire. Celui-ci reste donc sur sa faim, car ces
trois analyses restent séparées : une théorie de la situation insuffisante, une théorie du texte distante de son projet, une théorie du
sujet encore instable. Mais tout ceci est une conséquence du projet
initial dont on peut mettre en doute la légitimité absolue : la
recherche littéraire est-elle une recherche génétique ?

Pourquoi le chercheur littéraire, et le stylisticien, n'essaient-ils
pas, en effet, de définir la spécificité fonctionnelle d'une œuvre
littéraire ? Sans doute est-ce la voie qui les mènerait vers le vrai
problème, celui de la définition de la valeur littéraire d'une œuvre. »

Jean DUBOIS, in « Littérature et linguistique ». (Intervention dans le débat organisé par H. MITTERAND.
Lettres françaises, 20 avril 1967, p. 6.)

c) SCIENCE DE LA LITTÉRATURE ET SÉMIOLOGIE.

Cette préoccupation d'une « science de la littérature » posée comme
une exigence méthodologique à la fois à la linguistique et à la littérature
se retrouve chez bien des chercheurs. Nous donnons ici de courts extraits
de quelques textes qui dessinent une direction de cette recherche.

La science de la littérature

« Nous possédons une histoire de la littérature, mais non une
science de la littérature, parce que, sans doute, nous n'avons pu
encore reconnaître pleinement la nature de l'*objet* littéraire, qui
est un objet écrit. A partir du moment où l'on veut bien admettre
que l'œuvre est faite avec de l'écriture (et en tirer les conséquences),
une *certaine* science de la littérature est possible. Son objet (si elle
existe un jour) ne pourra être d'imposer à l'œuvre un sens, au nom
duquel elle se donnerait le droit de rejeter les autres sens ; elle s'y
compromettrait (comme elle l'a fait jusqu'à présent). Ce ne pourra
être une science des contenus (sur lesquels seule la science historique la plus stricte peut avoir prise), mais une science des
conditions du contenu, c'est-à-dire des formes : ce qui l'intéressera,
ce seront les variations de sens engendrées, et, si l'on peut dire,

engendrables, par les œuvres : elle n'interprétera pas les symboles, mais seulement leur polyvalence ; en un mot, son objet ne sera plus les sens pleins de l'œuvre, mais au contraire le sens vide qui les supporte tous.

Son modèle sera évidemment linguistique. Placé devant l'impossibilité de maîtriser toutes les phrases d'une langue, le linguiste accepte d'établir un *modèle hypothétique de description,* à partir duquel il puisse expliquer comment sont engendrées les phrases infinies d'une langue. Quelles que soient les corrections auxquelles on est amené, il n'y a aucune raison pour ne pas tenter d'appliquer une telle méthode aux œuvres de la littérature : ces œuvres sont elles-mêmes semblables à d'immenses « phrases », dérivées de la langue générale des symboles, à travers un certain nombre de transformations réglées, ou, d'une façon plus générale, à travers une certaine logique signifiante qu'il s'agit de décrire. Autrement dit, la linguistique peut donner à la littérature ce modèle génératif qui est le principe de toute science, puisqu'il s'agit toujours de disposer de certaines règles pour expliquer certains résultats. La science de la littérature aura donc pour objet, non pourquoi tel sens doit être accepté, ni même pourquoi il l'a été (ceci, encore une fois, est affaire d'historien), mais pourquoi il est *acceptable,* nullement en fonction des règles philologiques de la lettre, mais en fonction des règles linguistiques du symbole. On retrouve ici, transposée à l'échelle d'une science du discours, la tâche de la linguistique récente, qui est de décrire la *grammaticalité* des phrases, non leur signification. De la même façon, on s'efforcera de décrire *l'acceptabilité* des œuvres, non leur sens. On ne classera pas l'ensemble des sens possibles comme un ordre immobile, mais comme les traces d'une immense disposition « opérante » (puisqu'elle permet de faire des œuvres), élargie de l'auteur à la société. Répondant à la *faculté de langage* postulée par Humboldt et Chomsky, il y a peut-être en l'homme une *faculté de littérature,* une énergie de parole, qui n'a rien à voir avec le « génie », car elle est faite, non d'inspirations et de volontés personnelles, mais de règles amassées bien au-delà de l'auteur. Ce ne sont pas des images, des idées ou des vers que la voix mythique de la Muse souffle à l'écrivain, c'est la grande logique des symboles, ce sont les grandes formes vides qui permettent de parler et d'opérer...

Il faudra... accepter de redistribuer les objets de la science littéraire. L'auteur, l'œuvre ne sont que le départ d'une analyse dont l'horizon est un langage : il ne peut y avoir une science de Dante, de Shakespeare ou de Racine, mais seulement une science du discours. Cette science aura deux grands territoires, selon les

signes dont elle traitera ; le premier comprendra les signes inférieurs à la phrase, tels les anciennes figures, les phénomènes de
connotation, les « anomalies sémantiques », etc., bref tous les traits
du langage littéraire dans son ensemble ; le second comprendra
les signes supérieurs à la phrase, les parties du discours d'où l'on
peut induire une structure du récit, du message poétique, du texte
discursif, etc.

Un long chemin reste sans doute à parcourir avant que nous
puissions disposer d'une linguistique du discours, c'est-à-dire d'une
véritable science de la littérature, conforme à la nature verbale de
son objet. Car si la linguistique peut nous aider, elle ne peut à
elle seule résoudre les questions que lui posent ces objets nouveaux
que sont les parties du discours et les doubles sens. Il lui faudra
notamment l'aide de l'histoire, qui lui dira la durée, souvent
immense, des codes seconds (tel le code rhétorique) et celle de
l'anthropologie, qui permettra de décrire par comparaisons et inté-
grations successives, la logique générale des signifiants. »

R. Barthes, *Critique et Vérité,*
Ed. du Seuil (1966), pp. 56-63.

La notion de système modelant secondaire

« Il y a un statut particulier de la littérature qui tient à ceci,
qu'elle est faite avec du langage, c'est-à-dire avec une matière qui
est *déjà* signifiante au moment où la littérature s'en empare : il
faut que la littérature *se glisse* dans un système qui ne lui appartient pas mais qui fonctionne malgré tout aux même fins qu'elle,
à savoir : communiquer. Il s'ensuit que les démêlés du langage et
de la littérature forment en quelque sorte l'être même de la littérature : structuralement, la littérature n'est qu'un objet parasite du
langage ; lorsque vous lisez un roman, vous ne consommez pas
d'abord le signifié « roman » ; l'idée de littérature (ou d'autres
thèmes qui en dépendent) n'est pas le message que vous recevez ;
c'est un signifié que vous accueillez *en plus,* marginalement ; vous
le sentez vaguement flotter dans une zone paroptique ; ce que vous
consommez, ce sont les unités, les rapports, bref les mots et la
syntaxe du premier système (qui est la langue française) et cependant
l'être de ce discours que vous lisez (son « réel »), c'est bien la
littérature, et ce n'est pas l'anecdote qu'il vous transmet ; en somme,
ici, c'est le système parasite qui est principal, car il détient la
dernière intelligibilité de l'ensemble : autrement dit, c'est lui qui
est le « réel ». Cette sorte d'inversion retorse des fonctions explique
les ambiguïtés bien connues du discours littéraire : c'est un discours

auquel on croit sans y croire, car l'acte de lecture est fondé sur un tourniquet incessant entre les deux systèmes : voyez mes mots, je suis langage ; voyez mon sens, je suis littérature... »

R. BARTHES, « Littérature et signification ».
Essais critiques, Seuil (1964) pp. 262 sq.

Pour une science des « discours littéraires »

« Les études littéraires ne sont jamais, à mon avis, une simple partie de la linguistique. Mais dire cela n'est pas suffisant. Il faut dire aussi tout de suite autre chose : la linguistique se transforme sans cesse et demain, peut-être, elle pourra s'occuper de plus en plus de la littérature, sans pour autant pouvoir, je le répète encore, répondre exhaustivement à toutes les questions que la littérature pose. Je crois qu'un jour la linguistique aura une subdivision qui sera quelque chose comme une science des discours. Parce que jusqu'à présent la linguistique est une science de la langue et non pas des discours, qu'on pourrait appeler *rhétorique*, il y aurait une partie qui traiterait du discours littéraire. Mais cette science qui serait d'inspiration linguistique ne pourrait pas s'occuper des œuvres. Et les linguistes, ou si vous me le permettez, je dirai plutôt les poéticiens, parce qu'on pourrait appeler cette science la poétique, auraient à décrire les propriétés du discours littéraire. Les virtuels beaucoup plus que les réels, les possibles de l'œuvre littéraire plus que l'œuvre réalisée. L'œuvre réalisée relève d'une sorte de description qui fait partie de l'histoire ou de la critique littéraires... Maintenant, il y a d'autres passages que celui-ci entre linguistique et littérature. On vient d'y faire allusion. Il y a de nos jours — et c'est bien connu — une influence assez forte de la linguistique sur les autres sciences humaines. Celles-ci empruntent souvent une logique élaborée en linguistique, ou certaines techniques, certains procédés, certaines méthodes, mais c'est un emprunt au niveau purement méthodologique. Ce n'est plus une communauté d'objet, c'est une communauté de méthode, si l'on peut provisoirement isoler et opposer ces deux notions. »

T. TODOROV, in « Linguistique et littérature ». (Débat organisé par H. MITTERAND, *Les Lettres françaises*, 20 avril 1967, p. 4.)

La pluralité des codes comme condition du style

L'auteur formule l'hypothèse que le fonctionnement stylistique du langage suppose « l'usage dans un même message d'une pluralité des codes ».

« ...Reste à préciser la nature de cette superposition des codes dans laquelle nous sommes fondés à voir la condition de tout style. Une première observation nous paraît commander l'analyse : c'est la distinction entre codes implicites et explicites, ou plus exactement codes *a posteriori* et codes *a priori*. L'étude que nous avons faite antérieurement de la syntaxe et de la sémantique d'une langue concerne essentiellement des codes *a priori*. Le mot explicite ne conviendrait ici que partiellement, car une bonne partie des règles du code grammatical et sémantique demeurent informulées ; mais elles apparaissent ouvertement dans la langue, et constituent l'un des aspects essentiels de sa connaissance pratique. De tels codes représentent une base ou un fonds évidemment indispensables à toute manifestation stylistique. On pourrait imaginer, comme cas limite diamétralement opposé à l'exemple précédemment exposé d'un codage uniforme (il s'agit du codage Morse, exemple de grammaire strictement monodrome), un « message » sans code *a priori*, dont toute la structuration serait extemporanément suggérée dans le message même. Hypothèse à la rigueur absurde, mais qui représente certainement une tendance fondamentale du langage poétique...

...Le caractère *a priori* des codes linguistiques ne s'attache pas exclusivement aux formes sémantiques et grammaticales. La notion de genre littéraire, quoique généralement plus floue que celle de grammaire, doit être considérée comme faisant partie, lorsqu'elle est efficace, des codages *a priori*. Assurément, du point de vue d'un usage indéterminé de la langue, la superposition d'une réglementation des genres au code linguistique minimum constitue déjà un fait de style. De même, évidemment, la réglementation métrique, qui ajoute *a priori* des contraintes nouvelles au langage. C'est que le fait de style est susceptible de se présenter à plusieurs niveaux, et qu'il est justement relatif à une décision de considérer ou non comme constitutif tel système de structuration. Néanmoins, il nous semble que le fait de style positivement significatif pour une esthétique littéraire suppose nécessairement dans l'usage de la langue un au-delà de cette structuration, une possibilité de codage *a posteriori* superposée aux différents niveaux du codage conventionnel. L' « académisme » littéraire n'est pas autre chose que la fixation du fait de style au niveau de l'*a priori*. Bien entendu subsiste la nécessité d'une pluralité de codes ; mais c'est l'ouverture et la mobilité de ce système multiple qui fonde une esthétique du style... »

G.-G. GRANGER, *Essai d'une philosophie du style*,
Colin (1968), pp. 191-192.

Les langages de connotation

Au chapitre 22 de ses « Prolégomènes à une théorie du langage », Hjelmslev oppose aux « langages de dénotation », « dans lesquels aucun des deux plans » (expression/contenu), « n'est à lui seul un langage », « des langages dont le plan d'expression est un langage ». Ce sont les « langages de connotation ».

« ...Tout texte, s'il n'est pas trop réduit pour être une base suffisante de déduction du système généralisable à d'autres textes, contient d'habitude des dérivés qui reposent sur des systèmes différents. Diverses parties ou parties de parties d'un texte peuvent se présenter dans divers :

1. *Styles :* vers, prose, ou divers mélanges de ces deux types ;

2. *Espèces de styles :* style créateur ou style imitatif, dit style normal ; style à la fois créateur et imitatif, appelé archaïsant ;

3. *Niveaux de style :* style élevé et style vulgaire ; et un style neutre qui ni n'est ni l'un ni l'autre ;

4. *Genres de styles :* parole, écriture, gestes, code, etc. ;

5. *Tonalités ;*

6. *Idiomes,* parmi lesquels on doit distinguer :

a) Divers *types vernaculaires :* langage commun, langages appartenant à divers groupes sociaux et professionnels ;

b) Diverses *langues nationales ;*

c) Divers *langages régionaux :* langage courant, dialecte, patois, etc., etc... ;

d) Diverses *physionomies,* en ce qui concerne l'expression : « organes » et « voix ».

Style, espèce de style, niveau de style, genre de style, tonalité, type vernaculaire, langue nationale, dialecte et physionomie sont des catégories solidaires, de sorte que tout fonctif de dénotation doit être défini en même temps par rapport à chacun d'eux. A la suite de la combinaison d'un membre d'une catégorie avec un membre d'une autre catégorie apparaissent des hybrides qui ont déjà ou peuvent facilement recevoir des désignations particulières : style littéraire, pour un style créateur (espèce) et élevé (niveau) ; argot pour un style créateur (espèce) à la fois élevé et vulgaire (niveau) ; jargon et code pour des styles créateurs (espèce) qui ne sont ni élevés ni vulgaires (niveau) ; langage familier pour un style normal (espèce) qui n'est ni élevé ni vulgaire (niveau) ; style oratoire pour un style élevé (niveau) qui est parole (genre) et langue commune (type vernaculaire) ; style prédicatoire pour un style élevé (niveau) qui est parole (genre) et appartient à un langage professionnel (type vernaculaire) ; style administratif pour un style archaïsant (espèce) qui est aussi écriture (genre) et appartient à un langage professionnel ; et ainsi de suite...

...Les membres particuliers de chacune de ces classes et les unités qui résultent de leur combinaison seront nommés *connotateurs*. Parmi ces connotateurs quelques-uns peuvent être solidaires de schémas linguistiques donnés, d'autres, d'usages linguistiques donnés, d'autres encore, des deux. On ne peut le savoir d'avance car cela peut dépendre des situations. Pour ne citer que des possibilités qui peuvent paraître extrêmes, il est impossible de savoir d'avance si une physionomie (les paroles d'une personne par opposition à celles d'une autre) ne représente qu'un usage spécifique et non pas, en même temps, un schéma iinguistique spécifique (qui diffère peut-être à peine de l'autre, mais en diffère pourtant), ou si une langue nationale représente un schéma linguistique spécifique, ou bien, par opposition à une autre langue nationale, seulement un usage spécifique, tandis que le schéma des deux langues est le même.

C'est pourquoi, pour assurer une description non contradictoire et exhaustive, la théorie doit établir une procédure d'analyse du texte qui permette de distinguer entre ces situations. Il est assez curieux de constater que, jusqu'ici, la linguistique n'a accordé que peu d'attention à cette nécessité...

...Etant donné l'extensibilité infinie du texte en vertu de sa productivité, il y aura toujours « traductibilité », c'est-à-dire substitution d'expression entre deux signes appartenant chacun à sa classe de signes, dont chacune est solidaire de son connotateur. Ce critère est particulièrement applicable aux signes de plus grande extension que l'analyse isole dans ses toutes premières opérations : tout dérivé de texte (un chapitre par exemple) de n'importe quel style : espèce, niveau, genre, tonalité, type vernaculaire, langue nationale, dialecte, physionomie, peut être traduit dans un autre style... Dans l'analyse du texte, les *connotateurs* apparaîtront donc comme des parties qui entrent dans des fonctifs de telle sorte que ceux-ci seront susceptibles de substitution mutuelle quand ces parties seront éliminés, et qui, dans certaines conditions, se retrouveront dans tous les fonctifs d'un degré donné. Ceci ne suffit pas toutefois à définir un connotateur. Nous appellerons *indicateur* une grandeur qui possède ces propriétés, et nous devrons *distinguer* entre deux sortes d'indicateurs : les *signaux* et les *connotateurs*. Ce qui les différencie du point de vue opérationnel, c'est qu'un signal se laisse toujours rattacher sans ambiguïté à un seul des plans du langage, ce qui n'est jamais possible pour un connotateur. Un *connotateur* est par conséquent un indicateur qui, dans certaines conditions, se retrouve dans les deux plans du langage.

...Il semble donc légitime de considérer l'ensemble des connotateurs comme un contenu dont les langages de dénotation sont l'expression, et de désigner le tout formé par ce contenu et cette expression du nom de *langage,* ou plutôt de *langage de connotation.* En d'autres termes, l'analyse du langage de dénotation ne fait que précéder celle du langage de connotation, analyse qui sera conduite selon la même procédure. De nouveau, il s'agit ici de distinguer entre usage et schéma linguistiques. Les connotateurs devront être analysés sur la base de leurs fonctions mutuelles et non sur celle du sens de contenu qui peut leur être imparti. La théorie du schéma linguistique des langages de connotation ne s'intéresse donc pas au caractère social ou religieux que l'on associe couramment aux concepts de langue nationale, dialecte, type vernaculaire, style, etc., mais il faut lui adjoindre une théorie de l'usage linguistique comme il en est pour les langages de dénotation.

Un langage de connotation n'est donc pas une langue. Son plan de l'expression est constitué par les plans du contenu et de l'expression d'un langage de dénotation. C'est donc un langage dont l'un des plans, celui de l'expression, est une langue... »

L. HJELMSLEV, *Prolégomènes à une théorie du langage,*
1943, Trad. fr., Ed. de Minuit (1968), pp. 155-161.

B. LA NOTION DE " LANGUE POÉTIQUE "

Des débats institués entre les chercheurs préoccupés de définir une « stylistique littéraire » tenant compte des acquis de la linguistique, trois notions se dégagent, qui ont fait l'objet d'une élaboration plus ou moins systématique.

La rencontre de l'objet littéraire et de la linguistique peut, en effet, être envisagée à divers niveaux : celui de la langue, celui du genre, celui du texte.

La notion de « langue littéraire » ou, comme on dit plus volontiers aujourd'hui, de « langue poétique » a été élaborée dès l'Antiquité.

Elle a, cependant, été discutée tout particulièrement au cours des dernières années, notamment à partir des recherches des formalistes russes.

On trouvera dans le premier des textes cités ci-dessous, une première formulation.

1. THESES DES PHILOLOGUES SLAVES

SUR LA LANGUE POÉTIQUE

« La langue poétique est restée longtemps un domaine négligé de la linguistique. C'est tout récemment que l'on s'est mis à en étudier intensément les problèmes fondamentaux. La plupart des langues slaves ne sont pas encore étudiées du point de vue de la fonction poétique. Sans doute, les historiens de la littérature ont bien, de temps en temps, touché ces problèmes, mais, n'ayant pas de préparation suffisante en matière de méthodologie linguistique, ils ont été amenés inévitablement à commettre des erreurs. Sans l'élimination de ces fautes de méthode, on ne saurait étudier avec succès les faits particuliers de la langue poétique.

1° Il faut élaborer *des principes de description synchronique de la langue poétique*, en évitant l'erreur souvent commise, qui consiste à identifier la langue de la poésie à celle de la communication. Le langage poétique a, du point de vue synchronique, la forme de la parole, c'est-à-dire d'un acte créateur individuel, qui prend sa valeur d'une part sur le fond de la tradition poétique actuelle (langue poétique), et d'autre part sur le fond de la langue communicative contemporaine. Les relations réciproques du langage poétique avec ces deux systèmes linguistiques sont extrêmement complexes et variées, et il y a lieu de les examiner tant au point de vue de la diachronie qu'à celui de la synchronie. Une propriété spécifique du langage poétique est d'accentuer un élément de conflit et de déformation, le caractère, la tendance et l'échelle de

cette déformation étant fort divers. Ainsi, par exemple, un rapprochement de la parole poétique vers la langue de communication
est conditionné par l'opposition à la tradition poétique existante :
les relations réciproques elles-mêmes de la parole poétique et de
la langue de la communication, tantôt sont dans une certaine
période, très nettes, tantôt, dans d'autres époques, ne sont pour
ainsi dire pas senties :

2° Les différents plans de la langue poétique (par exemple la
phonologie, la morphologie, etc.) sont si étroitement liés l'un avec
l'autre, qu'il est impossible d'étudier l'un d'entre eux, sans prendre
égard aux autres, ce qu'ont souvent fait les historiens de la littérature. Il résulte de la théorie disant que le langage poétique tend
à mettre en relief la valeur autonome du signe, que tous les plans
d'un système linguistique, qui n'ont dans le langage de la communication qu'un rôle de service, prennent, dans le langage poétique,
des valeurs autonomes plus ou moins considérables. Les moyens
d'expression groupés dans ces plans ainsi que les relations
mutuelles existant entre ceux-ci et tendant à devenir automatiques
dans le langage de communication, tendent au contraire, dans le
langage poétique, à s'actualiser.

Le degré d'actualisation des éléments divers de la langue est
différent dans chaque parole et dans chaque tradition poétique
données, ce qui fournit chaque fois une *hiérarchie spécifique des
valeurs poétiques.* Comme il est naturel, les relations de la parole
poétique avec la langue poétique et avec la langue de communication sont, en fonction des différents éléments, chaque fois
différents. L'œuvre poétique est une structure fonctionnelle, et les
différents éléments n'en peuvent être compris en dehors de leur
liaison avec l'ensemble. Des éléments objectivement identiques
peuvent revêtir, dans des structures diverses, des fonctions absolument différentes.

Dans la langue poétique peuvent être actualisés les éléments
acoustiques, moteurs et graphiques d'un langage donné dont il n'est
pas fait emploi dans son système phonologique ou dans son équivalent graphique. Néanmoins, il est incontestable que les valeurs
phoniques du langage poétique soient en rapport avec la phonologie
du langage de communication, et le *point de vue phonologique est
seul en mesure de découvrir les principes des structures phoniques
poétiques.* La phonologie poétique comprend le degré d'utilisation
du répertoire phonologique par rapport au langage de communication, les principes de groupement des phonèmes (en particulier
en sandhi), la répétition des groupements des phonèmes, le rythme
et la mélodie.

3

La langue des vers est caractérisée par une hiérarchie particulière des valeurs : le *rythme* est le principe organisateur, et au rythme sont étroitements liés les autres éléments phonologiques du vers : la structure mélodique, la répétition des phonèmes et des groupes de phonèmes. Cette combinaison de divers éléments phonologiques avec le rythme donne naissance aux procédés canoniques du vers (rime, allitération, etc.) .

Ni le point de vue acoustique, ni le point de vue moteur, qu'ils soient objectifs ou subjectifs, ne peuvent résoudre les problèmes du rythme, ceux-ci ne peuvent être abordés qu'en tant qu'envisagés du point de vue phonologique, qui établit une distinction entre la base phonologique du rythme, les éléments extra-grammaticaux concomitants et les éléments autonomes. Ce n'est que sur une base phonologique que l'on peut formuler des lois de rythmique comparée. Deux structures rythmiques en apparence identiques mais appartenant à deux langues différentes peuvent être au fond distinctes, lorsqu'elles se composent d'éléments jouant un rôle différent dans leur système phonologique respectif.

Le *parallélisme* des structures phoniques réalisé par le rythme du vers, la rime, etc., constitue l'un des procédés les plus efficaces pour actualiser les divers plans linguistiques. Une confrontation artistique de structures phoniques réciproquement semblables fait ressortir les concordances et les différences de structures syntaxiques, morphologiques et sémantiques. Même la rime n'est pas un fait arbitrairement phonologique. Elle révèle une structure morphologique, et lorsqu'on aligne des morphèmes semblables (rime grammaticale), et lorsqu'au contraire on écarte cette juxtaposition. La rime est étroitement liée aussi avec la syntaxe (élément de celle-ci qui sont mis en relief et posés en face l'un de l'autre dans la rime), ainsi qu'avec le lexique (importance des mots mis en relief par la rime, et leur degré de parenté sémantique). Les structures syntaxiques et rythmiques sont en un rapport étroit les unes avec les autres, que leurs limites concordent ou qu'au contraire elles ne concordent pas (enjambement). La valeur autonome des deux structures est soulignée dans l'un et l'autre cas. Et la structure rythmique et la structure syntaxique se trouvent accentuées, dans les vers, non seulement par les moules, mais aussi bien par les déviations rythmo-syntaxiques. Les figures rythmo-syntaxiques ont une intonation caractéristique, dont la répétition constitue l'élan mélodique qui déforme l'intonation coutumière du langage, ce par quoi, en retour, se révèle la valeur autonome des structures et mélodiques et syntaxiques du vers.

Le *vocabulaire de la poésie* est actualisé de la même façon que les autres plans de la langue poétique. Il se détache, soit de la tradition poétique existante, soit de la langue de la communication. Les mots inusités (néologisme, archaïsme, barbarisme, etc.) ont une valeur poétique en ceci qu'ils se distinguent des mots courants du langage de communication par leur effet phonique, les mots courants n'étant plus, par suite de leur fréquent usage, perçus dans le détail de leur combinaison phonique mais devinés : de plus, les mots inusités enrichissent la variété sémantique et stylistique du vocabulaire poétique. Dans le néologisme est actualisée en particulier la composition morphologique du mot. Pour le choix des mots, il ne s'agit pas seulement de mots inusités isolés, mais de milieux lexicaux tout entiers, qui interfèrent et dynamisent par leur interférence les matériaux du lexique.

Une abondante possibilité d'actualisation poétique est offerte par la *syntaxe* à cause de sa liaison multiple avec les autres plans de la langue poétique (rythmique, structure mélodique et sémantique) ; une importance particulière s'attache précisément aux éléments syntaxiques dont il est peu fait emploi dans le système grammatical d'une langue donnée, par exemple dans les langues à ordre de mots variables, l'ordre des mots prend une fonction essentielle dans le langage poétique.

3° L'investigateur doit éviter l'égocentrisme, c'est-à-dire l'analyse et l'appréciation des faits poétiques du passé ou d'autres peuples au point de vue de ses propres habitudes poétiques et à celui des normes artistiques qui ont présidé à son éducation. D'ailleurs, un fait artistique du passé peut subsister ou ressusciter comme facteur actif dans un autre milieu, devenir partie intégrante d'un nouveau système de valeurs artistiques, mais en même temps, naturellement, sa fonction change, et le fait lui-même subit des modifications appropriées. L'histoire de la poésie ne doit pas projeter dans le passé ce fait sous son aspect transformé, mais elle doit le restaurer dans sa fonction originaire, dans le cadre du système au sein duquel il avait pris naissance. Il faut pour chaque époque une classification immanente claire des fonctions poétiques spéciales, c'est-à-dire un relevé des genres poétiques.

4° Ce qui, au point de vue méthodologique est le moins élaboré, c'est la *sémantique* poétique des mots, des phrases et des unités de composition de quelque étendue. On n'a pas étudié la diversité des fonctions remplies par les tropes et les figures. Outre les tropes et les figures présentés comme procédés de l'élocution d'un auteur, ce qui est essentiel, et le moins étudié pourtant, ce sont les éléments sémantiques objectivés, projetés dans la réalité poétique, englobés dans la construction du sujet. Par exemple, la métamorphose est une comparaison projetée dans la réalité poétique. Le sujet lui-même est une composition sémantique, et les problèmes de la structure du sujet ne sauraient être exclus de la langue poétique.

5° Les questions relatives à la langue poétique jouent, dans la plupart des cas, dans les études d'histoire littéraire, un rôle subordonné. Or, l'indice organisateur de l'art, par lequel celui-ci se distingue des autres structures sémiologiques, c'est la direction de l'intention, non pas sur le signifié, mais sur le signe lui-même. L'indice organisateur de la poésie est l'intention dirigée sur l'expression verbale. Le signe est une dominante dans un système artistique, et lorsque l'historien de la littérature prend comme objet d'étude principal non pas le signe, mais ce qui est signifié, lorsqu'il étudie l'idéologie d'une œuvre littéraire comme une entité indépendante et autonome, il rompt la hiérarchie des valeurs de la structure étudiée par lui.

6° La caractérisation immanente de l'évolution de la langue poétique est souvent remplacée dans l'histoire littéraire par un succédané relatif à l'histoire des idées, sociologique ou psychologique, c'est-à-dire par un recours à des faits hétérogènes au fait étudié. A la place de la mystique de rapports de causalité entre systèmes hétérogènes, *il faut étudier la langue poétique en elle-même...* »

Extrait des « Thèses présentées au premier Congrès des philologues slaves ». T.C.L.P. (1929). En français. Repris *in* VACHEK. *A Prague, School Reader in Linguistics.* Indiana University Press, 1964, pp. 41-49.

2. LA THEORIE STATISTIQUE DE LA LANGUE POETIQUE

Les vues des philologues slaves se retrouvent aujourd'hui dans les préoccupations des chercheurs orientés vers l'étude statistique des phénomènes linguistiques, et en particulier celles de la nouvelle école de Prague. L. Doležel les résume dans un article publié dans le recueil collectif : *Mathematik und Dichtung :*

L'auteur résume les vues de l'école de Prague sur la langue poétique qui lui semblent établir un pont entre la poétique structurale et la théorie statistique :

« 1° La langue poétique est une langue fonctionnelle particulière, qui s'oppose essentiellement à la langue de communication (langue fonctionnelle de la science, de la technique, du commerce)... Alors que la langue de communication est orientée vers l'expression de la réalité extra-linguistique (signifié), la langue poétique avec sa fonction poétique, est « dirigée vers le signe même » (en français dans le texte : T.C.L.P., 1929). Si la langue commune tend à l'emploi d'expressions standardisées (« automatisation »), la langue poétique est caractérisée par l' « actualisation » des moyens linguistiques, c'est-à-dire la désautomatisation qui est obtenue, en fait, par la déformation des schémas linguistiques conventionnels.

Il faut néanmoins distinguer dans la structure de la langue poétique deux sources d'actualisation : *a*) la déformation de la langue standard ; *b*) la déformation du canon poétique de la période culturelle précédente, d'où un *premier postulat* méthodologique.

« L'explication de la structure linguistique d'une œuvre littéraire d'une école ou d'une époque ne peut se faire que par la collaboration de l'analyse synchronique et de l'analyse historique (diachronique). En d'autres termes : l'analyse synchronique est insuffisante pour rendre compte de l'essence de la langue poétique. »

2° Mais il existe dans la langue poétique « une tension constante entre la recherche de l'actualisation et la recherche de la normalisation... Les composantes actualisées et non actualisées de la langue poétique constituent une structure dynamique, dans laquelle chaque composante ne reçoit sa valeur que de sa relation au tout. »

D'où ce *deuxième postulat* :

« L'étude de la langue poétique n'atteint le niveau structural que quand les composantes individuelles, actualisées et non actualisées, ne sont pas examinées isolément, mais dans leurs corrélations et avant tout dans leur relation avec la totalité structurale qui leur donne leur sens particulier. »

3° L'une des composantes actualisées de la structure linguistique de l'œuvre d'art joue un rôle organisateur essentiel... Une telle composante, non régie, mais régissante, est appelée dominante...

Le concept de dominante appartient aux principes fondamentaux de la théorie pragoise de la langue poétique : la structure linguistique de l'œuvre d'art peut être ainsi représentée comme une organisation hiérarchique de composantes entre lesquelles il n'existe pas seulement des corrélations de... coordination, mais aussi un système complexe de relations de rection et de dépendance.

On peut donc formuler comme *troisième postulat* :

« La conception hiérarchique de la structure linguistique, comportant la distinction entre composantes dominantes et composantes dérivées. »

4° L'œuvre d'art est un phénomène sémiologique, c'est-à-dire qu'elle désigne (bezeichnet) toujours quelque chose... Cela signifie, pour la théorie de l'œuvre poétique, que tous ses moyens et toutes ses composantes présentent deux faces : la face formelle et la face sémantique, et que la structure linguistique dans sa totalité révèle un plan formel et un plan sémantique.

D'où le *quatrième postulat* :

« La structure de la langue poétique doit être étudiée aussi bien sur le plan formel que sur le plan sémantique... », qui sont isomorphes.

5° La structure linguistique de l'œuvre d'art est partie intégrante de sa structure totale, qui est constituée surtout par un niveau de composition, un niveau thématique et un niveau idéologique... Il en résulte que la structure linguistique reproduit dans tous ses traits la structure littéraire, qu'elle constitue une microstructure dans le cadre d'une macrostructure.

D'où le *cinquième postulat* méthodologique :

« L'étude de la structure linguistique de l'œuvre d'art et de ses particularités permet d'atteindre en même temps la structure littéraire de l'œuvre d'art et ses particularités. L'analyse linguistique concerne la structure de l'œuvre d'art dans sa totalité, à condition, bien sûr, qu'il s'agisse d'une analyse structurale et non d'une analyse purement philologique. »

> L. Doležel, *Mathematik und Dichtung. Zur statistischen Theorie der Dichtersprache.* Résumé et trad. (P.K.) des pp. 277-282.

3. POÉTIQUE ET LINGUISTIQUE

Pour certains, les méthodes de formalisation modernes, celles, en particulier qui se rattachent à la théorie des modèles et à la grammaire générative, permettront une formulation plus rigoureuse des phénomènes de langue poétique ou littéraire.

Dans le même recueil, « Mathematik und Dichtung », M. Bierwisch propose l'application des méthodes de Chomsky à l'étude de la langue poétique :

« Je voudrais discuter ici quelques points de vue qui me paraissent importants pour l'établissement d'une poétique, si l'on entend par poétique la théorie de la structure des textes littéraires et des œuvres d'art verbal, et si l'on conçoit cette théorie comme une science empirique qui doit éclairer des faits donnés. Dans cette discussion, on fera usage des acquis de la linguistique de deux façons : d'une part, les objets de la poétique sont des phénomènes linguistiques et sont, en tant que tels, du domaine de cette science ; d'autre part, il y a une série de problèmes méthodologiques qui se trouvent parallèles pour la linguistique et pour la poétique...

L'objet propre de la poétique, ce sont les régularités particulières qui se réalisent dans les textes littéraires et qui déterminent leurs effets spécifiques et, par là, la possibilité pour l'homme de produire de telles structures et d'en comprendre les effets. Il s'agit donc de quelque chose que l'on pourrait nommer la *compétence poétique*... »

(L'auteur résume ici la théorie chomskienne de la compétence. Pour entendre la suite il faut expliquer les symboles dont il va se servir : une grammaire *G* engendre une phrase selon des règles dont l'ensemble constitue la *SB* (Strukturelle Beschreibung = description structurale) de cette phrase. *SB* résulte de la combinaison de *SS* (structure syntaxique), *BS* (structure sémantique) et *PS* (structure phonétique) :

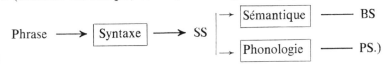

Phrase ⟶ | Syntaxe | ⟶ SS | → | Sémantique | ── BS
→ | Phonologie | ── PS.)

« Nous admettrons pour les considérations qui suivent que *G* ne génère pas seulement des phrases isolées, mais aussi des complexes de phrases ou unités d'énoncé. Ceci se justifie d'ailleurs pour des raisons linguistiques également, puisqu'il existe des relations grammaticales qui dépassent les limites de la phrase.

On trouve immédiatement, pour un domaine considérable des problèmes de la poétique, des analogies avec le dispositif conceptuel qui vient d'être exposé. Jakobson et Lotz commencent leur étude de « L'axiomatique d'un système de versification établie sur l'exemple de la chanson populaire mordvinienne » en établissant ce qui suit : « L'analyse d'un système de mètres exige une détermination précise des constituants qui sont à la base d'un mètre du système et de leurs interrelations ; elle doit exprimer de façon complète et univoque quels sont les mètres qui existent réellement dans le système et quels sont ceux qui sont impossibles. La liste complète des formes métriques disponibles doit donc pouvoir être entièrement déduite des fondements une fois établis. » Une telle axiomatique du vers est rigoureusement parallèle à une grammaire générative *G* ; c'est un mécanisme qui génère tous les mètres possibles et qui explique ainsi la capacité de reconnaître les vers comme tels, de discerner les écarts intentionnels ou accidentels, etc.

Il y a cependant une différence essentielle entre un tel système du vers et une grammaire : un système de versification ne peut être constitué que sur la base d'éléments qui sont déjà donnés dans la grammaire et qui entrent dans des structures qui sont établies par la grammaire, alors que les éléments qui font partie de la grammaire sont constitués de façon autonome, sans aucun recours à un système extralinguistique. Les structures poétiques, comme vers, rime, allitération sont donc des structures parasites qui ne sont possibles que sur la base de structures linguistiques primaires... »

(L'auteur pose alors la question de l'établissement du lien entre la grammaire et la description des structures poétiques.)

« ...Une réponse possible à cette question serait de concevoir un système poétique P' comme un mécanisme de sélection qui reçoit à l'entrée les SB générés par G et fournit à la sortie deux classes, SB^1 et SB^2, dont SB^1 contient les structures qui correspondent aux règles poétiques. En d'autres termes, il faudrait construire P' comme un algorithme de décision qui établit à propos de chaque phrase ou combinaison de phrase si elle est poétique ou non. Il serait donc constitué comme ce que l'on nomme une « grammaire recognitive » qui a comme entrée des suites de mots et comme sortie la décision sur leur grammaticalité : sont-elles grammaticales ou non ? G et P' réunis généreraient alors toutes les structures poétiques possibles dans une langue quand est donné un système poétique déterminé. Mais, de même que la grammaire recognitive doit disposer de toutes les règles contenues dans G pour distinguer les phrases grammaticales des phrases déviationnelles, un système P' ainsi construit devrait disposer d'un système fini de règles qui distingue les structures poétiques de toutes les autres. Manifestement, une telle distinction n'a de sens, au mieux, que pour certains systèmes simples comme le mètre régulier. Avant de poursuivre l'étude de cet aspect empirique, qui est en liaison étroite avec la *compétence poétique*, nous allons discuter une modification de P' qui permet une description plus plausible de la relation entre structure linguistique et structure poétique.

Nous entendrons par P un mécanisme qui ne répartit plus les SB en deux classes, mais qui établit à propos de deux SB laquelle des deux comporte la plus grande part de régularité poétique. P, en d'autres termes, dispose les SB selon une échelle de la « poéticité ». Il faut ici, évidemment, prendre également en considération les phrases qui sont des écarts grammaticaux, avec leurs SB, car souvent les écarts grammaticaux sont motivés précisément par les règles de P... Il faut représenter la construction de P de la façon suivante : dans une SB, prise en charge à l'entrée du mécanisme,

P, en fonction de règles générales mais strictement formelles, naturellement, dégage les marques structurales déterminées et, selon ces marques, lui assigne une valeur déterminée. Pour le cas de systèmes de règles simples, clos, comme par exemple pour le vers régulier, la fonction de *P* se confond avec celle de *P'*...

Aux complexes de règles qui constituent *P* appartiendrait, par exemple, l'explication précise de la règle générale formulée par Jakobson (« La fonction poétique projette le principe d'équivalence de l'axe de la sélection sur l'axe de la combinaison »), qui, sur la base des données que nous venons d'établir, signifie ceci : à des places déterminées dans les suites de *SB* se trouvent des unités qui sont caractérisées par les mêmes marques syntaxiques, sémantiques ou phonétiques. Ces unités sont marquées et forment la base pour l'attribution d'une valeur déterminée dans l'échelle de poéticité. Nous pouvons préciser davantage : soit *K* et *K'* des complexes spécifiés par *G* de *m* marques, parmi lesquels *n* marques sont identiques, de telle sorte que $n < m$. Pour $n = m$, *K* et *K'* sont donc des complexes identiques. A partir de quelle valeur de *n* par rapport à *m K* et *K'* forment-ils une relation poétique ? C'est empiriquement qu'il faut le déterminer. Soit *SB* (*KK'*) une *SB* contenant *K* et *K'*. Cette propriété peut certainement être effectivement déterminée. Les règles qui explicitent l'hypothèse de Jakobson se formuleraient dans *P* à peu près sous cette forme :

(1) $SB\ (K,K') \longrightarrow SB\ [R\ (K,K')]$

où *R* (*K,K'*) est la relation qui existe entre les deux complexes et où (1) coordonne à *SB* (*K,K'*) le marquage de cette relation...

Assurément, le parallélisme ainsi formulé ne suffit pas à amener dans tous les cas un effet poétique..

...Ces remarques doivent permettre de fonder les points suivants : *P* opère sur la base des *SB* générés par *G*... et marque en eux des structures poétiques qui déterminent leur position dans une échelle de la poéticité. Les règles qui composent *P* opèrent sur des structures linguistiques, mais elles sont elles-mêmes extralinguistiques ; on peut préciser ainsi, de façon satisfaisante, le problème si souvent contesté, de la relation entre la poétique et la linguistique. *P* produit de façon explicite et automatique un résultat analogue à celui que fournit pour un texte particulier, mais de façon intuitive et sans prémisses générales, l'interprétation herméneutique et exprime de façon explicite sur la base de quelles régularités se produit l'effet esthétique à la lecture ou à l'audition d'un texte. Bien entendu, *P* recevra une formulation particulière pour chaque langue d'entrée et pour chaque situation poétique particulière, mais on peut également soulever la question de l'existence de propriétés générales indépendantes des langues particulières ou des systèmes poétiques particuliers. L'objet de cette recherche sera de déterminer quelles sont les composantes possibles de *P*, quelles sont leurs interrelations, quelles formes de règles entrent dans *P*, etc. En d'autres termes, les aspects les plus divers de *P* peuvent, sur la base d'examens méthodiques des systèmes poétiques particuliers, être examinés selon leurs propriétés générales exactement comme on examine dans la théorie linguistique la forme générale de *Ġ*. On peut finalement poser de façon précise la question des identités générales entre *P* et des systèmes extralinguistiques comme, par exemple, la musique... »

(Mais si la clôture des systèmes linguistiques permet d'admettre la validité des jugements du sujet sur la grammaticalité des phrases de sa langue, il ne semble pas qu'il en aille de même pour la poétique.)

   « Il faut écarter ici un malentendu possible. Si l'on conçoit la poétique comme une science empirique, elle n'a pas pour tâche de justifier scientifiquement des jugements de valeur littéraires ou d'établir des normes pour la création littéraire, mais elle doit expliquer sur la base de quelles propriétés structurales se réalisent certains effets déterminés. Elle peut et doit seulement expliquer quelles régularités, consciemment ou inconsciemment poursuivies, conduisent à la compréhension d'une structure poétique et à un jugement sur la poéticité. Elle ne peut parvenir à ce résultat que dans la mesure où ces jugements reposent sur des propriétés immanentes au texte. Ainsi, la poétique ne peut ni infirmer des jugements erronés ni confirmer des jugements justes ; elle doit accepter comme un donné les effets poétiques et établir les règles sur lesquelles ils reposent. La situation est tout à fait analogue à celle de la grammaire descriptive qui ne formule pas de prescriptions sur l'usage, mais se contente de le décrire. La différence... c'est que chaque locuteur est en possession d'une grammaire complète... alors que la compétence poétique est, incontestablement, diversement répandue...

   Les écarts ne sont pas poétiques par eux-mêmes... Ils ne produisent un effet poétique que s'ils sont eux-mêmes fondés sur une régularité propre, s'ils cessent d'apparaître comme des transgressions arbitraires des règles de la grammaire. Cela signifie que les écarts à effet poétique doivent pouvoir être expliqués par des règles de déviation qui spécifient les conditions et la forme des écarts...

   Il est clair que les systèmes de règles de ce dernier type sont beaucoup moins généraux que les structures poétiques primaires comme le parallélisme ou le mètre simple, et encore moins généraux que des règles de grammaire. Il faut compter qu'assez souvent un système déterminé de règles ne se réalise qu'avec l'œuvre dans laquelle il s'établit, qu'il n'existe pas sous forme de code préexistant. Cela fournit une explication satisfaisante de ce phénomène souvent constaté qu'un écrivain est, au début de son œuvre, tout à fait libre dans le choix de ses moyens et qu'au cours du travail créateur, il se trouve soumis à une contrainte croissante qui émane du texte lui-même. Cela signifie, dans notre terminologie, la prise en charge de nouvelles règles de *P*, qui déterminent la suite du texte. Pour le lecteur ou l'auditeur, cela signifie que ce n'est qu'au cours du processus de compréhension du texte qu'il acquiert le système de règles selon lequel il comprend le texte ; pour parler la langue de la théorie de l'information, il se trouve dans la situation du cryptanalyste... »

> Manfred BIERWISCH, *Poetik und Linguistik* (extraits) *in* « Mathematik und Dichtung », pp. 49-65. Nymphenburger Verlagshandlung, Münich, 1965 (trad. P.K.).

4. LE LANGAGE POETIQUE

On retrouve le même souci d'intégrer l'apport des formalistes russes aux méthodes de la linguistique générale dans ce texte de G. Genette :

> « La littérature étant œuvre de langage, et le structuralisme, de son côté, étant par excellence une méthode linguistique, la rencontre la plus probable devait évidemment se faire sur le terrain du matériel linguistique : sons, formes, mots et phrases constituent l'objet commun du linguiste et du philologue, à tel point qu'on a pu, dans les premières ardeurs du mouvement formaliste russe, définir la littérature comme un simple dialecte, et envisager son étude comme une annexe de la dialectologie générale. Et le formalisme russe, précisément, que l'on considère à bon droit comme une des matrices de la linguistique structurale, ne fut rien d'autre à l'origine, qu'une rencontre de critiques et de linguistes sur le terrain du **langage poétique**. Cette assimilation de la littérature à un dialecte soulève des objections trop évidentes pour être prise à la lettre. Si dialecte il y avait, il s'agirait d'un dialecte translinguistique opérant sur toutes les langues un certain nombre de transformations différentes dans leurs procédés mais analogues dans leur fonction, un peu comme les divers argots parasitent diversement des langues diverses mais se ressemblent dans leur

fonction parasitaire ; rien de tel ne peut être avancé au sujet des dialectes, et surtout, la différence qui sépare la « langue littéraire » de la langue commune réside moins dans les moyens que dans les fins : à quelques inflexions près, l'écrivain utilise la même langue que les autres usagers, mais il ne l'utilise ni de la même manière ni dans la même intention : matériel identique, fonction décalée, ce statut est exactement inverse de celui du dialecte. Mais, comme d'autres « outrances » du formalisme, celle-ci avait une valeur cathartique : l'oubli temporaire du contenu, la réduction provisoire de l' « être littéraire » de la littérature à son être linguistique devait permettre de réviser quelques vieilles évidences concernant la « vérité » du discours littéraire, et d'étudier de plus près le système de ses conventions. On avait assez longtemps regardé la littérature comme un message sans code pour qu'il devînt nécessaire de la regarder un instant comme un code sans message.

La méthode structuraliste se constitue comme telle au moment précis où l'on retrouve le message dans le code, dégagé par une analyse des structures immanentes, et non plus imposé de l'extérieur par des préjugés idéologiques. Ce moment ne peut tarder longtemps, car l'existence du signe, à tous les niveaux, repose sur la liaison de la forme et du sens. C'est ainsi que Roman Jakobson, dans son étude de 1923 sur le vers tchèque, découvre une relation entre la valeur prosodique d'un trait phonique et sa valeur signifiante, chaque langue tendant à donner la plus grande importance prosodique au système d'oppositions le plus pertinent sur le plan sémantique : différence d'intensité en russe, de durée en grec, de hauteur en serbo-croate. Ce passage du phonétique au phonématique, c'est-à-dire de la pure substance sonore, chère aux premières inspirations formalistes, à l'organisation de cette substance en système signifiant (ou du moins apte à la signification) n'intéresse pas seulement l'étude de la métrique, puisqu'on y a vu à juste titre une anticipation de la méthode phonologique. Il figure assez bien ce que peut être l'apport du structuralisme à l'ensemble des études de morphologie littéraire : poétique, stylistique, composition. Entre le pur formalisme, qui réduit les « formes » littéraires à un matériel sonore finalement informe parce que non-signifiant, et le réalisme classique, qui accorde à chaque forme une « valeur expressive » autonome et substantielle, l'analyse structurale doit permettre de dégager la liaison qui existe entre un système de formes et un système de sens, en substituant à la recherche des analogies terme à terme celle des homologies globales. »

G. Genette, *Figures*, Seuil, 1966, pp. 149 sq.

C. LA NOTION DE "GENRE LITTÉRAIRE"

La notion de « genre » littéraire est aussi ancienne que celle de langue poétique. Elle jouait un rôle considérable dans la rhétorique classique. Cette notion avait été oblitérée par une vision de la littérature qui mettait au premier plan la personnalité psychologique du créateur. Elle surgit à nouveau aujourd'hui et apparaît comme un relais indispensable de l'analyse stylistique.

1. LA NOTION DE GENRE LITTERAIRE EN STYLISTIQUE

« Les stylisticiens n'ont pas accordé à cette notion de genre litté-raire l'importance qu'elle mérite. Si curieux que cela puisse paraître à la réflexion, ni le *Précis de stylistique française* de M. Marouzeau, ni *Le Style et ses techniques* de Cressot ne s'atta-chent à définir les différents genres. La notion de style est, pour ces deux auteurs inséparable de la notion de choix : « *choix fait par l'usager dans tous les compartiments de la langue* », remarque Cres-sot, « *attitude que prend l'usager écrivant ou parlant vis-à-vis du matériel que la langue lui fournit* », écrit M. Marouzeau. Mais on ne se demande jamais, ou presque jamais, si le choix ici défini n'est pas, dans une certaine mesure, commandé d'abord par un choix antérieur, qui est celui du genre littéraire. En ce domaine, heureuse-ment, le besoin d'ordre se fait également sentir : M. Antoine, dans son article sur les buts et les méthodes de la stylistique française, préconise l'étude des systèmes d'expression « *d'un genre, ou d'une école ou tendance littéraire* » ; M. Ullmann, dans l'introduction de son livre, « *Style in the French Novel* », estime que les différentes études qu'il nous présente peuvent aider à définir la stylistique d'un genre, à étudier les possibilités d'expression qu'offre le roman à l'écrivain. Ainsi se trouve posé le problème de savoir dans quelles conditions et selon quels critères pourrait être définie une stylistique des différents genres littéraires.

Si la notion de genre est fondamentale, c'est que chaque genre littéraire représente, au-delà de toutes les autres différences qui sont souvent plus apparentes que réelles, une manière particulière d'utiliser le langage. Qu'est-ce à dire ? Que l'auteur (au sens très large du terme), en choisissant tel ou tel genre, choisit une certaine forme, recherche une certaine efficacité, d'une certaine manière ;

que son texte agit de telle ou telle façon sur un auditeur ou un lecteur qui est dans telles ou telles conditions matérielles ou dans telles ou telles dispositions d'esprit. Tous ces faits sont bien évidents, mais auraient besoin d'être étudiés et précisés ; leur convergence permettrait d'établir d'une façon nette les différences fondamentales entre les genres. Mais, si l'on réfléchit à ces problèmes, on s'aperçoit très vite que, parmi ces différences, deux surtout sont essentielles :

1. Tout genre suppose une utilisation particulière de la langue parlée, ou de la langue écrite, ou de la langue parlée et écrite.

2. Tout genre suppose l'utilisation d'une ou de plusieurs « temporalités »...

.. ..

Une étude stylistique complète des genres littéraires faite dans cet esprit nous amènerait à modifier ou à préciser certaines de nos méthodes d'analyse :

— Elle nous obligerait à ne pas étudier un procédé de style en dehors du genre qui en justifie l'emploi : il ne suffit pas, par exemple, comme on l'a vu, d'étudier l'image en elle-même...

— Elle permettrait une critique plus nuancée des anciennes rhétoriques. Que celles-ci soient, dans leur ensemble condamnables, nul n'en doute : la confusion entre langue parlée et langue écrite y est constante, comme le terme de *rhétorique* le montre si bien ; et l'on aboutit, de ce fait, à des distinctions artificielles entre de pseudo-genres. Dans ces ouvrages déconcertants, que de remarques puériles, à côté des analyses les plus fines ! Mais enfin, sans eux, que de chefs-d'œuvre seraient autres qu'ils ne sont (1) ! Seule une étude attentive des différents genres littéraires nous permettra de relire avec fruit ces vénérables ouvrages, en séparant l'ivraie du bon grain.

Cette étude nous amènerait aussi à mieux définir la notion de choix. Certains stylisticiens raisonnent comme si l'écrivain se plaçait devant la langue comme un organiste devant ses claviers et son pédalier. L'organiste est libre d'appuyer sur telle ou telle touche. Mais l'écrivain est-il libre, dès la première page, d'employer tel ou tel mot ? Le romancier qui veut écrire un roman populiste s'interdit aussitôt l'emploi de quantité de tournures syntaxiques et de toute une partie de son vocabulaire. Une étude stylistique d'une œuvre devrait d'abord, me semble-t-il, définir les différents choix qu'impose le genre adopté...

Mais, en donnant, ou plutôt en redonnant à cette notion de genre toute son importance, nous serions amenés à repenser d'autres problèmes plus généraux :

— Les notions de langue parlée et de langue écrite devraient être précisées ; on verrait mieux que l'opposition traditionnelle entre les deux langues est légitime, dans la mesure où sont différentes les conditions générales de leur emploi ; mais on verrait mieux aussi que la notion de langue écrite est trop imprécise, et qu'il y a plusieurs « langues écrites », chacune pouvant se définir peut-être par l'écart plus ou moins grand qu'elle suppose, par rapport à la langue parlée.

Du point de vue méthodologique, ces distinctions nous inciteraient à être plus prudents dans le choix de nos exemples et dans leur interprétation ; à nous demander, entre autres choses, dans quelle mesure nous avons le droit, à propos d'un problème de syntaxe, de citer pêle-mêle une strophe de Verlaine, trois vers de Villon, une phrase de Victor Hugo et les paroles de M. E. W., 56 ans. Un choix ne s'imposerait-il pas ? Et pour définir, par exemple, certains caractères de la langue parlée, tout texte dramatique, tout dialogue de roman ne sont-ils pas *a priori* suspects (2) ?

Enfin, une étude plus attentive des différents genres littéraires éclairerait certains problèmes de syntaxe. Il est bien vrai qu'en un premier mouvement il faut aller de l'étude de la langue à l'étude du style : on ne peut pas établir une stylistique de l'interrogation sans avoir défini d'une façon très précise le système interrogatif dans son ensemble. Mais, cela étant acquis, le mouvement inverse, dans bien des cas, n'est pas moins légitime : le discours indirect libre se caractérise par tel ou tel emploi syntaxique parce que l'écrivain a à résoudre tel ou tel problème de style ; et si la maxime est un genre où l'emploi de l'imparfait n'est pas possible, l'imparfait est aussi un temps qui ne saurait être employé dans la maxime, et sa valeur profonde s'en trouve précisée. On voit aussi le parti qu'a tiré M. Benveniste dans son article sur *Les relations de temps dans le verbe français* (3) de la confrontation des genres littéraires : la comparaison de textes romanesques et de textes historiques lui permet d'aboutir à la distinction si féconde entre l'histoire et le discours.

D'autres études faites dans le même esprit seraient, sans aucun doute, utiles. Il faut revenir sans cesse à la parole fameuse de Guillaume : « *Ce n'est pas le langage qui est intelligent, mais la manière dont on l'emploie* (4). » Or, les différents genres définissent, pour une grande part, les conditions de cet emploi. Leur étude devrait permettre d'établir la stylistique générale sur des bases scientifiques, ce qui la rendrait acceptable aux meilleurs esprits. »

P. Larthomas,
Le Français moderne, juill. 1964, pp. 185-193.

---

(1) Un exemple : il est impossible d'étudier le style des premiers chefs-d'œuvre de Chateaubriand sans avoir recours aux traités de rhétorique ; on pourra s'en rendre compte en étudiant, à la fin de *René*, le passage : « *Je ne sais ce que le ciel me réserve... les faîtes du monastère qui s'abaissaient à l'horizon...* » (Textes littéraires français, éd. critique d'Armand Weil, pp. 73-75).

(2) Et n'est-il pas curieux de trouver dans le livre de M. Imbs sur *l'emploi des temps verbaux en F. M.* (p. 145), comme exemple de langue parlée, cette phrase de Mauriac : « *... pour qu'ils n'aient pas hésité à placer un garçon de mon âge chez une veuve encore jeune, il fallait qu'ils fussent bien pressés de me voir les talons... ?* »

(3) B.S.L., 1959, fasc. I, pp. 69-82. V. aussi p. xxi le résumé de l'exposé de M. Fourquet sur *Le système verbal de l'allemand* : « *... Des dépouillements ont montré que dans un roman en style historique on ne trouve pratiquement que le prétérit et le plus-que-parfait, dans une comédie que le présent et le parfait. Tout se passe comme s'il y avait d'abord choix d'une base temporelle du discours...* ». On ne saurait mieux dire : une étude des temps doit commencer, semble-t-il, par définir les différentes bases temporelles, ce qui revient à partir des différentes temporalités telles qu'elles ont été définies plus haut. Car un temps n'a pas de valeur en lui-même ; il n'a de valeur que par opposition à d'autres temps, à l'intérieur d'une temporalité.

(4) « Le problème de l'article », p. 31.

***

« La notion de genre est aujourd'hui plutôt mal reçue, peut-être à cause... de cet organicisme grossier dont elle a été entachée à la fin du siècle dernier, et sans doute aussi et surtout parce que nous vivons un âge littéraire qui est celui de la dissolution des genres et de l'avènement de la littérature comme abolition des frontières intérieures de l'écrit. S'il est vrai, comme on l'a déjà dit, que la critique a pour l'une de ses tâches de reverser sur la littérature du passé l'expérience littéraire du présent et de lire les anciens à la lumière des modernes, il peut paraître singulier et même saugrenu, à une époque dominée par des noms comme ceux de Lautréamont, de Proust, de Musil, de Bataille, de s'attacher à ressusciter, fût-ce en les renouvelant, les catégories d'Aristote et de Boileau... Il n'est peut-être pas vrai, ou plus vrai, que les genres vivent, meurent et se transforment, mais il reste vrai que le discours littéraire se produit et se développe selon des structures qu'il ne peut même transgresser que parce qu'il les trouve, encore aujourd'hui, dans le champ de son langage et de son écriture. Pour ne retenir ici qu'un exemple particulièrement clair, E. Benveniste a bien montré, dans un ou deux chapitres de ses Problèmes de linguistique générale, la façon dont s'opposent dans les structures mêmes de la langue, au moins de la langue française, par l'emploi réservé de certaines formes verbales, de certains pronoms, de certains adverbes, les systèmes du *récit* et du *discours.* De ces analyses, et de celles qu'on peut mener à partir d'elles et dans leur prolongement, il se dégage à tout le moins que le récit représente, même sous ses formes les plus élémentaires, et même au point de vue purement grammatical, un emploi très particulier du langage, soit à peu près ce que Valéry nommait, à propos de la poésie, *un langage dans le langage,* et toute étude des grandes formes narratives (épopée, roman, etc.) devrait au moins tenir compte de cette donnée, comme toute étude des grandes créations poétiques devrait commencer par considérer ce que l'on a appelé récemment les *structures du langage poétique.* Il en irait de même, cela va de soi, pour toutes les autres formes de l'expression littéraire, et par exemple il peut sembler étrange que l'on n'ait jamais songé (du moins à ma connaissance) à étudier pour lui-même, dans le système de ses ressources et de ses contraintes spécifiques, un type de discours aussi fondamental que la description. Ce genre d'études, qui est encore à peine en voie de constitution, et d'ailleurs en marge des cadres officiels de l'enseignement littéraire, il est vrai qu'on pourrait le baptiser d'un nom fort ancien et plutôt décrié : c'est la rhétorique, et pour ma part je ne verrais aucun inconvénient à admettre que la critique telle que nous la concevons serait, partiellement du moins, quelque chose comme une nouvelle rhétorique. Ajoutons seulement (et la référence à Benveniste était un peu ici pour le laisser entendre) que cette nouvelle rhétorique entrerait tout naturellement, comme l'avait d'ailleurs prévu Valéry, dans la mouvance de la linguistique, qui est sans doute la seule discipline scientifique ayant actuellement son mot à dire sur la littérature *comme telle,* ou pour reprendre une fois de plus le mot de Jakobson, sur la *littérarité* de la littérature. »

G. GENETTE. *Raisons de la critique pure,*
in « Chemins de la Critique », pp. 239 sq.

2. STYLE ET REGISTRES

« L'œuvre médiévale est *style.* Mais ce mot, dans son application à l'écriture de ce temps, désigne moins un écart entre le système et l'emploi que l'on en fait, que cet emploi même, comme tel. La variation individuelle se situe dans l'agencement d'éléments expressifs hérités, beaucoup plus que dans la signification originale qu'on leur conférerait...

Considérons, du point de vue formel, une œuvre poétique
« romane » quelconque. On peut distinguer, dans sa structure,
divers éléments. Sur le plan le plus général, l'œuvre a un « objet » :
la femme, la guerre, Dieu, la nature, tel ou tel « estat du monde » ;
ou, selon un autre angle de vision, l'amour, la haine, la crainte
de Dieu, l'éloge des saints, la moquerie. Je désigne par ce mot
d' « objet » de vastes secteurs de l'intelligible ou du sensible,
dans l'un desquels se situe l'imagination créatrice au moment
qu'elle va passer à l'acte.

Ces objets existent moins sous une forme universelle, valable
comme telle, que sous l'aspect plus particulier de « thèmes »...
J'appelle « thème » un centre d'intérêt, apparaissant, dans l'œuvre
constituée, sous les traits d'un schème expressif relativement
rigide, grâce auquel un « objet » s'actualise sous l'un de ses
accidents. Le thème constitue ce que l'on pourrait nommer un
champ expressif, au sens où l'on parle de champs sémantiques...

Cependant le thème n'est pas une entité idéale. Il se réalise à
travers une pluralité de facteurs expressifs variables, dont un
certain nombre sont attachés à lui de manière fixe, dont les autres
interviennent irrégulièrement pour l' « amplifier » : je nomme ces
facteurs des « motifs ». Les motifs sont de genres divers : du
moins ont-ils tous pour fonction d'incarner le thème dans la
réalité verbale de l'œuvre. Le thème de la requête d'amour nous
apparaît à travers les motifs de l'espoir, de la crainte, du désir,
du service, de la prière ; le thème de la maumariée, à travers ceux
de la haine du mari, de l'absence d'amour, ou de l'ami clandestin ;
le thème printanier à travers ceux, étroitement liés, de la verdure
et des chants d'oiseaux.

C'est ici que, structurellement, se situent les divers phénomènes
que désigne l'expression de style formulaire. Les motifs constituent, en effet, comme des unités expressives plus petites que le
thème, plus mêlées, par nature, à la trame linguistique de l'œuvre.
Aussi un grand nombre de motifs dans les genres épique et lyrique
et même dans le roman, s'attachent-ils un matériel lexical particulier : des mots, des locutions déterminées, telle figure plutôt
que telle autre, surgissent naturellement, de préférence à d'autres,
dès que l'auteur recourt à tel motif... Les « formules » seront
constituées à la fois par ces séries lexicales, et par les tours
syntaxiques ou rhétoriques qui servent à les présenter.

Il arrive qu'au sein d'une tradition formelle déterminée il y ait
identité parfaite ente un motif et une formule. Il suffit alors de
la présence d'un mot, dans un contexte quelconque, pour y

impliquer le motif. Je préférerais parler alors, au lieu de « formule », de « terme-clé ». De tels termes-clés sont nombreux dans le lyrisme courtois d'amour, occire, mal, amor, joie, penser, dame, etc. Seul l'examen du vocabulaire en tant que tel permet de les identifier par comparaison. Je comprendrais formules et les termes-clés ensemble sous l'appellation d'expressions formulaires.

De plus, certains ensembles expressifs, affectés d'un haut degré de cohérence, comportent des groupements de motifs assez rigides. Ainsi, l'éloge de la dame, dans la chanson courtoise, invoque nécessairement l'intelligence amoureuse, la beauté et la vertu. A chacun de ces termes correspond une série de désignatifs (bel, pruz, curteis, sens, etc.). Dans d'autres contextes, les mêmes termes peuvent réapparaître isolément, dissociés : le motif du service implique très souvent l'affirmation de l'intelligence amoureuse du poète (avec la série curteis, sens, etc.). Mais ce n'est que par rapport à la dame que ces termes sont liés de façon inséparable. Ils constituent alors ce que j'appelle un « type »...

Tout cela n'a rien de mathématiquement rigoureux. Objets, thèmes, motifs, types et même expressions formulaires, constituent simplement des plans ou des points associatifs. Mais leur nombre d'une part, et leur permanence de l'autre, créent en fait un réseau de correspondances et de contraintes coutumières très serrées, embrassant, avec leur source imaginative, le choix des moyens linguistiques, stylistiques et rhétoriques. C'est en ce sens que je les réunis sous le nom de « procédés d'expression ». Ce sont eux qui constituent à la fois la matière et la forme de la tradition.

Cette organisation interne se retrouve, identique, dans tous les genres poétiques « romans ». Elle s'y prête à des combinaisons diverses, et c'est en ce sens-là que l'on peut opposer tradition épique et tradition lyrique. La structure de l'épopée est plus cohérente, les plans associatifs (thèmes, motifs, formules) s'y lient de façon plus rigide, et en rythmes moins variés, en syntaxe plus monotone. La poésie lyrique, au contraire, présente, en ses différents genres, une complexité qui exige des approches particulières : c'est à un niveau supérieur d'élaboration que l'on perçoit chez elle les effets d'un même art. Sans doute la cause originelle de cette opposition est-elle d'ordre musical...

P. Zumthor analyse ici des chansons d'Adam de la Halle, puis reprend :

Adam de la Hale joue de ces oppositions expressives. Plus exactement il joue des combinaisons pour ainsi dire préfabriquées, dont les éléments comme tels sont mal dissociables. Les moyens linguistiques et stylistiques qu'il met en œuvre apparaissent moins comme les touches d'un clavier sur lequel frappent ses doigts que comme un ensemble de plusieurs claviers, correspondants à des tonalités différentes.

A chacun de ces claviers, je donne le nom de « registre ».

Chaque registre, constitué par un ensemble de motivations et de procédés lexicaux et rhétoriques, comporte un ton expressif particulier. L'existence de ces registres implique un fait général de structure : la poésie romane lyrique repose sur un système d'alternances que l'on pourrait appeler *modales,* par allusion aux modalités linguistiques. Ce fait a-t-il quelque rapport avec l'existence des modes musicaux ? Il ne m'appartient pas de répondre à cette question et l'on sait que la nature modale des mélodies des trouvères a été mise en doute...

...A l'époque « romane » classique, quand resplendit la poésie courtoise, l'existence d'une pluralité de registres importe à ces « convenances » que, en empruntant la notion à Dante, R. Dragonetti invoque à plusieurs reprises dans son grand travail sur les trouvères. Fondement des valeurs allusives qui constituent le plaisir poétique, la « convenance » implique l'adhésion de l'auditeur à un univers mental et verbal dont le style comme tel assure la communication. « Convenance », c'est-à-dire le maintien — en vertu d'une sorte d'accord implicite entre chanteur et public — d'un système d'expression donné : davantage que l'addition de tant de figures, de lieux communs et de trucs de métier, le réseau extrêmement complexe des relations qui s'établissent entre eux. Ce réseau est formé de liens thématiques, lexicaux, syntaxiques, rythmiques, qui s'entrecroisent de toutes manières au point de limiter singulièrement la liberté d'expression du poète : mots, types de phrases et de vers favoris, maintenus par une convenance extérieure au poète et à laquelle à son tour celui-ci ne peut qu'adhérer. Prédominance absolue de certains appellatifs, fréquence de tels tours présentatifs pour un motif déterminé, identité d'une figure de style et d'un groupe rythmique, fixation de métaphores typiques à la fois dans un registre sémantique étroit et dans un vocabulaire sans grande variation, images figées dans un mot, groupements de clichés liés à une fonction, une place très peu variables : de tels faits, qui embrassent l'expression poétique de la chanson courtoise dans toutes ses parties, ne constituent-ils pas le propre d'un art ?... C'est en tant que pluralité de registres, que la poésie lyrique « romane » en son ensemble est, par essence, et dans l'acception la plus rigoureuse du mot, jeu. C'est au niveau du registre que l'œuvre appelle un jugement de valeur ; que se révèle le degré de réalisation des tendances structurales, et que la perfection ou l'imperfection se manifestent.

Structure expressive et mentale complexe, le registre procède, en quelque manière, quant à sa cohérence, de l'imagination matérielle (au sens où l'entend Bachelard), tandis que les enchaînements et le dessein général des œuvres tiennent à l'imagination formelle. En ce sens, on pourrait parler d'un registre épique, illustré par la chanson de geste, et qui trouverait, au sein de la tradition « romane », place parmi d'autres.

Néanmoins, il ne semble pas qu'il y ait de lien nécessaire entre registre et genre littéraire. Il est vrai que cette dernière notion est, à l'époque « romane » et en langue vulgaire, bien difficile à cerner. Sommairement, et pour s'en tenir aux cas les plus clairs, on pourrait ainsi admettre que, parmi les formes de type lyrique, la chanson courtoise, la chanson de toile et le rondeau constituent des genres différents par leur origine, leur structure musicale et, probablement, leur fonction sociale. Or, la distinction en registres ne recoupe pas celle-ci. Le registre est un complexe de motifs et d'expressions formulaires, parfois de types, mais *non de thèmes*. Le thème relève, en effet, d'un ordre de réalité différent. Il sert à définir les genres littéraires. Un « genre » se présente comme un groupement de thèmes, actualisés dans une certaine forme très générale : chant strophique, laisse, tirades d'octosyllabes, prose, etc. La distinction des registres traverse celle des genres sans se confondre avec elle... »

> P. ZUMTHOR, *Langue et techniques poétiques à l'époque romane* (XIe-XIIIe S.), pp. 126-144, Paris, Klincksieck, 1963.

3. SYSTEME DE L' « HISTOIRE » ET SYSTEME DU « DISCOURS »

« ...Les temps d'un verbe français ne s'emploient pas comme les membres d'un système unique, ils se distribuent en *deux systèmes* distincts et complémentaires. Chacun d'eux ne comprend qu'une partie des temps du verbe ; tous les deux sont en usage courant et demeurent disponibles pour chaque locuteur. Ces deux systèmes manifestent deux plans d'énonciation différents, que nous distinguerons comme celui de l'*histoire* et celui du *discours*.

L'énonciation *historique*, aujourd'hui réservée à la langue écrite, caractérise le récit des événements passés. Ces trois termes,

« récit », « événement », « passé », sont également à souligner. Il s'agit de la présentation des faits survenus à un certain moment du temps, sans aucune intervention du locuteur dans le récit. Pour qu'ils puissent être enregistrés comme s'étant produits, ces faits doivent appartenir au passé. Sans doute vaudrait-il mieux dire : dès lors qu'ils sont enregistrés et énoncés dans une expression temporelle historique, ils se trouvent caractérisés comme passés. L'intention historique constitue bien une des grandes fonctions de la langue : elle y imprime sa temporalité spécifique, dont nous devons maintenant signaler les marques formelles.

Le plan historique de l'énonciation se reconnaît à ce qu'il impose une délimitation particulière aux deux catégories verbales du temps et de la personne prises ensemble. Nous définirons le récit historique comme le mode d'énonciation qui exclut toute forme linguistique « autobiographique ». L'historien ne dira jamais *je,* ni *tu,* ni *ici,* ni *maintenant,* parce qu'il n'empruntera jamais l'appareil formel du discours, qui consiste d'abord dans la relation de personne *je : tu.* On ne constatera donc dans le récit historique strictement poursuivi que des formes de « 3ᵉ personne ».

Sera pareillement défini le champ de l'expression temporelle. L'énonciation historique comporte trois temps : l'aoriste (= passé simple ou passé défini), l'imparfait (y compris la forme en — *rait* dite conditionnel), le plus-que-parfait. Accessoirement, d'une manière limitée, un temps périphrastique substitut du futur, que nous appellerons le *prospectif.* Le présent est exclu, à l'exception — très rare — d'un présent intemporel tel que le « présent de définition ».

...Dans ce mode d'énonciation, l'effectif et la nature des temps demeurent les mêmes. Il n'y a aucune raison pour qu'ils changent aussi longtemps que le récit historique se poursuit, et il n'y a d'ailleurs aucune raison pour que celui-ci s'arrête, puisqu'on peut imaginer tout le passé du monde comme un récit continu et qui serait entièrement construit sur cette triple relation temporelle : aoriste, imparfait, plus-que-parfait. Il faut et il suffit que l'auteur reste fidèle à son propos d'historien et qu'il proscrive tout ce qui est étranger au récit des événements (discours, réflexions, comparaisons). A vrai dire, il n'y a même plus alors de narrateur. Les événements sont posés comme ils se sont produits à mesure qu'ils apparaissent à l'horizon de l'histoire. Personne ne parle ici ; les événements semblent se raconter eux-mêmes. Le temps fondamental est l'aoriste, qui est le temps de l'événement hors de la personne d'un narrateur.

Nous avons, par contraste, situé d'avance le plan du *discours*. Il faut entendre discours dans sa plus large extension : toute énonciation supposant un locuteur et un auditeur, et chez le premier l'intention d'influencer l'autre en quelque manière. C'est d'abord la diversité des discours oraux de toute nature et de tout niveau, de la conversation triviale à la harangue la plus ornée. Mais c'est aussi la masse des écrits qui reproduisent des discours oraux ou qui en empruntent le tour et les fins : correspondances, mémoires, théâtre, ouvrages didactiques, bref tous les genres où quelqu'un s'adresse à quelqu'un, s'énonce comme locuteur et organise ce qu'il dit dans la catégorie de la personne. La distinction que nous faisons entre récit historique et discours ne coïncide donc nullement avec celle entre langue écrite et langue parlée. L'énonciation historique est réservée aujourd'hui à la langue écrite. Mais le discours est écrit autant que parlé. Dans la pratique on passe de l'un à l'autre instantanément. Chaque fois qu'au sein d'un récit historique apparaît un discours, quand l'historien par exemple reproduit les paroles d'un personnage ou qu'il intervient lui-même pour juger les événements rapportés, on passe à un autre système temporel, celui du discours. Le propre du langage est de permettre ces transferts instantanés.

Indiquons par parenthèse que l'énonciation historique et celle de discours peuvent à l'occasion se conjoindre en un troisième type d'énonciation, où le discours est rapporté en termes d'événement et transposé sur le plan historique ; c'est ce qui est communément appelé « discours indirect ». Les règles de cette transposition impliquent des problèmes qui ne seront pas examinés ici.

Par le choix des temps du verbe, le discours se distingue nettement du récit historique. Le discours emploie librement toutes les formes personnelles du verbe, aussi bien *je/tu* que *il*. Explicite ou non, la relation de personne est présente partout. De ce fait, la « 3ᵉ personne » n'a pas la même valeur que dans le récit historique. Dans celui-ci, le narrateur n'intervenant pas, la 3ᵉ personne ne s'oppose à aucune autre, elle est au vrai une absence de personne. Mais dans le discours un locuteur oppose une non-personne *il* à une personne *je/tu*. De même, le registre des temps verbaux est bien plus large que dans le discours : en fait tous les temps sont possibles, sauf un, l'aoriste, banni aujourd'hui de ce plan d'énonciation alors qu'il est la forme typique de l'histoire. Il faut surtout souligner les trois temps fondamentaux du discours : présent, futur et parfait, tous trois exclus du récit historique (sauf le plus-que-parfait). Commun aux deux plans est l'imparfait.

La distinction opérée ici entre deux plans d'énonciation au sein de la langue met dans une perspective différente le phénomène qui a été appelé, il y a cinquante ans, « la disparition des formes simples du prétérit » en français. Le terme « disparition » ne convient assurément pas. Une forme ne disparaît que si sa fonction n'est plus nécessaire ou si une autre forme la remplit mieux. Il s'agit donc de préciser la situation de l'aoriste par rapport au *double* système de formes et de fonctions que constitue le verbe. Il y a deux relations distinctes à observer. D'une part, c'est un fait, l'aoriste ne s'emploie pas dans la langue parlée, il ne fait pas partie des temps verbaux propres au discours. En revanche, comme temps du récit historique, l'aoriste se maintient fort bien, il n'est d'ailleurs nullement menacé et aucun autre temps ne pourrait le suppléer. On peut mettre en fait que quiconque sait écrire et entreprend le récit d'événements passés emploie spontanément l'aoriste comme temps fondamental, qu'il évoque ces événements en historien ou qu'il en crée en romancier...

...Inversement, la statistique ferait ressortir la rareté des récits historiques rédigés entièrement au parfait, et montrerait combien le parfait est peu apte à convoyer la relation objective des événements. Chacun peut le vérifier dans telle œuvre contemporaine où la narration, de parti-pris, est entièrement au parfait (une note renvoie ici à *l'Etranger* de Camus) ; il serait intéressant d'analyser les effets de style qui naissent de ce contraste entre le ton du récit, qui se veut objectif, et l'expression employée, le parfait à la première personne, forme autobiographique par excellence. Le parfait établit un lien vivant entre l'événement passé et le présent où son évocation trouve place. C'est le temps de celui qui relate les faits en témoin, en participant ; c'est donc aussi le temps que choisit quiconque veut faire retentir jusqu'à nous l'événement rapporté et le rattacher à notre présent. Comme le présent, le parfait appartient au système linguistique du discours, car le repère temporel du parfait est le moment du discours, alors que le repère de l'aoriste est le moment de l'événement... »

E. Benveniste, *Problèmes de linguistique générale*, chap. XIX, « Les relations de temps dans le verbe français », pp. 238-245. Gallimard, 1966.

*
**

4. ROMAN ET PASSÉ SIMPLE

« Retiré du français parlé, le passé simple, pierre d'angle du récit, signale toujours un art ; il fait partie d'un rituel des Belles-Lettres. Il n'est plus chargé d'exprimer un temps. Son rôle est de ramener la réalité à un point, et d'abstraire de la multiplicité des temps vécus et superposés, un acte verbal pur, débarrassé des racines existentielles de l'expérience, et orienté vers une liaison logique avec d'autres actions, d'autres procès, un mouvement général du monde : il vise à maintenir une hiérarchie dans l'empire des faits. Par son passé simple, le verbe fait implicitement partie d'une chaîne causale ; il participe à un ensemble d'actions solidaires et dirigées, il fonctionne comme le signe algébrique d'une intention ; soutenant une équivoque entre temporalité et causalité, il appelle un déroulement, c'est-à-dire une intelligence du récit. C'est pour cela qu'il est l'instrument idéal de toutes les constructions d'univers ; il est le temps factice des cosmogonies, des mythes, des histoires et des romans. Il suppose un monde construit, élaboré, détaché, réduit à des lignes significatives, et non un monde jeté, étalé, offert. *Derrière le passé simple se cache toujours un démiurge,* dieu ou récitant : le monde n'est pas inexpliqué lorsqu'on le récite, chacun de ses accidents n'est que circonstanciel, et le passé simple est précisément ce signe opératoire par lequel le narrateur ramène l'éclatement de la réalité à un verbe mince et pur, sans densité, sans volume, sans déploiement, dont la seule fonction est d'unir le plus rapidement possible une cause et une fin. Lorsque l'historien affirme que le duc de Guise mourut le 23 décembre 1588, ou lorsque le romancier raconte que la marquise sortit à cinq heures, ces actions émergent d'un autrefois sans épaisseur ; débarrassées du tremblement de l'existence, elles ont la stabilité et le dessin d'une algèbre, elles sont un souvenir, mais un souvenir utile, dont l'intérêt compte beaucoup plus que la durée.

Le passé simple est donc finalement l'expression d'un ordre, et par conséquent d'une euphorie. Grâce à lui, la réalité n'est ni mystérieuse, ni absurde ; elle est claire, presque familière, à chaque moment rassemblée et contenue dans la main d'un créateur ; elle subit la pression ingénieuse de sa liberté. Pour tous les grands récitants du XIXe siècle, le monde peut être pathétique, mais il n'est pas abandonné, puisqu'il est un ensemble de rapports cohérents, puisqu'il n'y a pas de chevauchement entre les faits écrits, puisque celui qui le raconte a le pouvoir de récuser l'opacité et la solitude des existences qui le composent, puisqu'il peut témoigner à chaque

phrase d'une communication et d'une hiérarchie des actes, puisqu'enfin, pour tout dire, ces actes eux-mêmes peuvent être réduits
à des signes.

Le passé narratif fait donc partie d'un système de sécurité des
Belles-Lettres. Image d'un ordre, il constitue l'un de ces nombreux
pactes formels établis entre l'écrivain et la société, pour la justification de l'un et la sérénité de l'autre. Le passé simple *signifie*
une création : c'est-à-dire qu'il la signale et qu'il l'impose. Même
engagé dans le plus sombre réalisme, il rassure, parce que, grâce
à lui, le verbe exprime un acte clos, défini, substantivé, le récit
a un nom, il échappe à la terreur d'une parole sans limite : la
réalité s'amaigrit et se familiarise, elle entre dans un style, elle ne
déborde pas le langage ; la littérature reste la valeur d'usage d'une
société avertie par la forme même des mots, du sens de ce qu'elle
consomme. Au contraire, lorsque le récit est rejeté au profit
d'autres genres littéraires, ou bien, lorsqu'à l'intérieur de la narration, le passé simple est remplacé par des formes moins ornemen-
tales, plus fraîches, plus denses et plus proches de la parole (le
présent ou le passé composé), la littérature devient dépositaire de
l'épaisseur de l'existence, et non de sa signification. Séparés de
l'Histoire, les actes ne le sont plus des personnes.

On s'explique alors ce que le passé simple du roman a d'utile
et d'intolérable : il est un mensonge manifesté ; il trace le champ
d'une vraisemblance qui dévoilerait le possible dans le temps
même où elle le désignerait comme faux. La finalité commune du
roman et de l'histoire narrée, c'est d'aliéner les faits : le passé
simple est l'acte même de possession de la société sur son passé
et son possible. Il institue un continu crédible mais dont l'illusion
est affichée, il est le terme ultime d'une dialectique formelle qui
habillerait le fait irréel des vêtements successifs de la vérité, puis
du mensonge dénoncé. Ceci *doit être mis en rapport avec une
certaine mythologie de l'universel, propre à la société bourgeoise,*
dont le roman est un produit caractérisé : *donner à l'imaginaire la
caution formelle du réel, mais laisser à ce signe l'ambiguïté d'un
objet double, à la fois vraisemblable et faux,* c'est une opération
constante dans tout l'art occidental, pour qui le faux égale le vrai,
non par agnosticisme ou duplicité poétique, mais parce que le
vrai est censé contenir un germe d'universel, ou si l'on préfère,
une essence capable de féconder, par simple reproduction, des
ordres différents par l'éloignement ou la fiction. C'est par un
procédé de ce genre que la bourgeoisie triomphante du siècle
dernier a pu considérer ses propres valeurs comme universelles et
reporter sur des parties absolument hétérogènes de sa société tous

les noms de sa morale. Ceci est proprement le mécanisme du mythe, et le roman — et dans le roman, le passé simple, — sont des objets mythologiques, qui superposent à leur intention immédiate, le recours second à une dogmatique, ou mieux encore, à une pédagogie, puisqu'il s'agit de livrer une essence sous les espèces d'un artifice. Pour saisir la signification du passé simple, il suffit de comparer l'art romanesque occidental à telle tradition chinoise, par exemple, où l'art n'est rien d'autre que la perfection dans l'imitation du réel ; mais là, rien, absolument aucun signe, ne doit distinguer l'objet naturel de l'objet artificiel : cette noix en bois ne doit pas me livrer, en même temps que l'image d'une noix, l'intention de me signaler l'art qui l'a fait naître. C'est, au contraire, ce que fait l'écriture romanesque. Elle a pour charge de placer le masque et en même temps de le désigner. »

R. Barthes, *Le degré zéro de l'écriture,* pp. 46-52, Paris, Le Seuil, 1953.

D. LE "TEXTE" COMME UNITÉ D'ANALYSE

Au cours des dix dernières années, l'idée s'est imposée de plus en plus que c'était au niveau du « texte » lui-même, considéré comme un système clos, que se réalisait la rencontre entre l'œuvre littéraire et l'analyse linguistique.

Linguistes soucieux de rendre compte des phénomènes « transphrastiques », statisticiens cherchant à définir les traits caractéristiques d'un « corpus », théoriciens de la communication soucieux de déterminer l'originalité du « message » littéraire, philosophes préoccupés de rendre compte du phénomène de l' « écriture » se sont trouvés amenés à élaborer des méthodes permettant l'analyse du texte.

Celui-ci est conçu comme un réseau autonome, comme une « texture » où le style apparaîtrait comme une trame croisant la chaîne du discours linéaire. Nous rassemblons ici quelques textes théoriques orientés dans cette direction. On trouvera la description des méthodes correspondantes dans le chapitre III (Immanence du style) et le chapitre IV (Techniques d'analyse).

1. LE NIVEAU TRANSPHRASTIQUE

« ...Il faut aller au-delà de la phrase. C'est un lieu commun chez les linguistes de dire que la phrase est la dimension-limite pour l'analyse linguistique et le fait que la stylistique doit s'occuper d'unités plus grandes a pu être considéré comme une différence majeure entre la linguistique et la stylistique : « Alors que l'unité maximale en linguistique est la phrase, une unité plus étendue, le texte, sert de base à l'analyse stylistique » (SAPORTA, SEBEOK, *Style in Language*, p. 88). Mais cette question ne nous intéresse pas ici pour l'établissement d'un critère de l'opposition entre linguistique et stylistique ; la position que nous soutenons, c'est que la stylistique est une branche de la linguistique, mais une branche qui s'occupe du traitement des variables dans un texte entier. Les relations linguistiques entre les phrases d'un texte continu peuvent être étudiées (du moins par une méthode non formelle) sans égard à l'éventuelle inexistence d'unités linguistiques supérieures à la phrase. Admettre que les relations linguistiques supérieures à la phrase sont supposées « libres », c'est dire qu'elles sont en fait des variables linguistiques et, par conséquent, des objets stylistiques. Winifred Nowottny écrit (*The Language Poets Use*, p. 73) : « La structure même du langage quotidien, au-delà du niveau de la phrase, est " libre ", pour autant qu'est concernée l'analyse linguistique. » Elle cite J.-L.-M. Trim : « Au-delà de la phrase, la séquence permise est tellement libre qu'on ne peut tenter d'en établir les possibilités. Chaque séquence de phrases réelle constitue sans doute un énoncé unique. » Si la grammaire transphrastique est une aire de libre choix, elle sera donc, ainsi que le lexique, d'un grand intérêt pour la stylistique. L'étude linguistique des classes de types de phrase, des figures de répétition couvrant des morceaux étendus de texte, etc., pourraient être de grande importance pour la critique littéraire en s'occupant d'un domaine que critique et linguistique ont jusqu'ici négligé. La recherche doit être développée sur les structures unifiantes dans les textes continus, sur la nature des strophes, sur la structure linguistique interne du roman. »

> FOWLER R., *Linguistic Theory and the Study of Literature,* pp. 17-18, *in* Essays on Style and Language, Londres. Routledge Kegan Paul Ldt, 1966 (trad. P.K.).

2. LE « CONTEXTE » STYLISTIQUE

La définition du style littéraire comme un écart par rapport à une norme soulève des difficultés d'application dans l'analyse stylistique ; il semble nécessaire de faire intervenir la notion de *contexte,* liée à celles de *décodage minimal* et de *décodage maximal.*

« Le sens d'un message peut être reçu avec un décodage minimal... Ce qui permet ce décodage minimal, c'est qu'il est possible, avec une précision variable de prévoir, à partir d'une séquence, les traits suivants. On obtient un décodage contrôlé par l'affaiblissement de la prévisibilité. Nous pouvons ainsi définir le contexte stylistique comme un motif *(pattern)* rompu par un élément non-prévisible. Le style n'est pas un chapelet de FS [faits de style], mais une opposition binaire dont les pôles (contexte/FS) sont inséparables... »

L'auteur définit ensuite les notions de *microcontexte* et de *macro-contexte :*

« DÉFINITION DU MICROCONTEXTE. — Soit dans une séquence (littéraire) un groupe de traits reliés à un ou plusieurs niveaux du système linguistique par des relations structurales et sémantiques. Si le groupe produit un effet stylistique, son stimulus consiste en éléments de faible prévisibilité encodés dans un ou plusieurs constituants. Le microcontexte est constitué par les autres éléments ,qui restent non-marqués... Le groupe dans sa totalité (contexte + élément contrastant) forme le FS. Les caractéristiques essentielles du microcontexte sont les suivantes : 1) il a une fonction structurale comme pôle d'une opposition binaire et, par conséquent, 2) il ne produit aucun effet sans l'autre pôle) ; 3) il est spatialement limité par sa relation à cet autre pôle...

Il doit être possible de construire une grammaire (stylistique) des conditions dans lesquelles le contraste se produit : certains de ses aspects sont assez évidents pour permettre l'établissement de mesures relatives. Ainsi, l'efficacité du contraste est en proportion directe de son degré d'imprévisibilité, c'est-à-dire du degré de prévisibilité autorisé par le contexte interne.

EXEMPLE : — Cid. v. 1273 : *Cette obscure clarté qui tombe des étoiles* (contraste sémantique) : *obscure* et *clarté* pris séparément sont fortement prévisibles, puisque le thème du texte c'est l'usage militaire de l'obscurité ; mais comme constituants d'une structure unique, ils forment une unité peu probable : *clarté* contraste avec le contexte *obscure ; obscure clarté* est le FS qui doit être saisi comme une unité, ce que démontre la fréquente citation *d'obscure clarté* comme une expression isolée... »

Il faut distinguer, souligne l'auteur, effet de surprise et imprévisibilité : « Dans le microcontexte, le fait que le lecteur est contraint à un décodage plus consciencieux est suffisant pour rendre compte du fonctionnement du FS, même si la surprise est totalement absente. »

« DÉFINITION DU MACROCONTEXTE. — Le macrocontexte est la partie du message littéraire qui précède le FS et lui est extérieure... L'orientation spatiale du décodage... permet d'emmagasiner de l'information ; celle-ci, ultérieurement, modifie l'effet du FS composé (microcontexte + élément contrastant).

La limite terminale du segment contextuel est connue par la définition même ; sa limite initiale ne l'est pas. Dans la mesure où son effet sur le FS est connu par les réactions du lecteur, on peut dire que le point le plus éloigné de perception du contexte varie en fonction de l'attention et de la mémoire du lecteur, c'est-à-dire de son aptitude à identifier les ressemblances et les différences formelles. D'autre part, si le FS a un effet de rupture, il est tentant de conclure que le contexte remonte jusqu'à la dernière occurrence d'un FS identique ou semblable. Mais une telle solution ne rendrait pas compte des cas où le FS est un tic de la langue de l'auteur... La limite initiale ne peut être tout FS précédant celui qui est étudié puisque, comme nous allons le voir, les macrocontextes peuvent contenir des FS. On ne peut dire non plus que toute démarcation linguistique (une limite de phrase par exemple) marque *de facto* la limite initiale d'un contexte puisque l'effet stylistique peut déborder les unités linguistiques (bien qu'en fait le point de départ d'un contexte soit souvent le paragraphe ou une autre ponctuation).

Il nous faut donc admettre ici une certaine zone d'indétermi-nation... On peut identifier cette limite initiale avec plus de préci-sion si l'on utilise la définition même du contexte, c'est-à-dire la notion de motif *(pattern)*. Il n'est pas nécessaire de poser ici un motif homologue au FS. Il peut, certes, y avoir homologie, mais ce n'est pas une condition nécessaire, puisque la pattern peut être rompu par des éléments étrangers... On peut sans inconvénient substituer la notion de continuité à celle d'homologie et dire que le contexte commence au point où le lecteur perçoit une continuité de pattern.

TYPES DE MACROCONTEXTE. — Deux types de macrocontextes rendent compte, ce me semble, de toutes les possibilités : A) *Contexte* —➤ *FS* —➤ *Contexte.* Ce type est caractérisé par la reprise après le FS du pattern contextuel qui le préparait. L'exemple le plus fréquent est l'insertion dans le contexte d'un mot étranger au code utilisé (emprunt, archaïsme, néologisme)... B) *Contexte* —➤ *FS servant de point de départ à un nouveau contexte* —➤ *FS.* Le FS produit une série de FS du même type (par exemple, après un FS par archaïsme, prolifération d'archaïsmes) ; la saturation qui en résulte amène les FS à perdre leur valeur de contraste, détruit leur faculté de souligner un point particulier de l'énoncé et les ramène au statut d'éléments d'un nouveau contexte qui, à son tour, permettra de nouveaux contrastes...

FONCTION D'EMPHASE DES MACROCONTEXTES. — Le contexte ren-force l'effet stylistique du FS. Il amplifie le contraste établi par le microcontexte. C'est là, sans doute, son effet le plus fréquent ; il peut être obtenu dans les deux types, A et B. Dans le type A c'est, en fait, le seul possible...

Le contraste du FS peut être préparé par un contexte non-marqué stylistiquement ; par exemple, l'usage prédominant d'un type de phrase préféré constitue un degré zéro stylistique par rapport auquel les FS se détachent ; le même effet peut être produit par le style « quotidien ». Mais il faut préciser la notion de « quoti-dien ». L'analyse linguistique permet d'aborder cette définition ; mais une définition pertinente ne conviendra qu'aux formes que prend le « quotidien » dans la langue écrite ; de plus, il nous faut encore déterminer dans quelle mesure le lecteur est conscient de ce que décrit l'analyse stylistique et dans quelle mesure il y réagit (en d'autres termes, l'analyse stylistique doit se limiter à ce qui est accessible au lecteur). En tout cas, l'existence de tels textes « neutres » (blank) peut être confirmée expérimentalement par l'examen des rédactions successives chez un auteur ; elles révèlent souvent des suppressions tendant à créer un vide sur le fond duquel le FS devient manifeste. De telles suppressions montrent bien que le contexte est un élément important du FS. Autre effet du macrocontexte : son rôle pour espacer les FS ; s'ils se suivent de trop près, ils s'affaiblissent les uns les autres ; leur effet varie en proportion de leur proximité...

Plus fréquemment, pourtant, la fonction d'emphase se présente sous forme anticipante : le contexte préfigure un des constituants immédiats du FS. C'est le cas, par exemple, pour le chiasme. Soit le FS (microcontexte) *sleep eternal* (contraste) in an eternal night/ ; si le macrocontexte contient un pattern non-adjectif (pattern conventionnellement caractéristique de l'énoncé poétique) le parallélisme structural relie macrocontexte et microcontexte : par exemple Swinburne ; The Garden of Proserpine, v. 80 et suiv. « *Then star nor sun shall waken/Nor any change of light ;/Nor sound of waters shaken,/Nor any sound or sight ;/Nor wintry leaves nor vernal,/Nor days nor things diurnal ;/Only the sleep eternal/In an eternal night...* »

LA FONCTION DE NIVELLEMENT DU MACROCONTEXTE. — J'entends par là la destruction des contrastes dont le résultat est que les FS descendent au niveau du contexte et ne s'en distinguent plus (ex. la perte d'effet d'un néologisme entouré de trop de créations verbales). Cette fonction de nivellement est possible du fait que le macrocontexte est un processus cumulatif...

De tout ce qui précède on peut dégager le programme d'une analyse stylistique à venir. Puisque les FS peuvent être ramenés au niveau de contexte, il faut écarter toute idée d'une valeur stylistique intrinsèque (comme une expressivité « inhérente » à la répétition de formes verbales, à des superlatifs, etc.). La fonction de nivellement, elle, est distributionnelle par nature et partant mesurable. Il doit être possible, donc, de définir les conditions d'occurrence. A la différence de celles qui sont connues déjà par l'application directe de la statistique au message linguistique (dispositifs permettant de définir les énoncés littéraires, mais non de distinguer le matériel linguistique et son usage stylistique), nous ne rechercherons que des conditions pertinentes pour ce qui est *perceptible* comme style.

Comme critère d'analyse, le concept de contexte a des applications variées. Quand le langage littéraire (ou des systèmes plus spécialisés comme le vers) est traité comme une norme à restrictions, c'est-à-dire une norme comportant plus de limitations que la norme linguistique générale, on risque de ne voir dans le style qu'une restriction supplémentaire et de l'évaluer par simple soustraction (par exemple en relevant les mots « non-poétiques »). Mais si le langage est analysé comme une suite de contextes, l'accent approprié sera mis sur l'enrichissement apporté par de nouvelles possibilités stylistiques. Ces contextes conventionnellement structurés produisent des FS à partir de traits qui n'auraient aucune valeur de contraste dans un contexte quotidien ou qui le satureraient et altéreraient ainsi sa nature. Une structure conventionnelle permet des effets plus marqués sans ces modifications défigurantes. La fonction de nivellement présente l'avantage de rendre compte de ce que j'ai appelé ailleurs les « *nonce-standards* » (standards de circonstance), systèmes de langue fragmentaires qu'utilise l'auteur pour suggérer la langue d'un de ses personnages ou pour parodier un style. Ils peuvent être regardés comme des contextes spéciaux développés par saturation à partir de FS empruntés originairement par l'auteur au sujet qu'il évoque et placés sur le fond de son style propre. L'étude de ces cas particuliers peut donner une base purement linguistique à la description du réalisme littéraire et aux styles parodiques pour lesquels les critères externes (psychologiques, normatifs, etc.) sont en général utilisés. Dans une autre direction, nous pouvons examiner si le nivellement en un point donné peut produire une usure irréversible ou si les facteurs de position suffisent à renouveler les effets stylistiques. Répondre à de telles questions devrait permettre l'élaboration d'une stylistique diachronique. »

M. RIFFATERRE, *Stylistic Context,* Word 16 (1960), 211-244 (trad. P.K.).

3. L'ORIENTATION VERS LE MESSAGE

« Revenons donc à la définition initiale de la fonction : l'orientation vers le message comme signe, comme forme unique et permanente, où la moindre substitution altérerait l'ensemble. Dans la communication, cette *Einstellung* ne peut fonctionner qu'en contraignant le décodeur à décoder attentivement, c'est-à-dire en tenant compte de tous les points de vue de la séquence verbale qui dessinent la structure caractéristique. Ces points doivent donc être

4

mis en relief de manière à ce qu'ils se différencient du reste de la séquence, et fassent sur le décodeur un effet tel qu'il ne puisse pas ne pas les déchiffrer quand il exécute le morceau. La tâche de l'analyste du style sera donc de relever ces *effets*, d'identifier ce qui, dans la structure du message, leur est pertinent, d'analyser les segments ainsi identifiés et de déduire de cette analyse la liste des conditions auxquelles un effet de style se produit. Il est clair que les conditions minima sont l'existence d'un pattern (sans quoi aucune variation ne pourrait avoir de sens) et des ruptures dans ce pattern (soit par introduction d'un élément étranger au pattern, soit par développement de certains de ses traits). L'effet de rupture a été décrit, par R. Jakobson en particulier, comme la surprise d'une prévision non réalisée ou réalisée différemment *(defeated expectancy)*, la prévision étant naturellement le résultat du pattern. Le pattern a été surtout étudié dans le cas particulier du mètre, mais comme le mètre est un pattern préformé sur lequel on « monte » la séquence verbale, il présente un problème spécial... Il faut généraliser et parler de la seule réalité tangible que le lecteur puisse appréhender : le contexte. S'il éprouve une surprise ou remarque un « écart », c'est dans le contexte que le lecteur trouve encodé le stimulus de cet effet. Le style serait donc une série d'oppositions dont les pôles seraient le contexte et un élément contrastant, c'est-à-dire un élément à faible prévisibilité dans le cadre du contexte. Le contexte a, sur le concept de norme (générale ou particulière à un genre littéraire ou à une classe sociale), l'avantage d'être pertinent par définition, immédiatement descriptible, variable avec chaque effet de style — et seule cette variabilité peut expliquer pourquoi un fait de langue acquiert, change ou perd son effet stylistique en fonction de sa position.

Les effets encodés dans le message ne sauraient être limités à l'art verbal : ce sont des accents d'insistance qui englobent tous les aspects de l'expressivité et de l'affectivité, et c'est au contraire l'art verbal qui est un cas particulier des faits d'expressivité. Un nom plus général que *fonction poétique* est donc souhaitable : puisque les effets où se manifeste la fonction forment une structure caractéristique particulière, individuelle, bref un style, *fonction stylistique* semble un nom approprié.

Or, si la fonction stylistique souligne les traits significatifs du message, et si dans le message se manifestent simultanément d'autres fonctions, les effets de la première ont pour résultat de mettre en relief les structures qui représentent ces dernières.

Aussi la fonction stylistique n'est-elle pas au même niveau que les autres, puisque celles-ci sont orientées vers les points cardinaux de l'acte de communication (origine, aboutissement, cadre de référence), tandis qu'elle, elle est orientée vers une ou plusieurs autres fonctions. Elle coexistera donc infiniment plus souvent (sinon toujours) avec les autres qu'aucune des six fonctions. On devrait par conséquent distinguer la fonction stylistique ou d'expressivité, constituant à elle seule une classe, centrée sur la forme, et le groupe des cinq fonctions d'orientation qui organisent le discours autour du codeur, du décodeur et du contenu. Mais plutôt que de dire avec R. Jakobson que la structure verbale du message dépend de sa fonction dominante et de l'importance relative des autres fonctions représentées, il faudrait parler de structure formée par la répartition des cinq fonctions d'orientation et dire que l'intensité, l'expressivité de la structure, quelle que soit l'organisation de celle-ci, est déterminée par le décalage que la fonction stylistique lui fait subir. Le décalage va de l'expressivité simple à l'organisation esthétique.

R. Jakobson a parfaitement montré la richesse expressive de *I like Ike* et *Veni, vidi, vici.* Mais quand il dit, dans le premier cas, que la fonction poétique est secondaire et renforce l'efficacité du slogan et, dans le second, qu'elle ajoute de la splendeur au message de César, sa classification lui fait mettre l'essentiel au second plan. L'essentiel, en effet, n'est pas la fonction d'orientation ; les deux éléments de la paire *I like Eisenhower : I like Ike* contiennent la même information, mais l'élément marqué est le second : c'est de sa structure stylistique qu'il reçoit son efficacité, son caractère distinctif. Dans les deux exemples, la fonction stylistique n'est ni rajoutée ni renforcement secondaire, mais bien la fonction fondamentale des deux actes de communication : le premier n'était pas l'énoncé minimal d'une inclination sentimentale, mais une profession de foi, une proclamation ; le second n'était pas un communiqué officiel, mais un bulletin de victoire et un acte de propagande.

L'ensemble du message participe du style, mais ce sont les effets qui lui donnent sa structure. Ce sont les éléments marqués qui permettent au lecteur de « reconnaître » un style, et qui limitent sa liberté dans le décodage qu'il en fait : la stylistique est donc la partie de la linguistique qui étudie la perception du message.

Le message où la liberté du décodeur est le plus limitée est le message poétique, puisque le mètre y restreint les possibilités d'oppositions stylistiques... »

M. Riffaterre, *Vers la définition linguistique du style,* pp. 337-340. Word 17.

4. VERS UNE ANALYSE STRUCTURALE DU STYLE

« Même si la description grammaticale nous permettait de dresser le tableau exact de l'idiolecte littéraire (et il ne serait que trop facile de prouver que les parties du discours de la grammaire traditionnelle ne sont pas adéquates), elle ne saurait nous renseigner sur les rapports entre les éléments de l'idiolecte et les valeurs stylistiques qui les affectent. Il est évident qu'une grammaire ne peut produire que des faits de langue : elle définira leurs fonctions sans pouvoir discerner celles qui sont pertinentes à une analyse du style ; et elle décrira tous les éléments de l'idiolecte sans pouvoir séparer ceux qui sont neutres de ceux qui ont aussi un rôle stylistique.

A baser l'analyse sur la grammaire, on court encore le risque d'attribuer une valeur stylistique permanente (sans considération de contexte) à l'élément linguistique qui aura une fois coïncidé avec un fait de style. Il est tentant, par exemple, de considérer les superlatifs comme toujours expressifs, alors que dans un contexte saturé de superlatifs c'est la forme simple de l'adjectif qui sera expressive ; n'importe quel fait de langue peut jouer un rôle stylistique, mais ce rôle n'est pas permanent. Autre péril — le danger de passer insensiblement de la grammaire descriptive à la grammaire normative, puis de la norme grammaticale à une norme esthétique : des glissements sémantiques ont lieu, tels que *correction grammaticale* —> *pureté stylistique, redondance grammaticale* —> *redondance stylistique,* d'où des jugements de valeur prématurés.

Ce n'est pas tout. La classification implicite dans la terminologie grammaticale rend impossible toute classification stylistique. Les oppositions stylistiques fonctionnent, en effet, dans des segments du discours qui coïncident rarement avec la segmentation linguistique : une série anaphorique, par exemple (et l'intonation qui y correspond), va au-delà des limites des groupes de mots ou des phrases. Il s'ensuit que la grammaire de l'idiolecte disperse des faits de style identiques ou apparentés, mais qui n'affectent pas les mêmes parties du discours de Jammes (a).

Le caractère pertinent, selon moi, c'est que l'archaïsme est perçu comme appartenant à un état de langue antérieur à celui qui est représenté dans le contexte ; la substitution de l'archaïsme à un synonyme contemporain crée un certain degré d'imprévisibilité dans le décodage de la phrase ; d'où un contraste créateur d'effet. Dans une classification vraiment stylistique, ce trait spécifique permettrait

---

a) L'article est un compte rendu de la thèse de M. Parent : F. Jammes, *Etude de langue et de style,* Strasbourg, 1957.

de grouper dans une même classe l'archaïsme, le néologisme, les emprunts à des langues étrangères ou techniques.

Inversement, la classification grammaticale entasse sous la même rubrique des faits de style différents...

La description grammaticale ne peut donc que voiler les caractères spécifiques de la structure du style. Mais même si cette dernière admettait la même segmentation que la structure linguistique, la description grammaticale (toute forme de description basée sur des critères linguistiques) resteraient inefficace, puisqu'il n'y a pas de lien nécessaire, d'unité organique entre un fait de langue et les effets stylistiques auxquels il peut donner lieu. Un effet de style permet de situer le stimulus qui le provoque ; rien de plus : la description linguistique du stimulus reste incapable de nous dire lequel de ses éléments catalyse son potentiel stylistique, ou si cet élément serait expressif ailleurs. Dans ces conditions, la superposition d'un commentaire stylistique à la description ne peut être qu'une « rationalisation » arbitraire, invérifiable extension des caractères passagers d'un élément à toute la classe à laquelle il appartient. Cette rationalisation ne se manifeste pas seulement dans ce travesti grammatical, mais aussi dans des « explications de texte » où l'analyse est escamotée et remplacée par d'ingénieuses hypothèses psychologiques et esthétiques sur la genèse du fait de style (critique d'intention).

Il est absolument nécessaire de séparer l'étude de la genèse du style et la description de la structure. Le lecteur ne perçoit que la forme définitive, non ses étapes de formation (...). Eliminer l'étude de la genèse a aussi l'avantage de réduire le coefficient personnel de l'analyste. Le plaisir que lui donne l'œuvre d'art littéraire l'entraîne souvent à transformer la description en éloge, à montrer que l'auteur a réussi ce qu'il voulait faire : ce travers est évident dans l'étude des variantes. Le seul intérêt des variantes, dans l'analyse, est de confirmer l'existence des stimulus auxquels elles aboutissent.

Il importe de noter que les analyses ont un trait commun : voulues stylistiques, elles sont en réalité métastylistiques, car elles portent, non sur le fait de style lui-même, mais sur les réactions qu'il provoque. Au lieu de situer, d'identifier la cause (de nature linguistique), elles interprètent l'effet (de nature psychologique); au lieu de délimiter une forme unique et qui ne change pas, elles rendent compte de quelques-unes des perceptions possibles de cette forme, qui varient avec les temps, les cultures, les lecteurs. La description qui devait découvrir, dans le fait de langue, le facteur formel qui le rend stylistiquement actif (qui lui donne pertinence dans une structure stylistique) devient un exercice philologique pour confirmer la réaction première, garantir les rationalisations qu'elle déclenche, bref consacrer l'impressionnisme. Dans ces conditions, le stylisticien n'est plus qu'un virtuose : il cherche l'explication subtile qui justifiera ou rendra vraisemblable ce que sa propre personnalité lui fait voir dans un détail du texte. Même s'il trouve juste, son explication n'est valable que dans un seul contexte sémantique et n'est pas susceptible de généralisation ; il ne peut l'employer à construire un système. Il utilise alors, pour jalonner les points du discours où ses réactions présupposent l'existence de stimulus, une description grammaticale, celle-ci, on l'a vu, n'est pas stylistiquement pertinente et peut conduire à une assimilation erronée des faits de langue avec leurs fonctions stylistiques occasionnelles.

La solution est évidemment de ramener la description sur le plan stylistique, c'est-à-dire au niveau du stimulus, tel qu'il est encodé dans la phrase, rapport formel immuable quelles que soient les réactions variées qu'il suscite. Ce sont d'ailleurs ces réactions qui, pourvu qu'on en néglige entièrement la teneur, sont peut-être le meilleur critère d'identification d'un stimulus stylistique. En situant les stimulus dans le discours, on établira de proche en proche une segmentation uniquement stylistique qui remplacera les catégories préconçues de la terminologie grammaticale. L'étape finale de l'analyse consistera à classer les éléments obtenus en fonction de leurs similitudes, rapports de dépendance, substituabilité et distribution. La structure stylistique ainsi établie sera définie, comme l'est tout phénomène linguistique, par des rapports d'opposition. La généralisation sera désormais possible : la connaissance des rapports (des conditions minima, par exemple, auxquelles tel contraste peut se produire dans un certain type de contexte) permettra de prévoir les effets stylistiques et d'en faire une analyse objective — formelle et quantitative...

Seuls, un point de vue, une terminologie et une classification spécifiques assureront à la stylistique, parmi les autres linguistiques, son statut indépendant de linguistique des effets. Elle se doit, sous peine de sombrer dans l'impressionnisme, d'être formelle et structurale. »

MICHAEL RIFFATERRE.

Problèmes d'analyse du style littéraire.
Romance Philology, XIV, pp. 223-227.

5. « LANGAGE ET INTERPRETATION »

Il s'agit ici de remarques méthodologiques formulées à propos du commentaire d'un poème de Dylan Thomas : « This bread I break ».

« 1. *La cohésion* est une dimension de la description linguistique qui est particulièrement importante dans l'étude des textes littéraires. On entend par là la façon dont les choix indépendants en différents points du texte se correspondent ou se présupposent, formant un réseau de corrélations... En étudiant cette cohésion nous discernons les motifs de sens *(patterns of meaning)* qui parcourent le texte et nous parvenons à une sorte de bilan linguistique de ce dont parle le poème. Nous remarquons alors la densité du réseau de relations de parenté : on pourrait dire, semble-t-il, que le poète nous facilite à l'excès la tâche de suivre sa pensée. Mais c'est une forme très superficielle de « signification » que celle qui est fournie par une analyse qui pourrait s'appliquer aussi bien à n'importe quel texte anglais... Elle est superficielle parce que nous avons considéré seulement la façon dont s'est faite la sélection à partir de la série des possibilités dont dispose l'usager de la langue. Or la poésie est avant tout cette variété de discours qui exploite la non-orthodoxie linguistique. Pour mettre en lumière ce qui est significatif dans le langage d'un poème, il nous faut nous occuper des choix qui ne peuvent être attendus ou tolérés dans une situation linguistique normale. C'est là une autre dimension de l'analyse.

2. *L'actualisation* ou déviation motivée par rapport aux normes linguistiques ou aux autres normes socialement acceptées est, a-t-on affirmé (Garvin), un des principes de base de la communication esthétique. Que ce concept puisse être étendu ou non à d'autres formes d'art, il est en tout cas utilisable — même s'il n'est pas essentiel — pour l'étude du langage poétique. Les normes du langage sont considérées, dans cette dimension de l'analyse, comme un horizon sur lequel se détachent les figures mises en évidence par leur anomalie. En procédant à des choix qui ne sont pas acceptables dans les termes du code usuel, le poète étend ou transcende les ressources communicatives normales de la langue. Une illustration très claire de cette mise en relief apparaît dans l'opposition sémantique entre sens littéral et sens figuré : une métaphore littéraire est une bizarrerie sémantique qui exige qu'une forme linguistique reçoive une interprétation différente de son interprétation normale.

3. *La cohésion des actualisations* constitue une dimension distincte de l'opération de description. Les figures mises en relief, qui ont

été identifiées séparément, sont mises en relation entre elles et avec le texte dans son ensemble... Les différents types de motifs schématiques sont souvent coïncidents...

De telles figures sont, au sens linguistique, parties du « sens » du poème : elles font l'objet de choix linguistiques et on peut les décrire en termes de catégories du langage. Mais, en une acception plus large, le « sens » est « tout ce qui est communiqué à chaque lecteur » ; il inclut le facteur d'interprétation. Si la tâche de l'exégèse linguistique est de décrire le texte ; celle de l'exégèse critique est, à partir d'un point de vue, d'explorer et d'évaluer les interprétations possibles du texte...

Du point de vue linguistique, l'interprétation littéraire peut apparaître comme un processus négatif : une façon de s'arranger avec ce qui autrement aurait dû être écarté comme une aberration immotivée, une « méprise » linguistique. Ici encore, c'est la métaphore qui fournit l'illustration la plus simple.

...Mais il est un autre aspect du poème qui demande interprétation : c'est le fait qu'il implique un contexte. Le discours normal opère dans une situation de communication qui peut être décrite, et dont dérive une part importante de son sens linguistique. Dans l'œuvre littéraire, il est en général vrai de dire qu'une telle information contextuelle est largement non pertinente. Au contraire, nous avons à construire un contexte par inférence à partir du texte lui-même, en posant des questions comme celles-ci : « Qui sont le Je et le Vous du poème et dans quelles circonstances communiquent-ils ? » Manifestement ces questions concernent la distinction entre fiction et réalité. Mais on ne suggère pas que le lecteur supplée nécessairement un contexte fictif ; l'option fiction/non-fiction est laissée ouverte. Le lecteur décidera d'interpréter le Je et le Vous comme auteur/lecteur ou comme autres personnes réelles ou comme créations de la fiction...

Toute la notion d' « interprétation » est liée à celle d'ambiguïté et d'indétermination du sens... Quand l'ambiguïté surgit dans la poésie, à la différence de ce qui se passe dans les autres types de discours, nous accordons en général à l'écrivain le bénéfice du doute et nous admettons qu'elle est intentionnelle. L'ambiguïté intentionnelle ne peut être comprise que d'une façon : en supposant que le poète recherche la coexistence pacifique de plusieurs sens alternés... »

G. Leech, « This bread I break », Language and interpretation, in *A review of English Literature*, VI, 1965 : « New attitudes to Style », pp. 66-75 (trad. P.K.).

6. VERS LA STYLISTIQUE STRUCTURALE

« L'histoire de la stylistique moderne nous convainc que le progrès effectué dans ce domaine est dû surtout à une liaison étroite de la stylistique et de la linguistique structurale moderne. C'est ce que fait voir l'Ecole française de Bally, la stylistique de l'Ecole russe et la stylistique fonctionnelle de l'Ecole de Prague. De nos jours, la linguistique structurale est entrée dans une nouvelle étape de son évolution ; celle-ci est caractérisée — pour le dire brièvement — par l'application de certaines méthodes exactes, la construction de modèles de langue mathématiques et logiques, par l'intégration de la linguistique dans la sphère de la cybernétique, de la théorie de l'information, etc. On peut supposer, à juste titre, que cette nouvelle étape de l'évolution de la linguistique structurale peut contribuer largement au développement de la stylistique. C'est justement dans la linguistique structurale contemporaine que les efforts de créer une stylistique exacte, privée de toutes traces de l'impressionisme et du subjectivisme, peuvent trouver une inspiration féconde et un appui très solide.

A l'aide des méthodes modernes de la linguistique, il est possible de formuler, tout d'abord, quelques principes fondamentaux de la théorie de la stylistique structurale. Les principes que je citerai ont presque le caractère d'axiomes de la stylistique structurale ; mais, pour le moment je ne pense pas qu'il soit possible de créer un système axiomatique rigoureusement formalisé des propositions de la stylistique structurale...

Chaque message est une succession d'éléments segmentaires et supra-segmentaires. Nous appellerons ces éléments « éléments textuels ». Ils sont définis à plusieurs niveaux hiérarchisés : ce sont les éléments mérismatiques, phonématiques, morphématiques, syntaxiques, supra-syntaxiques (contextuels). Les éléments textuels comportent les caractères suivants : 1. La manière dont les éléments d'un niveau donné sont constitués d'éléments de différents niveaux inférieurs (caractère de stratification) ; les éléments des niveaux inférieurs jouent, dans ce cas, le rôle de traits distinctifs relevants ; 2. Le mode de liaison d'un élément donné avec d'autres éléments du même niveau (caractère de distribution) ; 3. La participation d'un élément donné à l'expression des éléments des niveaux supérieurs (caractère de la fonction interne linguistique) ; 4. Le rapport d'un élément textuel avec les éléments extra-linguistiques (caractère de la fonction externe, sémantique). Nous appellerons les caractères 1 et 2 « caractères formels » et les caractères 3 et 4 « caractères fonctionnels ».

Une attention particulière doit être prêtée aux caractères fonctionnels des éléments textuels dans les messages littéraires (dans
les ouvrages littéraires). La structure essentiellement compliquée
(c'est le trait caractéristique d'un message littéraire par rapport à
la structure d'un message non littéraire) entraîne, en même temps,
un système plus compliqué des caractères fonctionnels des éléments
textuels. La structure du message littéraire est une liaison dialectique de deux niveaux, qui, à eux seuls, représentent deux structures
relativement complètes : le niveau de la structure linguistique et
celui de la structure littéraire. Les éléments de la structure linguistique servent comme expression des éléments de la structure
littéraire ; autrement dit, ils acquièrent un nouveau caractère
fonctionnel : ils participent de manière essentielle à la structure
littéraire. Ce caractère fonctionnel spécifique des éléments textuels
du message littéraire, nous l'appelons « fonction esthétique ». C'est
une fonction interne, parce qu'elle lie deux structures partielles à
l'intérieur d'une structure d'ensemble du message littéraire.

Somme toute, le système des caractères fonctionnels des éléments
textuels du message littéraire est formé par trois fonctions : linguistique interne, esthétique interne et sémantique externe. Exemple :
tel mot du message littéraire en tant qu'élément de proposition
(ou, éventuellement, de syntagme) accuse un caractère de fonction
linguistique. Tel mot du message littéraire en tant que dénommant
un élément de la réalité extra-linguistique, a le caractère de fonction
sémantique. Tel mot du message littéraire en tant que motif dans
l'édification de la structure littéraire offre un caractère de fonction
esthétique.

Les caractères des éléments textuels décrits plus haut, sont,
comme les caractères du texte entier, constants (les caractères l) et
variables (les caractères s_i). Le caractère constant, nous le définis-
sons comme le caractère de l'élément textuel par qui il est marqué
dans tous les domaines du réseau de communication K ; au contraire,
le caractère variable n'est coordonné à l'élément textuel que dans
un certain domaine du réseau de communication, c'est-à-dire dans
un ou plusieurs secteurs de communication k_i. Nous appellerons
l'élément textuel dont les caractères formels et fonctionnels ont la
nature des caractères l — moyen linguistique. L'élément textuel
possédant des caractères formels l et des caractères fonctionnels s_i
s'appellera moyen linguistique avec une fonction stylistique ;
l'élément de texte possédant des caractères formels et fonctionnels
s_i, nous convenons de l'appeler moyen stylistique. Car les caractères
formels sont les caractères constituants de l'élément textuel, la
proposition « l'élément textuel révèle les caractères formels varia-

bles » est équivalente à la proposition « l'élément textuel n'existe que dans un certain domaine du réseau de communication ». Un exemple de moyen linguistique est fourni par un mot qui possède une signification conventionnelle (indirecte), comme l'est une métaphore, une figure. Exemple de moyen stylistique : un néologisme poétique.

La tâche fondamentale de la stylistique, c'est la description des moyens stylistiques et leurs systèmes. Je crois que pour cette description, on peut utiliser les méthodes exactes par qui la linguistique structurale décrit les moyens linguistiques...

Comme on le sait, le domaine des moyens suprasyntaxiques est très peu exploré, bien que ces moyens aient une importance essentielle pour la stylistique structurale. Le point de départ de l'analyse stylistique systématique doit être cherché dans les plans supérieurs du message linguistique, parce que seule leur analyse est en état d'expliquer les caractères fonctionnels des moyens des niveaux inférieurs. Je ne doute pas que l'analyse des moyens stylistiques suprasyntaxiques peut être précieuse aussi pour la linguistique structurale elle-même, parce qu'elle peut vérifier les méthodes d'étude des caractères *l* des éléments suprasyntaxiques, pour autant que de tels caractères existent. »

Lubomir DOLEZEL, *Travaux linguistiques de Prague*, I, 1966, pp. 257-267, Prague et Paris, Klincksieck.

7. DE LA SIGNIFICATION DES UNITES LINGUISTIQUES ET DES TEXTES

« Nous appellerons moyens stylistiques des modes d'expression comme : répétition, gradation, emphase, contraste, périphrase, comparaison. Les plus notables de ces procédés sont connus depuis longtemps sous le nom de figures et de tropes. Ils ont été abondamment décrits par la poétique et la rhétorique traditionnelles... Il est incontestable que ces concepts permettent de saisir quelque chose de fort important, quelque chose d'essentiel dans la perspective stylistique, en ce qui concerne la structure des textes (pas seulement, d'ailleurs des textes poétiques). Aussi la recherche récente a-t-elle entrepris des généralisations en vue de découvrir les faits fondamentaux de ces phénomènes. C'est ainsi que Jakobson a attiré l'attention, dans l'analyse de la métaphore et de la métonymie sur les relations de similarité et de contiguïté qui s'y dissimulent.

Il faudrait, selon nous, poursuivre la recherche dans cette direction. Nous nous contenterons ici de quelques indications provisoires.

1° De tels procédés ne sauraient être conçus comme purement pratiques (ni même comme purement esthétiques) ; il faut y voir, plus largement, des phénomènes stylistiques... Leur rôle dans la construction des textes nous conduit à y voir des procédés stylistiques.

2° L'existence des moyens stylistiques repose sur les propriétés relationnelles de l'architecture textuelle... Il s'établit ainsi des relations proportionnelles entre les parties du texte, qui contribuent à l'effet d'ensemble. Ces relations dans les textes verbaux peuvent être porteuses d'information esthétique et/ou sémantique...

3° Le niveau des moyens stylistiques se constitue à partir des moyens lexicaux, grammaticaux, etc. Ces moyens ne sont autre que des emplois particuliers, c'est-à-dire des constellations de moyens linguistiques appartenant à tous les genres et à tous les niveaux, du niveau phonologique, au niveau le plus élevé de la structure textuelle. Ils ne se limitent pas aux moyens purement linguistiques, mais concernent également les moyens thématiques (motifs et unités thématiques supérieures), par exemple la répétition, stylistiquement marquée, peut concerner non seulement les phénomènes, les syllabes, etc. (cas de l'euphonie), mais aussi les mots, liaisons de mots, construction de phrases, motifs, scènes, etc...

4° On voit facilement que ces procédés sont propres non seulement à la communication verbale, mais aussi à d'autres domaines... On pourrait en conclure qu'ils n'ont donc pas de signification spécifiquement verbale et qu'ils n'ont pas à être examinés dans le cadre de la linguistique. Ce serait une erreur, du moins dans la situation actuelle de la recherche où la stylistique générale n'a pas encore été élaborée et n'occupe pas de place appropriée dans le système des sciences humaines...

Les moyens stylistiques constituent dans l'œuvre un réseau... Leur fonction essentielle est d'intégrer les moyens d'expression selon un principe dominant pour constituer cette unité complexe que l'on désigne comme style. »

HAUSENBLAS K., in *Travaux linguistiques de Prague*, II, pp. 59-70, Ueber die Bedeutung sprachlicher Einheiten und Texten, Paris, Klincksieck, 1967 (trad. P.K.).

8. UN JEU D'ECHECS SANS ECHIQUIER

« Affirmer, comme nous n'avons cessé de le faire, qu'une stylistique doit concentrer son étude sur le message, c'est-à-dire sur l'œuvre plutôt que sur ses modes de réalisation, ne signifie nullement... que soit délibérément oubliée la situation qui en est la condition première, à savoir la double présence virtuelle d'un émetteur et d'un récepteur humain. Simplement se trouve laissée de côté l'objectivation et l'exploration de cette situation qui intéresse à divers égards le psychologue, le linguiste, le sociologue ou le pédagogue de la communication. Si nous reconnaissons le fait de style comme intégré dans cette procédure de communication linguistique, c'est pour y voir le témoignage d'un équilibre atteint dans les actions affrontées du locuteur et de l'auditeur, les unes marquant actuellement le message, les autres le marquant par rétroaction, grâce à l'image plus ou moins conciente que le premier se forme du second lorsqu'il use de la parole.

Du point de vue de la construction du message, c'est l'émetteur qui est actuellement présent et actif, le récepteur n'étant qu'une image virtuelle à laquelle il veut s'adresser. Au point de vue du déchiffrement du message, la situation est inversée, et c'est alors l'émetteur qui devient l'image virtuelle adverse, dont le récepteur accepte les propositions. Il s'agit donc à vrai dire de deux schémas de jeu distincts et associés, reliés entre eux par l'élément matérialisé commun aux deux systèmes qu'est le message.

On considérera donc qu'une sorte de jeu se joue, dont la structure serait la suivante :

1° Un code est commun au récepteur virtuel et à l'émetteur ; c'est celui de la langue, cadre plus ou moins strictement déterminé, auquel peuvent s'adjoindre des règlements spécifiques, caractérisant un usage littéraire de la langue ou un genre donné, mais toujours supposés préalablement connus du récepteur ;

2° Le thème du jeu pour l'émetteur n'est pas de transmettre directement un contenu de sens dans un message : ceci concerne une infrastructure de l'activité de communication qui n'est pas ici déterminante et ne sert pour ainsi dire que d'onde porteuse pour le jeu. Tout de même, si la comparaison peut éclairer, que la rencontre de deux équipes de football peut bien avoir pour fin primaire de garnir la caisse d'un club et de défrayer les joueurs, sans que cette finalité ait le moindre rôle quant à la finalité du jeu. On peut fort bien même concevoir un effet d'hétérogonie qui ne laisse plus subsister que le jeu sans son substrat, comme il est arrivé quelquefois en poésie, et très souvent dans les autres arts. Pour l'émetteur, le thème serait ici, d'une part, de créer, dans son message même, un « surcode » dont il doit faire « deviner » les règles au récepteur, et d'autre part, pourtant, de maximer pour ce dernier la surprise et l'incertitude de son attente des éléments du message.

3° Le thème du jeu pour le récepteur serait, tout en comprenant éventuellement le sens « littéral » du message, de « deviner » les règles du surcode superposé par le locuteur. Deviner ne signifiant nullement ici reconnaître consciemment et sous forme explicite, mais se montrer sensible à certaines régularités dont le message est le siège, indépendamment des régularités macroscopiques que commande l'usage ordinaire de la langue... »

G.-G. GRANGER, *Essai d'une philosophie du style,*
p.p 210-1. Colin, 1968.

CHAPITRE II

LANGUE ET STYLE

C'est Charles Bally qui le premier à l'époque moderne a conçu le projet d'un inventaire des procédés de style. Et il a pris soin de distinguer cette stylistique de l'étude du style tel qu'il se manifeste dans le discours ; encore que ses successeurs n'aient pas toujours eu le souci de maintenir clairement cette distinction.

La stylistique ainsi conçue repose sur des notions fondamentales d'expressivité et d'écart. Pour Bally l'expressivité se confond avec l'expression affective des sentiments éprouvés par le sujet parlant en opposition avec la référence cognitive aux caractères de l'objet du discours.

Par la suite on étendra la notion d'expressivité à tout phénomène de « mise en relief » de l'idée exprimée.

L'idée d'expressivité postule qu'il y a plusieurs façons d'exprimer une même idée ; une façon neutre, normale et d'autres « expressives », d'où découle la notion de choix et celle d'écart ; cette dernière débouchant sur des définitions quantitative et statistique du style.

A. LE STYLE COMME EXPRESSIVITÉ

1. L'EXPRESSION LINGUISTIQUE DE LA VIE

LANGAGE NATUREL, LANGUE LITTÉRAIRE ET STYLE

« Tout en admettant que le langage peut être expressif, on est tenté de l'étudier, à ce point de vue, dans un seul type d'expression, et c'est une source de graves malentendus : il s'agit de la langue littéraire. D'abord, on ne fait pas de distinction entre la langue littéraire consacrée et organisée, d'une part, et le style créateur, d'autre part (nous reviendrons sur ce point tout à l'heure). Comme la langue littéraire et le style naissent tous deux d'une vision esthétique des choses, l'objection dont il s'agit revient à prétendre que le langage naturel est incapable d'exprimer des sentiments, ou que, dès qu'il le fait, son expression devient littéraire. Le malentendu consiste à confondre une forme originelle du langage avec une forme dérivée, en outre, le moyen avec le but. En d'autres termes : le langage naturel, on l'a vu, regorge d'éléments affectifs ; mais rarement on constate une intention esthétique et littéraire dans l'emploi de ces expressions. Un gamin des rues emploie des mots pittoresques et façonne ses phrases d'une manière imprévue et piquante ; il fait du style sans le savoir. Il faut donc retourner les termes du problème et se demander comment la langue littéraire est sortie du langage spontané ; on verra que cette dérivation s'est faite par la transformation du moyen en but.

C'est une question épineuse que celle des affinités existant entre la langue de tout le monde et le style personnel. Quelle est l'essence des procédés littéraires ? L'écriture d'un grand écrivain est-elle séparée de son langage ordinaire par un fossé infranchissable ? Y a-t-il deux mentalités en lui, une mentalité « parlée » et une mentalité « écrite » ?

Quand on cherche l'origine d'un style, on s'attache ordinairement aux influences littéraires subies ; comment la tradition a-t-elle formé l'écrivain, en quoi l'a-t-il dépassée ? On l'apparente ou l'oppose à ses prédécesseurs ; on le place dans une école et un milieu. Fort bien ; mais est-ce là l'essentiel de l'intuition littéraire ? A bien regarder, que nous apprennent ces travaux de raccordement ? Ce qui, dans un auteur, appartient aux autres plutôt qu'à lui ; ce n'est pas son style qu'on pénètre : on étudie la langue littéraire à travers son style.

« Langue littéraire et style : voilà une définition qui mérite d'être faite soigneusement. La langue littéraire est une forme d'expression devenue traditionnelle ; c'est un résidu, une résultante de tous les styles accumulés à travers les générations successives, l'ensemble des éléments littéraires digérés par la communauté linguistique, et qui font partie du fonds commun tout en restant distincts de la langue spontanée. »

La langue littéraire a son vocabulaire (*glaive* pour *épée*, *senteur* pour *parfum*, *orée* d'un bois, *sente* pour *sentier*, etc.), ses clichés tout faits (*vendre chèrement sa vie, mordre la poussière*), une construction conventionnelle des phrases (*Je viens dans son temple adorer l'Eternel ; Poète, prends ton luth et me donne un baiser*). Vivant dans le passé, elle est naturellement archaïsante. Elle ne peut donc se confondre avec la langue usuelle ; quand celle-ci adopte quelque tour de la langue littéraire, c'est pour accentuer le contraste qui l'en sépare, et produire par là un effet plaisant ou ironique (*un aveu dépouillé d'artifice, l'enfance de l'art*). La langue littéraire a surtout une valeur sociale, c'est un symbole de distinction, de bonne tenue intellectuelle, d'éducation supérieure dont il sera question dans la seconde partie de ce travail. A ce titre, elle a sa place — place d'honneur, il est vrai — aux côtés de la langue administrative, de la langue scientifique, de la langue des sports, etc.

Mais, encore une fois, nous ne parlons pas d'analogies entre la langue parlée et la langue littéraire : elles n'existent pas ; c'est entre les créations du style d'un écrivain et les créations du langage spontané que nous croyons reconnaître certaines affinités secrètes. Sans doute, le langage ne connaît pas de création *ex nihilo ;* un examen un peu attentif fait toujours trouver dans la langue existante les modèles qui ont servi pour les formes nouvelles. Mais c'est précisément cela qui est intéressant ; ce sont ces créations qui nous font comprendre le mécanisme du langage. L'homme qui parle spontanément et agit par le langage, même dans les circonstances les plus banales, fait de la langue un usage personnel, il la recrée constamment ; si ces créations passent inaperçues, c'est que la plupart n'ont pas de lendemain, sont oubliées au moment de leur éclosion, et échappent à l'attention ; on a tort de les négliger ; si l'on y prenait garde, on verrait qu'elles se font au nom des tendances souterraines qui régissent le langage ; *que ces créations spontanées se détachent sur le fond de la langue usuelle, comme les créations de style se détachent sur le fond de la langue littéraire conventionnelle ;* que ces deux types d'innovations, trouvailles spontanées du parler et trouvailles de style, dérivent d'un même état d'esprit et révèlent des procédés assez semblables. Cette recherche n'ayant pas été faite méthodiquement, il serait téméraire d'en donner les résultats ; je hasarderai un exemple : il y a effet de style ou recherche d'un effet dans des tours tels que : *l'horreur souterraine des charbonnages, le lacet blanc des routes,* où le substantif abstrait serait remplacé par un adjectif dans l'expression ordinaire *(les horribles charbonnages, les routes sinueuses et blanches) ;* n'est-ce pas la même tendance qui crée à tout instant des expressions familières comme : *une énormité de maison, une immensité de femme, un bijou d'enfant ?* La question est précisément de savoir pourquoi, parmi ces expressions, les unes paraissent littéraires, et les autres familières.

Une chose est certaine : *l'effort d'expression ne peut être différent dans sa source, qu'il s'agisse de la vie ou de l'art.* Nous avons vu plus haut en quoi consiste l'expressivité, elle modifie l'expression existante en quantité ou en qualité (grossissement, rénovation, déformation, etc.). Aristote disait déjà de la langue littéraire qu'elle évite naturellement l'expression usuelle (τὸ κύριον) ; cela est tout aussi vrai de la langue spontanée sans prétention littéraire. C'est là qu'est le point de contact entre les deux types d'expression.

Ce qui diffère, c'est le motif et l'intention ; le résultat est différent parce que l'effet visé n'est pas le même. *Ce qui est but pour le poète n'est que moyen pour l'homme qui vit et agit.* Les procédés linguistiques de celui-ci ne servent qu'à extérioriser ses impressions, ses désirs, ses volontés ; une fois l'action accomplie, le but est atteint. Le poète, lui, aspire à transposer la vie en beauté ; il veut projeter en dehors de lui son émotion, sans l'intellectualiser ni la généraliser ; voilà pour le dire en passant, ce qui distingue l'artiste de l'homme de science.

Le jeu, une des formes primitives de l'art, fait bien saisir la différence entre l'art et la vie. Le guerrier qui manie ses armes pour se défendre ou attaquer, vise un résultat entièrement pratique ; lorsqu'en temps de paix, il se complaît à reproduire les mouvements qu'il exécutait dans le combat, il s'agit d'un jeu ; ce qui est un moyen devient un but ; il se produit une sorte de dédoublement de la personnalité et de l'action du sujet ; l'acte, tout en conservant sa note émotive, essentielle pour que l'effet soit produit, s'est détaché de celui qui l'accomplit. Le guerrier devient un acteur qui joue un rôle ; l'émotion qu'il a vécue naguère est désormais extérieure à sa personne.

Cette analogie principielle entre les créations de la vie et les créations littéraires apparaît surtout dans l'éloquence ; c'est par elle qu'il faudrait peut-être commencer cette recherche. Nul genre littéraire n'a plus d'affinités avec la vie et l'action ; le mobile est le même : agir, et agir par le sentiment. En fixant, en sténographiant la parole vraiment spontanée d'un grand orateur, on surprendrait sans doute quelques traits essentiels de ce fonds *commun à l'art et à la vie.* »

Ch. BALLY, *Le langage et la vie,*
Paris, Payot, 1926, pp. 23-29.

2. CARACTERES AFFECTIFS DU LANGAGE

« a) (§ 183.) *L'intensité affective.* — En matière d'intensité, pas plus que dans les autres catégories, on ne trouve de limite tranchée entre l'aspect intellectuel et l'aspect affectif. Il est souvent difficile de faire le départ entre ce qui revient à la perception et ce qui appartient au sentiment. Sans doute, on saisit sans effort : entre *rivière* et *fleuve,* une différence purement matérielle de grandeur et de volume ; entre *regarder* et *examiner,* on n'a pas de peine à voir une différence d'intensité d'ordre intellectuel ; mais la chose n'est déjà plus si claire pour *danger* et *péril, colère* et *courroux ;* c'est souvent affaire de contexte. La différence intensive entre *terrible* et *formidable* est saisie au moins autant par le sentiment que par l'esprit ; on peut en dire autant de *fier* et *hautain*, et ainsi de mille autres exemples. Mais qu'importent ces fluctuations, puisque c'est avant tout la tendance qui nous intéresse et la catégorie expressive qui en résulte. Toutefois, on voudrait pouvoir recourir à des cas certains d'intensité affective ; malheureusement, ils sont encore hors de notre portée. Ainsi, dans l'expression familière, qui sera étudiée ici en dernier lieu, il y a une manière particulière d'exagérer les idées qui est un cas très net d'intensité affective ; supposez, par exemple, qu'on parle d'un homme dont tout le monde est engoué, un homme « à la mode » ; on pourra dire qu'il a « une vogue extraordinaire » ; cette expression, tout en marquant d'un trait d'intensité l'idée d'engouement, reste assez intellectuelle ; mais si l'on dit : « On se l'arrache », il suffit d'abstraire ce que cette tournure a de familier et de ne retenir que son caractère « quantitatif », pour avoir un cas très' évident d'intensité affective ; quand on parle de la beauté d'une femme, il y a la même différence entre « Elle est extrêmement jolie » et « Elle est jolie à croquer ». Il faudrait surtout pouvoir faire appel aux moyens d'expression indirects ; ce serait le type parfait de l'intensité affective. Si l'on dit : « Je ne crois *absolument* pas ce que vous dites », la négation est rendue d'une façon très intensive, mais aussi très intellectuelle ; dites maintenant : « Je ne crois *pas le premier mot* de ce que vous dites », c'est un cas d'exagération familière. la dose affective est déjà bien plus forte ; mais il y a toujours emploi de *moyens directs*, c'est-à-dire de mots ; imaginez enfin des tournures comme : « Moi, que je croie ce que vous dites ? Ah ! ça, non, par exemple ! » ou bien : « Moi, croire cela ? Allons donc ! » ; il y a exclamation presque pure, nous sommes dans l'indirect, et c'est ce qui permet au sentiment d'avoir la première place dans l'expression de l'intensité. On comprend que pour la démonstration ; mais l'occasion était bonne de jeter un coup d'œil rapide sur quelques parties importantes du champ qui reste à parcourir.

b) (§ 253.) *La syntaxe « affective »*. — Nous avons dit plus haut (§ 251), qu'il n'y a pas de distinction de principe entre la syntaxe et la stylistique, ou plus exactement, que la limite qui les sépare n'est pas rigoureusement tracée. Cela n'implique aucune contradiction et se déduit *a priori* de ce qu'un fait de syntaxe étant procédé purement formel, il n'y a pas de raison pour qu'il ne puisse exprimer une forme de sentiment aussi bien qu'une forme d'idée. Pratiquement, et nous le savons, cette question se présente sous la forme suivante : y a-t-il des faits de syntaxe où l'expression du sentiment *prédomine* sur l'expression d'un fait de pensée purement intellectuel ? La réponse n'est pas douteuse ; on répète volontiers que la grammaire n'est que la logique appliquée au langage ; mais la syntaxe ne peut pas plus être réservée à l'intelligence pure que les mots ne sont réductibles à des définitions purement intellectuelles. Si cependant nous accordons que la majorité des faits de grammaire, tels qu'on les conçoit d'ordinaire, sont logiques dans leur essence, nous prétendons qu'il y a, sur les confins de la grammaire, un vaste territoire, fort peu connu encore, contenant tout l'ensemble des catégories grammaticales par lesquelles le sentiment trouve à s'exprimer. Mais ceci ne peut être éclairci que par des exemples.

c) (§ 254.) *Exemples de faits syntaxiques à valeur affective.* — Ordonnons les faits de manière à ne nous éloigner que graduellement de la conception ordinaire de la grammaire.

Soient les deux expressions : « Rubens, *célèbre peintre flamand* » et « Rubens, *le célèbre peintre flamand* ». Le cas est un peu subtil, mais il n'en est pas moins instructif. Dans le premier groupe, l'apposition « peintre flamand » est présentée comme une simple détermination du nom qui la précède ; dans le second, cette même apposition est « évocatrice » ; elle éveille l'intérêt, en supposant connue la personne qu'elle détermine ; c'est comme si l'on disait : « Rubens, ce peintre célèbre que vous connaissez bien » ; il y a un appel fait à la sensibilité ; or cette différence est déterminée à son tour par un moyen entièrement syntaxique, l'absence de l'article *le* dans le premier groupe, et sa présence dans le second. On peut donc dire que l'apposition précédée de l'article est un moyen syntaxique présentant sous un aspect affectif un rapport logique.

Voici un autre exemple, plus démonstratif peut-être, en ce sens qu'il s'agit d'un fait de syntaxe comportant deux interprétations, ce qui revient à dire qu'il a deux significations homonymes (cf. § 50). La phrase : « *C'est moi qui n'en veux pas* », peut signifier d'abord : « C'est moi, et non un autre, qui ne le veux pas », par exemple dans ce contexte plus développé : « Donnez-le-lui, ne me le donnez pas ; c'est lui qui le désire et *c'est moi qui n'en veux pas* » ; mais elle peut aussi s'interpréter : « Assurément je ne le veux pas, je me garderais bien de le vouloir », par exemple dans ce contexte : « Une promenade en mer, avec un vent pareil, au risque de chavirer ? *C'est moi qui n'en veux pas !* » Le premier emploi de la tournure syntaxique *c'est... qui* marque une distinction essentiellement logique, tandis que le second est fortement affectif, et il l'est doublement : d'abord parce qu'il permet l'expression très intense d'un sentiment spontané, par exemple, l'indignation, et par là produit un *effet naturel ;* ensuite, comme on le voit par le second contexte, cette tournure est extrêmement familière et produit ainsi un *effet par évocation.*

d) (§ 222.) *Mécanisme de l'évocation des milieux.* — Supposez qu'on nous parle d'un ouvrier : nous ne l'avons jamais vu, mais cela importe peu ; nous commençons immédiatement le travail de classement involontaire dont il était question tout à l'heure. Notre esprit associe à ce seul mot d'ouvrier toutes les notions vagues ou précises que la tradition y associe ; nous nous le représentons avec un certain costume, une certaine manière d'être, enfin avec une certaine façon de parler. Attachons-nous à ce dernier aspect de la question. Cette langue que nous mettons dans la bouche de cet ouvrier inconnu, nous invite à un premier classement grossier et vaguement social, où la représentation joue le rôle de moyen terme ; dans notre idée, son parler doit comporter des incorrections, au moyen desquelles nous symbolisons une culture imparfaite ; dans sa façon de s'exprimer, nous imaginons une forte dose de familiarité, parce que le plus ou moins de familiarité dans le parler est pour nous un symbole de classement : nous nous représentons même une prononciation spéciale, des intonations particulières, et ainsi de suite. Supposons maintenant que nous puissions nous figurer le milieu où il travaille, selon qu'il s'agit d'un maçon, d'un charpentier, d'un mécanicien, notre imagination évoque les objets qui l'entourent, les outils dont il se sert, les mouvements et les actes nécessités par son métier ; or toutes ces choses ont des noms ; chaque forme d'activité a son vocabulaire ; alors se produit ce fait remarquable, qui nous fait parcourir la même chaîne d'associations, mais en sens contraire : un simple terme de métier, même s'il nous est imparfaitement connu dans sa signification, évoque le milieu spécial à ce métier, pourvu que notre esprit associe le mot à l'idée de cette occupation. Je ne sais pas très bien ce que c'est qu'une *varlope,* mais des lectures et des conversations m'ont toujours fait voir cet outil, quel qu'il soit, entre les mains d'un menuisier ; il n'en faut pas davantage pour que ce mot ait, dans mon esprit, une valeur évocatrice.

Telles sont donc les deux conditions nécessaires pour qu'un fait de langage évoque un milieu ; il faut d'abord qu'une représentation, vraie ou fausse, mais en tout cas typique et traditionnelle, de ce milieu existe dans la conscience des sujets parlants ; il faut ensuite que le fait de langage ait un rapport quelconque avec les choses relatives à ce milieu.

Alors, si nous nous rappelons que la stylistique n'étudie pas autre chose que les *impressions* que les faits de langage font sur

notre sensibilité, nous voyons exactement la place qu'y occupent
les phénomènes envisagés ici : lorsque nos impressions découlent
directement de la signification des faits de langage, nous parlons
d'*effets naturels ;* lorsqu'elles résultent indirectement des formes de
vie et d'activité associées dans l'esprit aux faits de langage, nous
parlons d'*effets par évocation.* »

> Ch. BALLY, *Traité de Stylistique française*. Paris, tirage
> 1951, Klincksieck, pp. 183, 261-2 et 220.

3. LE LANGAGE EMOTIF

« Tandis que le système linguistique est un code d' « éléments
préfabriqués » et de constructions, l'emploi de ces éléments dans
le discours, dans la transmission des messages, est une question de
sélection de la part du sujet parlant. Chaque mot pratiquement
peut être doté de connotations émotives s'il est placé dans la
situation sociale ou le contexte linguistique appropriés. En relation
avec le contexte, des mots neutres du point de vue émotif, ou
même des mots dépourvus de sens peuvent acquérir des connotations péjoratives ou hypocoristiques. Dans ses lettres, Tchekov
nomme affectueusement sa femme *sobáka,* « chien », de même
qu'une mère américaine peut appeler son enfant « monkey face »,
« pussycat », « cookie », « honey-plum » ; toutefois, les appellations anglaises sont, en fait, des termes de tendresse, beaucoup plus
conventionnels que le russe *sobáka.*

Dans *The good soldier* (p. 74), de Ford Maddox Ford, Maisie
Maidon se plaint de son ami : « Et j'ai entendu Edward m'appeler
un misérable petit rat en s'adressant à l'américaine. Il m'a toujours
appelé un petit rat dans l'intimité, et je n'y ai pas attaché d'importance. Mais s'il m'a désigné de ce nom en lui parlant à elle, je
pense qu'il ne m'aime plus. » Walpole (126, p. 42) rappelle
l'incident de G. K. Chesterton avec la poissonnière, pour qui des
termes grammaticaux inconnus prennent le pouvoir de malédictions
menaçantes ; elle rougissait lorsque Chesterton lui disait : « Vous
êtes un nom, un verbe et une préposition. » Mais quand il élevait
la voix sur une note plus aiguë et disait : « Vous êtes un adjectif,
un adverbe et une conjonction », elle lui envoyait un poisson sur
la figure et appelait la police. Cependant, en dehors de contextes
verbaux ou situationnels, ou de conventions métaphoriques individuelles, aucun de ces mots n'est expressif, bien que cela n'interdise
pas les langues de conventionaliser certains signes lexicaux comme
des termes métaphoriquement expressifs par excellence. Les méta-

phores favorites, à valeur d'appellations péjoratives sont, par exemple, les noms d'animaux (en anglais, *cochon, serpent, pou, rat*), de plantes et de certaines parties du corps. Mais en russe et en polonais, on trouve même les noms de vêtements et d'instruments de musique dans l'emploi de métaphores de dénigration (ainsi le russe *šljapa* « chapeau », *trjápka* « haillon » ; le polonais *traba* « trompette », *fujara* « fifre ») pour désigner un « empoté », un « imbécile ».

Les imprécations les plus fortes consistent souvent en mots-tabous, relatifs au sexe, aux croyances religieuses, ou aux relations incestueuses... . . . .
. . . .
L'expressivité engendrée par le contexte s'obtient non seulement par l'emploi métaphorique de signes lexicaux, mais aussi par la substitution de formes et constructions grammaticales. Toute déviation de la norme grammaticale référentielle peut, dans le contexte approprié, se colorer d'émotivité encore que la substitution ne soit pas, en général, le fruit du hasard. Le changement de genre : emploi du féminin pour désigner un homme et du masculin pour désigner une femme est un procédé expressif bien connu. Appliqué à un homme, la forme féminine russe *dúra* « imbécile » a une valeur émotionnelle beaucoup plus forte que son correspondant masculin *durák*. »

[De même l'emploi de l'animé pour l'inanimé, du singulier pour le pluriel, les changements de temps, aspects, modes. Expressive aussi peut être la structure morphologique du mot, en particulier par l'emploi de suffixes chargés d'affectivité.]

« On a souvent remarqué qu'une coloration affective peut s'attacher à des éléments à fonction purement distinctives, les phonèmes.

[Suivent des exemples en anglais, russe, allemand, espagnol, etc.]

« Les sons peuvent aussi acquérir une valeur émotive dans des contextes qui sont organisés de façon à mettre en relief leurs caractères phoniques. Les répétitions des sons, telles que l'allitération ou la rime, que des combinaisons structurées de voyelles ou de consonnes augmentent la cohérence et la spécificité du message et contribuent à son intensité émotive, en particulier si le contenu du message a lui aussi une forte charge émotive. L'expression ironique polonaise *kuku na muntu* « être fou » doit son effet expressif (en dehors de son contenu), non seulement à la forme hypocoristique *muntu* (un dérivé de *móxg* « cervelle » mais encore à la répétition de la voyelle grave /u/ de même que l'anglais *bats in the belfry* (des chauves-souris dans le beffroi) a une connotation émotive plus élevée grâce à l'allitération.

La signification expressive des sons est bien connue des poètes, et il suffit de considérer l'effet sonore des « *sanglots longs des violons de l'automne* » de Verlaine. La valeur expressive et non-arbitraire de la substance sonore a toujours été surestimée par les écrivains dont certains ont élaboré des théories fantastiques sur l'importance du symbolisme des sons. Toutefois, l' « hésitation entre le son et les sens » dont parle Valéry, demeure un attribut du langage poétique. »

[*Suit un paragraphe sur la nécessité de ne pas confondre le langage émotif et le langage poétique qui ont des points en commun, mais doivent être distingués.*]

« Le changement de code, ou sélection par le sujet parlant d'éléments appartenant à des systèmes étrangers, dialectaux, anormaux, archaïques, est, enfin, un autre moyen d'exprimer des comportements émotionnels [suivent des exemples de mots et prononciations empruntées à des langues étrangères, exotiques, archaïques...]

Le changement de code, en tant que procédé expressif, a cela en commun avec les autres types de stylistique expressive, que le code de base, neutre, sert de contre-champ par opposition auquel les éléments d'un autre système acquièrent une valeur expressive. Dans le contexte du système de base, ces « allogènes » sont perçus comme des synonymes métaphoriques, des équivalents émotifs des éléments neutres du code indigène. Leur emploi permet au sujet parlant de remplacer des éléments à valeur purement cognitive par des formes qui contiennent en outre des harmoniques émotives. »

> E. Stankiewicz, *Problèmes du langage émotif* in « Approach to Semiotics », Mouton, 1964, pp. 239-264 (trad. P.G.).

4. CONNOTATION ET DENOTATION

« Signification connotative et signification dénotative selon la glossématique

Le terme *signification dénotative* est réservé au contenu original du signe linguistique : le mot « table » a la signification « table » et sert à désigner l'objet table. En dehors de cette signification *explicite*, tout signe linguistique peut fournir, et fournit en général, nombre d'autres *informations implicites,* sous-entendues, qui ne sont pas le but intentionnel de l'énoncé : ainsi le mot « table »

porte-t-il, outre la signification proprement dite, c'est-à-dire
« table », la marque de ce qu'il appartient à la langue française ;
de même le mot « nonante », employé par celui qui parle, nous
renseigne sur l'origine de l'individu ; enfin le mot « piger » peut
nous dire de quelle couche sociale provient celui qui parle. Voilà
trois connotations — connotation nationale, régionale, sociale —
qui font partie d'un large système de connotations, dont M. Hjelmslev a dressé toute une liste (Prolégomènes, 72).

La distinction entre dénotation et connotation s'impose dans le
cas de certains synonymes, où l'analyse dénotative ne suffit pas
à expliquer la différence : c'est en vain qu'on cherche une différence de signification dénotative entre « piger » et « comprendre »,
la réalité désignée, le fait de comprendre, restant identiques. Ce
qui change, c'est l'attitude de celui qui parle, qui se place à un
niveau inférieur en préférant le terme populaire « piger » au mot
usuel « comprendre ».

Comme il paraît impossible d'attribuer à l'expression ou au
contenu seuls la faculté de porter une telle connotation, on dira
que c'est le signe linguistique entier qui sert de base à la connotation, autrement dit, que le signe dénotatif fonctionne comme
expression du signe connotatif :

$$\left.\begin{array}{c} Cd \\ \Updownarrow \\ Ed \end{array}\right\} \quad Ec \rightleftarrows Cc$$

C = contenu ; E = expression ; d =
dénotatif ; c = connotatif ; s = substance ; f = forme.

D'après la conception de M. Johansen, on trouve les significations connotatives aussi bien dans la langue de tous les jours que
dans la langue littéraire. Il y a cependant quelques différences
fondamentales entre les connotateurs dits glossématiques (qui se
rapportent à la langue quotidienne et que M. Hjelmslev a analysés
dans ses prolégomènes) et les connotateurs dits esthétiques :

1° Bien que la langue de tous les jours ait, elle aussi, recours
au procédé de la connotation, on ne peut parler que d'un emploi
sporadique et occasionnel. La langue littéraire, au contraire, est
toujours connotative. Qui plus est, l'intention de l'art verbal consiste
dans ce qu'il veut signifier non par des dénotations, mais par des
connotations : en d'autres termes, l'art verbal emploie systématiquement le procédé de la signification connotative, qui, elle,
représente le but principal d'une œuvre d'art verbal ;

2° Dans le signe connotatif glossématique, d'une part, ce n'est
que le signe dénotatif entier qui fonctionne comme expression
du signe connotatif. Dans la langue littéraire, d'autre part, il existe
la possibilité que chaque partie du signe dénotatif (Eds, Edf, Cdf,
Cds) fonctionne comme substance de l'expression du signe conno-

tatif (Ecs). Citons à titre d'exemple les vers bien connus de Paul Verlaine : « Les sanglots longs/Des violons/De l'automne... » où l'accumulation des voyelles sombres renforce l'effet de tristesse évoquée aussi dénotativement (« Je me souviens/Des jours anciens/Et je pleure »). Ces effets tirés de la couleur des voyelles sont à considérer comme des signes connotatifs simples dans lesquels seule la substance de l'expression dénotative fonctionne comme expression du signe connotatif. On retrouve tous les signes connotatifs simples dans le schéma élargi du signe connotatif :

(rime, etc.)	Eds				
(rythme, etc.)	Edf				
(« coupling », etc.)	Cdf	Ecs	Ecf	Ccf	Ccs
(sujets préférés de	Cds				
l'auteur, etc.)					

Ce n'est pas seulement l'expression du signe dénotatif qui sous forme de rythme, assonance, ou rythme, puisse être sujette à une *instrumentalisation* (par instrumentalisation il faut entendre l'agencement de la langue ou bien des éléments constitutifs du signe dénotatif en vue d'une intention artistique ou esthétique), mais aussi bien le contenu du signe. Sous Cdf (la *forme du contenu dénotatif*) seront comprises les libertés syntaxiques, les gradations du contenu dénotatif *(dispositio)* et le phénomène dénommé *coupling* par le stylisticien américain Levin, qui regarde comme trait caractéristique de la littérature le fait de mettre en relation les termes d'un énoncé à la fois sur le plan matériel et sur le plan conceptuel... Les préférences d'un auteur pour certains sujets et les « idiosyncrasies matérielles et intellectuelles » dont il fait preuve, peuvent, elles aussi, avoir valeur esthétique : c'est alors la substance du signe dénotatif qui fonctionne comme porteur d'une signification connotative.

3° En ce qui concerne le signe connotatif complexe (le signe dénotatif entier servant de base), il faut remarquer que la différence entre les connotations glossématiques et les connotations esthétiques consiste en ce que les connotations glossématiques sont limitées aux mots, tandis que les connotations constatées dans l'art verbal peuvent avoir une extension plus ou moins grande : ce ne sont pas seulement les mots ou leurs parties, mais aussi des passages, chapitres ou bien l'œuvre d'art verbal entière qui peuvent relever une signification stylistique, esthétique, bref, connotative...

Outre cela, les connotations esthétiques sont d'une tout autre nature que les connotations glossématiques : elles dépassent le cadre des connotations linguistiquement pertinentes qu'a déterminées M. Hjelmslev. Ainsi le mot « lion », dans un vers, peut avoir

la connotation de « quelque chose de puissamment vital qui évoque
le sentiment de la force de la nature », comme c'est le cas dans
le vers de V. Hugo, « C'était l'heure tranquille où les lions vont
boire ». Ces associations qui, liées à un mot, peuvent être d'importance esthétique dans une œuvre d'art verbal, Johansen les appelle
« mythe collectif du mot ». Il est évident que ce genre de connotations échappe à l'analyse linguistique.

La tâche de celui qui analyse du point de vue stylistique une
œuvre d'art verbal sera de constater les connotateurs (par exemple
celui du mot « lion » dans le vers cité...), de mettre en relief les
relations qui règnent entre les différents connotateurs trouvés (par
exemple la connotation du mot « lion » et celle de la phrase qui
forme le contexte immédiat de ce mot s'unissent dans une connotation composée, que l'on pourrait rendre par la circonlocution
« apaisement et repos des forces de la nature ») et de déterminer
la valeur des connotations simples, qui n'ont pas de valeur esthétique autonome (par exemple le passé composé si fréquent dans
« l'Etranger », ne gagne sa signification qu'en étant interprété dans
la perspective générale du roman), par rapport aux connotations
complexes, toujours, bien entendu, en tenant compte de ce qui est
exprimé dénotativement... aussi loin que c'est possible.

Après avoir vu ce qu'il faut entendre par connotation et en quoi
consiste la différence entre les connotations glossématiques et les
connotations esthétiques, il nous faut encore déterminer la fonction
de la partie horizontale du schéma esquissé au paragraphe précédent : il a déjà été dit à plusieurs reprises que la substance de
l'expression connotative (Ecs) est formée par le signe dénotatif ou
par une de ses parties : en d'autres termes, que la langue entière
avec ses divers aspects matériels et sémantiques sert de base à la
création d'un univers cohérent de significations connotatives.

Comme forme de l'expression connotative (Ecf), il faut regarder
l'instrumentalisation de la langue, c'est-à-dire sa formation artistique.

La forme du contenu connotatif (Ccf) représente les relations
des connotations, soit les relations des connotateurs complexes
et les connotateurs simples.

Ce réseau de connotations cependant ne forme pas un système
fermé mais un système ouvert au fur et à mesure que l'expérience
esthétique de l'homme y entre à titre de substance du contenu
connotatif (Ccs) : tandis que Ecs, Ecf et Ccf appartiennent au
côté objectif de l'art verbal, ce n'en est pas moins le lecteur ou
l'auditeur qui y apporte la subjectivité sous forme de son expérience
esthétique personnelle.

Or, cette expérience esthétique, qui, évidemment, est de nature psychique, peut être réalisée de deux façons : d'abord comme manifestation spontanée dans les réactions du public (l'émotion, le « frisson » créé par un poème), ensuite comme manifestation réfléchie dans l'interprétation.

C'est là aussi l'explication du fait qu'une description du contenu connotatif, de ce que l'œuvre d'art verbal « veut dire », n'atteint jamais qu'une valeur approximative, l'explication de texte consistant dans ce qu'on essaie de « transformer en notions dénotatives une structure connotative qui n'a jamais existé, pas même pour l'auteur, dans une formulation dénotative complète ».

La théorie esquissée ci-dessus, que M. Johansen aimerait à appeler « sémiologie littéraire », offre des avantages remarquables par rapport aux idées qu'ont exprimées ses prédécesseurs dans le domaine stylistique ; sans exagérer, on peut dire qu'elle fait preuve d'une compréhension profonde de la nature de la langue littéraire, compréhension rarement atteinte, ou du moins formulée, auparavant. Elle présente une vue originale des procédés artistiques, qui, entre autres, facilite la compréhension des problèmes que pose l'art verbal moderne : comme ce n'est pas la signification proprement dite des mots qui importe dans l'art verbal, mais cette autre signification qui est cachée entre les lignes et que M. Johansen a appelé connotative, il n'est, par conséquent, pas nécessaire qu'un texte littéraire soit intelligible du point de vue dénotatif. Ainsi le problème de la « désaliénation » de la langue dans la poésie moderne trouve-t-il son explication théorique dans la sémiologie littéraire de M. Johansen.

Ensuite, en adoptant les points de vue du stylisticien danois, on arrive à une notion modifiée de ce qu'est la langue littéraire et la signification métaphorique : si jusqu'alors on croyait la langue littéraire caractérisée par l'emploi fréquent de métaphores, on dira maintenant que la langue littéraire n'est qu'une seule métaphore, tout en soulignant en même temps le fait que la métaphore ne consiste pas dans la simple superposition de deux significations, mais que la signification métaphorique est de nature tout à fait autre que la signification dénotative.

Enfin, le but de l'explication de texte ne sera plus de constater quelles sont les idées (Cd) d'un auteur et quel est le langage employé ; le but sera plutôt de déterminer l'intention artistique d'un texte tout en regardant Ed aussi bien que Cd comme moyens d'y arriver. Et l'explication des œuvres d'art verbal d'instrumentalisation minimum ne présentera plus de difficultés : leur « style » sera justement le choix de cette sorte de langue... »

Winfried BUSSE, *Bulletin des jeunes romanistes*,
10 déc. 1964, pp. 39 à 42, Paris, Klincksieck, 1969.

B. LE STYLE COMME "CHOIX"

1. FIGURE ET ECART

« L'esprit de la rhétorique est tout entier dans cette conscience d'un hiatus possible entre le langage réel (celui du poète) et un langage possible (celui qu'aurait employé l'*expression simple et commune*) qu'il suffit de rétablir par la pensée pour délimiter un espace de figure. Cet espace n'est pas vide : il contient à chaque fois un certain mode de l'éloquence ou de la poésie. L'art de l'écrivain tient à la façon dont il dessine les limites de cet espace, qui est le corps visible de la littérature... La rhétorique est un *système* de figures.

Le statut de la figure n'a pourtant pas toujours été clair dans l'esprit de la tradition rhétorique. Depuis l'Antiquité, celle-ci définit les figures comme des *manières de parler éloignées de celles qui sont naturelles et ordinaires,* ou encore (on vient de le voir chez Fontanier) *simples et communes ;* mais en même temps elle avoue que rien n'est plus commun et ordinaire que l'usage des figures, et, pour reprendre la formule classique, qu'*il se fait plus de figures un jour de marché à la halle qu'il ne s'en fait en plusieurs jours d'assemblées académiques.* La figure est un écart par rapport à l'usage, lequel écart est pourtant dans l'usage : voilà le paradoxe de la rhétorique. Dumarsais, qui a plus qu'aucun autre le sentiment de cette difficulté, ne s'obstine pas là contre, et se rabat pour finir sur une définition qui est un aveu de défaite : « (Les figures) ont d'abord cette propriété générale qui convient à toutes les phrases et à tous les assemblages de mots, et qui consiste à signifier quelque chose en vertu de la construction grammaticale ; mais de plus les expressions figurées ont encore une modification particulière qui leur est propre, et c'est en vertu de cette modification particulière que l'on fait une espèce à part de chaque sorte de figure. » Ou encore : Les figures sont des manières de parler distinctement des autres par une modification particulière qui fait qu'on les réduit chacune à une espèce à part, et qui les rend, ou plus vives, ou plus nobles, ou plus agréables que les manières de parler qui expriment le même fond de pensée sans avoir de modification particulière. Autrement dit : l'*effet* des figures (vivacité, noblesse, agrément) est aisé à qualifier, mais leur *être* ne peut se désigner que par ceci que chaque figure est une figure à part, et que les figures en général se distinguent des expressions non-figurées par le fait qu'elles ont une modification particulière, qu'on appelle figure. Définition presque tautologique, mais non pas tout à fait, puisqu'elle met l'être de la figure dans le fait d'*avoir* une figure, c'est-à-dire une forme. L'expression simple et commune n'a pas de forme, la figure en a une : nous voici ramenés à la définition de la figure comme écart entre le signe et le sens, comme espace intérieur du langage.

En effet, toute phrase, même la plus simple et la plus commune, tout mot, même le plus ordinaire, possèdent une forme : les sons se succèdent d'une certaine manière (dans un certain ordre) pour former ce mot, les mots pour former cette phrase. Mais cette forme est purement grammaticale, elle intéresse la morphologie, la syntaxe, non la rhétorique. Aux yeux de la rhétorique, le mot *navire,* la proposition *je t'aime* n'ont pas de forme, ne comportent aucune modification particulière. Le fait rhétorique commence là où je puis comparer la forme de ce mot ou de cette phrase à celle d'un autre mot ou d'une autre phrase qui auraient pu être employés à leur place et dont on peut considérer qu'ils tiennent lieu. Non plus que *navire,* ou *je t'aime, voile* ou *je ne te hais point* n'ont en eux-mêmes de forme rhétorique. La forme rhétorique — la figure — est dans l'emploi de *voile* pour désigner un navire (synecdoque), ou de *je ne te hais point* pour signifier l'amour (litote). Ainsi, l'existence et le caractère de la figure sont absolument déterminés par l'existence et le caractère des signes virtuels auxquels je compare les signes réels en posant leur équivalence sémantique. Bally dira que l'expressivité trouble la linéarité du langage en faisant percevoir à la fois la présence d'un signifiant *(voile)* et l'absence d'un autre signifiant *(navire).* Pascal l'avait déjà dit : « Figure porte absence et présence. » Un signe ou une suite de signes linguistiques ne forment qu'une ligne, et cette forme linéaire est l'affaire des grammairiens. La forme rhétorique est une *surface,* celle que délimitent les deux lignes du signifiant présente et du signifiant absent. Ainsi seulement peut s'interpréter la définition piétinante de Dumarsais : seule l'expression figurée est pourvue d'une forme, parce que seule elle renferme un espace.

On voit donc que la définition de la figure comme déviation par rapport à l'*usage* repose sur une confusion entre l'usage et la littéralité, confusion qui se montre bien dans le faux doublet : « Façons de parler *simples et communes.* » Le simple n'est pas nécessairement commun et réciproquement ; la figure peut être commune, elle ne peut être simple, puisqu'elle porte *à la fois* présence et absence. Elle peut fort bien entrer dans l'usage sans perdre son caractère figuré (c'est-à-dire que la langue vulgaire a

elle aussi sa rhétorique, mais la rhétorique elle-même définit un
usage littéraire qui ressemble plus à une langue qu'à une parole) ;
elle ne disparaît que lorsque le signifiant présent est littéralisé par
une conscience antirhétorique, ou *terroriste*, comme dans la poésie
moderne (« Quand j'écris *voile* je veux dire voile ; si j'avais voulu
dire navire, j'aurais écrit *navire* »), ou lorsque le signifiant absent
reste introuvable. Voilà pourquoi les traités de rhétorique sont
des collections d'exemples de figures suivis de leur traduction en
langage littéral : « L'auteur veut dire... l'auteur aurait pu dire... »
Toute figure est traduisible, et porte sa traduction, visible en trans-
parence, comme un filigrane, ou un palimpseste, sous son texte
apparent. La rhétorique est liée à cette duplicité du langage. »

G. Genette, *Figures*, Ed. du Seuil (1966), pp. 207 sq.

2. LES DEVIATIONS STYLISTIQUES

« La connaissance sur laquelle se fonde la critique stylistique
pourrait se résumer ainsi : toute phrase, toute expression n'est
que l'un des choix *(scelta)* POSSIBLES, et elle porte en elle — et
c'est là l'important — tous les autres choix NON EXPRIMÉS, mais
IMPLICITES. Si l'on analyse le style d'une œuvre d'art, on sent en
même temps le caractère absolu et relatif du choix de l'écrivain ;
absolu car l'écrivain a employé précisément telle expression, et
non une autre ; relatif, car en même temps, le lecteur voit et entend
d'autres possibilités (meilleures ou pires, peu importe), ou au
moins, en entrevoit quelques-unes. C'est là le sens de ce qu'on
appelle la critique de gribouillage *(critica degli scartafacci)* que
Croce attaque si violemment. Mais si l'on jette un regard dans
l'atelier de l'écrivain, on aura alors la possibilité de vérifier tous
les doutes et toutes les hésitations de l'auteur et d'estimer à sa
juste valeur (ou à sa juste faiblesse) la version définitivement
choisie.

Qui ne sent pas ce rapport, qui ne le crée pas au cours de
l'écriture, s'occupe en vain de critique en général, et de critique
stylistique en particulier. Tout le plaisir de la lecture repose sur
la comparaison du texte de l'écrivain avec une norme banale et
correcte, toute distance que l'écrivain prend à l'égard de cette
norme en est en même temps *l'affirmation* dialectique. Car c'est
justement la norme, ce fond idéal sur lequel se dessine vigoureusement les contours de la création de l'écrivain, des choix de
l'écrivain ! C'est pourquoi toute *lingua collectiva* est un écran
cinématographique, et toute *lingua individuale* la projection, le

5

faisceau lumineux, qui ne pourrait pas se fixer et qui resterait absurdement perdu dans l'espace, s'il était privé de cet écran.

Les deux catégories de la stylistique *(choix - écart)* peuvent, vu leur essence, être réduites à une seule, à celle de l'écart ou de la déviation d'un mode d'expression banal, ordinaire et froid qu'on appelle la norme. En reprenant à Valéry l'idée de l'écart, Charles Bruneau écrit : « La stylistique est la science des écarts », ajoutant encore : « L'écart est une faute voulue. » Selon cette conception, la norme serait le non-style, la valeur moyenne de l'usage quotidien ordinaire. Cependant, Bruneau répète ici l'idée exprimée, il y a un demi-siècle, par l'historien littéraire français Paul Lacombe, qui définit la figure de style, et par conséquent le style : « Une façon de parler qui s'écarte de l'expression exacte de l'idée, ou qui s'écarte de l'expression simple, ajoutant à celle-ci quelque chose dont le rendu et l'idée n'aurait pas besoin, et cette *inutilité,* et cette *inexactitude,* sont chose voulue », selon quoi l'art serait une inexactitude ou plutôt une aimable inutilité. Bruneau appelle cette stylistique *stylistique pure,* et parmi ses représentants, il compte Bally et Marouzeau, en acceptant, avec quelque atténuation, l'idée de Bally selon laquelle le style et la stylistique sont « à tout jamais séparés ». L'idée de la DÉVIATION et de L'ÉCART se trouve déjà chez Bally : « Chaque individu a sa manière propre d'employer son idiome maternel ; il lui fait subir, dans certaines circonstances, ou habituellement, des DÉVIATIONS portant sur la grammaire, la construction des phrases, le système expressif. » Bally explique ainsi l'idée de la norme et de sa déviation : « Quand le sujet parlant se trouve dans les mêmes conditions que tous les autres membres du groupe, il existe de ce fait une norme à laquelle on peut mesurer les écarts de l'expression individuelle. » Bien sûr, tout cela se rapporte à la langue parlée, et Bally a entièrement raison lorsqu'il remarque que, dans les intentions, la langue, en tant que moyen de communication, diffère essentiellement de la langue utilisée par un écrivain : les moyens sont identiques, mais les intentions sont entièrement différentes. Evidemment, il ne faut pas en déduire que la critique traite des intentions de l'auteur et que les bonnes intentions servent de point de départ à l'appréciation esthétique ; il faut y voir seulement le fait que tout art est une entente, une communication, un langage, mais que tout langage est en même temps un art, à l'opposé de ce qu'affirme B. Croce.

En ce qui concerne la norme, Bally a judicieusement remarqué qu'elle était, au fond, une abstraction : « Un principe important de notre méthode, c'est l'établissement, par abstraction, de certains modes d'expression idéaux et normaux ; ILS N'EXISTENT NULLE PART

A L'ÉTAT PUR DANS LE LANGAGE, MAIS ILS N'EN DEVIENNENT PAS MOINS RÉALITÉS TANGIBLES, DÈS QU'ON OBSERVE... » De cette manière Bally a renoncé volontairement et consciemment à ce que nous nous proposons d'appeler tendance naturelle de toute analyse de style, il a renoncé au jugement critique, à tout désir d'être juge littéraire. Il semble qu'à sa stylistique, on pourrait appliquer les mots dont il s'est servi en parlant de la différence entre la langue usuelle et la langue dont nous nous servons pour écrire des œuvres littéraires. Gardons pour le moment le même terme : il s'agit de deux stylistiques ayant des intentions totalement différentes, et c'est exactement ce que nous trouvons dans le reproche fait par Spitzer à Devoto : l'un décrit, l'autre juge. On peut se demander si ce sont deux activités distinctes ou bien seulement deux extrêmes de la même situation. Pour Bally et ses disciples, la différence réside dans la quantité, tandis que pour Spitzer et son école, elle se trouve dans la qualité seulement.

De ce qui précède, deux conclusions s'imposent. La première : à l'épiphore, à l'anaphore et à toutes les figures classiques de la rhétorique, on peut ajouter également la déviation, de même que l'anaphore n'est pas un art, de même la déviation non plus n'est pas un art, mais seulement une particularité du style. La deuxième conclusion est essentiellement identique à l'idée de Spitzer, exprimée à la fin de son essai sur La Fontaine : la chose la plus aisée est de parler de ce qui ressort du texte. Il est évident que la déviation en « ressort ». En parlant de la norme et de sa transgression (qu'il s'agisse de la déviation ou de n'importe quelle autre particularité) la « méthode » de Spitzer reste toujours fidèle à la conviction que le mieux et le plus efficace est de parler des « arêtes » (comme il dit à la fin du même essai). Dans une telle interprétation du texte, présentée en premier lieu comme une opposition norme - antinorme, on néglige tout ce qui est norme. Cette stylistique, imbue de psychanalyse, ne traite que ce qui est symptôme ; et le symptôme est la négation de l'état normal. Cette division peut-être acceptée à condition d'être accompagnée d'une remarque indiquant que la norme contenue dans l'œuvre, c'est-à-dire son atmosphère, sa chaleur humaine, ne s'exprime pas par la norme linguistique, mais qu'elle admet d'autres possibilités. La norme et la déviation (au sens linguistique) ne peuvent pas être reportées dans le jugement esthétique avec leur sens étymologique, mais avec le sens de la négation dialectique, en tant que concepts entièrement corrélatifs ; dans un texte fourmillant de déviations linguistiques, la norme devient déviation et *vice versa*. Ainsi norme et déviation ne doivent être prises qu'en tant que termes appartenant à la stylis-

tique descriptive ne pouvant avoir de valeur ni esthétique, ni critique. Il va de soi qu'il reste encore beaucoup à faire pour déterminer ce qu'est la norme ; mais ce n'est pas l'objet de ces remarques. »

> Ivo Frangeš, *Communication au VIIIe Congrès de la*
> *F.I.L.M.*

3. L'INVERSION DU SUJET DANS LA PROSE ROMANTIQUE

« Dans les pages qui précèdent, nous avons déjà signalé plusieurs
fonctions *stylistiques* de l'inversion ; d'autres (cohésion et équilibre
de la phrase, énumération, etc.) sont trop connues pour qu'on s'y
attarde. Reste à étudier brièvement certaines valeurs spéciales que
l'inversion peut acquérir. Comme toujours, il faudra distinguer
entre deux sortes de mécanismes stylistiques : les effets directs
d'une part et, de l'autre, les effets d'évocation.

Dans certains cas, l'inversion joue un rôle négatif : elle permet
d'éviter des rencontres ou des répétitions fâcheuses. Soit la phrase :
« Toutes les ordures... que *fait une fête* à Paris » (Hugo, t. I,
p. 293). Si l'auteur avait opté pour l'ordre sujet-verbe, une caco-
phonie intolérable en aurait résulté (« *fête fait* à Paris »). De
même, « les idées folles que leur *présente* une imagination *brûlante* »
(Stendhal, p. 92) est plus euphonique qu'aurait été « une imagination brû*lante* leur *présente* ». Dans la phrase suivante : « Des
feux, autour desquels *fourmillaient* des groupes étranges, y *brillaient*
çà et là » (Hugo, t. I, p. 128), la postposition du sujet éloigne l'un
de l'autre les verbes *fourmillaient* et *brillaient,* dont la séquence
progressive (« autour desquels des groupes étranges fourm*illaient,*
y b*rillaient* ») aurait accusé l'assonance. Faute d'inversion, les deux
membres de la phrase : « De l'endroit où est aujourd'hui le Grenier
d'abondance à l'endroit où sont aujourd'hui les Tuileries » (*ib.,*
p. 180) se seraient terminés par *aujourd'hui.* Si, par contre, l'écrivain
veut insister sur un effet de répétition, c'est encore à l'inversion
qu'il aura recours : « Le duc prit à part *Corentin* pour lui expliquer
tout ce que savait *Corentin* » (Balzac, p. 235).

Ce dernier exemple nous montre déjà le rôle que peut jouer
l'inversion dans la *symétrie* de la phrase. Elle permet notamment
de faire ressortir, en les opposant l'un à l'autre, les deux sommets
sémantiques de l'énoncé : « Avec une rigueur que lui donnait
sans doute la *charité,* mais qui chez tout autre aurait paru être
de l'*habitude* » (*ib.,* p. 21) ; « Aux lettres de pierre d'*Orphée* vont
succéder les lettres de plomb de *Gutenberg* » (Hugo, t. I, p. 278).

Ailleurs, on préfère une symétrie plus subtile, opérant par effet de contraste : le *chiasme* qui adopte deux ordres inverses dans les deux parties de la phrase : « Période *que l'évêque Théodore ouvre* en 618 et *que ferme* en 1227 *le pape Grégoire* » (Hugo, t. I, p. 221) ; « *Elle s'avançait* à pied *entre deux gendarmes* en uniforme, et, à trois pas derrière elle, *aussi entre deux gendarmes, marchait un grand homme sec* qui affectait des airs de dignité » (Stendhal, p. 94) ; « *Alors apparaissent les spectres, les fantômes, alors les rêves prennent* du corps » (Balzac, p. 366) ; « *Elle était au dehors suave* comme une vierge qui ne tient à la terre que par sa forme féminine, *au dedans s'agitait une impériale Messaline* » (*ib.*, pp. 40-41).

L'inversion peut aussi devenir un facteur efficace de *mise en relief*. L'arrivée prématurée et inopinée du *verbe* peut, s'il s'y prête par sa forme et par sa signification, attirer l'attention sur celui-ci et le détacher du reste de la phrase. Victor Hugo offre de nombreux exemples du procédé : « Sur le quai où *brillaient* au loin mille croisées éclairées » (t. II, p. 171) ; « De vieux toits sur lesquels *s'arrondissait* largement le chevet plombé de la Sainte-Chapelle » (t. I, p. 185) ; « Tout cet orchestre... sur lequel *bondissait* une gamme gigantesque » (t. II, p. 189) ; « Mais dans ses yeux enfoncés *éclatait* une jeunesse extraordinaire » (t. I, p. 100). Quelques-uns de ces exemples sont nettement impressionnistes : on voit d'abord la forme, le mouvement ou la lumière comme purs phénomènes et ne les rattache qu'après coup au sujet dont ils émanent. Le verbe *s'échapper* se présente volontiers dans ces contextes ; le mouvement de la phrase imite alors le jaillissement du regard ou du bruit venu des profondeurs de l'être ou de la foule : « De ses yeux mornes *s'échappait* un regard, un regard ineffable, un regard profond, lugubre, imperturbable » (*ib.*, p. 335) ; « Et de ses longs cils noirs baissés *s'échappait* une sorte de lumière ineffable » (*ib.*, p. 156) ; « Et de toute cette foule effervescente *s'échappait*, comme la vapeur de la fournaise, une rumeur aigre, aiguë, acérée, sifflante » (*ib.*, p. 75). On n'a qu'à remanier toutes ces phrases d'après le schéma sujet-verbe pour se rendre compte de la différence d'expressivité entre les deux agencements.

La mise en lumière du *sujet* inverti est encore plus efficace : elle résulte non seulement de sa position insolite, mais encore du fait que sa venue est retardée par l'antéposition du verbe et, dans certains cas, celle d'autres éléments. Plus la préparation sera longue et détaillée, plus intense sera cette mise en relief du sujet. Cette technique de suspens et de *crescendo*, que Proust devait développer, était déjà appliquée systématiquement par les Romantiques :

« Au moment où, dans ce paroxysme de tendresse, avait éclaté, comme une trompette du jugement dernier, *la nouvelle* de l'arrestation du bien-aimé » (Balzac, p. 317) ;

« Sur la masse des cinq recors vêtus comme des recors, gardant leurs chapeaux affreux sur leurs têtes plus affreuses encore, et offrant des têtes de bois d'acajou veiné où les yeux louchaient, où quelques nez manquaient, où les bouches grimaçaient, se détacha *Louchard*, vêtu plus proprement que ses hommes... » (*ib.*, p. 152) ;

« Et sur ce brancard resplendissait, crossé, chapé et mîtré, le nouveau pape des fous, le sonneur de cloches de Notre-Dame, *Quasimodo le Bossu* » (Hugo, t. I, p. 107).

Dans le chapitre « Le retrait où dit ses heures Monsieur Louis de France », Hugo applique la même méthode en esquissant deux portraits strictement parallèles du roi et de son bourreau. Voici d'abord celui de Louis XI :

« La chaise à bras sur laquelle était assis, le corps disgracieusement plié en deux, les genoux chevauchant l'un sur l'autre, le coude sur la table, un personnage fort mal accoutré » (t. II, p. 273).

Même après l'énonciation du sujet, un peu de doute persiste quant à l'identité du personnage dont l'extérieur et la tenue n'ont rien de royal ; ce n'est qu'à la fin du paragraphe qu'on nous dit explicitement qu'il s'agit de Louis XI. Et voici maintenant la contrepartie de ce tableau, le portrait du sinistre Tristan l'Hermite :

« Enfin, tout au fond, près de la porte, se tenait debout dans l'obscurité, immobile comme une statue, un vigoureux homme à membres trapus... » (*ib.*, p. 274).

Ici encore, l'identité du personnage ne nous sera révélée que plus tard.

Il arrive également que l'importance de la préparation jure avec la médiocrité du sujet ; il y aura alors un effet d'ironie :

« Mais en revanche on a cette colonnade qui circule autour du monument, et sous laquelle, dans les grands jours de solennité religieuse, peut se développer majestueusement la théorie des agents de change et des courtiers de commerce » (*ib.*, t. I, p. 207).

Dans cette description, l'ironie est surtout d'ordre lexical : elle provient de la discordance entre *solennité religieuse, majestueusement, théorie* (1) d'une part, *agents de change* et *courtiers de commerce* de l'autre ; mais la progression lente et solennelle de la phrase accentue encore la dissonance. On se trouve ici à la lisière des effets stylistiques directs et des valeurs évocatrices.

*
**

A peu d'exceptions près, l'inversion a de nos jours une nuance soutenue et littéraire. Elle appartient à la langue écrite plutôt qu'à celle de la conversation ; aussi est-elle très rare dans les romans dont le style se rapproche du parler familier (2). D'autre part, certains types d'inversion sont fréquents dans le langage scientifique et juridique. Ces associations communiquent à notre tour des *valeurs évocatrices* très marquées dont Proust et d'autres romanciers ont su tirer parti.

Ces valeurs existaient-elles déjà dans le style des Romantiques ? C'est là un problème assez compliqué, car il s'agit de nuances délicates, difficiles à reconstituer. Néanmoins, l'analyse du contexte verbal et non-verbal où se présentent certaines inversions nous permet d'en dégager le ton et la puissance évocatrice. Naturellement il faudra écarter les formes les plus banales de notre construction, qui ne détonnaient point dans le style familier, même dans celui de gens sans instruction. On notera à ce propos que l'inversion après *que* régime s'emploie même dans des contextes argotiques ; témoin cette phrase d'un forçat chez Balzac : « C'est ce que m'a fait dire ma largue » (p. 441 ; *largue* signifiait « femme » dans l'argot des malfaiteurs). Et nous avons vu plus haut que l'inversion après *rester* ne faisait pas tache dans le parler vulgaire. D'autre part, la reproduction des propos ou de la parole intérieure des personnages n'est pas toujours réaliste ; l'auteur oublie parfois la fiction et leur met dans la bouche des tours que la langue parlée ne saurait admettre. C'est là sans doute l'explication d'une inversion très hardie qui se trouve dans un monologue de Gina del Dongo : « Sur ce lac sublime où je suis née, m'attend enfin une vie heureuse et paisible » (p. 41).

La forme la plus simple de l'inversion évocatrice est celle qui sert à caractériser le *style écrit :* articles de presse :

« Hier, a eu lieu l'exécution de Jean-François Durut » (Balzac, p. 159) ;

Documents :

« Je soussigné déclare rétracter entièrement ce que contient l'interrogatoire que m'a fait subir M. Camusot » (*ib.*, p. 363) ;

Textes historiques, tel le mémoire d'Olivier que nous avons déjà signalé et où le style technique s'allie à l'archaïsme :

« En cette année ont été faits par ordonnance de justice à son de trompe par les carrefours de Paris cinquante-six cris » (Hugo, t. II, p. 278).

Dans la longue lettre de l'archevêque de Parme à Fabrice, les inversions se trouvent côte à côte avec des formes verbales pédantesques comme *saisîtes* et *employâtes* : « Le curé de la paroisse qu'habite ce pécheur égaré... rectifier les fausses impressions qu'avaient pu causer les discours par lui proférés depuis quinze jours » (p. 215). Stendhal lui-même qualifie ce style de « cicéronien » ; on serait tenté d'y voir également un spécimen de l'usage ecclésiastique (3).

L'évocation se fait plus intense quand l'inversion apparaît dans les *propos* des personnages. Elle est parfois pathétique :

« Ce supplice que vous font subir, durant les longues nuits, vos artères qui bouillonnent... » (Hugo, t. II, p. 125).

Ailleurs, elle sera l'indice d'un style affecté :

« C'est une des beautés les plus innocentes et les plus parfaites qu'ait produites le pinceau » (*ib.*, t. II, p. 302).

Elle pourra aussi devenir un tic professionnel, comme dans le parler des magistrats de Balzac :

« La justice doit savoir maintenant si vous êtes ou non complice des crimes que peut avoir commis cet individu depuis son évasion » (p. 348) ; — « Au roi seul, sur le rapport du garde des sceaux, appartient le droit de faire grâce » (p. 499).

Vautrin lui-même adopte ce tic professionnel lorsqu'il veut convaincre le juge d'instruction qu'il n'est pas un ancien forçat, mais l'abbé Herrera, diplomate espagnol :

« Cette force factice est due, monsieur, à l'excitation nerveuse que me cause mon étrange situation » (p. 324) ;

« La justice a commis des erreurs encore plus fortes que celle à laquelle donnerait lieu le témoignage d'une femme qui reconnaît un homme au poil de sa poitrine » (p. 329).

Comme le remarque Balzac lui-même à propos de notre première citation, Vautrin parle ici « avec la dignité d'un évêque ». Un simple tour syntaxique peut ainsi devenir un élément dans l'action du roman et dans la psychologie des personnages. »

St. ULLMANN, *Français moderne*, XXIII, janvier 1955, pp. 32-37.

---

(1) *Théorie* au sens de « procession solennelle » est un hellénisme du XVIIIᵉ siècle (Bloch-Wartburg) ; cf. cette phrase de Chateaubriand, citée par J.-M. Gautier, *Archivum Linguisticum*, III, p. 51, n. 6 : « Nous vîmes tout à coup sortir une *théorie* au milieu de ces débris. »

(2) Dans le roman *Mort dans l'âme*, de Jean-Paul Sartre, je n'ai relevé que 14 inversions facultatives.

(3) Cf. cette réminiscence biblique chez Sainte-Beuve : « vous avez visité coins et recoins de vous-même, comme avant de se coucher fait dans les détours du logis la servante prudente » (citée par Y. Le Hir, *L'Originalité littéraire de Sainte-Beuve dans « Volupté »*, Paris, 1953, p. 59. Voir aussi Bruneau, *Histoire de la Langue Française*, t. XII, p. 344.

4. LES INSTRUMENTS DE L'ARTISTE EN LANGAGE

« Nous appellerons « *langue* » (voir fig. 1), l'ensemble des éléments systématisés dont se composent les *signes* (linguistiques) — au sens hjelmslévien de ce terme.

Par « *langage* » nous entendrons quelque chose de plus compréhensif, soit l'ensemble que constituent les signes de la langue et certaines entités qui tantôt fonctionnent isolément comme moyens de communication, tantôt entrent en interférence avec les signes ou avec leurs éléments constitutifs, à savoir les *symboles.* Ces phénomènes se distinguent des signes et des autres éléments linguistiques, entre autres choses par le fait qu'ils ne sont généralement pas systématisés, et qu'ils sont susceptibles de variations quantitatives. Ainsi, dans l'emphase consonantique du mot *f(formidable)* et dans l'emphase vocalique de l'appel *(Antonio)o...!* l'*f* et l'*o* allongés appartiennent du fait de leur allongement à la catégorie des symboles tout en appartenant en tant que phonèmes à une des catégories d'éléments dont se compose la langue. Etant donné que le signe est arbitraire, tandis que le symbole peut être *motivé,* nous devons considérer *le langage* pris dans sa totalité comme un symbole, car il est motivé par, ou, si l'on veut, modelé sur l'univers qu'il représente...

Notre deuxième figure explique les notions de *signe* et de *symbole* telles que nous les concevons conformément à la théorie *glossématique* (v. L. Hjelmslev, *Prolégomènes à une Théorie du Langage,* 21, fin). L'un comme l'autre se composent, comme on le voit, de deux faces, celle de l'expression et celle du contenu ; mais la constitution du signe est plus complexe que celle du symbole, étant donné que la substance doit passer par le moule appelé par M. Hjelmslev « Forme » (et « Grid » dans la terminologie de Mr. Kenneth L. Pike, voir *Language and Life,* Bibliotheca Sacra, April 1957, p. 148) avant de pouvoir servir comme élément constitutif du signe, tandis que dans le symbole motivé — dont il est ici question — la substance remplit telle quelle la fonction d'élément constitutif.

L'application de la théorie mentionnée comporte que soient traitées sur un pied d'égalité, ainsi qu'il ressort de la figure, les deux espèces de substances qui servent de face expressive aux symboles linguistiques motivés. C'est grâce au fait que la substance sémique du signe est considérée, à l'égal de la substance phonique, graphique, etc., comme la face expressive du symbole, que nous

Représentations schématiques
des rapports entre
le *langage*, la *langue*, le *signe* et le *symbole*

Fig. 1

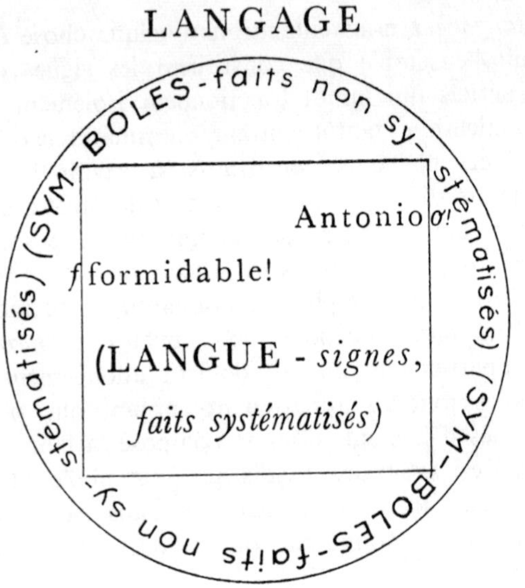

LANGAGE

(SYM-BOLES-faits non sy-stématisés) (SYM-BOLES-faits non sy-stématisés) (SYM-BOLES-faits non sy-stématisés)

Antonio o!

f formidable!

(LANGUE - *signes,*
faits systématisés)

Fig. 2.

SIGNE

	Expression			Contenu		
SYM-BOLE	Ex-pres-sion	Substance phonique, graphique, etc. [tremble] [lispelnde Espe]	Forme ("Grid")	Forme ("Grid")	Substance sémantique "ce/celui qui tremble" "*tremula* qui siffle"	Ex-pres-sion	SYM-BOLE
	Con-te-nu	"arbre qui siffle" (Onomatopées, phoniques, graphiques, articulatoires, ...)			"arbre qui tremble" (Métaphores, de tout ordre de dimension ou de com-plexité)	Con-te-nu	

avons obtenu la grande simplicité qui caractérise le plan de classement que nous avons essayé de dresser...

...Avec les deux espèces de substances dont nous avons parlé, nous distinguerons aussi entre deux espèces de symboles figuratifs, à savoir d'une part les « onomatopées » ou « mots poétiques » qui, le contexte aidant, « sonnent leur sens », comme disait Valéry (« Style », dans la revue *Art et Style*, p. 1, Paris, 1945), c'est-à-dire qui sont plus ou moins autoexplicatifs parce que leur contenu est suggéré par les sons qui en constituent la face expressive, et d'autre part les « métaphores » ou « mots poétiques » qui, le contexte aidant, « disent leur sens », c'est-à-dire qui sont plus ou moins autoexplicatifs parce que leur contenu, appelé traditionnellement leur *sens figuré*, est suggéré par leur *sens propre*, autrement dit par les sémies (entités sémantiques de n'importe quel ordre de dimension ou de complexité) qui, tout en étant contenu dans le signe, servent de face expressive dans le symbole.

A notre avis, il y aurait avantage à se servir d'un terme compréhensif comme *symbole figuratif*, qui peut s'appliquer à toutes les dimensions et à tous les degrés de complexité imaginables de la grandeur linguistique en question, plutôt que de parler de « métaphores » et d' « onomatopées », termes qui font pencher la pensée vers une grandeur linguistique particulière, celle du mot. Ces termes traditionnels font aussi penser chacun à une espèce de substance particulière, celui de métaphore à la substance sémique et celui d'onomatopée à la substance phonique. Or, il existe bien aussi — outre les très importantes figurations *prosodiques* — ce qu'on pourrait appeler des « onomatopées *graphiques* » ou « *graphémiques* », c'est-à-dire des symboles dont le contenu a pour expression des graphèmes — par exemple un *i* aigu et un *o* rond —, et il faut admettre également l'existence des « *onomatopées* articulaires », c'est-à-dire des symboles dont la face expressive est la substance articulatoire du phonème réalisé, autrement dit une certaine position des organes de phonation ou certaines tensions motrices de ces organes, capables de suggérer des notions déterminées. C'est uniquement de ce point de vue articulatoire qu'il est justifié de qualifier, comme on le fait, d'onomatopoétique le verbe *humer* en français. Aux entités articulatoires par lesquelles sont manifestés les phonèmes, M. Kloster-Jensen a donné le nom de *cinèmes* (*Word*, vol. 16, n° 1, April 1960).

Si, maintenant, nous quittons les deux figures pour examiner le tableau, nous remarquons d'abord que dans celui-ci ne sont reconnues que quatre catégories d'instruments de l'artiste en langage, toutes les autres divisions n'étant que des subdivisions de celles-là.

Cette catégorisation, qui peut sembler arbitraire, et l'est aussi en
effet, demande une justification. Et voici celle que nous pouvons
en donner :

Dans ce que nous appelons, dans le langage de tous les jours,
un style d'artiste, qu'il s'agisse de prose ou de poésie, on trouve
plus fréquemment qu'ailleurs des symboles figuratifs ; on y trouve
aussi très souvent une répétition de grandeurs identiques — tant
du côté de l'expression que du côté du contenu —, répétition qui
n'a aucune fonction figurative ni sémique et qui ne paraît être
qu'un jeu extralinguistique ; il arrive aussi — et ceci encore bien
plus fréquemment qu'ailleurs — qu'en lisant de tels textes on est
frappé tantôt par le charme des sons et des sens, tantôt par l'effet
désagréable ou pénible qu'ils produisent, bref, par ce que nous
avons appelé, faute d'un terme commun déjà existant, les euglossies
et les cacoglossies du texte, en embrassant par la généralisation
que suggèrent ces termes, toutes les substances manifestantes ;
et il est connu, enfin, que dans un tel style on trouve souvent —
du moins chez certains auteurs — ce que nous avons appelé des
discordances, c'est-à-dire des éléments de substance qui jurent
plus ou moins par leur sens ou par leur forme ou bien avec leur
contexte linguistique, ou bien avec les réalités en question, par
exemple ces excentricités de langage que sont les mots d'emprunt
et les oppositions de sens paradoxales.

En tenant compte de la fréquence d'apparition de ces phénomènes dans le style considéré comme artistiquement élaboré,
nous avons décidé arbitrairement de ne qualifier d'*artistiques* que
les opérations qui consistent à créer de telles figuration, jeux
d'identités, euglossies et cacoglossies et discordances. Ce que nous
obtenons en agissant ainsi, c'est de donner aux termes d'*art, artistique* et *artistes en langage* un contenu exact, utilisable dans une
description scientifique, exempt de connotations affectives et ne
comportant aucun jugement de valeur. Un désavantage que comporte cette délimitation de sens est que, dans la mesure où nous
exécutons les opérations en question, dans notre conversation ou
par écrit, nous serons, dans cette acception technique du mot, tous
des artistes, car le terme ne serait plus réservé à ceux qui exécutent
habituellement les opérations en question. Un autre inconvénient
pratique inhérent à cet emploi technique du mot est que certains
phénomènes considérés généralement comme appartenant à la
sémantique ou à la grammaire — morphologie ou syntaxe —,
devront être considérés comme appartenant au domaine de l'*art*
en langage...

...Nous terminerons en résumant par les mots suivants ce qui est l'idée principale des pages qu'on vient de lire et du tableau auquel elles se rapportent :

Lorsqu'un texte donné aura été examiné conformément à un inventaire reposant sur les principes que nous avons exposés, et que les jeux de figuration, d'identités, de discordances et, enfin, de ce que nous avons appelé des euglossies et des cacoglossies, auront été enregistrés avec leurs fréquences relatives, on aura, des instruments employés dans ce texte, un aperçu qui, en plus de sa simplicité, permettra des constatations non contradictoires et même un dépouillement relativement exhaustif de phénomènes qui sont scientifiquement observables et vérifiables, à l'exception, bien entendu, des euglossies et des cacoglossies, qui ne sont encore guère reconnaissables autrement que par le moyen classique de l'introspection.

L. FLYDAL, *Le Français moderne*, juillet 1962, pp. 166-172.

C. LA " PSYCHOLOGIE DES STYLES "

C'est sur la base des notions psychologiques d'expressivité et de choix qu'ont été tentées les grandes synthèses stylistiques de la première moitié du XXᵉ siècle.

Si le célèbre aphorisme : « Le style c'est l'homme » reste un des postulats fondamentaux de la critique moderne, il faut bien constater que la stylistique linguistique n'a pas réussi jusqu'ici à en inscrire dans les faits les implications méthodologiques.

Les innombrables études sur le style de Flaubert, de Mallarmé, de Huysmans, de Proust, de Gide, etc., etc..., restent, presque toujours, des répertoires de faits, très intéressants pour une connaissance plus riche et plus approfondie du français et de ses moyens d'expression, mais qui nous apprennent peu de chose sur une psychologie ou une sociologie du langage qui serait à l'origine de ces œuvres.

En fait, si une telle ambition a pu être, dans une certaine mesure réalisée, c'est par la stylistique littéraire et des travaux comme ceux de Bachelard, de Mauron, Jean-Pierre Richard, etc.

On ne s'étonnera pas, dans ces conditions, que la stylistique génétique se soit heurtée à des critiques et des préventions, de la part en particulier de l'école structuraliste.

Leo Spitzer, lui-même, n'aura pas fait école, et si son œuvre reste un des grands monuments de la critique contemporaine, c'est beaucoup plus en raison de la finesse, de la culture et de l'originalité de son auteur que de vues méthodologiques qui sont généralement tombées en quenouille entre les mains des épigones. C'est la thématique littéraire qui aura hérité son « étymon spirituel ».

Quant à la théorie des champs stylistiques de P. Guiraud, c'est une reconstruction du système lexical de l'œuvre qui ne prétend point se fonder sur une psychologie ou une psychanalyse de l'auteur.

1. LA CRITIQUE DE LEO SPITZER

« Refusant la division traditionnelle entre l'étude de la langue et celle de la littérature, il s'installe au centre de l'œuvre et en cherche la clé dans l'originalité de la forme linguistique dans le style.

Ces idées sans être neuves s'expriment ici avec une telle chaleur et une telle conviction, se traduisent dans une œuvre si originale qu'elles marquent un tournant dans l'histoire de la linguistique et de la critique universitaire ; elles arrivent d'autre part à leur heure, à un moment où la critique positiviste est dans une impasse, portées en même temps par le courant antirationaliste qui va de

Bergson à Croce en passant par Freud et toute la littérature et les arts modernes.

Mais il n'est pas inutile de céder la parole à M. Spitzer qui évoque avec humour dans la préface de son dernier livre, le climat intellectuel dans lequel est née cette ambition de jeter, avec la stylistique, « un pont entre la linguistique et l'histoire littéraire », car non moins que ses idées ou son œuvre, le « combat de M. Spitzer constitue une page mémorable dans l'histoire de la stylistique ».

« Je prends parti de vous faire part de ma propre expérience ; l'attitude de chaque savant, qui est conditionnée par ses premières expériences, par ce que les Allemands appellent Erlebnis, détermine sa méthode. En fait, je conseillerai à tout maître de dire à son public l'expérience de base qui se trouve derrière sa méthode, son « Mein Kampf ».

J'avais décidé, après que le lycée m'eût donné une solide formation dans les langues classiques, d'étudier les langues romanes, et en particulier la philologie française, parce que Vienne où j'étais né, cette Vienne d'alors gaie et amie de l'ordre, sceptique et sentimentale, catholique et païenne, était pleine d'adoration pour les mœurs françaises.

J'avais toujours été entouré par une atmosphère française, et à cette époque juvénile de mon expérience, je m'étais fait une image sans doute un peu trop généralisée de la littérature française qui me semblait un composé autrichien de sensualité et de réflexion, de vitalité et de discipline, de sentimentalité et d'esprit critique. Au moment où le rideau se levait sur une pièce française, jouée par une troupe française et que le valet avec un accent vif et d'une voix riche et bien posée prononçait les mots « Madame est servie », mon cœur se remplissait de délice.

Mais quand j'assistais aux cours de mon maître, le grand Meyer-Lübke, je n'y trouvais aucune image du français ou de ce qu'il y a de français dans leur langue : à ces cours, on voyait le *a* latin avancer conformément à des lois inlassables vers le *e* français ; là on voyait un nouveau système de déclinaison sortir du néant ; un système dans lequel les six cas du lation étaient réduits à deux et plus tard à un... Dans tout cela, il y avait beaucoup de faits, mais tout était vague en ce qui concerne les idées générales derrière ces faits... Pour chaque forme française, Meyer-Lübke citait l'ancien portugais, le macédo-roumain moderne, le germanique, le celtique ; mais où se plaçait dans cet enseignement mon français sensuel, ironique, discipliné dans ses mille ans d'histoire ?

Il restait à la porte quand on parlait de sa langue ; en vérité, le français n'était pas la langue des Français, mais une agglomération d'évolutions sans liens, isolées, anecdotiques et sans signification.

Quand je me transportais aux cours de Becker, célèbre historien de la littérature, mon français idéal semblait montrer quelques faibles signes de vie, dans ses analyses du *Pèlerinage de Charlemagne* ou de l'intrigue d'une comédie de Molière, mais tout se passait comme si l'analyse du contenu n'était qu'un accessoire au véritable travail scientifique qui consistait à fixer les dates et les faits historiques et à établir la somme des éléments autobiographiques et littéraires que les poètes étaient supposés avoir incorporés dans leurs œuvres.

Le pèlerinage est-il lié avec la Xe croisade ? Quel était son dialecte originel ? Y a-t-il une poésie épique antérieure à l'époque française ? Molière a-t-il mis ses propres mésaventures conjugales dans *l'Ecole des Femmes ?*

Dans cette attitude positiviste, plus on prenait au sérieux les événements extérieurs, plus on ignorait la véritable question : pourquoi le pèlerinage ou l' « Ecole des Femmes » avaient-ils été écrits ? »

C'est à partir de cette critique du rationalisme analytique que M. Spitzer définit sa méthode.

1° **La critique est immanente à l'œuvre.** — Je répète que la stylistique doit prendre l'œuvre d'art concrète comme point de départ, et non quelque point de vue *a priori* extérieur à l'œuvre... La critique doit rester immanente à l'œuvre d'art et en tirer ses propres catégories.

On reconnaît l'influence de Bergson et de Croce : toute œuvre est unique et incommensurable à toute autre.

C'est une critique de l'histoire littéraire positiviste de ses classifications : romantisme, classicisme, etc..., ces « étiquettes » dont Valéry s'est moqué.

2° **Toute œuvre est un tout,** au centre duquel on trouve l'esprit de son créateur qui constitue le principe de cohésion interne de l'œuvre. « L'esprit d'un auteur est une sorte de système solaire dans l'orbite duquel toutes les choses sont attirées : le langage, l'intrigue, etc., ne sont que des satellites de cette entité, l'esprit de l'auteur. »

Ce principe de cohésion interne constitue ce que Spitzer appelle son « étymon spirituel », « le commun dénominateur » de tous les détails de l'œuvre qui les motive et les explique.

3° **Tout détail doit nous permettre de pénétrer au centre de l'œuvre** puisqu'elle est un tout où chaque détail est motivé et intégré. Puis une fois au centre, on aura une vue sur l'ensemble des détails. Un détail convenablement repéré nous donnera la clé de l'œuvre ; et on vérifiera ensuite si cet « étymon » explique l'ensemble de tout ce que nous connaissons et observons de l'œuvre.

4° **On pénètre dans l'œuvre par une intuition,** mais cette intuition est vérifiée par des observations et des déductions, par un mouvement d'aller et retour du centre à la périphérie de l'œuvre.

Ces intuitions initiales constituent un acte de foi ; « elles sont le résultat du talent, de l'expérience et de la foi » ?

C'est une sorte de « déclic » mental qui nous avertit que nous sommes sur la bonne voie.

« J'ai généralement constaté que — d'autres observations s'ajoutant à la première et avec l'expérience (de ce genre de recherche), il n'est pas long avant que le clic caractéristique arrive, qui est une indication que le détail et l'ensemble ont trouvé un dénominateur commun, qui donne l'étymologie de l'œuvre. »

5° **L'œuvre ainsi reconstruite est intégrée dans un ensemble** — Chaque « système solaire » constitué par différentes œuvres appartient à un système plus vaste. Il y a un dénominateur commun à l'ensemble des œuvres d'une même époque ou d'un même pays. L'esprit d'un auteur reflète l'esprit de sa nation.

Ici, Spitzer rejoint Vossler.

6° **Cette étude est stylistique, elle prend son point de départ dans un trait de langue.** — Mais ceci est arbitraire, on pourrait aussi bien partir de n'importe quel autre caractère de l'œuvre :

« Ainsi, ce qu'on a découvert à partir de l'étude de la langue de Rabelais, serait corroboré par l'étude littéraire ; il ne saurait en être autrement, puisque le langage n'est qu'une cristallisation externe de la forme intérieure, ou pour employer une autre métaphore : le sang de la création poétique est partout le même, que nous le prenions à la source « langage ou idées » ou « intrigues » ou « composition ». En ce qui concerne ce dernier point, j'aurais pu aussi bien commencer par une étude de la composition relâchée des écrits de Rabelais pour passer seulement plus tard à ses idées, son intrigue, sa langue. Parce qu'il se trouvait que je suis un linguiste, c'est sous l'angle linguistique que je me suis placé, pour avancer vers l'unité de l'œuvre. »

Bien souvent d'ailleurs, Spitzer abandonne rapidement ce point de départ linguistique ; et ce pont qu'il jette entre la linguistique et l'histoire littéraire est très large.

7° **Le trait caractéristique est une déviation stylistique individuelle,** une façon de parler particulière et qui s'écarte de l'usage normal ; tout écart de la norme dans l'ordre du langage reflétant un écart dans quelque autre domaine.

8° **La stylistique doit être une critique de sympathie,** au sens vulgaire et au sens bergsonien du terme. L'œuvre est un tout qui doit être ressaisi dans sa totalité et de l'intérieur, ce qui suppose une entière sympathie avec l'œuvre et son créateur.

« En vérité, toute explication de texte, toute étude philologique, doit partir d'une « critique des beautés », en assumant la perfection de l'œuvre à étudier et dans une entière volonté de sympathie ; ce doit être une apologie, en un mot une théodicée. En fait la philologie a son origine dans l'apologie de la Bible ou des classiques... »

Telle est la méthode que Spitzer applique à l'étude de Cervantes, Phèdre, Diderot, Claudel ; à celle de Barbusse, J. Romain, Péguy, Proust, etc... Analysant par exemple ce style de Charles-Louis Philippe, romancier du début du XIXe, il relève tout d'abord comme *trait stylistique* l'emploi des conjonctions causatives : *à cause de, parce que, car* ; et constate que le lien de causalité n'est en réalité pas réalisé ou n'est qu'une illusion de celui qui parle.

Ainsi Maurice (un des personnages de Ch.-L. Philippe) « aimait (Berthe) parce que c'était plus fin, parce que c'était plus doux et parce que c'était sa femme à lui, qu'il l'avait eue vierge. Il l'aimait parce qu'elle était honnête et qu'elle en avait l'air, et pour toutes les raisons qu'ont les bourgeois d'aimer leur femme ».

Cette dernière réflexion montre que, dans l'esprit de l'auteur, ces raisons ne sont pas valides ; ce sont de mauvaises raisons dont le héros est dupe. Spitzer voit dans cet emploi caractéristique de la conjonction, ce qu'il appelle une « motivation pseudo-objective ».

Voilà le trait de style repéré, puis caractérisé. Il s'agit maintenant de l'expliquer par l'attitude fondamentale de l'auteur dont elle n'est que le reflet.

Philippe voit, comme cela a été révélé par des critiques littéraires, sans révolte mais avec une profonde amertume et un esprit chrétien de contemplation, le monde qui fonctionne de travers avec toutes les apparences de justice et de logique objective.

Cette insatisfaction résignée est l' « étymon spirituel » de l'œuvre. Puis, dans un deuxième mouvement, Spitzer intègre cette attitude de Philippe dans un système plus vaste qui est la société de son pays et de son temps. Elle n'est, selon Spitzer, que le reflet de l'insatisfaction et du fatalisme qui pèse sur l'âme française à ce tournant de son histoire.

Dans son étude sur Phèdre, Spitzer part du récit de Théramène, où il relève certains traits stylistiques qui l'amènent à réviser complètement l'idée que nous nous faisons de la tragédie. Le personnage principal n'est pas Phèdre mais Thésée ; le thème n'est pas celui du remords de Phèdre, mais de la perfidie et de la cruauté des Dieux qui abandonnent et punissent celui même qu'ils semblent protéger ; l'art de Phèdre n'est pas classique, il est baroque — l'essence du baroque étant le désespoir et le désillusionnement devant la perversité de l'ordre universel. »

P. GUIRAUD, *La stylistique*, Paris, P.U.F., 1954, pp. 71-77.

On trouvera au chapitre V (Analyses stylistiques) *une application de la méthode de L. Spitzer.*

2. LA PSYCHOLOGIE DES STYLES

« Le style est pour nous une disposition de l'existence, une manière d'être.

Au premier coup d'œil, il semble une vertu organique. En d'autres termes, il semble tenir au genre d'organisation de l'individu. Voici un joueur de tennis : ses gestes forment un ensemble reconnaissable, ils portent tous la marque d'une personnalité, invariable dans son essence...

Que cette action émane spontanément d'un moi profond ou que cette technique soit réfléchie, qu'importe ! Elle est l'œuvre d'un choix, la signature d'un goût. La façon d'agir correspond à la façon de sentir et de penser. Nul ne peut allumer une cigarette, manier une plume ou lancer une balle, que l'attitude, la cadence, le volume, la ligne et l'économie du geste ne trahissent un caractère : l'action tire sa forme d'une forme d'esprit.

Si l'être constitue bien un tout organisé, on doit retrouver le symbole du moi dans chacune de ses manifestations. Oui, Buffon : « Le style est l'homme même. » Platon l'a dit aussi : *oios o logos, toioutos o tropos.* Tel style, tel caractère. Et Sénèque l'a redit : *Oratio vultus animi est.* Le style est le visage de l'âme. Toute personnalité suppose une fidélité à soi-même. Sans continuité dans la manière d'être, sans unité, sans durée, nul style. On ne pourrait en parler s'il n'existait pas un retour de formules, une répétition de phénomènes liés à la personne. Or, ce sont eux qu'il s'agit de déterminer en vue d'isoler et de caractériser un style.

Une fois admis le principe que la chose qui pense est à l'origine de la chose pensée, que l'âme est la matrice de la parole, on doit admettre en corollaire que d'un esprit nettement défini ne peut provenir qu'une espèce de style. C'est, observons-le, une idée scientifique, celle-là même qui affirme : la même cause produit toujours les mêmes effets. D'une graine de lin ne saurait naître un chêne...

...Le critique qui a longtemps pratiqué l'induction est habilité à proposer des lois de style. Il sait qu'en rencontrant des faits a, a', a'', a''', il trouve régulièrement un état d'âme A. Ou qu'en partant des figures et des faits de style b, b', b'', b''', il remonte toujours à une matrice spirituelle B. Par conséquent, en se fondant sur cette expérience suivie et généralisée, il se croit en devoir d'ériger des lois psychologiques du style...

...Le style, c'est donc d'abord une simple préférence, une tendance : générosité, avarice, hardiesse, timidité, passion, indifférence. C'est en second lieu seulement que ces modalités de l'âme se traduisent par une prédominance d'adjectifs ou de substantifs : par la raréfaction des signes de liaison ou leur prolifération. C'est pourquoi notre étude va des tendances aux manifestations. Nous partons de l'inspiration. Comme on passe, dans la méthode swedenborgienne, du royaume du Bien au royaume du Vrai, nous descendrons de l'esprit pur aux lois contenues dans les formes matérialisées de la phrase... Le fond véritable n'est pas où le pense le commun des mortels. Il réside, même chez le philosophe, dans une appréhension particulière du cosmos. Il est la sonorité d'une âme, son intonation d'espèce...

Le moment est venu de dissiper une équivoque. Nous devons distinguer entre une stylistique *objective* et une stylistique *subjective*. Selon Thurau, qui reprend une distinction de Ries, la stylistique est objective dans la mesure où elle s'intéresse à la forme comme traduction du contenu, de la chose dite, de la représentation verbale ; elle est alors orientée vers le mot comme vers un but. Elle est en revanche subjective lorsqu'elle se retourne vers le sujet créateur, lorsqu'elle considère la nature ou la personnalité de celui qui parle ou qui écrit, son âme singulière... Ainsi la stylistique objective tend à traiter les faits de langue généraux (étude de la métaphore du point de vue linguistique) et la stylistique subjective des faits de psychologie en rapport avec le choix des faits de langue. Il ressort de cela que si notre ouvrage devait se rattacher à une conception particulière de la stylistique, celle-ci serait nettement différente de celle qu'a fondée Charles Bally... Nous cherchons à prouver que le style est une affaire de caractère, et qu'adopter une manière d'écrire, c'est opérer une sélection parmi

SCHÉMA A

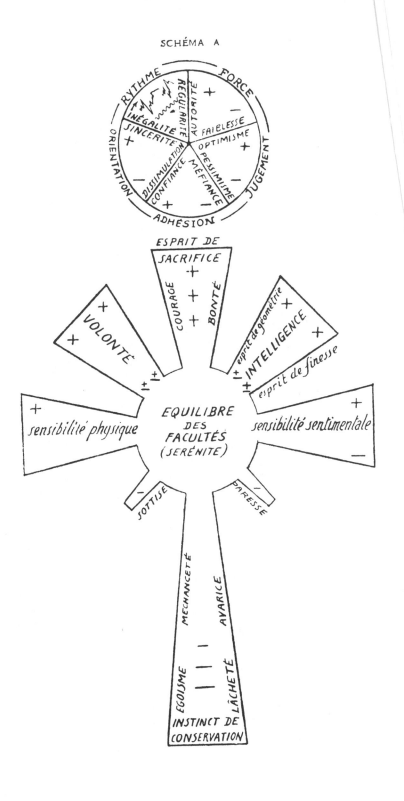

SCHÉMA B

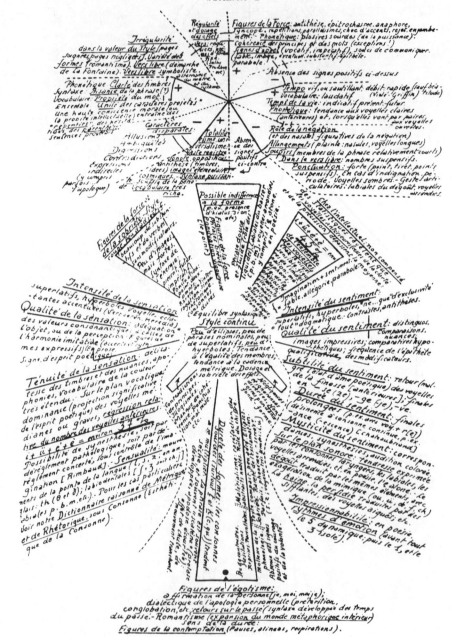

les procédés d'expression. Or c'est ce choix même, et lui seul, qui révèle le goût et livre les secrets de la personnalité...

Le style ne mérite ce nom que s'il porte la marque d'une personnalité. Cela est vrai de tous les arts. Louis XV est tout entier dans la volupté de ses poudreuses, aux lignes légères, plus gracieuses que des ballerines. Et Napoléon épaissit le pouvoir du commandement militaire dans la matière massive du style empire. Que le goût du souverain se répande dans le peuple, et le style individuel devient un style collectif...

Voilà pourquoi on peut parler de deux sortes de style subjectif, l'individuel et le collectif. Dans un cas comme dans l'autre, c'est l'état d'âme qui explique les démarches de l'écriture ? Nous n'allons pas encourir le reproche que Vigny adresse à l' « homme de lettres », c'est-à-dire au critique traditionnel, lequel « monte de la grammaire à l'œuvre, au lieu de descendre de l'inspiration au style » (Préface de Chatterton). Nous proposons partout l'inspiration comme cause efficiente suffisante de toutes les manifestations du style. »

H. MORIER, *La psychologie des styles*,
Genève, Georg, 1959, pp. 1-3.

Les classifications psychologiques de M. Morier se traduisent en deux schémas d'interprétation que nous donnons ici, p. 143 et 144.

3. Y A-T-IL UNE « LANGUE D'AUTEUR » ?

a) DÉFINITION DU « STYLE D'AUTEUR » ?

« Le style d'un auteur est quelquefois dicté par les conventions d'une période classique plutôt que librement engendré. Dans une étude récente d'un aspect particulier du style de Racine, les traits relevés dans les tragédies n'étaient absolument pas présents dans *les Plaideurs*. Comment alors pouvons-nous parler du style de Racine en général comme un seul tout individuel ? De telles objections ne sont certes pas sans réponse. On pourrait dire, par exemple, que des traits stylistiques différents à la surface ont la même cause psychologique profonde ou qu'ils révèlent différents aspects de la même personnalité. Dans l'état actuel de la question, toutefois, on ne saurait faire ces réponses avec une absolue certitude. Et même lorsqu'on a surmonté les difficultés, un autre danger nous attend, dans la mesure où nous pouvons être détournés de l'étude de l'œuvre d'art au bénéfice de celle de la personnalité qui se cache derrière et qui (comme le montre Proust), est souvent beaucoup moins intéressante, bref détournés de l'esthétique sur le psychologique. Rien de ce qu'on vient de dire ne saurait masquer le fait qu'il y a là des champs d'investigation pertinents et même vitaux. Ils ne peuvent pas, pour le moment, être incorporés dans la définition de ce que doit être un objet d'étude. »

R. A. SAYCE,
Style in french prose, Oxford, O.U.P. 1953.

b) LE CONCEPT DE « LANGUE D'AUTEUR ».

Nous donnons ici des extraits d'un article de M. Riffaterre dans lequel, à propos d'un ouvrage de Mlle M. Parent (Francis JAMMES, *Etude de langue et de style,* Strasbourg, 1957); la notion de langue d'auteur est discutée :

« Le style d'une œuvre littéraire est le système d'oppositions par lequel des modifications expressives (intensification de la représentation, coloration affective, connotation esthétique) (1) sont apportées à l'expression linguistique, au processus de communication minimale. Décrire le système d'une *parole* par rapport à celui de la langue ne suffit pas à appréhender le style, car la parole ne rend pas compte de la structure spéciale des *effets :* ils introduisent dans la séquence du message linguistique une discontinuité qui impose le signe en soi à l'attention. Cette spécificité rend nécessaire de concevoir un système propre au style et qui le différencie de celui de son véhicule linguistique (2) : que des catalogues de procédés rhétoriques aient pu se former à côté des grammaires est la preuve empirique de cette spécificité. Sans elle les caractères du style (qui sont sensibles au lecteur, bien que non toujours explicités) seraient indiscernables des faits de langue. Parce que c'est justement un décalage, un écart qui rend possible la perception du style, les stylisticiens utilisent pour la plupart une méthode comparative : ils s'efforcent de reconstruire le système du style par rapport à la structure de la langue. La difficulté est de savoir sous quelle forme saisir cette structure.

La solution généralement adoptée consiste à essayer de définir le style par rapport à la norme linguistique, ou par rapport à une norme spéciale, elle-même définissable en fonction de la norme générale. Les linguistes de stricte obédience préfèrent recourir à la norme générale, définie en termes de distribution et de fréquences : l'application de cette méthode suscite des difficultés considérables du point de vue du stylisticien (3). La difficulté fondamentale, à savoir les problèmes que soulève l'établissement même de la norme générale, ont amené certains chercheurs, dont Mlle Parent, à lui substituer la norme de l'auteur étudié, c'est-à-dire un phénomène directement observable. Il suffit, en effet, pour le décrire, de faire la grammaire de tous les écrits du poète : on a ainsi ce qu'on est convenu d'appeler une *langue d'auteur.*

Mlle Parent la définit, dans le cas de Jammes, comme la juxta-position d'éléments qui « appartiennent au langage commun, au langage régional, au langage littéraire du temps » (p. 319). Cette juxtaposition est caractéristique de l'auteur parce qu' « à son univers devait... correspondre un univers de mots et de formes, c'est-à-dire une langue » (p. 62), dont la structure, notons-le en passant, peut se transposer en description caractérologique. Cet instrument d'expression est fait en gros d'automatismes, d'habi-tudes, d'associations semi-conscientes : le style s'en différencie comme mise en œuvre volontaire et réfléchie en vue de créer des effets, pour rendre l'expression « suggestive et vivante », c'est-à-dire pour lui donner des *valeurs* « sensibles » et « esthétiques » et mettre celles-ci en relief (p. 320) (4).

Soit. Mais du point de vue linguistique, *langue d'auteur* est un terme trompeur : il ne s'agit pas du tout d'une subdivision de la *langue* saussurienne, réservoir de potentiels d'expression où puisent tous les membres de la communauté, mais bien de l'ensemble des moyens d'expression que l'écrivain a déjà tirés de ce réservoir — donc d'une *parole* (5). Si cette parole était étudiée comme parole, comme elle se déroule réellement dans le texte, comme le fond sur lequel ressortent les effets de style, le mécanisme des contrastes en serait éclairé. Mais en décidant de la traiter comme langue, on se prive du bénéfice de l'observation *in situ,* puisqu'on la découpe en segments arbitraires à des fins de classification. Je dis *arbitraires* parce qu'on n'en a pas considéré la pertinence dans une analyse stylistique ; c'est, en fait, par rapport à la norme qu'on cherche à décrire cet idiolecte (ici, l'usage écrit de l'auteur), et Mlle Parent se sert d'ailleurs à cet effet des catégories traditionnelles de la grammaire classique (6). On en est donc revenu aux problèmes que pose l'emploi de la norme linguistique : on n'a reculé que pour mieux sauter (7).

Passons au point de vue stylistique. Pour être utile dans une description du style, il faut que la langue d'auteur soit *opposable* aux effets, qu'on puisse mesurer les écarts par rapport à elle. Or Mlle Parent reconnaît dans la langue d'auteur deux ordres de com-posants.

Premièrement, des composants qui sont typiques de Jammes parce qu'hérétiques grammaticalement : ce sont des extensions d'emploi, des violations des « règles » (8). Constatation troublante : ces anomalies ne paraissent pouvoir être décrites qu'en termes de *valeurs ;* autrement dit, dans le cadre établi par Mlle Parent elle-même, elles relèvent du style. Il n'y a donc pas d'opposition possible.

C'est sous cette rubrique que sont classés les *néologismes* d'auteur (pp. 137-158), qui par définition résultent d'un effort voulu et d'ailleurs ne peuvent rester néologismes que tant que la langue ne les assimile pas. Les *synecdoques* (*des mantilles* [femmes en mantilles] *priaient,* p. 79), présentées comme éléments de pittoresque, une des valeurs, justement, du style de Jammes (p. 323). Les *archaïsmes,* qui sont employés à « une fin nettement stylistique » (p. 133). Les *mots vagues,* qui donnent à l'énoncé une « tonalité » (*choses,* par exemple, est employé pour suggérer la « naïveté », une « pensée élémentaire », une atmosphère de rêve, etc., pp. 160-162). Et quand on nous dit que Jammes « veut conserver à la langue son rôle normal qui est d'exprimer l'idée ou la sensation avec la plus grande clarté ou la plus grande force possibles » (p. 166), on énonce paradoxalement des caractéristiques d'expressivité (cf. p. 217) et de mise en relief insistante qui sont de style. Les contradictions se multiplient lorsque Mlle Parent aborde la morphologie de la « langue d'auteur » ; pour chaque partie du discours, l'usage typique de Jammes est un *écart et son effet, stylistique :* alternance masculin/féminin pour les noms de saison (pp. 173-190), avec personnification ; opposition *il y a / il est* (p. 179), pluriel des noms abstraits (p. 183), etc. De même pour les faits de « syntaxe » : rapports inhabituels entre les mots (anomalie linguistique, bien qu'elle soit définie à tort comme un illogisme, p. 223) ; expressivité de l'imparfait de durée (p. 238) ; prépositions « de sens assez vague pour se prêter à des effets stylistiques » (pp. 250-260), etc.

Deuxièmement, des composants que la « langue d'auteur » a en commun avec la langue parlée ou avec des dialectes (langues « régionale » et « littéraire »). Mais le fait que chacun de ces éléments soit « normal » indépendamment des autres ne signifie pas qu'il reste neutre stylistiquement une fois qu'il entre dans la composition de l'idiolecte de Jammes. Mlle Parent elle-même remarque que leurs parts respectives dans cet idiolecte constituent un rapport de proportions nécessairement unique, donc typique. Il me semble, toutefois, qu'on doit aller plus loin et qu'il faut reconnaître à ces composants une valeur stylistique. La langue littéraire est sans doute l'élément le plus attendu, le moins surprenant dans des textes poétiques ; pourtant, dans la mesure où Jammes reflète des modes passagères sans les adopter entièrement (Mlle Parent relève au passage des traits symbolistes, impressionnistes, naturalistes même, par exemple pp. 80, 274, 341 ss., 362, etc.), ses emprunts doivent présenter dans leur nouveau contexte des fréquences dont l'anomalie est perceptible (9). Quant aux tours familiers et aux régionalismes, Mlle Parent note de nombreux exemples où ils ont un effet stylistique.

Un mot familier aura, par exemple, une connotation de naïveté enfantine dans un contexte « d'un lyrisme grandiloquent » (p. 87). *Ça* est employé dans un tableau dont les personnages sont des rustres (p. 88). Jammes utilise la langue régionale pour créer la couleur locale (pp. 174, 180, etc.). Un autre type d'emprunt, le technicisme, crée, par sa spécialisation non comprise du lecteur normal, et par sa forme savante, des effets « poétiques » : ses « sonorités... font rêver » (p. 102, cf. p. 109).

Mais l'auteur considère évidemment que la plupart des familiarismes et des régionalismes sont employés par le poète sans valeur stylistique et ne sont vraiment que des faits de langue (par exemple, p. 189). C'est qu'elle ne peut leur trouver d'intentions comme celles qu'on vient de relever (créer une atmosphère, faire parler un personnage selon sa nature, etc.). Il ne lui reste, pour comparer et voir s'il y a des différences, qu'un critère d'identité : se trouvant en présence des mêmes éléments dans la langue familière (ou régionale) et dans l'idiolecte de Jammes, elle conclut à la ressemblance des deux systèmes. Mais dans une comparaison formelle entre deux structures, on ne peut se contenter de la ressemblance des éléments : la preuve décisive, c'est la ressemblance des rapports qui unissent les éléments (10). L'échantillonnage pratiqué par Mlle Parent l'empêcherait de toutes façons de comparer des rapports, mais il est permis de penser que familiarismes et régionalismes, une fois transposés dans le langage écrit, ne peuvent être que des faits de style (?). Cette transposition n'est pas, en effet, une transcription pure et simple du parlé, mais l'introduction dans le système de la langue écrite d'éléments qui lui sont étrangers et qui ne pourront avoir avec leur nouvel environnement les rapports qui les organisaient dans le parlé (ceci serait vrai même des styles « mimétiques » qui suggèrent bien le parlé authentique, mais, justement, à l'aide d'un système spécial et très fragmentaire). Ils créeront des contrastes suffisants pour provoquer des effets de style (?). Il en sera de même à plus forte raison dans les cas particuliers de la langue écrite que sont la langue littéraire et la langue poétique. Tout comme dans le cas des composants du premier type, il n'est donc pas facile d'opposer la langue d'auteur au style : elle se dissout en effets de style.

Résumons-nous. Le concept de langue d'auteur ne fait que reculer les problèmes que pose l'interprétation du style comme déviation. En pratique, la langue d'auteur ne saurait remplacer la norme comme pôle d'opposition au style, parce qu'elle-même apparaît impossible à définir autrement que comme style. Cette impossibilité n'est pas accidentelle — elle n'est due ni à une inconséquence de méthode ni à une terminologie approximative (?); elle tient à ce que la « langue d'auteur » est une entité inutile.

M. RIFFATERRE, *Problème d'analyse du style littéraire*, « Romance Philology », XIV, 3 février 1961, pp. 217-221.

---

(1) Sur la place de l'élément esthétique, voir Jan Mukařovsky, « La dénomination poétique et la fonction esthétique de la langue », *Actes du IVᵉ Congrès intern. de linguistes, Copenhague 1936*, p. 98-104.

(2) Aussi la stylistique est-elle généralement conçue comme une description des « écarts » par rapport à la structure linguistique pertinente. Les écarts sont étudiés soit dans leur genèse (*choix* parmi les potentiels expressifs ; voir un exemple extrême dans J. Marouzeau, *Traité de Stylistique latine*, 1946, p. ii ss., 337-338), soit en eux-mêmes sans considération d'intention (*déviation*). Exemple de formulation typique, bien que non appliqué à l'actualisation d'un texte littéraire : « The style of a discourse is the message carried by the frequency-distributions and the transitional probabilities of its linguistic features, especially as they differ from those of the same features in the language as a whole » (B. Bloch, « Structure and Linguistic Analysis », *Georgetown Univ. Monograph Series on Lang. and Ling.*, IV [Sept. 1953], 42).

(3) Voir mes « Criteria », 3.1.0. Je ne reviens pas ici sur cette discussion, puisqu'elle ne concerne pas la méthode de Mᶦᶦᵉ Parent.

(4) L'analyste devra donc partir d'une évaluation des effets d'autant plus incertaine qu'elle dépendra d'apriorismes esthétiques : par ex., p. 52, 55 (préférence pour la concision) ; 53 (« fermeté » d'ailleurs non définie) ; 56 (« mesure ») ; 424 (étrangeté contraire à la beauté). Des notions comme *mot juste, adaptation de la forme au fond* ne sont nulle part définies : il faut en juger par les exemples.

(5) Paul Imbs maintient cette ambiguïté, bien qu'il en soit fort conscient : cf. son « Analyse linguistique, analyse philologique, analyse stylistique », *Programme 1957-58 du Centre de Philologie romane... de l'Université de Strasbourg*, p. 61-79, en particulier p. 70 : « Une langue d'auteur est la partie de la langue commune actualisée (et éventuellement complétée à l'aide de néologismes) par un auteur pour les besoins de son œuvre » ; en faire le lexique, c'est explorer son « univers particulier, (...), la matière élaborée par [son] œuvre : connaissance de la langue est ici connaissance d'une matière, c'est-à-dire d'une expérience, et non pas un système de signes virtuels » (Mᶦᶦᵉ Parent n'a d'ailleurs fait qu'esquisser ce lexique ; l'index même en est insuffisant et H. Mitterand l'a complété, *FM*, XXVII [1959], 224, n. 4).

(6) Du point de vue linguistique, l'intérêt d'un idiolecte aussi aberrant que celui d'un poète est médiocre (cf. Wagner, *c.-r. cité*, p. 159), et la terminologie traditionnelle inadéquate. Mᶦᶦᵉ Parent étudie successivement le lexique ; la morphologie des parties du discours ; la syntaxe du verbe, des prépositions, de l'adverbe ; l'ordre des mots et la phrase. Un chapitre à part est consacré au groupe nominal, c'est-à-dire aux rapports entre l'article, le nom et l'adjectif ; les pronoms y sont inclus, par un abus du sens étymologique de *pronom*. (Notons que, stylistiquement parlant, ils ne sauraient entrer dans le groupe nominal que dans des cas restreints comme *le moi secret* ou, p. 213, *une, immobile, au haut d'un chêne crie ;* une classification fondée sur les constituants immédiats serait infiniment plus fructueuse).

(7) Cf. n. 5. De nouvelles difficultés surgissent : il faudra, par ex., distinguer entre les écarts qui définissent la langue d'auteur et ceux, au second degré, qui définissent le style. Il est déjà difficile de connaître leur seuil de perception en général : il sera beaucoup plus difficile de distinguer entre perception comme style et perception comme langue d'auteur.

(8) Ici, une inquiétude. Si telle anomalie est un fait de la langue d'auteur de Jammes, le fait de langue normal (par rapport auquel il y a anomalie) pourrait-il, s'il fait irruption dans ce même idiolecte, être un fait de style ?

(9) S'il n'est pas facile de s'en rendre compte, c'est parce que Mlle Parent ne nous donne qu'un échantillonnage des faits qu'elle relève. Une description structurale aurait nécessairement tenu compte des fréquences, puisqu'elles conditionnent la distribution. On se prive des preuves statistiques dès que l'on adopte une classification passe-partout et aprioristique, adaptée des grammaires logiciennes des XVIIe et XVIIIe siècles (je reviendrai plus bas sur ce sujet). Mlle Parent ne laisse pas de sentir le besoin de tenir compte des fréquences perceptibles par le lecteur (cf. « Criteria », n° 21), par ex., à propos des *mots rares* (p. 159) : ses statistiques sont, il est vrai, très approximatives. (Sa base de comparaison est un total des mots significatifs, obtenu « en évaluant la moyenne de mots significatifs à trois par vers », et pour la prose, en comptant, l'un dans l'autre, « 23 volumes d'environ 250 pages » et en estimant à 20.000 le nombre des mots significatifs pour chacun.) Quoi qu'il en soit, le vrai problème est de savoir comment les interpréter : un mot rare, mais reparaissant dans des textes où il est exceptionnellement expressif, peut donner l'illusion d'une haute fréquence, et c'est alors dans cette illusion qu'est la réalité stylistique.

(10) Cf. C. E. Bazell, « The Choice of Criteria in Structural Linguistics », *Linguistics Today*, A. Martinet and U. Weinreich eds. (New-York, 1954), p. 7.

CHAPITRE III

IMMANENCE DU STYLE

Bally a posé le problème d'un dictionnaire et d'une grammaire des effets de style. Et ses successeurs alors même qu'ils étudient la forme linguistique à partir de textes littéraires postulent l'existence d'une norme dont les phénomènes observés seraient des « formes particulières », des écarts. Tel est bien le point de vue d'Ullmann dans le texte présenté plus haut (cf. pp. 126-130).

Avec Jakobson, la fonction stylistique, qu'il nomme d'ailleurs « poétique », est conçue comme immanente au texte.

L'école, issue du structuralisme, met par ailleurs l'accent sur deux notions : celle de structure ou organisation interne du texte et celle de fonctions de la communication.

A. IMMANENCE DU FAIT STYLISTIQUE

La parole est déterminée par un ensemble de causes complexes impliquant à la fois la langue, les locuteurs, la chose dont on parle, la situation.

Ainsi, les effets du discours dépendent du sujet, de l'auteur, des conditions de la communication ; mais il en est d'autres qui ne dépendent que du message lui-même, de son organisation intime. C'est ce que Jakobson appelle la fonction poétique.

Riffaterre reprend cette définition sous le nom de fonction stylistique, et il affirme en même temps, avec une rigueur polémique qui n'est pas, chez Jakobson, l'immanence absolue du fait stylistique, d'où un refus de toute référence à une langue d'auteur (cf. p. 146) et même à toute norme collective. Ceci dit, il est permis d'observer que dans ses propres analyses et exemples, Riffaterre se réfère implicitement à une norme lorsqu'il invoque des archaïsmes, des clichés, des constructions affectives.

1. L'IMMANENCE DU STYLE

FONCTION « POÉTIQUE » ET COMMUNICATION.

« On entend parfois dire que la poétique, par opposition à la linguistique, a pour tâche de juger de la valeur des œuvres littéraires. Cette manière de séparer les deux domaines repose sur une interprétation courante mais erronée du contraste entre la structure de la poésie et les autres types de structures verbales : celles-ci, dit-on, s'opposent par leur nature fortuite, non intentionnelle, au caractère intentionnel, prémédité, du langage poétique. En fait, toute conduite verbale est orientée vers un but, mais les objectifs varient — ce *problème, de la conformité entre les moyens employés et l'effet visé*, préoccupe de plus en plus les chercheurs qui travaillent dans les différents domaines de la communication verbale. Il y a une correspondance étroite, beaucoup plus étroite que ne le pensent les critiques, entre la question de l'expansion des phénomènes linguistiques dans le temps et dans l'espace, et celle de la diffusion spatiale et temporelle des modèles littéraires. Même des formes d'expansion discontinue telles que la résurrection de poètes négligés ou oubliés — je pense à la découverte posthume et à la canonisation subséquente de Gerard Manley Hopkins († 1889), à la célébrité tardive de Lautréamont († 1870) auprès des poètes surréalistes, à l'influence saillante d'un Cyprien Norwid († 1883), resté jusqu'alors ignoré, sur la poésie polonaise moderne — même de tels phénomènes ne sont pas sans parallèle dans l'histoire des langues courantes : on peut y rencontrer la tendance à faire revivre des modèles archaïques, parfois oubliés depuis longtemps ; ce fut le cas pour le tchèque littéraire, qui, au début du XIXᵉ siècle, se tourna vers des modèles datant du XVIᵉ siècle.

Malheureusement, *la confusion terminologique des « études littéraires » avec la « critique »* pousse le spécialiste de la littérature à se poser en censeur, à remplacer par un verdict subjectif la description des beautés intrinsèques de l'œuvre littéraire. La dénomination de « critique littéraire », appliquée à un savant étudiant la littérature est aussi erronée que le serait celle de « critique grammatical (ou lexical) », appliquée à un linguiste. Les recherches syntaxiques et morphologiques ne peuvent être supplantées par une grammaire normative, et, de même, aucun manifeste, débitant les goûts et opinions propres à un critique sur la littérature créatrice, ne peut se substituer à *une analyse scientifique objective de l'art du langage.* Qu'on ne s'imagine pas, cependant, que nous prônons le principe quiétiste du *laissez-faire* (1) : toute culture verbale implique des entreprises normatives, des programmes, des plans. Mais pourquoi devrait-on faire une nette distinction entre la linguistique pure et la linguistique appliquée, entre la phonétique et l'orthophonie, et non entre les études littéraires et la critique ?

Les études littéraires, avec la poétique au premier rang, portent, tout comme la linguistique, sur deux groupes de problèmes : des problèmes synchroniques, et des problèmes diachroniques. La description synchronique envisage non seulement la production littéraire d'une époque donnée, mais aussi cette partie de la tradition littéraire qui est restée vivante ou a été ressuscitée à l'époque en question. C'est ainsi qu'à l'heure actuelle, dans le monde poétique anglais, il y a une présence vivante de Shakespeare, d'une part, de Donne, Marvell, Keats, Emile Dickinson, de l'autre, tandis que l'œuvre de James Thomson ou celle de Longfellow, pour le moment, ne comptent pas au nombre des valeurs artistiques viables. Le choix qu'un nouveau courant fait parmi les classiques, la réinterprétation qu'il en donne, voilà des problèmes essentiels pour les études littéraires synchroniques. Il ne faut pas confondre la poétique synchronique, pas plus que la linguistique synchronique, avec la statique : chaque époque distingue des formes conservatrices et des formes novatrices. Chaque époque est vécue par les contemporains dans sa dynamique temporelle ; d'autre part, l'étude historique, en poétique comme en linguistique, a affaire, non seulement à des changements, mais aussi à des facteurs continus, durables, statiques. La poétique historique, tout comme l'histoire du langage, si elle se veut vraiment compréhensive, doit être conçue comme une superstructure, bâtie sur une série de descriptions synchroniques successives.

L'insistance à tenir la poétique à l'écart de la linguistique ne se justifie que quand le domaine de la linguistique se trouve abusivement restreint, par exemple quand certains linguistes voient dans la phrase la plus haute construction analysable, ou quand la sphère de la linguistique est confinée à la seule grammaire, ou uniquement aux questions non sémantiques de forme externe, ou encore à l'inventaire des procédés dénotatifs à l'exclusion des variations libres. Voegelin (2) a mis le doigt sur les deux très importants problèmes, d'ailleurs apparentés, qui se posent à la linguistique structurale : il nous faut réviser l' « hypothèse du langage monolithique » et reconnaître l' « interdépendance de diverses structures à l'intérieur d'une même langue ». Sans aucun doute, pour toute communauté linguistique, pour tout sujet parlant, il existe une unité de la langue, mais ce code global représente un système de sous-codes en communication réciproque ; chaque langue embrasse plusieurs systèmes simultanés dont chacun est caractérisé par une fonction différente.

Nous serons évidemment d'accord avec Sapir pour dire que, dans l'ensemble, « l'idéation règne en maître dans le langage... » (3), mais cette suprématie n'autorise pas la linguistique à négliger les « facteurs secondaires ». Les éléments émotifs du discours qui, à en croire Joos, ne pourraient être décrits « au moyen d'un nombre fini de catégories absolues », sont classés par lui parmi les « éléments non linguistiques du monde réel ». Aussi, conclut-il, « ils restent pour nous des phénomènes vagues, protéiques, fluctuants, et nous refusons de les tolérer dans notre science » (4). Joos est à vrai dire un brillant expert en expériences de réduction ; en exigeant aussi carrément que l'on expulse les éléments émotifs de la science du langage, il s'embarque dans une radicale expérience de réduction — de *reductio ad absurdum*.

Le langage doit être étudié dans toute la variété de ses fonctions. Avant d'aborder la fonction poétique, il nous faut déterminer quelle est sa place parmi les autres fonctions du langage. Pour donner une idée de ces fonctions, un aperçu sommaire portant sur les facteurs constitutifs de tout procès linguistique, de tout acte de communication verbale, est nécessaire. Le destinateur envoie un message au destinataire. Pour être opérant, le message requiert d'abord un contexte auquel il renvoie (c'est ce qu'on appelle aussi, dans une terminologie quelque peu ambiguë, le « référent »), contexte saisissable par le destinataire, et qui est, soit verbal, soit susceptible d'être verbalisé ; ensuite, le message requiert un code, commun, en tout ou au moins en partie, au destinateur et au destinataire (ou, en d'autres termes, à l'encodeur et au décodeur du message) ; enfin, le message requiert un contact, un canal physique et une connexion psychologique entre le destinateur et le destinataire, contact qui leur permet d'établir et de maintenir la communication. Ces différents facteurs inaliénables de la communication verbale peuvent être schématiquement représentés comme suit :

```
                        CONTEXTE
  DESTINATEUR  ......  MESSAGE  ......  DESTINATAIRE
                        CONTACT
                        CODE
```

Chacun de ces six facteurs donne naissance à une fonction linguistique différente. Disons tout de suite que, si nous distinguons ainsi six aspects fondamentaux dans le langage, il serait difficile de trouver des messages qui rempliraient seulement une seule fonction. La diversité des messages réside non dans le monopole de l'une ou l'autre fonction, mais dans les *différences de hiérarchie* entre celles-ci. La structure verbale d'un message dépend avant tout de la fonction prédominante. Mais, même si la visée du référent, l'orientation vers le contexte — bref la fonction dite « *dénotative* », « cognitive », *référentielle* — est la tâche dominante de nombreux messages, la participation secondaire des autres fonctions à de tels messages doit être prise en considération par un linguiste attentif.

La fonction dite « *expressive* » ou émotive, centrée sur le destinateur, vise à une expression directe de l'attitude du sujet à l'égard de ce dont il parle. Elle tend à donner l'impression d'une certaine émotion, vraie ou feinte ; c'est pourquoi la dénomination de fonction « émotive », proposée par Marty (5) s'est révélée préférable à celle de « fonction émotionnelle ». La couche purement émotive, dans la langue, est présentée par les interjections. Celles-ci s'écartent des procédés du langage référentiel à la fois par leur configuration phonique (on y trouve des séquences phoniques particulières ou même des sons inhabituels partout ailleurs) et par leur rôle syntaxique (une interjection n'est pas un élément de phrase, mais l'équivalent d'une phrase complète). « *Tt ! Tt !* dit McGinty » : l'énoncé complet, proféré par le personnage de Conan Doyle, consiste en deux clicks de succion. La fonction émotive, patente dans les interjections, colore à quelque degré tous nos propos, aux niveaux phonique, grammatical et lexical. Si on analyse le langage du point de vue de l'information qu'il véhicule, *on n'a pas le droit de restreindre la notion d'information, à l'aspect cognitif du langage.* Un sujet, utilisant des éléments expressifs pour indiquer l'ironie ou le courroux, transmet visiblement une information, — et il est certain que ce comportement verbal ne peut être assimilé à des activités non sémiotiques comme celle, nutritive, qu'évoquait, à titre de paradoxe, Chatman (« manger des pamplemousses » (6). La différence, en français, entre [si] et [si :], avec allongement emphatique de la voyelle, est un élément linguistique conventionnel, codé, tout autant que, en tchèque, la différence entre voyelles brèves et longues, dans des paires telles que [vi] « vous » et [vi :] « sait » ; mais, dans le cas de cette paire-ci, l'information différentielle est phonématique, tandis que dans la première paire elle est d'ordre émotif. Tant que nous ne nous intéressons aux invariants que sur le plan distinctif, $/i/$ et $/i :/$ en français ne sont pour nous que de simples variantes d'un seul phonème ; mais si nous nous occupons des unités expressives, la relation entre invariant et variantes se renverse : c'est la longueur et la brièveté qui sont les invariants, réalisés par des phonèmes variables. Supposer, avec Saporta (7), que les différences émotives sont des éléments non linguistiques, « attribuables à l'exécution du message, non au message lui-même », c'est réduire arbitrairement la capacité informationnelle des messages.

Un ancien acteur du théâtre de Stanislavski à Moscou m'a raconté comment, quand il passa son audition, le fameux metteur en scène lui demanda de tirer quarante messages différents de l'expression *Segodnja večerom* « Ce soir », en variant les nuances expressives. Il fit une liste de quelque quarante situations émotionnelles et émit ensuite l'expression en question en conformité avec chacune de ces situations, que son auditoire eut à reconnaître uniquement à partir des changements dans la configuration phonique de ces deux simples mots. Dans le cadre des recherches que nous avons entreprises (sous les auspices de la Fondation Rockfeller) sur la description et l'analyse du russe courant contemporain, nous avons demandé à cet acteur de répéter l'épreuve de Stanislavski. Il nota par écrit environ cinquante situations impliquant toutes cette même phrase elliptique et enregistra sur disque les cinquante messages correspondants. La plupart des messages furent décodés correctement et dans le détail par des auditeurs d'origine moscovite. J'ajouterai qu'il est facile de soumettre tous les procédés émotifs de ce genre à une analyse linguistique.

L'orientation vers le destinataire, *la fonction conative*, trouve son expression grammaticale la plus pure dans le vocatif et l'impératif, qui, du point de vue syntaxique, morphologique, et souvent même phonologique, s'écartent des autres catégories nominales et verbales. Les phrases impératives diffèrent sur un point fondamental des phrases déclaratives : celles-ci peuvent et celles-là ne peuvent pas être soumises à une épreuve de vérité. Quand, dans la pièce d'O'Neill, *La fontaine*, Nano « (sur un violent ton de commandement) » dit « Buvez ! », l'impératif ne peut pas provoquer la question « est-ce vrai ou n'est-ce pas vrai ? », qui peut toutefois parfaitement se poser après des phrases telles que : « on buvait », « on boira », on « boirait ». De plus, contrairement aux phrases à l'impératif, les phrases déclaratives peuvent être converties en phrases interrogatives : « buvait-on ? », « boira-t-on ? », « boirait-on ? ».

Le modèle traditionnel du langage, tel qu'il a été élucidé en particulier par Bühler (8), se limitait à ces trois fonctions — émotive, conative et référentielle — les trois sommets de ce modèle triangulaire correspondant à la *première personne*, le destinateur, à la *seconde personne*, le destinataire, et à la « *troisième personne* » proprement dite — le « quelqu'un » ou le « quelque chose » dont on parle. A partir de ce modèle triadique, on peut déjà inférer aisément certaines fonctions linguistiques supplémentaires. C'est ainsi que la *fonction magique ou incantatoire* peut se comprendre comme la conversion d'une « troisième personne » absente ou inanimée en destinataire d'un message conatif. « Puisse cet orgelet se dessécher, *tfu, tfu, tfu, tfu* » (9). « Eau, reine des rivières, aurore ! Emporte le chagrin au-delà de la mer bleue, au fond de la mer, que jamais le chagrin ne vienne alourdir le cœur léger du serviteur de Dieu, que le chagrin s'en aille, qu'il sombre au loin (10). » « Soleil, arrête-toi sur Gabaôn, et toi, lune, sur la vallée d'Ayyalôn !

Et le soleil s'arrêta et la lune se tint immobile (11). » Nous avons toutefois reconnu l'existence de trois autres facteurs constitutifs de la communication verbale ; à ces trois facteurs correspondent trois fonctions linguistiques.

Il y a des messages qui servent essentiellement à établir, prolonger ou interrompre la communication, à vérifier si le circuit fonctionne (« Allô. vous m'entendez ? »), à attirer l'attention de l'interlocuteur ou à s'assurer qu'elle ne se relâche pas (« Dites, vous m'écoutez ? » ou, en style shakespearien : « Prêtez-moi l'oreille ! » — et, à l'autre bout du fil, « Hm-hm ! »). Cette accentuation du contact — la *fonction phatique,* dans les termes de Malinowski (12) — peut donner lieu à un échange profus de formules ritualisées, voire à des dialogues entiers dont l'unique objet est de prolonger la conversation.

Dorothy Parker en a surpris d'éloquents exemples : « Eh bien ! » dit le jeune homme. « Eh bien ! » dit-elle, « Eh bien ! nous y voilà », dit-il, « Nous y voilà, n'est-ce pas », dit-elle. « Je crois bien que nous y sommes », dit-il, « Hop ! Nous y voilà. » « Eh bien ! », dit-elle. « Eh bien ! dit-il, « Eh bien ! ». L'effort en vue d'établir et de maintenir la communication est typique du langage des *oiseaux parleurs ;* ainsi la fonction phatique du langage est la seule qu'ils aient en commun avec les êtres humains. C'est aussi la première fonction verbale à être acquise par les *enfants ;* chez ceux-ci, *la tendance à communiquer précède la capacité d'émettre ou de recevoir des messages porteurs d'information.*

Une distinction a été faite dans la logique moderne entre deux niveaux de langage, le « langage-objet », parlant des objets, et le « métalangage » parlant du langage lui-même. Mais le *métalangage* n'est pas seulement un outil scientifique nécessaire à l'usage des logiciens et des linguistes ; il joue aussi un rôle important dans le langage de tous les jours. Comme Monsieur Jourdain faisait de la prose sans le savoir, nous pratiquons le métalangage sans nous rendre compte du caractère métalinguistique de nos opérations. Chaque fois que le destinateur et/ou le destinataire jugent nécessaire de vérifier s'ils utilisent bien le même code, le discours est centré sur le *code :* il remplit une fonction *métalinguistique* (ou de glose) : « Je ne vous suis pas — que voulez-vous dire ? », demande l'auditeur, ou, dans le style relevé : « Qu'est-ce à dire ? » Et le locuteur, par anticipation, s'enquiert : « Comprenez-vous ce que je veux dire ? » Qu'on imagine un dialogue aussi exaspérant que celui-ci : « Le sophomore s'est fait coller. » « Mais qu'est-ce que *se faire coller ?* » « *Se faire coller* veut dire la même chose que *sécher.* » « *Et sécher ?* » « *Sécher,* c'est *échouer à un examen.* » « Et qu'est-

ce qu'un *sophomore ?* », insiste l'interrogateur ignorant du vocabulaire estudiantin. « Un *sophomore* est (ou signifie) un étudiant
de seconde année. » L'information que fournissent toutes ces phrases
équationnelles porte uniquement sur le code lexical du français :
leur fonction est stictement métalinguistique. Tout procès d'apprentissage du langage, en particulier l'acquisition par l'enfant de la
langue maternelle, a abondamment recours à de semblables opérations métalinguistiques ; et *l'aphasie peut souvent se définir par la
perte de l'aptitude aux opérations métalinguistiques* (13).

Nous avons passé en revue tous les facteurs impliqués dans la
communication linguistique sauf un, le message lui-même. La visée
(Einstellung) du message en tant que tel, l'accent mis sur le message
pour son propre compte, est ce qui caractérise la fonction *poétique*
du langage. Cette fonction ne peut être étudiée avec profit si on
perd de vue les problèmes généraux du langage, et, d'un autre
côté, une analyse minutieuse du langage exige que l'on prenne
sérieusement en considération la fonction poétique. *Toute tentative
de réduire la sphère de la fonction poétique à la poésie, ou de
confiner la poésie à la fonction poétique, n'aboutirait qu'à une
simplification excessive et trompeuse.* La fonction poétique n'est
pas la seule fonction de l'art du langage, elle en est seulement la
fonction dominante, déterminante, cependant que dans les autres
activités verbales elle ne joue qu'un rôle subsidiaire, accessoire.
Cette fonction, qui met en évidence le côté palpable des signes,
approfondit par là même la dichotomie fondamentale des signes et
des objets. Aussi, traitant de la fonction poétique, la linguistique
ne peut se limiter au domaine de la poésie.

« Pourquoi dites-vous toujours *Jeanne et Marguerite*, et jamais
Marguerite et Jeanne ? Préférez-vous Jeanne à sa sœur jumelle ? »
« Pas du tout, mais ça sonne mieux ainsi. » Dans une suite de
deux mots coordonnés, et dans la mesure où aucun problème de
hiérarchie n'interfère, le locuteur voit, dans la préséance donnée
au nom le plus court, et sans qu'il se l'explique, la meilleure configuration possible du message.

Une jeune fille parlait toujours de « l'affreux Alfred ». « Pourquoi
affreux ? » « Parce que je le déteste. » « Mais pourquoi pas
terrible, horrible, insupportable, dégoûtant ? » « Je ne sais pas
pourquoi, mais *affreux* lui va mieux. » Sans s'en douter, elle appli-
quait le procédé poétique de la paronomase.

Analysons brièvement le slogan politique *I like Ike :* il consiste
en trois monosyllabes et compte trois diphtongues /ay/, dont chacune
est suivie symétriquement par un phonème consonantique, /..l..k..k/.
L'arrangement des trois mots présente une variation : aucun

phonème consonantique dans le premier mot, deux autour de la diphtongue dans le second, et une consonne finale dans le troisième. Hymes (14) a noté la dominance d'un semblable noyau /ay/ dans certains sonnets de Keats. Les deux colons de la formule *I like / Ike* riment entre eux, et le second des deux mots à la rime est complètement inclus dans le premier (rime en écho), /layk/ - /ayk/, image paronomastique d'un sentiment qui enveloppe totalement son objet. Les deux colons forment une allitération vocalique, et le premier des deux mots en allitération est inclus dans le second : /ay/ - /ayk/, image paronomastique du sujet aimant enveloppé par l'objet aimé. Le rôle secondaire de la fonction poétique renforce le poids et l'efficacité de cette formule électorale.

Comme nous l'avons dit, l'étude linguistique de la fonction poétique doit outrepasser les limites de la poésie, et, d'autre part, l'analyse linguistique de la poésie ne peut se limiter à la fonction poétique. Les particularités des divers genres poétiques impliquent la participation, à côté de la fonction poétique prédominante, des autres fonctions verbales, dans un ordre hiérarchique variable. *La poésie épique, centrée sur la troisième personne, met fortement à contribution la fonction référentielle ;* la poésie lyrique, orientée vers la première personne, est intimement liée à la fonction émotive ; *la poésie de la seconde personne est marquée par la fonction conative, et se caractérise comme supplicatoire ou exhortative,* selon que la première personne y est subordonnée à la seconde ou la seconde à la première.

Maintenant que notre rapide description des six fonctions de base de la communication verbale est plus ou moins complète, nous pouvons compléter le schéma des six facteurs fondamentaux par un schéma correspondant des fonctions :

EMOTIVE	REFERENTIELLE POETIQUE PHATIQUE METALINGUISTIQUE	CONATIVE

Selon quel critère linguistique reconnaît-on empiriquement la fonction poétique ? En particulier, quel est l'élément dont la présence est indispensable dans toute œuvre poétique ? Pour répondre à cette question, il nous faut rappeler les deux modes fondamentaux d'arrangement utilisés dans le comportement verbal : la *sélection* et la *combinaison.* Soit « enfant » le thème d'un message : le locuteur fait un choix parmi une série de noms existants plus ou moins semblables, tels que enfant, gosse, mioche, gamin, tous plus ou moins équivalents d'un certain point de vue ; ensuite, pour commenter ce thème, il fait choix d'un des verbes sémantiquement apparentés — dort, sommeille, repose, somnole. Les deux mots choisis se combinent dans la chaîne parlée. La sélection est produite sur la base de l'équivalence, de la similarité et de la dissimilarité, de la synonymie et de l'antonymie, tandis que la combinaison, la construction de la séquence, repose sur la contiguïté. *La fonction poétique projette le principe d'équivalence de l'axe de la sélection sur l'axe de la combinaison.* L'équivalence est promue au rang de procédé constitutif de la séquence. En poésie, chaque syllabe est mise en rapport d'équivalence avec toutes les autres syllabes de la même séquence ; tout accent de mot est censé être égal à tout autre accent de mot ; et de même, inaccentué égale inaccentué ; long (prosodiquement) égale long, bref égale bref ; frontière de mot égale frontière de mot, absence de frontière égale absence de frontière ; pause syntaxique égale pause syntaxique, absence de pause égale absence de pause. Les syllabes sont converties en unités de mesure, et il en va de même des mores ou des accents.

On peut faire remarquer que le métalangage lui aussi fait un usage séquentiel d'unités équivalentes, en combinant des expressions synonymes en une phrase équationnelle : A = A (« *La jument est la femelle du cheval* »). Entre la poésie et le métalangage, toutefois, il y a une opposition diamétrale : dans le métalangage, la séquence est utilisée pour construire une équation, tandis qu'en poésie *c'est l'équation qui sert à construire la séquence.* »

R. JAKOBSON, *Essais de Linguistique générale.*
Trad. N. Ruwet. Ed. de Minuit, 1963, pp. 211-221.

---

(1) En français dans le texte.
(2) C. F. Voegelin : « Casual and Noncasual Utterances within Unified Structure » in SL (= *Style in Language*), pp. 57-68.
(3) Cf. Sapir, *Le langage.*
(4) M. Joos, « Description of Language Design », JASA, 22.701-708 (1950).
(5) A. Marty : *Untersuchungen zur Grundlegung der allgemeinen Grammatik und Sprachphilosophie,* vol. 1, Halle, 1908.
(6) S. Chatman, « Comparing Metrical Styles », in SL, pp. 149-172.
(7) Sol Saporta : « The Application of Linguistics to the Study of Poetic Language », in SL, pp. 82-93.
(8) Cf. K. Bühler : « Die Axiomatik der Sprachwissenschaft », *Kant-Studien,* 38.19-90 (Berlin, 1933).
(9) Formule magique lithuanienne, cf. V.T. Mansikka, *Litauische Zaubersprüche. Folklore Fellows Communications,* 87 (1929), p. 69.
(10) Incantation du Nord de la Russie, cf. P. N. Rybnikov, *Pesni,* vol. 3, Moscou, 1910, p. 217 sv.
(11) Josué, 10 : 12.
(12) Malinowski, B : « The Problem of Meaning in Primitive Languages », in C. K. Ogden et I. A. Richards, *The Meaning of Meaning,* New-York et Londres, 9ᵉ éd., 1953, pp. 296-336.
(13) Cf. ici-même, ch. II, 3ᵉ partie (voir ici p. 173 et suiv.).
(14) Dell Hymes : « Phonological Aspects of Style : Some English Sonnets », in SL, pp. 109-131.

2. LA FONCTION STYLISTIQUE

« La stylistique étudie les traits des énoncés linguistiques pour imposer au décodeur la façon de penser de l'encodeur ; c'est-à-dire qu'elle étudie l'acte de communication non pas pour produire une simple chaîne verbale, mais comme portant l'empreinte de la personnalité du sujet parlant et forçant l'attention de l'interlocuteur. Bref, elle étudie les moyens d'un haut rendement linguistique (expressivité) en véhiculant une grande quantité d'information. On peut envisager les techniques d'expressivité les plus complexes — avec ou sans intentions esthétiques de la part de l'auteur — comme un art du langage, et la stylistique étudie ainsi le style littéraire.

L'étude conventionnelle de la littérature est inadéquate pour décrire le style littéraire en lui-même, parce que, premièrement, il n'y a pas de connection immédiate entre l'histoire des idées littéraires et les formes dans lesquelles elles se manifestent ; deuxièmement, les critiques se trompent lorsqu'ils essaient d'utiliser une analyse formelle dans l'unique but de confirmer ou d'infirmer leurs évaluations esthétiques — ce qui est nécessaire est un exposé d'existence et non un jugement de valeur; troisièmement, la perception intuitive des éléments significatifs d'un énoncé littéraire ne suffit pas pour obtenir une segmentation de la séquence verbale définissable en termes linguistiques. Parce que les perceptions et jugements de valeur dépendent de la psychologie des lecteurs, qui varie à l'infini ; ils sont aussi influencés par un conflit propre aux énoncés littéraires du fait que ces derniers ne changent pas, alors que c'est le cas pour le code linguistique du lecteur. D'autre part, la seule analyse linguistique ne peut discerner parmi les éléments d'une séquence ceux des traits linguistiques qui ont en même temps une valeur stylistique. La procédure traditionnelle qui essaie de définir le style comme une entité opposée à la langue, ou comme un système anormal opposé à la norme linguistique constitue une dichotomie artificielle : il *existe* des oppositions, génératrices d'effets entre des pôles stylistiquement marqués et non marqués ; mais ces oppositions sont réalisées à l'intérieur de la structure linguistique ; la tentative faite par les stylisticiens pour identifier des éléments marqués et non marqués dans des structures différentes résulte d'une vue statique du langage et de notre incapacité à concevoir des oppositions sans l'aide d'un modèle spatial à deux niveaux.

La réalité, cependant, est un message linguistique unique. Mais il est possible de discerner dans le langage différentes structures selon le point de vue adopté, et de construire différents types d'analyse linguistique qui leur soient adaptées. La tâche de la stylistique est par conséquent d'étudier le langage du point de vue du décodeur, étant donné que ses réactions, ses hypothèses concernant les intentions de l'encodeur, et ses jugements de valeur sont autant de réponses à des stimuli encodés dans la séquence verbale. La stylistique sera une linguistique des effets du message, de l'aboutissement de l'acte de communication, de la fonction qu'il a de forcer l'attention.

Notre première démarche devrait être de replacer cette fonction parmi les autres fonctions du langage.

Et l'auteur constate qu'elle correspond, en gros, à ce que Jakobson appelle la « fonction poétique » (cf. p. 162) et qui a pour objet l'étude de la forme du message considérée en elle-même.

La forme ne peut pas attirer l'attention par elle-même si elle n'est pas spécifique ; c'est-à-dire si on ne peut pas la répéter, la mémoriser, la citer telle quelle. Autrement, le contenu serait l'objet principal de l'attention et pourrait être répété sous des formes différentes.

La forme est prééminente dans la mesure où le message et son contenu perdraient leur caractère spécifique, identifiable, inéluctable, si le nombre, l'ordre et la structure des éléments verbaux étaient changés.

La linguistique peut analyser n'importe quel type de message, mais, comme on le voit, la stylistique ne s'occupe que des structures qui n'admettent aucune substitution ; elle a pour seul objet les règles de combinaison qui empêchent le décodeur d'utiliser le décodage minimum en vue de comprendre le texte, de substituer son propre choix de ce qui est important dans le contenu à celui de l'encodeur. Car la fonction stylistique se manifeste dans l'aspect de l'encodage qui limite la liberté de perception durant le décodage (et la liberté de représentation dans l'exécution d'une œuvre d'art).

La structure formelle du message est actualisée quand le décodeur est obligé de tenir compte de chacune des variations caractérisant la séquence. De toute évidence ces variations ne peuvent pas être significatives sans un modèle qu'elles modifient. Jakobson voit le principe général de ces variations dans une attente déçue. Il me semble qu'on ne doit pas interpréter cela comme une déviation par rapport à une norme que les stylisticiens sont enclins à invoquer.

J'ai proposé ailleurs le modèle suivant pour rendre compte de l'attente déçue : dans une chaîne verbale, le stimulus de l'effet stylistique (contraste) consiste en des éléments de faible prévisibilité encodés dans un ou plusieurs constituants immédiats ; ces autres constituants, dont la disposition rend le contraste possible, forment le contexte. Ce concept de contexte a, sur celui de norme, l'avantage d'être automatiquement pertinent ; il varie avec chaque effet de style. C'est cette variabilité seule qui peut expliquer pourquoi le même élément de langue acquiert, modifie ou perd son pouvoir stylistique selon sa position (et aussi pourquoi la déviation de la norme ne coïncide pas nécessairement avec le style).

Le plus grand nombre des constructions stylistiques repose sur l'extension du champ de substitution : ainsi on utilisera des mots étrangers à l'état de langue (néologismes, archaïsmes, emprunts, etc.) à la place de formes présentant une plus grande probabilité ; ou des formes relevant de catégories grammaticales différentes de celle permise par la structure de la phrase (une périphrase à la place d'un seul mot, un substantif là où un adjectif aurait eu la plus haute probabilité, etc.). Un autre type de formations place en contiguïté des termes qui s'excluent mutuellement : ainsi des figures étymologiques (par exemple « dormez votre sommeil » où la marche en avant de la syntaxe est en conflit avec une tautologie statique), chaînes de synonymes, sens incompatibles entre eux, etc.

Toutefois, ces formes considérées en elles-mêmes, ne nous apprennent pas grand chose sur la bipolarité des contrastes stylistiques, car ces derniers peuvent être annulés lorsqu'elles saturent le contexte, devenant ainsi trop prévisible. Le véritable agent de l'attente déçue est une attente accrue avant l'échéance du terme à faible probabilité. Cet accroissement de l'attente résulte d'une plus grande opposition dans la structure du contexte. Ainsi pouvons-nous poser en principe que la fonction stylistique tend à développer des séquences verbales dans la direction de la plus grande ou de la plus faible probabilité. »

Suivent des exemples des différents modes de formalisation propres à accroître le *contraste*.

« On est près de cette manifestation de la forme, de cette poésie de la grammaire qui selon Jakobson l'emporte sur la fonction référentielle. Pour lui, la structure d'un message dépend de sa fonction dominante et de l'importance relative d'un complexe des autres fonctions. Mais je répondrai que deux fonctions seulement sont toujours présentes — la stylistique et la référentielle — et que la fonction stylistique est la seule qui soit centrée sur le message alors que les autres ont en commun qu'elles sont orientées vers des points qui lui sont extérieurs et qu'elles organisent le discours autour du codeur, ou décodeur et du contenu. Il semble donc plus satisfaisant de dire que la structure de la communication est déterminée par les cinq fonctions directives et que son intensité (depuis l'expressivité jusqu'à l'art du verbe) est réglée par la fonction stylistique. »

Suit une analyse de la façon dont la fonction stylistique régularise les fonctions référentielles, phatique et métalinguistique, émotive et conative.

> M. Riffaterre, *The stylistic function*. Proceedings of the IX Int. Congress of Ling. Mouton, 1964, pp. 316-322 (trad. P.G.).

3. LE « COUPLAGE » ET LA LANGUE POETIQUE

Samuel K. Levin, dans *Linguistic structure in Poetry,* décrit ce qu'il appelle les « couples » dans une théorie qui procède du principe énoncé par Jakobson selon lequel : la langue poétique est une projection du principe d'équivalence de l'axe de la sélection sur l'axe de la combinaison.

La théorie de Jakobson procède elle-même de la distinction établie par Saussure de deux types de rapports linguistiques : paradigmatiques et syntagmatiques.

Ainsi tout mot a une fonction syntaxique et occupe une position dans l'énoncé ; on dira qu'il est dans un rapport d'identité syntagmatique (ou positionnelle) avec les termes qui occupent une position semblable ; par exemple *Minos* et *Pasiphae* dans *La fille de Minos et de Pasiphae.*

Tout mot, d'autre part, est en relation avec les mots qui appartiennent à la même catégorie grammaticale (verbe, adjectif...), ou phonétique (mots qui assonnent ou présentent la même structure accentuelle, etc...), ou sémantique (mots qui appartiennent à des catégories de sens identiques ou antithétiques).

Or, ce que constate le principe de Jakobson, c'est le procédé qui consiste à placer dans des positions identiques des mots de même nature (phonétique, grammaticale, sémantique). C'est ce procédé qui est décrit par Levin sous le nom de *couplage* (coupling), les mots ainsi associés formant des *couples.* Voici un extrait de *Linguistic structure in Poetry.*

> « Les positions peuvent être équivalentes de plusieurs façons. Il y a deux types de telles équivalences où les positions sont comparables ou parallèles dans leurs constructions. Dans une construction ACAN (lisez adjectif + conjonction + adjectif + nom), les deux A, dans la mesure où ils modifient le même déterminé, sont des positions comparables. Ainsi, dans *tall but wooden buildings, tall* et *wooden* viennent dans des positions comparables. De même viennent dans des positions comparables *tall, dark* et *handsome* dans

the tall, dark and handsome man, et *esteemend* et *feared* dans *he esteemed and feered the man.* Dans ces exemples d'association en positions comparables, une autre est virtuellement présente dans la répétition implicite du nom, sujet ou complément.

Une autre façon d'avoir des positions équivalentes est lorsqu'elles sont parallèles dans leurs constructions ; par exemple, la construction ANCAN, telle que dans *good food and soft music,* dans laquelle *good* et *soft* sont également déterminants mais de noms différents. De toute évidence, *food* et *music* sont également en positions équivalentes. Ce type de double couplage se rencontre toujours, par définition, dans les positions équivalentes parallèles. D'autres exemples de positions équivalentes en constructions parallèles seraient NVCNV *the boys arrived but the dissapointments lasted* et V*me* NC V*me* N, *bringme a newspaper and buy me a cigar* (apporte-moi un journal et achète-moi un cigare). Des constructions parallèles peuvent aussi se produire à l'intérieur d'autres types de construction. Ainsi dans *he paid his check and left the restaurant* (il paya l'addition et quitta le restaurant), on a une construction parallèle — VNCVN, qui à son tour, détermine *he* (il), (N) VNCVN, qui fait ainsi de toute la phrase une construction comparable.

Comme le suggèrent certains de nos exemples, des positions équivalentes qui arrivent dans des constructions parallèles ne sont pas nécessairement incluses dans la même proposition ou phrase. Ceci compris, considérons l'extrait suivant d'un poème de William Carlos Williams *(Theocritus : Idyl I)* :

> *If the Muses* (si les Muses)
> > *choose the young ewe* (choisissent la jeune brebis)
> > > *you shall receive* (vous recevrez)
> *a stall-fed lamb* (un agneau engraissé à l'étable)
> > *as your reward* (pour votre récompense)
> > > *but if* (mais si)
> *they prefer the lamb* (elles préfèrent l'agneau)
> > *you* (vous)
> > > *shall have the ewe for* (aurez l'agneau pour)
> > > *second prize* (second prix).

Dans ce passage *choose* (choisissent) et *prefer* (préfèrent) arrivent en constructions parallèles avec *young ewe* (jeune brebis) et *lamb* (agneau) ; *receive* (recevrez) et *have* (aurez) arrivent en constructions parallèles avec *(stall-fed) lamb* (agneau engraissé) et *ewe* (brebis) ; *as your reward* et *for second prize* sont en constructions parallèles avec /stall fed/ *lamb* et *ewe.* En fait tout le passage est un complexe de parallélisme : CNVN - NVNPN, *mais* CNVN - NVNPN. Ce passage d'autre part est une illustration de la structure dont nous avons postulé l'importance dans notre analyse de la poésie. Si nous comparons les formes qui arrivent dans les positions équivalentes ci-dessus relevées, nous constatons qu'elles sont dans chaque cas sémantiquement équivalentes : *choose* et *prefer, young ewe* et *lamb, receive* et *have reward* et *(second) prize.* En d'autres termes, le passage est un exemple de couplage, c'est-à-dire de structure dans laquelle des formes de nature équivalente (en l'occurrence sémantique) arrivent dans des positions équivalentes.

La structure dans laquelle des couples naturellement équivalents viennent en position parallèle, est plus puissante que celle dans laquelle de tels couples arrivent dans des positions comparables. Pour commencer il y a une équivalence de position en plus. On peut donc avoir, dans ces positions supplémentaires, une autre équivalence naturelle. En outre, dans bien des cas, quand les membres d'un des couples, occupant des positions équivalentes dans une construction parallèle, sont naturellement équivalents, ce fait contribue à mettre en évidence toute affinité phonétique ou sémantique qui pourraient exister entre les membres du couple occupant l'autre paire de positions équivalentes dans cette construction. Ainsi dans la phrase : *call my nephew and get my niece,* le fait que dans l'un des couples, *nephew* et *niece* allitèrent servira à mettre en évidence, non pas le fait que dans l'autre couple le *k* de *call* est sourd cependant que le *g* de *get* est sonore, mais plutôt le fait que ce sont l'un et l'autre des occlusives vélaires. Il est clair que *find* et *arrest,* dans la même phrase, ne subiraient pas cette pression de leur entourage du fait que leurs phonèmes initiaux n'ont rien en commun.

Mais là où il existe une base d'éléments communs — encore qu'il soit difficile de dire quelle quantité d'éléments communs est nécessaire — ils seront mis en relief par la pression de la structure. La même mise en relief s'exercera aussi sur le plan sémantique. Dans une phrase comme *he painted the house and whitewashed the garage,* ce ne sont pas les différences entre *house* (maison) et *garage* (garage) qui seront mises en évidence, mais leurs similarités, et cela du fait que l'autre couple *painted (peint)* et *whihewashed* (blanchi) sont sémantiquement équivalents. »

S. K. LEVIN, *Linguistic Structures in Poetry*, S. Gravenhague, 1962, pp. 33-35 (trad. P.G.).

4. CONTRASTE ET CONVERGENCE

« Etant donné que l'intensification stylistique résulte de l'insertion d'un élément inattendu dans la structure, il suppose un effet de rupture qui modifie le contexte. Il en résulte une différence radicale entre « contexte » dans son sens ordinaire et contexte stylistique. Le contexte stylistique n'est pas associatif ; ce n'est pas le contexte lexical qui réduit la polysémie d'un mot ou y ajoute des connotations. Le contexte stylistique est une structure linguistique soudainement rompue par un élément qu'on n'attendait pas, et le contraste résultant de cette interférence constitue le stimulus stylistique. On ne doit pas interpréter la rupture comme un principe de dissociation. La valeur stylistique du contraste gît dans la relation qu'il établit entre les deux éléments en conflit ; aucun effet n'en résultera sans leur association dans une phrase.

. . . .

Il y a des cas où l'effet de style semble avoir sa source moins dans le contraste que dans un conglomérat de traits de style. La présence de tels groupes peut devenir pour l'analyste un critère supplémentaire.

Par conglomérats (clusters) stylistiques, je n'entends pas des phénomènes comme le cas particulier de l'expressivité phonétique où il semble au lecteur que les sons font écho au sens *(harmonie imitative, Lautmalerei)*. L'effet stylistique suppose une combinaison de valeurs sémantiques et phonétiques ; chacune des deux séparée de l'autre demeurerait potentielle. J'entends, au contraire, l'accumulation sur un point donné de traits de style indépendants. Seul, chacun d'eux serait expressif par lui-même. Ensemble, chaque trait ajoute son expressivité à celle des autres. En général, les effets de ces traits de style convergent en une emphase particulièrement frappante. Par exemple, dans le *Moby Dick* de Melville :

« And heaved, and heaved, still unresting by heaved the black sea, as if its vast tides were a conscience. »

Il y a là une accumulation de : 1) un ordre verbe - sujet anormal ; 2) la répétition du verbe ; 3) le rythme créé par cette répétition ternaire (plus la combinaison de ce procédé phonétique avec le sens : le soulèvement et la retombée des vagues est « dépeinte » par le rythme) ; 4) la coordination intensive *(and... and...)* qui renforce le rythme ; 5) un mot forgé *(unrestingly)* qui par sa nature même créerait une surprise dans n'importe quel contexte ; 6) la métaphore mise en relief par la relation inusuelle du concret *(tides)* avec l'abstrait *(conscience)* au lieu de l'inverse.

C'est une telle accumulation de traits stylistiques agissant ensemble que j'appellerai *convergence*.

Nous avons là un bon exemple du point jusqu'auquel le décodage peut être contrôlé par l'auteur. En l'occurrence, il est difficile pour le lecteur de ne pas accorder son attention à la signification de chaque mot. Le décodage ne peut avoir lieu au niveau minimal parce que la position initiale du verbe est inattendue dans la phrase anglaise normale et il en est de même de sa répétition. La répétition a un double rôle par elle-même, indépendamment de son imprévisibilité : elle crée le rythme, et son effet dans l'ensemble est analogue à celui de la parole explicite.

La postposition du sujet porte l'imprévisibilité à son point le plus haut : le lecteur doit garder en mémoire le prédicat avant qu'il soit capable d'identifier le sujet. « L'inversion de la métaphore » est encore un autre exemple de contraste avec le contexte. La rapidité de lecture est réduite par ces obstacles, l'attention s'attarde sur la représentation, l'effet stylistique est créé. »

M. RIFFATERRE, *Criterica for style analysis,*
Word 15, pp. 170 et ss. (trad. P.G.).

B. LA SPÉCIFICITÉ DU STYLE

Tout en affirmant la primauté du texte sur la langue et l'immanence du fait stylistique l'école structuraliste n'en a pas pour autant systématiquement repoussé toute référence à une norme. Mais elle a montré que les catégories traditionnelles de la grammaire devaient être repensées et reformulées dans des termes entièrement neufs de la linguistique moderne.

Typiques, à cet égard, sont les études de Jakobson sur les « embrayeurs », sur « la métaphore et la métonymie ». Comme on pouvait s'y attendre, la linguistique distributionnelle et, plus récemment, la linguistique générative, sont venues fournir des modèles au stylisticien.

1. MÉTAPHORE ET MÉTONYMIE.

Les pôles métaphorique et métonymique

« Les variétés d'aphasie sont nombreuses et diverses, mais toutes oscillent entre les deux types polaires que nous venons de décrire.

Toute forme de trouble aphasique consiste en quelque altération, plus ou moins grave, soit de la faculté de sélection et de substitution, soit de celle de combinaison et de contexture. La première affection comporte une détérioration des opérations métalinguistiques, tandis que la seconde altère le pouvoir de maintenir la hiérarchie des unités linguistiques. La relation de similarité est supprimée dans le premier type et celle de contiguïté dans le second. La métaphore devient impossible dans le trouble de la similarité et la métonymie dans le trouble de la contiguïté.

Le développement d'un discours peut se faire le long de deux lignes sémantiques différentes : un thème *(topic)* en amène un autre soit par similarité soit par contiguïté. Le mieux serait sans doute de parler de *procès métaphorique* dans le premier cas et de *procès métonymique* dans le second, puisqu'il trouvent leur expression la plus condensée, l'un dans la métaphore, l'autre dans la métonymie. Dans l'aphasie l'un ou l'autre de ces deux procédés est amoindri ou totalement bloqué — fait qui en soi rend l'étude de l'aphasie particulièrement éclairante pour le linguiste. Dans le comportement verbal normal, les deux procédés sont continuellement à l'œuvre, mais une observation attentive montre que, sous l'influence des modèles culturels, de la personnalité et du style, tantôt l'un tantôt l'autre procédé a la préférence.

Dans un test psychologique bien connu, des enfants sont mis en présence d'un nom et on leur demande d'exprimer les premières réactions verbales qui leur viennent à l'esprit. Dans cette expérience, deux prédilections linguistiques opposées se manifestent invariablement : la réponse est donnée soit comme un substitut, soit comme un complément du stimulus. Dans le second cas, stimulus et réponse forment ensemble une construction syntaxique propre, le plus souvent une phrase. On a désigné par les termes de *substitutive* et de *prédicative* ces deux types de réactions.

Au stimulus *hutte* une réponse donnée fut *a brûlé* ; une autre *est une pauvre petite maison*. Les deux réactions sont prédicatives ; mais la première crée un contexte purement narratif tandis que dans la seconde il y a une double connexion avec le sujet *hutte* : d'une part une contiguïté positionnelle (à savoir syntaxique), d'autre part une similarité sémantique.

Le même stimulus produisit aussi les réactions substitutives suivantes : la tautologie *hutte* ; les synonymes *cabane* et *cahute* ; l'antonyme *palais* et les métaphores *antre* et *terrier*. La capacité qu'ont deux mots de se remplacer l'un l'autre est un exemple de similarité positionnelle et, de plus, toutes les réponses sont liées au stimulus par similarité (ou contraste) sémantique. Les réponses métonymiques au même stimulus, telles que *chaume, paille,* ou *pauvreté,* combinent et contrastent la similarité positionnelle avec la contiguïté sémantique.

En manipulant ces deux types de connexion (similarité et contiguïté) dans leurs deux aspects (positionnel et sémantique) — par sélection, combinaison, hiérarchisation — un individu révèle son style personnel, ses goûts et préférences verbales.

Dans l'art du langage, l'interaction de ces deux éléments est spécialement marquée. On peut trouver une riche matière pour l'étude de cette relation dans les formes de versification où le parallélisme entre vers successifs est obligatoire, comme par exemple dans la poésie biblique ou dans les traditions orales de la Finlande occidentale et, dans une certaine mesure, de la Russie. Cela nous fournit un critère objectif pour juger de ce qui, dans une communauté linguistique donnée, vaut comme correspondance. Puisqu'à chaque niveau du langage — morphologique, lexical, syntaxique, et phraséologique — l'une ou l'autre de ces deux relations (similarité et contiguïté) peut apparaître — et chacune dans l'un ou l'autre de ses deux aspects — une gamme impressionnante de configurations possibles est créée. L'un ou l'autre de ces deux pôles cardinaux peut prévaloir. Dans les chants lyriques russes, par exemple, ce sont les constructions métaphoriques qui prédominent alors que dans l'épopée héroïque le procédé métonymique est prépondérant.

Dans la poésie, différentes raisons peuvent déterminer le choix entre ces deux tropes. La *primauté du procédé métaphorique dans les écoles romantiques et symbolistes* a été maintes fois soulignée mais on n'a pas encore suffisamment compris que c'est *la prédominance de la métonymie qui gouverne et définit effectivement le courant littéraire qu'on appelle « réaliste »*, qui appartient à une période intermédiaire entre le déclin du romantisme et la naissance du symbolisme et qui s'oppose à l'un comme à l'autre. Suivant la voie des relations de contiguïté, l'auteur réaliste opère des digressions métonymiques de l'intrigue à l'atmosphère et des personnages au cadre spatio-temporel. *Il est friand de détails synecdochiques.* Dans la scène du suicide d'Anna Karénine, l'attention artistique de Tolstoï est concentrée sur le sac à main de l'héroïne ; et dans *Guerre et Paix* les synecdoques « poils sur la lèvre supérieure » et « épaules nues » sont utilisées par le même écrivain pour signifier les personnages féminins à qui ces traits appartiennent.

La prévalence respective de l'un ou l'autre de ces deux procédés n'est en aucune manière le fait exclusif de l'art littéraire. La même oscillation apparaît dans des systèmes de signes autres que le langage (1). Comme exemple marquant, tiré de l'histoire de la peinture, on peut noter *l'orientation manifestement métonymique du cubisme, qui transforme l'objet en une série de synecdoques ;* les *peintres surréalistes ont réagi par une conception visiblement métaphorique.* Depuis les productions de D. W. Griffith, le *cinéma,* avec sa capacité hautement développée de varier les angles, perspectives et réglages des prises de vue, a rompu avec la tradition du théâtre et employé une gamme sans précédent de *gros plans synecdochiques et de montages métonymiques* en général. Dans des films tels que ceux de Charlie Chaplin ces procédés se sont vus supplantés par *un nouveau type, métaphorique, de montage, avec ses « fondus superposés » — véritables comparaisons filmiques* (2).

La structure bipolaire du langage (ou d'autres systèmes sémiologiques) et, dans le cas de l'aphasie, la fixation à l'un de ces pôles à l'exclusion de l'autre, demandent une étude comparative systématique. Le maintien de l'un ou l'autre de ces pôles dans les deux types d'aphasie doit être mis en rapport *avec la prédominance du même pôle dans certains styles,* habitudes personnelles, modes courantes, etc. Une analyse attentive et une comparaison de ces phénomènes avec le syndrome complet du type correspondant d'aphasie sont une tâche impérative pour une recherche conjointe de spécialistes de la psychopathologie, de la psychologie, de la linguistique, de la *rhétorique* et de la *sémiologie (semiotics),* la science générale des signes. *La dichotomie que nous étudions ici s'avère d'une signification et d'une portée primordiales pour comprendre le comportement verbal et le comportement humain en général* (3).

Pour indiquer les possibilités qu'ouvre la recherche comparative dont nous parlons, nous choisirons un exemple tiré d'un conte populaire russe qui emploie le parallélisme comme procédé comique : « Thomas est célibataire ; Jérémie n'est pas marié » *(Fomá xólost ; Erjóma neženát)* (4). Les deux prédicats sont associés dans les deux propositions parallèles par similarité : ils sont en fait synonymes. Les sujets des deux propositions sont des noms propres masculins et donc morphologiquement semblables tandis que par ailleurs ils désignent deux héros voisins du même conte, créés pour accomplir des actions identiques et justifier ainsi l'utilisation de couples de predicats synonymes. Une version quelque peu modifiée de la même construction apparaît dans une chanson de noces familière, dans laquelle chacun des invités de la noce est tour à tour interpellé par son nom et par son patronyme : « Gleb est célibataire ; Ivanovitch n'est pas marié. » Tandis que les deux predicats sont encore ici synonymes, la relation entre les deux sujets est changée : les deux sont des noms propres désignant la même personne et sont normalement employés de façon contiguë comme mode de salutation polie.

Dans la citation tirée du conte populaire, les deux propositions parallèles se réfèrent à des faits distincts, le statut marital de Thomas et le statut semblable de Jérémie. Mais dans les vers de la chanson de noces, les deux propositions sont synonymes : elles redisent de manière redondante le célibat du même héros, éclaté en deux hypostases verbales.

Le romancier russe Gleb Ivanovitch Uspensky (1840-1902) souffrit, dans les dernières années de sa vie, d'une maladie mentale accompagnée de troubles de la parole. Son prénom et son patronyme, *Gleb Ivanovitch,* traditionnellement accouplés dans la conversation polie, s'étaient scindés à ses yeux en deux noms distincts désignant deux êtres séparés : Gleb était paré de toutes les vertus, tandis qu'Ivanovitch, le nom rattachant le fils à son père, devenait l'incarnation de tous les vices d'Uspensky. L'aspect linguistique de ce dédoublement de la personnalité se montre dans l'incapacité du malade à utiliser deux symboles pour la même chose, ce qui constitue ainsi un exemple de trouble de la similarité. Puisque le trouble de la similarité est lié à la tendance à la métonymie, il est particulièrement intéressant d'examiner la manière littéraire qui était celle d'Uspensky dans sa jeunesse. L'étude de Anatole Kamegulov, qui a analysé le style d'Uspensky, confirme notre hypothèse théorique. Il montre qu'Uspensky avait un penchant particulier pour la métonymie, spécialement pour la synecdoque, et qu'il l'a poussé si loin que « le lecteur est écrasé par la multitude des détails dont on l'accable dans un espace verbal limité, et se trouve physiquement incapable de saisir le tout, si bien que le portrait est souvent perdu » (5).

Certes, le style métonymique d'Uspensky est manifestement inspiré du canon littéraire prédominant de son temps, le « réalisme » de la fin du XIXᵉ siècle ; mais le tempérament propre de Gleb Ivanovitch l'inclinait plus particulièrement à suivre ce courant artistique dans ses manifestations extrêmes pour finalement laisser sa marque sur l'aspect verbal de sa maladie mentale.

La compétition entre les deux procédés, métonymique et métaphorique, est manifeste dans tout processus symbolique, qu'il soit intrasubjectif ou social. C'est ainsi que dans une étude sur la structure des rêves, la question décisive est de savoir si les symboles et les séquences temporelles utilisés sont fondés sur la contiguïté (« déplacement » métonymique et « condensation » synecdochique freudiens) ou sur la similarité (« identification » et « symbolisme » freudiens) (6). Les principes qui commandent *les rites magiques* ont été ramenés par *Frazer* à deux types : les incantations reposant sur la loi de similitude et celles fondées sur l'association par contiguïté. La première de ces deux grandes branches de la magie par sympathie a été appelée « *homéopathique* » ou « *imitative* » et la seconde « *magie par contagion* » (7). Cette bipartition est en vérité fort éclairante. Néanmoins le plus souvent on continue à négliger le problème des deux pôles, en dépit de son immense portée pour l'étude de tous les comportements symboliques et en particulier du comportement verbal et de ses troubles. Quelle est la principale raison de cette négligence ?

La similarité des significations relie les symboles d'un métalangage aux symboles du langage auquel il se rapporte. La similitude relie un terme métaphorique au terme auquel il se substitue. En conséquence, quand le chercheur construit un métalangage pour interpréter les tropes, il possède des moyens plus homogènes pour manier la métaphore, alors que la métonymie, fondée sur un principe différent, défie facilement l'interprétation. *C'est pourquoi rien de comparable à la riche littérature écrite sur la métaphore* (8) *ne peut être cité en ce qui concerne la théorie de la métonymie.* Pour la même raison, si on a généralement aperçu les liens étroits qui unissent le romantisme à la métaphore, on a le plus souvent méconnu l'affinité profonde qui lie le réalisme à la métonymie. Ce n'est pas seulement l'instrument d'analyse mais aussi l'objet de l'analyse qui expliquent la prépondérance de la métaphore sur la métonymie dans les recherches savantes. Puisque la poésie est centrée sur le signe alors que la prose, pragmatique, l'est, au premier chef, sur le *référent, on a étudié les tropes et les figures essentiellement comme des procédés poétiques. Le principe de similarité gouverne la poésie ;* le parallélisme métrique des vers et l'équivalence phonique des rimes imposent le problème de la similitude et du contraste sémantiques ; il existe, par exemple, des rimes grammaticales et antigrammaticales, mais jamais de rimes agrammaticales. *La prose, au contraire, se meut essentiellement dans les rapports de contiguïté. De sorte que la métaphore pour la poésie et la métonymie pour la prose constituent la ligne de moindre résistance, ce qui explique que les recherches sur les tropes poétiques soient orientées principalement vers la métaphore.* La structure bipolaire effective a été artificiellement remplacée, dans ces recherches, *par un schème unipolaire amputé,* qui, de manière assez frappante, coïncide avec l'une des formes d'aphasie, en l'occurrence, le trouble de la contiguïté. »

R. JAKOBSON, *Essais de Linguistique générale,*
Trad. N. Ruwet, Paris, 1963, pp. 61-67.

---

(1) J'ai esquissé quelques remarques sur les tournures métonymiques dans l'art du langage (« Pro realizm u mystectvi », *Vaplite,* Kharkov, 1927, N° 2 ; « Randbemerkungen zur Prosa des Dichters Pasternak », *Slavische Rundschau,* VII (1935), en peinture (« Futurism », *Iskusstvo,* Moscou, 2 août, 1919) et dans le cinéma (« Upadek filmu », *Listy pro umeni a kritiku,* I, Prague, 1933), mais le problème crucial des deux procédés primaires attend toujours d'être étudié systématiquement.

(2) Cf. Bela Balacz, *Theory of the Film* (Londres, 1952).

(3) Pour les aspects psychologiques et sociologiques de cette dichotomie, voir les conceptions de Bateson sur l' « intégration progressionnelle » et l' « intégration sélective », et celles de Parsons sur la « dichotomie conjonction-disjonction » dans le développement de l'enfant : J. Ruesch et G. Bateson, *Communication, the Social Matrix of Psychiatry* (New-York, 1951), p. 183 sv. ; T. Parsons et R. F. Bales, *Family, Socialization and interaction Process* (Glencoe, 1955), p. 119 sv.

(4) Littéralement : « Jérémie est non-marié. ».

(5) A. Kamegulov, *Stil' Gleba Uspenskogo* (Leningrad, 1930), pp. 65, 145. Voici l'un de ces portraits désintégrés cités dans la même monographie : « Sous un vieux chapeau de paille à l'écusson marqué d'une tache noire, on pouvait voir deux touffes de cheveux semblables aux défenses d'un sanglier sauvage ; un menton devenu gras et pendant s'étalait définitivement sur le col graisseux du plastron de calicot, et, en une couche épaisse, reposait sur le col grossier de son habit de toile, boutonné serré sur le cour. De dessous cet habit, vers les yeux de l'observateur, s'avançaient des mains massives, ornées d'un anneau qui avait rongé le doigt gras, une canne à pommeau de cuivre, un renflement marqué de l'estomac, et de très larges pantalons, ayant presque la qualité de la percale, et dont les larges bords cachaient la pointe de ses bottes. »

(6) S. Freud, *Die Traumdeutung,* 9e éd., Vienne (1950) (N.D.T.) : On remarquera que ce rapprochement ne coïncide pas avec celui fait par J. Lacan (cf. « L'instance de la lettre dans l'Inconscient », in *La Psychanalyse,* III, 1957) ; celui-ci identifie, respectivement, condensation et métaphore, et déplacement et métonymie. Roman Jakobson, à qui nous en avons fait la remarque, pense que la divergence s'explique par l'imprécision du concept de condensation, qui, chez Freud, semble recouvrir à la fois des cas de métaphore et des cas de synecdoque.

(7) J. G. Frazer, *The Golden Bough : A Study in Magic and Religion,* 1re partie, 3e éd., Londres.

(8) C. F. P. Stutterheim, *Het begrip metaphoor* (Amsterdam, 1941).

2. LES « EMBRAYEURS ».

1. *Embrayeurs et autres structures doubles*

« 1.1.   Un message émis par le destinateur doit être perçu adéquatement par le receveur. Tout message est codé par son émetteur et demande à être décodé par son destinataire. Plus le destinataire est proche du code utilisé par le destinateur, plus la quantité d'information obtenue est grande. Le message (M) et le code sous-jacent (C) sont tous deux des supports de communication linguistique, mais tous deux fonctionnent d'une manière dédoublée : l'un et l'autre peuvent toujours être traités soit comme objets d'emploi, soit comme objets de référence. C'est ainsi qu'un message peut renvoyer au code ou à un autre message, et que, d'un autre côté, la signification générale d'une unité du code peut impliquer un renvoi soit au code soit au message. En conséquence, quatre types doubles doivent être distingués : 1) deux types de circularité — message renvoyant au message (M/M) et code renvoyant au code (C/C), et 2) deux types de chevauchement — message renvoyant au code (M/C) et code renvoyant au message (C/M).

1.2   M/M) *Le discours cité (oratio)* est un *énoncé à l'intérieur d'un énoncé,* un message à l'intérieur du message, et en même temps c'est aussi un *énoncé sur un énoncé,* « *un message à propos d'un message* », selon la formule de Vološinov (1) dans l'étude qu'il a consacrée à ce problème crucial pour la linguistique et la stylistique. Ce genre de *paroles « relayées »* ou « déplacées », pour reprendre les termes de Bloomfield, peut tenir une très grande place dans notre discours, car il s'en faut de beaucoup que notre conversation se limite aux événements vécus *hic et nunc* par le sujet parlant. Nous citons les autres, nous citons nos propres paroles passées et nous sommes même enclins à présenter certaines de nos expériences les plus courantes sous forme d'autocitations, par exemple en les confrontant aux déclarations d'autrui : *Vous avez appris qu'il a été dit... Eh bien! moi je vous dis...* (Matthieu). Il existe une échelle multiple de procédés linguistiques destinés à rendre les *citations* ou *quasi-citations :* le discours direct *(oratio recta),* le discours indirect *(oratio obliqua),* et diverses formes de style indirect libre. Certaines langues, telles que le bulgare, le kwakiutl et le hopi (2) usent de procédés morphologiques spéciaux pour indiquer des événements qui ne sont connus du sujet parlant que par le témoignage des autres. C'est ainsi qu'en tunica toutes les déclarations faites par ouï-dire (ce qui couvre la majorité des phrases d'un texte à part celles qui sont au discours direct) sont indiquées par la présence de /-áni/, postfixe de citation employé avec un mot prédicatif (3).

1.3. C/C) Les noms propres, que Gardiner (4), dans son essai « polémique », présente comme un des problèmes les plus épineux de la théorie du langage, prennent une place particulière dans notre code linguistique : la signification générale d'un nom propre ne peut se définir en dehors d'un renvoi au code. Dans le code de l'anglais, « Jerry » signifie une personne nommée Jerry. *La circularité est évidente : le nom désigne quiconque porte ce nom.* L'appellatif « chiot » désigne un jeune chien, « bâtard » désigne un chien de race mêlée, « lévrier » un chien utilisé dans les courses, mais « Fido » ne désigne ni plus ni moins qu'un chien qui s'appelle « Fido ». La signification générale de mots tels que « chiot », « bâtard », ou « lévrier » pourrait être indiquée au moyen d'abstractions telles que « la bâtardise », ou de périphrases comme « jeune chien », « chien utilisé dans les courses », mais la signification générale de « Fido » ne peut être qualifiée de la sorte. Paraphrasant Bertrand Russell (5), nous dirons que si beaucoup de chiens s'appellent « Fido », ils n'ont en commun aucune propriété spéciale de « fidoïté ». De même le pronom indéfini correspondant à des noms tels que Durand, Dupont, Duval, etc. — « Untel », « Chose », « Machinchouette » — inclut une référence patente au code.

1.4.   M/C) Un message renvoyant au code correspond à ce qu'on appelle en logique le *mode autonyme du discours.* Quand je dis : *Le chiot est un animal caressant,* ou : *Le chiot pleurniche,* le mot « chiot » désigne un jeune chien, tandis que dans une phrase comme « *Chiot* » *est un nom qui désigne un jeune chien* ou, en plus bref, « *Chiot désigne un jeune chien* », ou encore « *Chiot* » *est bisyllabique,* le mot « chiot » — dirons-nous avec Carnap (6) — est employé comme sa propre désignation. Toute interprétation ayant pour objet l'élucidation des mots et des phrases — qu'elle soit *intralinguale* (circonlocutions, synonymes) ou *interlinguale* (traduction) — est un message renvoyant au code. Ce genre d'hypostase — comme le pointe Bloomfield — « *est étroitement lié à la citation, à la répétition du discours* » et joue un rôle vital dans l'acquisition et l'usage du langage.

1.5.   CM) Tout code linguistique contient une classe spéciale d'unités grammaticales qu'on peut appeler les *embrayeurs* (7) : la signification générale d'un embrayeur ne peut être définie en dehors d'une référence au message.

La nature sémiologique des embrayeurs a été examinée par Burks (8) dans son étude sur la classification de Peirce des signes en symboles, index et icônes. Selon Peirce, un symbole (par exemple le mot français « rouge ») est associé à l'objet représenté par une règle conventionnelle, tandis qu'un index (par exemple l'acte de montrer quelque chose du doigt) est dans une relation existentielle avec l'objet qu'il représente. Les embrayeurs combinent les deux fonctions et *appartiennent ainsi à la classe des symboles-index*. Un exemple frappant cité par Burks est le pronom personnel. « Je » désigne la personne qui énonce « Je ». Ainsi, d'un côté, le signe « Je » ne peut représenter son objet sans lui être associé « par une règle conventionnelle », et dans des codes différents le même sens est attribué à des séquences différentes, telles que « je », « ego », « ich », « I », etc. : donc « je » est un symbole. D'un autre côté, le signe « je » ne peut représenter son objet s'il n'est pas « dans une relation existentielle » avec cet objet : le mot « je » désignant l'énonciateur est dans une relation existentielle avec l'énonciation, donc il fonctionne comme un index (9).

On a souvent pensé que le caractère particulier du pronom personnel et des autres embrayeurs résidait dans l'absence d'une signification générale unique et constante. Ainsi Husserl : *Das Wort « ich » nennt von Fall zu Fall eine andere Person, und es tut dies mittels immer neuer Bedeutung* (10). A cause de cette prétendue multiplicité de leurs significations contextuelles, *les embrayeurs, par opposition aux symboles, furent traités comme de simples index* (11). Chaque embrayeur, cependant, possède une signification générale propre. Ainsi « je » désigne le destinateur (et « tu » le destinataire) du message auquel il appartient. Pour Bertrand Russell, les embrayeurs, ou, dans sa terminologie, les « particuliers égocentriques » sont définis par le fait qu'ils ne s'appliquent jamais à plus d'une chose à la fois. Ceci, toutefois, est commun à tous les termes syncatégorématiques. Par exemple la conjonction « mais » n'exprime à chaque fois qu'une relation adversative entre deux concepts donnés et non l'idée générique de contrariété. En réalité, la seule chose qui distingue les embrayeurs de tous les autres constituants du code linguistique, c'est le fait qu'*ils renvoient obligatoirement au message*.

Les symboles-index, et en particulier les pronoms personnels, que la tradition de Humboldt concevait comme appartenant au stratum le plus élémentaire et le plus primitif du langage, sont au contraire une catégorie complexe où code et message se chevauchent. C'est pourquoi les pronoms comptent parmi les acquisitions les plus tardives du langage enfantin et parmi les premières pertes de l'aphasie. Si nous observons que même les linguistes ont eu des difficultés à définir la signification générale du terme « je » (ou

« tu »), qui signifie la même fonction intermittente de différents
sujets, il est tout à fait compréhensible qu'un enfant qui a appris
à s'identifier à son nom propre ne s'habitue pas aisément à des
termes aussi aliénables que les pronoms personnels : il peut hésiter
à parler de lui-même à la première personne alors que ses interlocuteurs l'appellent « tu ». Parfois il s'efforce de redistribuer ces
appellations. Par exemple, il essaiera de monopoliser le pronom
de la première personne : « Essaie pour voir de t'appeler moi.
Moi seul je suis moi, et toi tu n'es que toi. » Ou bien il usera sans
discrimination soit de « je » (« moi »), soit de « tu » (« toi »),
pour désigner aussi bien le destinateur que le destinataire, de sorte
que le pronom désigne n'importe quel protagoniste du dialogue.
Enfin, « je » pourra être si rigoureusement substitué par l'enfant
à son nom propre qu'il en viendra à nommer spontanément les
personnes de son entourage mais refusera obstinément d'énoncer
son propre nom : le nom n'a plus alors pour son jeune porteur
qu'une signification vocative qui s'oppose à la fonction nominative
du « je ». Cette attitude peut subsister en tant que survivance
infantile. Ainsi Guy de Maupassant avouait que son nom, quand
il le prononçait lui-même, rendait un son tout à fait étrange à ses
oreilles. Le refus de prononcer son propre nom peut être érigé en
coutume sociale. Zelenin (12) note que, dans la société samoyède,
le nom propre était tabou pour son porteur.

1.6.   *Jean m'a expliqué que « bidoche » veut dire « viande ».*
Dans ce bref énoncé sont compris les quatre types de structures
doubles : le discours indirect (M/M), un message autonyme (M/C),
un nom propre (C/C), et des embrayeurs (C/M), à savoir le pronom
de la première personne *et le temps passé du verbe signalant un
événement antérieur à l'énonciation du message.* Dans la langue et
dans l'usage de la langue, les structures doubles jouent un rôle
cardinal. En particulier, la classification des catégories grammaticales et singulièrement des catégories verbales, exige une discrimination systématique des embrayeurs.

2. *Essai de classification des catégories verbales*

2.1.   En vue de classer les catégories verbales, nous devons
observer deux distinctions de base :

1) Il faut distinguer entre *l'énonciation* elle-même (ᵃ) et son
objet, la *matière énoncée* (ᵉ) ;

2) Il faut distinguer ensuite entre *l'acte ou le procès* lui-même (C)
et l'un quelconque de *ses protagonistes* (T) « agent » ou
« patient » (13).

En conséquence, quatre rubriques doivent être distinguées : un événement raconté *(narrated event)* ou procès de l'énoncé (C^e), un acte de discours ou procès de l'énonciation (C^a), un protagoniste du procès de l'énoncé (T^e), et un protagoniste du procès de l'énonciation (T^a), destinateur ou destinataire.

2.11. Tout verbe se rapporte à un procès de l'énoncé. Les catégories verbales peuvent se subdiviser en deux classes selon qu'elles impliquent ou non les protagonistes du procès. Les catégories impliquant les protagonistes peuvent caractériser soit les protagonistes eux-mêmes (T^e), soit leur relation au procès de l'énoncé ($T^e C^e$). Les catégories qui font abstraction des protagonistes caractérisent soit le procès de l'énoncé lui-même (C^e), soit sa relation à un autre procès énoncé ($C^e C^e$). Pour les catégories ne caractérisant qu'un seul terme de l'énoncé — le procès lui-même (C^e) ou ses protagonistes eux-mêmes (T^e) — on emploiera l'expression de *désignateurs*, tandis que les catégories qui caractérisent un tel terme (C^e ou T^e) en le rapportant à un autre terme de l'énoncé ($C^e C^e$ ou $T^e C^e$) seront appelées des *connecteurs*.

Les désignateurs indiquent soit la qualité, soit la quantité du terme de l'énoncé et peuvent être appelés respectivement qualificateurs et quantificateurs.

Les désignateurs comme les connecteurs peuvent caractériser le procès de l'énoncé et/ou ses protagonistes avec ou sans référence au procès de l'énonciation (../C^a) ou à ses protagonistes (../T^a). Les catégories qui impliquent cette référence seront appelées *embrayeurs* ; celles qui ne l'impliquent pas seront dites *non-embrayeurs*.

A partir de ces dichotomies de base, toutes les catégories verbales génériques peuvent être définies.

2.2. T^e) Parmi les catégories qui impliquent les protagonistes du procès de l'énoncé, le *genre* et le *nombre* caractérisent les protagonistes eux-mêmes et cela sans référence au procès de l'énonciation — le genre qualifie et le nombre quantifie les protagonistes. Par exemple, en algonkin, des formes verbales indiquent si l'agent d'une part, le patient de l'autre, sont animés ou inanimés (14), et l'unicité, la dualité ou la multiplicité des agents comme des patients est exprimée dans la conjugaison koryak.

2.21. T^e/T^a) La *personne* caractérise les protagonistes du procès de l'énoncé par référence aux protagonistes du procès de l'énonciation. Ainsi la première personne signale l'identité d'un des protagonistes du procès de l'énoncé avec l'agent du procès de

l'énonciation, et la seconde personne son identité avec le patient
actuel ou potentiel du procès de l'énonciation.

2.3.   C^e) Le *statut* et l'*aspect* caractérisent le *procès de l'énoncé
lui-même* sans impliquer ses protagonistes et sans référence au
procès de l'énonciation. Le statut (dans la terminologie de Whorf)
définit la *qualité logique du procès*. Par exemple, en gilyak, les
statuts affirmatif, présomptif, négatif, interrogatif, et interrogatif-
négatif sont exprimés par des formes verbales spéciales. En anglais,
le statut assertif emploie les combinaisons avec *do* qui, dans
certaines conditions, sont facultatives pour les assertions affirmatives mais obligatoires pour les assertions négatives ou interrogatives.

2.31.   C^{e}C^a) *Le temps* caractérise le procès de l'énoncé par référence au procès de l'énonciation. C'est ainsi que *le prétérit nous
informe que le procès de l'énoncé est antérieur au procès de l'énonciation.*

2.4.   T^{e}C^e) La *voix* caractérise la relation qui lie le procès de
l'énoncé à ses protagonistes sans référence au procès de l'énonciation ou au locuteur.

2.41.   T^{e}C^e/T^a) Le *mode* caractérise la relation entre le procès
de l'énoncé et ses protagonistes par référence aux protagonistes
du procès de l'énonciation : dans la formulation de Vinogradov (15),
cette catégorie « reflète la conception qu'a le locuteur du caractère
de la relation entre l'action et son acteur ou son but ».

2.5.   C^{e}C^e) Il n'existe pas de nom standardisé pour désigner cette
catégorie ; des termes tels que « *temps relatif* » ne recouvrent
qu'une de ses variétés. Le terme utilisé par Bloomfield (1946), *ordre*
(ou encore son modèle grec, *taxis*) semble être le plus approprié.
L'ordre *caractérise le procès de l'énoncé par rapport a un autre
procès de l'énoncé et sans référence au procès de l'énonciation :*
c'est ainsi que le gilyak distingue trois types d'ordres indépendants
— l'un requiert, l'autre admet, et le troisième exclut un ordre
dépendant, et l'ordre dépendant exprime diverses relations avec
le verbe indépendant — *simultanéité, antériorité, interruption,
connexion concessive,* etc. Whorf a décrit un système similaire en
Hopi (Whorf, 1946).

2.51.   C^{e}C^{ea}/C^a) Nous proposons d'appeler *testimonial* (anglais
evidential) la catégorie verbale qui fait entrer en ligne de compte
trois procès — le procès de l'énoncé, le procès de l'énonciation,
et un « procès d'énonciation énoncé » (C^{ea}), à savoir la source

d'information alléguée relativement au procès de l'énoncé. Le locuteur rapporte un procès sur la base du rapport fait par quelqu'un d'autre (preuve par ouï-dire), sur la base d'un rêve (preuve par révélation), d'une conjecture (preuve par présomption) ou de sa propre expérience antérieure (preuve par la mémoire). La conjugaison bulgare distingue deux groupes de formes opposés sémantiquement : la « narration directe » ($C^{ea} = C^a$) et la « narration indirecte » ($C^{ea} \quad C^a$). A notre question, « qu'est-il arrivé au steamer *Evdokija* ? » un Bulgare répondit d'abord : *zaminala* « on prétend qu'il est parti », puis ajouta : *zamina* « j'en porte témoignage, il est parti » (16).

2.6. L'interrelation de toutes ces catégories peut être illustrée à l'aide de schéma d'ensemble suivant :

	T impliqué		*T non impliqué*	
	Désignateur	*Connecteur*	*Désignateur*	*Connecteur*
Qualificateur ....Genre			Statut	
Quantificateur ...Nombre		Voix	Aspect	Ordre
Embrayeur .....Personne			Temps	
Embrayeur		Mode		Testimonial

En s'attachant spécialement à l'opposition embrayeurs/non-embrayeurs, on peut condenser ce modèle en un tableau plus simple :

	T impliqué		*T non impliqué*	
	Désignateur	*Connecteur*	*Désignateur*	*Connecteur*
Non-embrayeur ..	Te	TeCe	Ce	CeCe
Embrayeur	Te/Ta	TeCe/Ta	Ce/Ca	CeCea/Ca

».

R. JAKOBSON, *Essais de Linguistique générale,*
Trad. N. Ruwet, Paris, 1963, pp. 176-184.

(1) Cf. V. N. Vološinov, *Marksizm i filosofija jazyka* (Leningrad, 1930).
(2) Cf. L. Andrejčin, *Kategorie znaczeniowe konjugacji bułgarskiej* (Cracovie, 1938) ; F. Boas, *Kwakiutl Grammar*, Philadelphie, 1947 ; B. L. Whorf, « The Hopi language, Toreva dialect », *Linguistic Structures of Native America*, éd. H. Hoijer, New-York, 1946.
(3) Cf. M. Haas, *Tunica*, New-York, 1941.

(4) A. H. Gardiner, *The Theory of Proper Names*, Londres, 1940.

(5) B. Russel, *An Inquiry into Meaning and Truth*, Londres, 1940.

(6) R. Carnap, *Logical Syntax of Language*, New-York, 1937.

(7) N.D.T. : Nous avons choisi ce terme pour traduire l'anglais *Shifter*, emprunté par Jakobson à O. Jespersen, *Language*, pp. 123-124. Jespersen définit ainsi le *shifter* : « une classe de mots... dont le sens varie avec la situation... exemple *papa, maman*, etc... ». Le mot « embrayeur », qui est utilisé dans le langage technique pour traduire certains des sens de *shift, shifter*, nous a paru propre à désigner ces unités du code qui « embrayent » le message sur la situation.

(8) A. W. Burks, « Icon, Index, Symbol », *Philosophy and Phenomenological Research*, IX, 1949.

(9) Cf. E. Benveniste, « *La nature des pronoms* », *FRJ*, La Haye, 1956.

(10) « Le mot que je désigne selon les cas des personnes différentes, et prend de ce fait une signification toujours nouvelle. » (*Logische Untersuchungen*, II, Halle, 1913).

(11) K. Bühler, *Sprachtheorie*, Jena, 1934.

(12) D. K. Zelenin, « Tabu Slov u narodov vostočnoj Evropy i severnoj Azii », II, *Sbornik Muzeja Antropologii i Ètnografii*, IX, 1930.

(13) N.D.T. : Il nous fallait choisir des symboles pour désigner ces quatre rubriques différentes. En anglais, Jakobson avait utilisé les initiales des différents mots. Comme le hasard veut que, aussi bien « énoncé » et « énonciation », d'une part, que, d'autre part, « procès » et « protagoniste », commencent de la même façon, nous avons décidé de désigner arbitrairement les deux membres de la seconde opposition par leur première consonne différente : procès/protagoniste, et les deux membres de l'autre opposition par une de leurs voyelles différentes : énoncé/énonciation.

(14) Cf. L. Bloomfield, « Algonquian », *Linguistic Structures of Native America*.

(15). V. V. Vinogradov, *Russkij jazyk*, Leningrad, 1947.

(16) Voir H. G. Lunt, *Grammar of the Macedonian Literary Language* (Skopje, 1952), sur la distinction systématique faite dans le système verbal du macédonien entre les *procès* « *garantis* » *et* « *distancés* ».

3. LA « COHÉSION ».

« L'emploi de méthodes linguistiques dans l'analyse littéraire est justifié par l'existence d'une théorie grammaticale, lexicale, phonologique et phonétique désormais valide et pertinente à cet objet. En même temps, toute description d'un texte littéraire ne peut avoir de sens qu'en relation avec une description « pure » et dans sa totalité de la langue concernée : le linguiste qui espère contribuer à l'analyse de la littérature anglaise doit, d'abord, avoir fait une description exhaustive de l'anglais de l'époque à tous les niveaux. Je pense qu'on m'accordera, en 1962, que les catégories d'une telle description seront formalisées et que l'étude sera étendue au niveau de la phrase. Si, par exemple, on constate que toutes les propositions d'un poème particulier ont la même structure, il est essentiel de savoir si cela est, oui ou non, la seule construction autorisée par la langue ; et, sinon, quelle est sa fréquence relative dans un large échantillon représentatif de « la langue en général ».

Bien plus, un texte est significatif, non seulement en vertu de ce qu'il est, mais de ce qu'il aurait pu être. La marque la plus significative du « aurait pu être » d'une œuvre littéraire est une autre œuvre littéraire. La stylistique linguistique est donc essentiellement une étude comparative. Pour reprendre l'exemple précédent, nous devons aussi connaître la fréquence relative de cette structure verbale dans d'autres œuvres de la même époque et du même genre. Plus on étudie de textes et plus tout ce qu'on peut dire à propos d'un texte quelconque devient intéressant et pertinent.

Nous pouvons donc définir la stylistique linguistique comme la description des textes littéraires, par des méthodes dérivées des théories de la linguistique générale, utilisant les catégories descriptives du langage en général ; et la comparaison de chaque texte avec d'autres d'auteurs identiques ou différents, dans des genres identiques ou différents.

Tout en insistant sur le fait que les études stylistiques utilisent les mêmes méthodes et catégories que les descriptions non littéraires, c'est avec cette réserve que de telles études peuvent exiger un nouveau regroupement et classement de ces catégories, qui permette d'identifier les propriétés particulières d'un texte. Ceci peut inclure le regroupement dans une même classe de catégories et marques décrites à des niveaux différents, aussi bien que de celles qui sont dispersées à n'importe quel niveau.

Un exemple de tel regroupement, dans lequel on rassemble différents traits grammaticaux et lexicaux est la « cohésion ».

Les principales catégories rassemblées sous la rubrique cohésion sont :

A) Grammaticales :

    1) *Structurales* (propositions dans une structure de phrase) :
        a) Dépendance ;
        b) Enchaînement.

    2) *Non structurales* :
        a) Anaphore :
            1) Deictiques et sous-modificateurs ;
            2) Pronoms.
        b) Substitution :
            1) Verbale :
            2) Nominale.

B) Lexicales :

    1) Répétition d'un signe ;
    2) Occurrence d'un signe du même champ lexical.

La cohésion est, naturellement, une relation syntagmatique, et dans la mesure où elle est grammaticale on en rend compte, en partie, par une structure. Une structure est l'arrangement d'un ou plusieurs signes de même rang pour former un signe du rang supérieur : en anglais, les façons dont on peut obtenir une phrase à partir des propositions, une proposition à partir de groupes, un groupe de mots à partir de morphèmes. Toute structure est donc cohésive au sens le plus large du terme. Un traitement plus fin de la cohésion comporterait certainement au moins quelques relations au niveau de la structure de la proposition et du syntagme, par exemple l'apposition et le changement de niveau ; mais en première approche on peut limiter la cohésion structurale aux relations entre propositions dans la structure de la phrase. Elles prennent diverses formes dont les plus significatives en ce qui concerne les textes littéraires sont la « dépendance » et l' « enchaînement ». En gros, elles correspondent à « subordination » et « coordination » en termes traditionnels ; la première incluant les propositions « non-déterminantes » mais non les « déterminantes », les « relatives ».

Les données en sont rassemblées dans le tableau suivant :

classes de propositions	Verbes dans des groupes verbaux i.e. en fonction prédicative dans la proposition					verbes dans des groupes nominaux
	indépendantes	dépendantes				
classes de groupes	verbes personnels	verbes personnels	verbes non personnels	verbes personnels	verbes non personnels	non pertinents
	hold push feel engender put on	lie let	drop catch up master	—	beat (2) caress catch lay	stagger loosen burn break
	5	2	3	—	5	4
	rose (2) ran plung'd clutch'd wheel'd threw made shot flash'd fell caught brandish'd drew went	shock dipt	leaping flashing whirl'd	—	seen cloth'd	—
	15	2	3	—	2	—

Description des différentes formes de « cohésion » grammaticales et lexicales.

Puis étude comparée de la proposition verbale et nominale dans *Leda and the swan* (Léda et le cygne) de W. B. Yeats et d'un passage de la *Morte d'Arthur* de Tennyson.

La table est orientée à partir des constructions à caractère verbal maximum à gauche vers celles à caractère verbal minimum.

Dans *Léda et le cygne*, il y a une forte proportion de verbes placés dans des structures à caractère non verbal. D'autre part, les verbes à forte charge lexicale (les plus spécifiques) assument une fonction verbale d'autant plus faible : comparez *hold, push, feel, put on* (tenir, pousser, sentir, mettre) avec *stagger, loosen, caress* (trébucher, relâcher, caresser).

Du point de vue de ces deux caractères, ce poème contraste vivement avec le passage de Tennyson. Il y a vingt-cinq groupes nominaux dans le poème dont dix-sept comportent un « modificateur » (anté-posé, non-déictique) ou un qualificateur (post-posté) ou les deux : par exemple, *the staggering girl* (la fille chancelante), *a shudder in the loins* (un frisson dans les reins), *the brute blood of the air* (le sang brutal de l'air). En anglais, quand un déictique potentiellement cataphorique se trouve dans des groupes nominaux de cette nature, il est normalement cataphorique : on constate que qualificateurs et modificateurs lexicaux sont de cette façon de termes « définissants ». En fait, quinze sur dix-sept de ces groupes nominaux comportent un deictique cataphorique en puissance : *her* (deux fois), *that* (trois) et *the* (dix). Et cependant, dans un seul cas, *the brute blood of the air,* la structure normale est respectée ; dans tous les autres cas les modificateurs-qualificateurs sont « non-définissants » et le déictique n'est pas cataphorique. Qu'est donc alors le déictique ? Les adjectifs possessifs, *her loosening thigs* (ses cuisses desserrées), etc., sont de toute évidence anaphoriques par rapport au titre du poème, ainsi que dans les cas où il n'y a pas de modificateur-qualificateur, comme *her nape* (sa nuque). On peut aussi considérer les *the* et les *that* comme anaphoriques, mais non par rapport au texte ; l'identification est déterminée par la situation.

La plus grande partie de *Léda et le cygne* est faite de groupes nominaux ; ces groupes nominaux contiennent quarante-six des cinquante-six signes lexicaux du poème. Sur la masse du matériel lexical des modificateurs et qualificateurs, presque aucun n'a une valeur définissante ; ceci en dépit de la haute fréquence des déictiques, — en particulier *the* (le), — dont la fonction normale est de marquer de tels termes comme définisseurs. On n'a pas besoin de la linguistique pour remarquer que la façon dont Yeats traite un événement est très différente de celle de Tennyson. Mais on a certainement besoin de la linguistique si l'on désire établir avec précision les différences entre les deux textes. »

> M. A. K. HALLIDAY, *The Linguistic Study of Literary Texts*. Proceedings of the IX Int. Congr. of the Linguists, 1964, pp. 302-307 (trad. P.G.).

4. LE TRANSFERT GRAMMATICAL.

Substitution : transfert grammatical

« La multiplicité très riche et très variée des structures poétiques peut se ramener à deux procédés fondamentaux : 1° la modification de l'ordre grammatical, ou transposition des éléments constituant la phrase dans l'axe du temps (ou axe *syntagmatique*) ; et 2° la substitution ou remplacement d'une catégorie grammaticale prévue par une autre (imprévue) : par exemple, remplacement du singulier par le pluriel, d'un temps du passé par un temps du présent, d'un verbe par un nom, etc., c'est-à-dire, transposition des éléments dans l'axe des paradigmes.

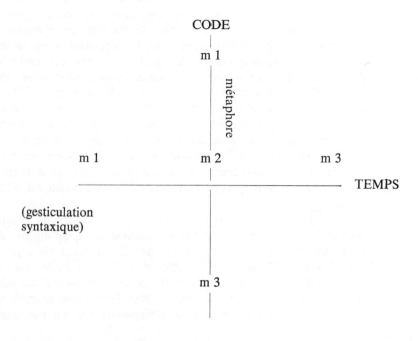

La substitution d'une catégorie grammaticale à une autre *(métaphore grammaticale)* est un des procédés favoris de Cummings :

> *Blow king to beggar, and queen to seem,*
> */ blow friend to fiend ; blow space to time /*
> */ What if a much of a witch of a wind* (1) /

La construction irrégulière *blow king to beggar* peut se réduire à deux propositions : *(a) the wind may blow* (optatif) ; et *(b) the wind may transform the king into a beggar* (consécutif) — « que le vent souffle ! » *et* « qu'il transforme le roi en mendiant ». Dans le second hémistiche, *and queen to seem,* il y a substitution d'un verbe pour un nom dans le deuxième terme. D'après Barry A. Marks, c'est une manière de renforcer l'opposition des deux concepts, en parallèle avec « roi » et « mendiant ». On pourrait ajouter encore : c'est une manière de retirer au concept de « reine » toute substance, en lui refusant jusqu'à la catégorie de substantif, ou de nom. Elle n'existe plus. Elle semble seulement.

Dans un des poèmes les plus connus de Cummings, le protagoniste est un pronom personnel indéfini, *Anyone, who lived in a pretty how town* et qui ne réussit jamais à se faire un nom, pas plus que sa bien-aimée, représentée par un adverbe, *noon* (3). Il acceptait le monde tel que, se contentant de ce qui lui était donné (Marks, 40) :

> *he sang his didn't* he danced his did (3).

Toujours d'après Marks, *anyone,* à l'inverse de *everyone,* c'est-à-dire de tous ceux qui *did their dance,* c'est-à-dire qui dansaient sans espoir et sans joie, comme il faut et parce qu'il le faut, prend du plaisir jusque dans l'accomplissement de son devoir (Marks, 40 sq.).

Des phrases de ce genre ne sauraient s'inventer, fût-ce à partir des règles de la grammaire la plus parfaite (Levin). Si elles pouvaient être formées selon les règles, elles ne comporteraient pas de transfert grammatical et ne transmettraient plus le message secondaire qu'elles contiennent.

Les transferts de catégories grammaticales ne sont pas limités à la seule poésie moderne. Nous en trouvons un exemple saisissant (transfert dans l'axe du temps) dans un des premiers monuments littéraires de la langue française, *La Chanson de Roland* :

> *Mult larges terres de vos avrai conquises...*

Le futur antérieur (j'aurai conquises) paraît aussi injustifié qu'il est inexact ici : ce sont les derniers mots d'un Roland expirant, qui n'est pas supposé conquérir de nouvelles terres sur les païens. Le futur antérieur doit donc être interprété comme un passé indéfini, et l'erreur sur le temps, ou pour mieux dire le transfert, doit s'interpréter comme une transposition à la première personne de la phrase : « Il a conquis bien des terres sur les infidèles » — que chanteront les poètes futurs. »

I. Fonagy, in *Problèmes du langage,*
Collection Diogène, Gallimard, Paris, 1966, pp. 94-96.

---

(1)   *Souffle en mendiant le Roi et la Reine en ressemble*
        / Souffle l'ami-démon ; souffle l'espace-temps /
        / Bougre de vent qui souffle un vent de tous les diables ;
Le *queen to seem* me semble une référence évidente à Hamlet :
        Seems, Madam ! Nay, it is ; I know not seems...
etc., (acte I, sc. II, v. 76 sqq.) comme d'ailleurs *king to beggar :* Cf. *Then are our beggars bodies, and our monarchs and outstretched heroes the beggars' shadows* et *Beggar that I am, I am even poor in thanks* (acte II, sc. II). (N.d.T.).

(2) Avec toute une série d'enchaînements secondaires possibles : *anyone* rappelle *everyman* (c'est-à-dire Tout Homme, héros des vieilles moralités, qui a légué son nom à la bibliothèque de l'Honnête Homme), et *prety how* enchaîne avec *anyone* pour donner *anyhow,* la ville n'importe comment, la ville anonyme. Le pronom indéfini personnel *anyone* s'inscrit dans la série *someone, every one, no one,* ou *none,* et *noon* est la contradiction approchée de *no one.* Quiconque cherche midi à quatorze heures dans un assez joli faux bourg. Il ne viendra prsonne. (N.d.T.).

(3) On peut comprendre : quand il ne faisait rien, il chantait et tout ce qu'il faisait, il le faisait en dansant. Nous avons *La Cigale et la Fourmi.* (N.d.T.).

5. Structure distributionnelle du style narratif.

« La tâche fondamentale de la stylistique, c'est la description des moyens stylistiques et leurs systèmes. Je crois que, pour cette description, on peut utiliser les méthodes exactes par qui la linguistique structurale décrit les moyens linguistiques.

Je veux le montrer par l'exemple d'un système des moyens stylistiques qui est formé par les moyens suivants : le style direct (SD), le style direct libre (SDL), le style indirect libre (SIL), le style mixte (SDN) et le style du narrateur (SN). Il s'agit de moyens stylistiques car — comme les membres du système cité — ils ne se trouvent que dans la prose narrative (év. aussi dans la poésie épique). Du point de vue de la stratification, il s'agit de moyens suprasyntaxiques ; nous les appelons *moyens contextuels.*

Comme on le sait, le *domaine des moyens suprasyntaxiques est très peu exploré* bien que ces moyens aient une importance essentielle pour la stylistique structurale. *Le point de départ de l'analyse stylistique systématique doit être cherché dans les plans supérieurs du message linguistique,* parce que seule leur analyse est en état d'expliquer les caractères fonctionnels des moyens des niveaux inférieurs. Je ne doute pas que l'analyse des moyens stylistiques suprasyntaxiques peut être précieuse aussi pour la linguistique structurale elle-même, parce qu'elle peut vérifier les méthodes d'étude des caractères *l* des éléments suprasyntaxiques, pour autant que de tels caractères existent.

Nous avons choisi le domaine de la prose narrative, parce que nous voulons montrer, en citant un exemple concret, la substance de la fonction esthétique des éléments textuels, et *faire voir qu'il existe. dans le message littéraire, une relation étroite entre la structure linguistique et la structure littéraire.* Il n'y a pas de doute que cette voie mène aussi à une description plus précise et plus complète de la structure littéraire que celle qu'empruntent certaines analyses littéraires contemporaines.

Cette étude a trois étapes : 1) *l'analyse de la stratification* des moyens étudiés, à savoir l'analyse de leurs traits distinctifs relevants ; 2. *l'analyse des caractères distributifs* des moyens étudiés ; 3. *l'analyse des fonctions esthétiques* des moyens étudiés. Nous laissons, de propos délibéré, de côté l'étude des fonctions sémantiques de ces moyens, parce que les *difficultés méthodologiques de l'analyse sémantique* de segments de message aussi large semblent être, pour le moment, insurmontables. L'analyse des fonctions linguistiques ne peut pas intervenir ici, parce qu'il s'agit de moyens du niveau le plus élevé de la structure du message.

I. — *Analyse des traits distinctifs*

Le problème des moyens contextuels étudiés n'est pas tout à fait neuf : à certaine époque, l'un d'entre eux — le style indirect libre — a attiré l'attention de nombreux linguistes et est devenu l'objet de discussion entre les savants français et allemands. Néanmoins, les essais d'explication de ce moyen ont été, jusqu'à présent, insuffisants, parce qu'ils n'ont pas atteint le niveau de l'analyse structurale. Celle-ci fait voir très clairement que les moyens contextuels étudiés forment un système partiel, dont le dénominateur commun est le système des traits distinctifs relevants ; car il s'agit d'éléments du plus haut niveau de la structure du message linguistique, le rôle des caractères distinctifs peuvent jouer les éléments textuels de tous les niveaux plus bas. Une analyse minutieuse a désigné comme relevants les ensembles suivants de traits distinctifs : *graphiques* (A), *syntaxiques* (B), *énonciatives* (C), *sémantiques* (D), *stylistiques* (E). Chaque trait distinctif de ces ensembles peut revêtir deux valeurs contraires :

il est présent (1), ou il est absent (0). Ainsi on a le système binaire suivant :

(1)	(0)
(A) les signes graphiques existent	les signes graphiques n'existent pas
(B) système de trois personnes du verbe système de trois temps du verbe	sans distinction des personnes du verbe sans distinction des temps du verbe
(C) les moyens de l'appel et de l'expressivité existent	les moyens de l'appel et de l'expressivité n'existent pas
(D) le point de vue sémantique du locuteur est exprimé	le point de vue sémantique du locuteur n'est pas exprimé
(E) nuance stylistique spéciale	sans nuance stylistique spéciale

Chaque moyen du système étudié est caractérisé par un ensemble, par un certain « faisceau » de valeurs positives ou négatives des traits distinctifs. Le schéma dudit système est le suivant :

	A	B	C	D	E
style direct (SD)	1	1	1	1	1
style direct libre (SDL)	0	1	1	1	1
style indirect libre (SIL)	0	0	1	1	1
style mixte (SND)	0	0	1/0	1/0	1/0
style du narrateur (SN)	0	0	0	0	0

La place du moyen donné dans ce schéma détermine non seulement son mode de stratification, mais aussi ses caractères distributifs et fonctionnels.

II. — *Analyse des caractères distributifs*

L'analyse distributive étudie l'entourage du moyen contextuel donné, à savoir le moyen contextuel qui précède ou suit. L'endroit du texte où se rencontrent deux moyens contextuels différents, nous l'appelons *frontière contextuelle*. Pour la description des frontières contextuelles nous proposons l'introduction des opérations suivantes (le signe — signifie que la valeur du trait distinctif se conserve, le signe + que sa valeur change à la frontière) :

$$0 / 0 \longrightarrow -$$
$$0 / 1 \longrightarrow +$$
$$1 / 0 \longrightarrow +$$
$$1 / 1 \longrightarrow -$$

A l'aide de ces opérations on peut décrire toutes les frontières contextuelles par une suite des signes + et —. Par cette suite, la nature de la frontière contextuelle est exprimée. Plus nombreux sont les signes +, plus aigu est le revirement qui intervient à la frontière, et inversement.

Dans la prose narrative moderne on peut constater toute une série de frontières contextuelles, bien que, dans une littérature nationale donnée, ne se présentent pas nécessairement toutes les possibilités. A titre de brève comparaison, je me bornerai aux deux exemples suivants :

1. Frontière contextuelle entre le style direct et le style du narrateur SD/SN, qui est décrite par la suite : +,+,+,+,+. Ici on trouve le revirement le plus brusque qui puisse survenir dans un texte, car la représentation de la frontière ne contient que des signes +. Cela veut dire que les valeurs de tous les traits distinctifs s'échangent à cette frontière.

2. Frontière contextuelle entre le style direct et le style direct libre : SD/SL, qui est décrite par la suite : +,—,—,—,—. Ici, la frontière contextuelle est la plus fluide, car à cette frontière ne s'échange qu'un seul trait distinctif (graphique).

D'une manière analogue, on peut décrire toutes les frontières contextuelles.

III. — *Analyse des fonctions esthétiques*

Nous avons défini la fonction esthétique d'un élément textuel comme le rapport qu'il a avec un élément correspondant, exprimé par lui, de la structure littéraire. Pour les besoins de notre analyse, nous avons, sur la base d'essais dans le domaine structural de la prose narrative, dégagé les éléments suivants de la structure narrative : narration, dialogue et monologue intérieur. A la suite d'une analyse minutieuse de la littérature tchèque moderne, nous avons attribué à chaque moyen suprasyntaxique de notre système les fonctions suivantes :

moyen contextuel :	fonction :
1. style direct	types essentiels du dialogue
2. style direct libre	types particuliers du dialogue, monologue intérieur

moyèn contextuel :	fonction :
3. style indirect libre	types particuliers du dialogue, monologue intérieur dialogue et monologue intérieurs narratifs
4. style mixte	narration subjectivée
5. style du narrateur	narration objective.

La différenciation des fonctions esthétiques des moyens contextuels, mise dans ce schéma, a déterminé une réfection quantitative de la structure littéraire de la prose narrative. Ainsi est né un nouveau type de prose narrative, que l'on peut appeler, pour le distinguer du type classique de l'ancienne littérature, « type moderne de la prose narrative ». Les traits et les tendances principales de ce type structural peuvent être résumés brièvement comme suit :

1. La narration moderne perd son caractère objectif et devient « polyphonique ». Elle se fait par l'intermédiaire d'un personnage épique à travers sa perception, ses sentiments et ses pensées, et parfois même à travers sa manière de s'exprimer. La narration peut se faire par l'intermédiaire de plusieurs personnages qui alternent — c'est ce que nous appelons « la technique polyphonique », qui est caractéristique pour la prose narrative moderne. Nous appelons la narration où le personnage intervient — narration subjectivée.

La subjectivité de la narration, mentionnée déjà par L. SPITZER, M. M. BAKHTIN, P. HOPENSZTAND, V. V. VINOGRADOV et d'autres, est un résultat de l'emploi du style mixte qui introduit dans la narration un rapport subjectif vis-à-vis de la réalité, ainsi qu'une sémantique et un style subjectifs. Le style mixte facilite aussi des transitions continues et imperceptibles de la narration subjectivée vers la narration objective d'un côté, et vers le monologue intérieur de l'autre.

Dans la prose narrative moderne alternent des segments de narration objective et de narration subjectivée. Le schéma du type « polyphonique » de la narration est le suivant :

$$No \longrightarrow Ns_1 \longrightarrow No \longrightarrow Ns_2 \longrightarrow Ns_3 \longrightarrow No\ldots$$

où No indique le segment de narration objective, Ns le segment de narration subjectivée et les chiffres les points de vue des personnages différents.

2. Le monologue intérieur est devenu, dans la prose narrative moderne, un élément de composition aussi important que le dialogue. La structure linguistique du monologue intérieur est dictée par un effort d'exprimer directement ce qu'on appelle le langage intérieur, c'est-à-dire le stade embryonnaire de la pensée chaotique et contradictoire.

Dans la prose narrative moderne on peut constater une tendance à différencier, par des moyens contextuels, le monologue intérieur du dialogue. Cette tendance se réalise par le fait que les dialogues s'expriment généralement par le style direct, tandis que le monologue intérieur, principalement, par le style direct libre ou par le style indirect libre. Ces moyens stylistiques rendent l'énonciation plus discrète et affaiblissent son efficacité directe et son expressivité. C'est pourquoi ils servent très bien à exprimer le monologue intérieur.

Grâce au style indirect libre et au style direct libre, on peut mieux intégrer le monologue intérieur à la narration et faire alterner, d'une manière continue, le monologue intérieur avec la narration. Ainsi naissent deux plans thématiques simultanés : celui de la réalité « extérieure » et celui de l'action psychologique. Cette simultanéité de l' « extrospection » et de l' « introspection » exprime le contact étroit de l'homme moderne avec la réalité qui l'entoure.

Les moyens contextuels modernes servent aussi à former, dans le monologue intérieur, une gradation sémantique et affective. On fait alterner, le plus souvent, le style direct avec le style indirect libre, le style indirect libre exprimant les pensées plus indirectement et plus discrètement. Ainsi, le monologue intérieur peut même, par sa structure linguistique, exprimer des phases du processus psychologique où alternent des moments de vives émotions avec des réflexions tranquilles. La structure linguistique exprime directement le dynamisme des processus psychologiques.

3. Les moyens contextuels modernes ont aussi profondément transformé le caractère du dialogue de la prose narrative. Ils ont contribué à le différencier du dialogue dramatique et ont souligné son caractère spécifique. Le plus souvent, les moyens contextuels modernes différencient certains types du dialogue d'après leur contenu. Le style indirect libre, par exemple, exprime parfois les répliques qui contiennent des épisodes. Ces répliques se rapprochent, par leur forme linguistique, de la narration et remplacent les épisodes en style direct qui représentaient un trait caractéristique de l'ancienne prose. Le style direct libre (moins souvent, le style indirect libre) exprime les dialogues ou les répliques secondaires,

peu importants au point de vue sémantique, ainsi que les dialogues incomplets et collectifs. Partout ici, les moyens contextuels modernes servent à différencier les types respectifs.

L'analyse de la structure du texte et de ses éléments révèle les relations étroites entre la structure linguistique et la structure compositionnelle et thématique de l'ouvrage littéraire. La découverte de cette relation est un résultat des plus importants de l'analyse structurale et fonctionnelle du message littéraire. »

> L. Dolezel, *Travaux linguistiques de Prague,* I, Paris, Klincksieck, 1966, « Vers la stylistique structurale », pp. 260-265.

6. Poésie et grammaticalité.

« Le problème de l'adéquation d'une grammaire (générative) à la structure de la langue présente un second aspect lorsqu'une telle grammaire engendre non pas trop de phrases, mais trop peu, quand elle est sous-génératrice. Cette situation peut se présenter si, d'une part, il n'y a pas de règles générales pour engendrer telle séquence particulière ou s'il y a une règle mais qu'elle a été formulée de façon à prévenir la génération d'une séquence particulière. Ainsi, il n'y a pas de règle dans la grammaire qui permette d'engendrer *if go ninth John as* (si va neuvième John comme) ; de toute évidence nous n'avons pas besoin d'une telle règle. D'un autre côté, alors qu'il y a un ensemble de règles qui peuvent engendrer une séquence de la forme ANVPTN, il est vraisemblable que ces règles sont conçues de façon à empêcher la génération de la séquence... *seven oceans answer from their dream* (sept océans répondent de leur rêve). Au premier abord, il semble que nous ne désirons pas que la grammaire engendre la phrase précédente pas plus, par exemple, que * *argumentative windows cook with their destinies* (des fenêtres raisonneuses cuisinent avec leurs destinées). Mais ce sont précisément des phrases du premier type que nous rencontrons en poésie (celle-ci est tirée de *The Bridge* de Hart Crane). Des phrases comme celles de Crane soulèvent évidemment la question de savoir à quelle part ou parts de la langue la grammaire doit correspondre. »

[Suit un commentaire sur la notion de degré de grammaticalité développée par Chomsky et sur la possibilité de l'appliquer à une grammaire de la poésie.]

« A titre d'exemple, nous prenons les deux vers : *he danced his did* (il dansa son fait) de « Any one lived in a pretty hord town » de Cumming et *a grief ago* (il y a un chagrin passé) du poème de

Thomas du même nom. Nous posons en principe que ce sont là des phrases aberrantes en ce sens que la grammaire ne les engendrera pas. *A priori*, il apparaît, en outre, qu'elles sont aberrantes chacune d'une façon différente — ce qui suggère qu'elles doivent avoir différents degrés de grammaticalité. Nous nous demandons alors comment on peut ajuster la grammaire afin qu'elle puisse les engendrer. En règle générale, on peut adapter une grammaire à la génération d'une nouvelle phrase de deux façons : on peut introduire une nouvelle règle ou faire passer certains éléments d'une classe dans une autre. On peut manipuler nos deux constructions aberrantes par l'une ou l'autre de ces deux procédures.

Ainsi, pour engendrer *he danced his did* nous pourrions introduire une nouvelle règle, NP $\longrightarrow$ T + V. La phrase pourrait alors être engendrée par les règles :

(1) S $\longrightarrow$ NP$_1$ + VP
(2) NP $\longrightarrow$ (T) + N
(3) N $\longrightarrow$ *he*
(4) VP $\longrightarrow$ V + NP$_2$
(5) V $\longrightarrow$ *danced, did*
(6) NP $\longrightarrow$ T + V
(7) T $\longrightarrow$ *his*

Dans l'alternative, nous pourrions déplacer *did* de la classe V dans la classe N : N $\longrightarrow$ *did*. Alors la phrase pourrait être engendrée par la règle S $\longrightarrow$ NP + VP, dans laquelle le NP du prédicat est réécrit T + N, règle qui est déjà dans la grammaire. »

[*Ici sont examinées les conséquences de cette manipulation de la grammaire, conséquences importantes du fait que cette dernière va engendrer un grand nombre de phrases non désirées.*

Le cas de a grief ago *est, en revanche, beaucoup plus simple du fait de son plus haut degré de grammaticalité.*]

Une séquence comme *he danced his did* n'est pas très courante en poésie alors que *a grief ago* est tout à fait commun : cette dernière en fait, peut être considérée comme typique d'un bon nombre de façon de dire caractéristique de la poésie. Or, comme l'a fait remarquer Chomsky, « en face d'un énoncé grammaticalement aberrant, nous essayons de l'interpréter en utilisant tout ce qu'il conserve de traits grammaticaux structurés et toutes les analogies que nous pouvons construire à partir d'énoncés bien formés ». Mais en opérant de la sorte sur *he danced hid did*, il est difficile de déterminer quelles pourraient être les analogies correspondant à des énoncés bien formés étant donné qu'il n'y a aucun énoncé de cette forme engendré nulle part dans la grammaire.

Lorsque nous essayons d'ajuster la grammaire (*i-e* de faire des analogies) en vue d'engendrer des énoncés du type *he danced his did,* ceci entraîne un grand nombre de constructions nouvelles, comprenant des éléments qui n'ont avec la phrase en question que des rapports lointains, à supposer qu'ils en aient. On obtient ainsi un effet de dispersion et non cette fusion qui est en général associée à l'idée de langage poétique.

Il en va tout autrement avec *a grief ago.* Dans ce cas, il est possible de plaquer une structure sur la séquence.. En la comparant à des énoncés bien formés de ce type, nous rencontrons des séquences telles que *a while back, some time back, a grief back,* etc. Si nous homologuons *a grief ago* en levant les restrictions pesant sur les règles génératrices de la chaîne $T_x N_y D_a$ *grief* (chagrin) est alors associé, par cette analogie, avec la sous-classe des substantifs exprimant le temps *(time, while, year,* etc.). L'opération consistant à faire entrer *grief* dans cette construction nous amène à considérer *grief* (souci) comme impliquant le temps. Et comme il implique déjà un état d'esprit (du fait qu'il appartient à cette sous-classe de substantifs), il y a alors fusion de ces deux significations. C'est le procès d'assimilation analogique qui produit cet effet de richesse qui est particulier à de telles séquences poétiques. La seconde procédure qui consiste à faire passer *grief* dans la sous-classe N des substantifs de temps, produit le même résultat (note : on remarquera que dans cette procédure *chagrin* entraîne avec lui tous les autres noms de sa sous-classe, les substantifs désignant un état d'esprit comme *tristesse, bonheur, déception,* etc.).

Mais ce n'est pas seulement sur le plan paradigmatique que *chagrin* est associé aux significations temporelles. En ajustant la grammaire, de l'une ou l'autre façon, de telle sorte qu'elle engendre *a grief ago,* nous associons *grief* non seulement avec les substantifs de temporalité, mais aussi avec les adverbes de temps qui se construisent avec ces substantifs. De ce fait *grief* est associé à des notions de temps sur l'axe syntagmatique aussi bien que paradigmatique.

Le fait important au sujet de séquences du type *a grief ago* est que la grammaire limite le cadre à l'intérieur duquel on doit essayer de faire entrer la séquence en vue de la rendre grammaticalement correcte. Ce fait a deux résultats importants : il rend possible la grammaticalisation de la séquence et il met en relation avec les éléments de la séquence un ensemble de formes dont le sens est limité et bien défini. On a vraisemblablement ce dernier type de confrontation derrière toute métaphore. »

S. R. LEVIN, « *Poésie et grammaticalité* », in Proc. of the IX Int. Congr. of the Ling., 1964, pp. 309-314 (trad. P.G.).

CHAPITRE   IV

TECHNIQUES   D'ANALYSE

Sous ce titre on a rassemblé quelques exemples de techniques de description et d'analyses dont les plus importantes et les plus formalisées sont des applications de la statistique et du calcul matriciel.

On y a aussi adjoint des travaux dus à la phonétique expérimentale et qui illustrent comment l'enregistrement acoustique renouvelle et étend le champ d'investigation de la phonétique articulatoire traditionnelle.

1. LES ATTRIBUTS PHYSIQUES DE LA PAROLE ET L'ESTHETIQUE DU FRANÇAIS

« Les recherches des quinze dernières années sur la nature physique de la parole ont entièrement renouvelé nos connaissances dans ce domaine et répondu aux questions les plus pressantes sur les éléments physiques qui, combinés, engendrent la perception des syllabes de la chaîne parlée. On a donné à ces éléments le nom d'**indices acoustiques**. Il en est de deux sortes : ceux qui ont une valeur linguistique et qui servent par exemple à distinguer une consonne d'une autre, une voyelle d'une autre, une voyelle d'une consonne, et ceux qui ne sont pas linguistiquement pertinents et qui servent seulement à distinguer un timbre de voix d'un autre. Nous ne parlerons ici que des premiers.

Par la double technique d'analyse et de synthèse électroniques, on a pu isoler la plupart des indices acoustiques de la parole, découvrir leurs dimensions physiques optima en faisant varier, dans la synthèse, un seul indice, tout en gardant les autres fixes et en soumettant les variations à des tests psychologiques de perception auditive. On a même pu établir une hiérarchie parmi les indices selon le rôle que chacun joue dans l'identification des phonèmes. Bref, grâce aux manipulations électroniques de parole artificielle, dite aussi parole synthétique, on connaît aujourd'hui l'acoustique de la plupart des langues d'Europe, et on étudie actuellement celle des langues d'Afrique et d'Asie. (Le terme « acoustique » est pris dans son sens objectif de « physique du son »...)

...Nous avons vu que les consonnes sont essentiellement perçues par de rapides changements de fréquence dans les bandes de résonance. On donne à ces changements de fréquence le nom de « transitions ». Les consonnes se distinguent l'une de l'autre par la direction que prennent les deuxième et troisième transitions et par le *tempo* de leurs changements de fréquence. La direction des transitions fait percevoir le lieu d'articulation (labial, dental, alvéolaire, palatal, etc.), et le *tempo* le mode d'articulation (occlusives, fricatives, liquides, semi-voyelles, etc.). Pour les consonnes labiales, les transitions des deuxième et troisième bandes se dirigent vers des notes basses ; pour les dentales, les transitions de deuxième bande se dirigent vers des notes moyennes et celles de troisième bande vers des notes hautes ; pour les consonnes post-dentales (alvéolaires, palatales, vélaires), les transitions de deuxième bande se dirigent vers des notes hautes et celles de troisième bande vers des notes basses. Ces combinaisons complexes de direction des transitions reflètent les changements de volume et de forme des deux ou trois principales cavités buccales. Bien qu'il y ait combinaison de deux mouvements de bande pour chaque lieu d'articulation, on peut dire que les transitions des labiales sont reliées à des notes basses, celles des dentales à des notes hautes, et celles des palatales à des notes moyennes.

Le *tempo* des changements de fréquence dans les bandes, ou vitesse de transition, sépare les consonnes en classes ou en « modes d'articulation ». Les occlusives (explosives comme dans *pas, bas,* ou nasales comme dans *ma*) ont les transitions les plus rapides ; les fricatives (comme dans *fa, va*) changent moins vite ; et les liquides et semi-consonnes (comme dans *laid, raie, hier, ouest*) encore moins vite. Le rôle du *tempo* des transitions peut se démontrer par la synthèse : en ralentissant graduellement les transitions labiale, la syllabe *pi* passe à *bi*, puis à *vi*, puis à *oui*, et enfin à *ou-ie*.

Ainsi la direction et le *tempo* des transitions font percevoir le lieu et le mode d'articulation. Mais en cela elles sont un peu secondées par les bruits des consonnes — bruits d'explosion comme dans *pas, tas, cas, bas, dos, gai,* ou bruits de friction comme dans *fais, sais, chez, vais, zèle, geai.* Nous disons bien « un peu » seulement car leur rôle est fort limité : à quelques mètres de distance ces bruits ne s'entendent plus tandis que les harmoniques des bandes de transitions conservent une portée égale à celle des voyelles. Il faut pourtant noter que certains bruits sont plus utiles que d'autres : les frictions de *chez* et *sais* portent mieux que celles de *geai, zèle, fais* et *vais ;* les explosions de *cas,* mieux que celles de *gars, pas, bas, tas, dos.*

Les explosions se distinguent des frictions, non par la nature du bruit mais par sa durée et par l'interruption qui précède. Une expérience de laboratoire démontre cela. Si l'on mutile un enregistrement du mot *assez* en effaçant les neuf dixièmes de la friction du son *s*, on obtient *athée*, les transitions de *s* et de *t* étant presque les mêmes pour des lieux d'articulation très proches. Inversement si l'on introduit un silence dans le mot *sable* entre la friction du *s* et les transitions de bande qui mènent au *a*, on obtient *stable*.

Les frictions se distinguent surtout les unes des autres par leur fréquence mais aussi par leur intensité et leur largeur de bande. *Ch. j* et *s, z* ont des largeurs de bande moyennes (pour des bruits de consonnes) et de fortes intensités ; elles se distinguent donc surtout par leurs fréquences, qui vont environ de 2.000 à 5.000 pour *ch, j*, et de 3.500 à 7.000 pour *s, z*. Les frictions de *f, v* sont très étendues — de 1.000 à 10.000 — et très faibles. Dans ces trois paires, naturellement, les sonores *j, z, v* ont un bruit moins intense que les sourdes correspondantes *ch, s, f*.

Les explosions se distinguent entre elles de la même manière que les frictions. Celle des dentales, comme dans *tard, dard*, sont les plus hautes, les plus faibles, et de largeur moyenne ; celle des labiales, comme dans *part, barre*, les plus basses, les plus larges, et de force moyenne ; celles des palato-vélaires, comme dans *car, gare*, les plus fortes, les plus étroites, et de hauteur moyenne (elles suivent la deuxième bande).

Voilà pour le principal rôle des bruits et des transitions de deuxième et troisième bandes. Les transitions des premières bandes jouent aussi leur rôle, tant pour les modes que pour les lieux d'articulation. Nommons-en deux. Les consonnes dites fermées, comme dans *bas, dos, vos, zoo*, se distinguent des consonnes dites ouvertes, comme dans *la, rat, hier, ouest*, par le *tempo* de la première transition qui est beaucoup plus lent pour ces dernières — *vit* peut se transformer en *oui* par un simple ralentissement de ce *tempo* sur les synthétiseurs de parole. Et parmi les consonnes ouvertes, la pharyngale *r* de *reste* s'oppose aux buccales de *ouest, leste, hier* par la direction de la première transition qui vise haut pour *r* et bas pour les autres.

Il nous reste à examiner deux modes d'articulation qui n'ont pas été couverts par les bruits et les transitions : le voisement et la nasalité consonantique.

On appelle voisée une consonne du type *b* ou *z* ; et dévoisée une consonne du type *p* ou *s*. On avait coutume de croire que cette distinction résidait entièrement dans la vibration des cordes vocales (pour *b, z*) et son absence (pour *p, s*). Des recherches psycho-acoustiques récentes ont permis d'isoler plusieurs autres facteurs. Ainsi *casé* se distingue de *cassé* non seulement par la présence d'une onde fondamentale pendant la friction, mais aussi par une durée beaucoup plus réduite de la fermeture buccale, par une intensité beaucoup plus faible du bruit de friction et par la résonance d'une voyelle neutre parallèlement à la friction.

Quant aux consonnes nasales, leurs lieux d'articulation dépendent des mêmes transitions rapides que les occlusives correspondantes — *mot* a les mêmes transitions que *beau, nos* que *dos* — mais leurs tenues sont différentes. Par exemple les nasales *m, n* se distinguent des orales *b, d* par un ton fixe très bas, aux environs de 250 cycles, pendant l'occlusion buccale. Dans la synthèse, il suffit d'ajouter ce ton pour changer *bas* en *mas, dos* en *nos*.

Enfin, le facteur « durée » joue aussi, bien entendu, mais il est infiniment plus simple que les facteurs d'intensité et de fréquence que nous venons de passer en revue.

Une durée plus grande n'a d'effet « distinctif » en français que dans trois séries exceptionnelles : une série en *è : mètre* ou *mettre* avec voyelle brève s'oppose à *maître* avec voyelle longue ; une série en *a : tache* avec voyelle brève s'oppose à *tâche* avec voyelle longue ; et une série en *r : courais* avec consonne brève s'oppose à *courrais* avec consonne longue (de même *mourais, mourrais, acquerais, acquerrais*). Dans tous les autres cas où l'on trouve des différences de durée, la différence n'est pas distinctive, elle n'a pas de valeur linguistique. Par contre elle a une grande valeur expressive qui n'est pas méconnue des poètes. Ce n'est vraisemblablement pas par hasard que Baudelaire a choisi toutes les rimes d'*Harmonie du Soir* en *-oir* et en *-ige*, avec deux consonnes très faibles qui allongent remarquablement la voyelle qui précède, créant ainsi des fins de syllabes à la fois douces et longues pour seconder le sentiment de la nature que le poète cherche à exprimer. Les lois objectives qui gouvernent les durées non distinctives, ou conditionnées, ont fait le sujet d'abondantes recherches. Première loi : la voyelle est d'autant plus brève que la consonne qui suit est plus forte, et inversement. Il est donc utile à un poète de connaître la force d'articulation des consonnes telle qu'elle a été établie instrumentalement par les phonéticiens. Les consonnes les plus fortes sont *p, t, c*, et les plus faibles, *r, z, j, v*. Les autres sont intermédiaires. Ainsi les voyelles de *tape, vite, sec* sont trois fois plus courtes que celles de *rêve, tige, rase, sort*. La plupart des autres consonnes simples trouvent leur place entre ces deux extrémités, mais il en est autrement des groupes de consonnes, qui peuvent être plus abrégeants encore que *p, t, c* : les voyelles de *secte, certes, carpe, parc* sont quatre fois plus courtes que celles de *soir, tige*. Deuxième loi : toute voyelle mi-fermée ou nasale est longue quand elle se trouve en syllabe fermée finale de mot. C'est ainsi que le français offre des différences de durée du type : *pomme/paume, jeune/jeûne, bac/banque, sept/sainte,* qui ne sont pas « distinctives » parce qu'elles ne se trouvent qu'en « distribution complémentaire ».

Dans les consonnes, nous l'avons vu, la durée entre fréquemment en jeu au niveau acoustique. C'est la durée du bruit qui distingue *ta* de *sa* aussi bien que la présence ou non d'une interruption. Et la durée de la constriction contribue fort à distinguer *râteau* (longue interruption) de *radeau* (courte interruption), *cassé* (bruit long) de *casé* (bruit court).

Répétons que toutes ces différences de durée, si grandes soient-elles, restent inconscientes parce que conditionnées — ce qui leur donne d'autant plus de valeur pour le poète.

Une des dimensions que pourrait utiliser l'écrivain se trouve dans la *quantité* de bruit, c'est-à-dire de son harmonique non périodique que fait entendre une consonne pendant sa tenue (phase d'articulation la plus fermée précédant les transitions des bandes harmoniques). Les bruits de friction de *fou, sous, chou* sont les plus prononcés, les plus inharmoniques. Les explosions de *pou, tout, coup* suivent de près — leur bruit est très court mais son effet subjectif est intensifié par la durée de l'interruption qui précède. Ensuite les frictions voisées de *vêle, zèle, gel* contiennent un peu de bruit de friction pendant la constriction buccale, mais cette friction est couverte par un son harmonique complexe formé de plusieurs bandes vocaliques de très basse intensité. Les explosives voisées de *bout, doux, goût* comprennent de même un éclat de bruit à la séparation des organes mais il s'entend à peine car il est couvert par la vibration de quelques harmoniques graves. La tenue des consonnes nasales de *mon, nom, gnon* n'a plus du tout de bruit — seulement des harmoniques (à moins de chuchotement) groupées en plusieurs bandes dont seule la plus basse a une intensité respectable. La tenue des « liquides » de *long* et *rond* est également vide de bruit. Elle est composée de bandes harmoniques plus intenses que celles des nasales mais moins intenses que celles des véritables voyelles. C'est essentiellement par la fréquence de la première bande que la tenue des liquides diffère de celle des nasales — fréquence très basse pour les nasales, moins basse pour les *l* et relativement haute pour les *r*. De toutes les consonnes ce sont les liquides qui ont la tenue la plus sonore, si par sonorité on entend absence de bruit au plus haut degré et intensité considérable relativement aux autres tenues de consonne. Aussi les poètes les préfèrent-ils pour les passages où ils recherchent dans les consonnes les qualités vocaliques.

Enfin les semi-consonnes, ou semi-voyelles, de *hier, oui, huit*
n'ont pour ainsi dire pas de tenue — elles sont presque uniquement
perçues par les transitions lentes des bandes de résonance. Elles
diffèrent légèrement les unes des autres par le degré de fermeture
au départ qui est plus prononcé dans *hier* que dans *oui* et *huit,*
ce qui fait qu'après consonne dévoisée la semi-voyelle de *pied*
peut produire plus de friction que celles de *pois* et *puis.* Dans ces
exemples, en réalité, il se produit un dévoisement de la semi-voyelle
sous l'influence de la consonne forte qui précède. Ce type de dévoisement par assimilation est également applicable aux consonnes
liquides de *long* et *rond.* En contact avec des consonnes dévoisées,
comme dans *pli, pris,* la tenue du *l* ou du *r* se dévoise en grande
partie. En position finale, comme dans *ample, âpre,* elles peuvent
même entièrement se dévoiser.

Le poète ne doit pas manquer de tenir compte de ce genre
d'assimilation consonantique. Telle consonne qui est douce et
sonore par nature peut devenir aussi dure et sourde qu'une vraie
fricative dévoisée sous l'influence de l'environnement phonétique.
La consonne *r* qui, après une voyelle finale comme dans *fleur*
s'efface en de douces harmoniques, se renforce en un bruit sourd
et rugueux lorsqu'elle suit une occlusive dévoisée comme dans *cri.*
S'il y a rencontre heureuse, comme ici, entre le sens et le son, le
poète ne manquera pas de s'en servir. »

P. Delattre, *Revue d'Esthétique,* XVIII, 3 et 4, juillet-
décembre, Paris, Klincksieck, 1965. Extraits, pp. 240-1
et 246-51.

2. ETUDE EXPERIMENTALE DES DIFFERENTS TYPES DE PHRASES

« 1) *Définition de la phrase.* — Si l'on observe la mélodie de
n'importe quelle phrase on se rend compte que le commencement
est caractérisé par l'élévation de la ligne de l'intensité au-dessus
de zéro. L'intonation peut, mais ne doit montrer aucune caractéristique particulière. La partie centrale de la phrase présente les
variations de l'intensité et de l'intonation. La dernière partie de
la phrase n'est pas nécessairement abaissée. En général l'intensité
a la tendance, au moins relative, de s'abaisser vers la fin, mais
quelquefois elle se tient sur un niveau qui ne peut pas être appelé
bas. Il n'y a que les phrases qui impliquent une idée complète,
qui montrent dans leur dernière partie l'abaissement de l'intensité.
Cela veut dire que cette forme caractérisera les phrases simples

qui ne sont pas en liaison étroite avec la phrase suivante (v. « Pietro è venuto »). Nous la trouverons aussi dans la deuxième partie des phrases complexes si elle fait une seule unité de pensée avec la première partie de la phrase (cfr. « Non esco, perchè piove »). Mais, par contre, les propositions non conjonctionnelles qui trahissent le caractère affectif, ne doivent pas descendre à la fin. Par exemple la phrase enregistrée : « Non esco, piove » montre à sa fin non seulement les hauteurs sensibles, mais aussi une forte intensité.

Il faut à la fois tenir compte de l'intensité particulière dans les langues qui ont l'accent sur la dernière syllabe. Parmi nos exemples les exemples du français présentent toujours, pour la raison mentionnée, l'intensité assez élevée à la fin de la phrase. C'est d'autant plus typique que même les groupes phonétiques en français portent l'accent sur ·le dernier élément.

En prenant donc en considération le sens de la phrase et les oscillogrammes que nous avons analysés, on pourrait donner la définition suivante de la phrase : *La phrase est une telle unité expressive qui exprime l'unité grammaticale ou l'unité de pensée sur la base des hauteurs et des intensités variables. La ligne de la hauteur n'est pas déterminée, tandis que celle de l'intensité s'élève au commencement et s'abaisse à la fin dans les phrases qui impliquent une unité logique* (de pensée). Pour le français le comportement de l'intensité dans la partie finale est subordonné à son système accentuel. Les mouvements dépendent du caractère affectif et du contenu de la phrase.

a) *Phrase énonciative* (dépourvue de caractère affectif).

Le terme de phrase énonciative n'est pas très heureux quand on étudie les différentes espèces de phrases, mais il est commode parce qu'il est compris par tout le monde. Dans notre cas il impliquera les phrases simples, affirmatives ou négatives.

Etudiées au moyen des oscillogrammes, les phrases affirmatives et négatives (sans caractère affectif) montrent, comme le dit la définition de la phrase (v. plus haut), une élévation de l'intensité au commencement, sans formes déterminées de l'intonation. La ligne du milieu trahit l'abaissement ou l'élévation graduelle des hauteurs et de l'intensité. A la fin, l'intonation et l'intensité s'abaissent. Cet abaissement est en général graduel. Par exemple dans la phrase italienne *Pietro è venuto,* « venuto » a les hauteurs suivantes : *e* — 119,8 c/sec., *u* — 107,1 c/sec., *o* — 77 c/sec. L'intensité s'abaisse sensiblement après *e*, de sorte que la voyelle accentuée *u* appartient à la partie basse. Une autre voix masculine a donné dans la même phrase les hauteurs suivantes : e — 317,9 c/sec., u_1 — 307,6 c/sec., u_2 — 255,3 c/sec., u_3 — 191,7 c/sec., o_1 — 143,8 c/sec., o_2 — 143,8 c/sec.

Dans la phrase italienne : *io l'ho visto* une voix masculine a donné les hauteurs suivantes du mot *visto* : $v + i$ — 273,1 c/sec., i_1 — 309 c/sec., i_2 — 283,9 c/sec., i_3 — 252,6 c/sec., o_1 — 168,1 c/sec., o_2 — 156 c/sec., o_3 — 152,5 c/sec., o_4 — 152,9 c/sec. La différence des hauteurs entre les voyelles *i* et *o* est sensible.

Une voix féminine nous a donné les hauteurs suivantes du dernier mot de la phrase : *Pietro è venuto* : e — 321,2 c/sec, $n + u$ — 296 c/sec., u_1 — 296,7 c/sec., u_2 — 249,4 c/sec., u_3 — 262,3 c/sec., o_1 — 179,7 c/sec., o_2 — 176,6 c/sec., o_3 — 178,9 c/sec., o_4 — 168 c/sec., o_5 — 157,4 c/sec. On y observe les différences relatives sensibles.

La même voix féminine a enregistré les hauteurs suivantes du dernier mot de la phrase italienne *io l'ho visto* : i_1 — 318,2 c/sec., i_2 — 332,4 c/sec., i_3 — 317,5 c/sec., o_1 — 205,2 c/sec., o_2 — 181,3 c/sec., o_3 — 98,6 c/sec. L'abaissement est très graduel sauf à l'extrême limite qui ne compte pas.

Une phrase typique en slovène a présenté les hauteurs suivantes du dernier mot : *Peter je prišel-u* — *Pietro è venuto* : (pr) i_1 — 116,5 c/sec., i_2 — 106,7 c/sec., u_1 — 103,2 c/sec., u_2 — 89,4 c/sec. Le même sujet a enregistré les hauteurs suivantes du dernier mot de la phrase : *Jaz sem ga videl-u* (= Je l'ai vu) : $+ i$ — 129,4 c/sec., i — 119,3 c/sec., (d) iu_1 — 119 c/sec., iu_2 — 100 c/sec.

Il est facile de supposer que les phrases françaises doivent nous donner l'intensité élevée à la fin. La figure qui représente une phrase affirmative française prouve que la ligne mélodique au commencement et au centre concorde avec la définition des phrases affirmatives, mais diffère dans la partie finale de l'énoncé. En effet le mot *fou* est prononcé avec l'intensité et la hauteur élevées. Il n'y a que les deux dernières parties de la voyelle finale — qui ne comptent pas comme critère de base — qui descendent dans la ligne de hauteur et d'intensité. Les deux premiers secteurs de la voyelle *u* (fou) atteignent une hauteur relative considérable (u_1 — 193,6 c/sec., u_2 — 192,2 c/sec.). L'intensité de la prononciation de la voyelle *u* est très forte et résulte du système accentuel du français.

Le tempo de la phrase énonciative dépend uniquement du sens de la phrase et n'est pas défini d'avance. Les pauses jouent un rôle considérable dans les cas où elles servent à distinguer les valeurs logiques (les différentes pensées).

*La phrase énonciative affirmative ou négative est donc une telle
unité expressive qui exprime une unité grammaticale ou une unité
de pensée sous forme de l'élévation de l'intensité au commencement, des variations graduelles de l'intonation et de l'intensité au
milieu, de leur abaissement à la fin dans les langues à l'accent
nonoxytone et de leur maintien (ou renforcement) dans les langues
à l'accent oxytone.*

b) *Phrase interrogative.* — L'analyse instrumentale des phrases
interrogatives nous fait distinguer deux espèces de phrases interrogatives : la première est celle qui contient un mot interrogatif
et la deuxième celle qui est exprimée par les valeurs de la langue
parlée. Notre analyse concernera seulement le deuxième type de
phrases interrogatives.

D'une façon générale, les valeurs de la langue parlée sont très
déterminantes pour les phrases interrogatives car la mélodie et les
mouvements y servent non seulement à exprimer les degrés affectifs,
mais ils expriment à eux seuls l'interrogation. En analysant les
enregistrements de ces phrases on voit que certaines voyelles sont
sensiblement plus hautes que les autres. L'endroit de cette hauteur
particulière n'est pas déterminé d'avance. Dans la phrase : *Pietro
è venuto?* nous voyons la plus grande hauteur sur la voyelle *e*
(Pietro *e*) — 164 c/sec. A la fin les hauteurs diminuent sensiblement
« Venuto » (*v*)*e* — 126 c/sec., *n* + *u* — 126 c/sec., *u* — 117 c/sec.,
o — 127 c/sec.

La phrase serbo-croate *Petar je došao?* (« Pierre est venu » ?)
(v. fig. II) révèle les hauteurs suivantes : (*p*) e — 228,7 c/sec.,
(*t*) a — 167,7 c/sec., (*rj*) e — 155,3 c/sec., (*d*) o_1 — 191,7 c/sec.,
o_2 — 205,4 c/sec., o_3 — 323 c/sec. (*f*) a + o_1 — 208,4 c/sec., a + o_2
— 214,2 c/sec., a + o_3 — 215 c/sec., a + o_4 — 183,4 c/sec. Les
hauteurs sont donc sensiblement différentes d'un secteur à l'autre.
Les hauteurs élevées à la fin sont très significatives : 208,4 c/sec.,
214,2 c/sec., 215 c/sec., 183,4 c/sec. Les voyelles atones finales
sont également très hautes.

La phrase typique slovène a présenté les hauteurs suivantes :
Peter je prišel-u? (Pierre est venu ?) e_1 — 150,1 c/sec., e_2 — 190,7
c/sec., (*t*) e — 192,8 c/sec., (*rj*) e_1 — 168,1 c/sec., e_2 — 155,3 c/sec.,
e_3 — 129 c/sec., (*pr*) i_1 — 124,3 c/sec., i_2 — 117,3 c/sec., u_1 — 223,7
c/sec., u_2 — 199,4 c/sec., u_3 — 131 c/sec., u_4 — 119,8 c/sec. Dans
cette phrase on observe également : les grandes différences de
hauteur d'une voyelle à l'autre ; la finale atone est élevée.

L'intensité est renforcée particulièrement là où la voix s'élève.
Le tempo de la phrase est plus rapide dans les endroits où l'intonation est plus haute et l'intensité plus forte.

La phrase interrogative est donc une telle unité d'expression qui exprime l'interrogation au moyen de l'élévation brusque du ton dans un endroit non déterminé, de l'abaissement faible de l'intensité à la fin (en français l'intensité finale est encore plus élevée), des hauteurs appréciables à la fin, de l'intensité renforcée et du tempo de la phrase rapide sur les hauts niveaux de l'intonation.

Si l'interrogation se concentre sur un mot particulier, par exemple comme « Pietro » dans la phrase *Pietro è venuto?* la prononciation de ce mot trahit une forte intensité et en général une hauteur sensible. Un sujet a prononcé, par exemple, cette phrase de la manière suivante (ce qui peut être retenu comme prononciation typique) : Au commencement les fréquences relativement hautes $p + i_1$ — 159 c/sec., $p + i_2$ — 190 c/sec. ; la voyelle e de *Pietro* est prononcée avec la hauteur moyenne de 206,7 c/sec., l'o final (de Pietro) avec 209,7 c/sec. L'intensité du même mot est très forte. Après, la hauteur (et l'intensité) diminue : (Pietro) $è$ — 145 c/sec., $e + v$ — 125 c/sec., (v) e — 131 c/sec., $e + n$ — 117 c/sec., u_1 — 108 c/sec., u_2 — 86 c/sec. Les dernières périodes de la voyelle finale montrent de nouveau l'élévation du ton : o_1 — 118,2 c/sec., o_2 — 127,8 c/sec., o_3 — 143 c/sec., o_4 — 143,8 c/sec. L'intensité est renforcée à la fois.

Les hauteurs et l'intensité expriment dans de telles phrases : 1. l'étonnement, 2. l'interrogation.

La phrase interrogative qui en dehors de l'interrogation contient encore un certain élément d'étonnement démontre la plus grande hauteur et la plus forte intensité pendant la prononciation du mot exprimant l'étonnement. La ligne interrogative est réalisée par les variations plus sensibles de la hauteur, par les grandes hauteurs et une forte intensité de la dernière partie de la voyelle finale. La mimique du visage dépend du contenu de la phrase et les gestes des mains accompagnent les lignes de l'intonation et de l'intensité.

c) *Les phrases exclamatives.* — Le tracé des phrases interrogatives qui contiennent un élément d'étonnement, nous donne déjà l'idée de la phrase exclamative. L'exclamation est toujours l'expression de quelque chose d'inattendu. Le même matériel lexicologique : « *Pietro è venuto !* » pris dans le sens exclamatif, trahit une intensité forte au commencement. La hauteur de la première partie du mot initial est sensible. Pietro : je_1 — 149,1 c/sec., je_2 — 168 c/sec., e_1 — 186,4 c/sec., e_2 — 186,4 c/sec., e_3 — 173,6 c/sec. Suit l'abaissement de la hauteur (o de Pietro — 150,2 c/sec.) mais non de l'intensité. La forme exclamative est donnée par la dernière partie de la phrase où la voyelle u de « venuto » est prononcée d'une manière forte et relativement élevée (170 c/sec.). Les périodes finales démontrent des fréquences communes aux phrases affirmatives.

Il est intéressant d'analyser le tempo de la phrase dans la phrase exclamative. La première partie contenant les hauteurs sensibles et l'intensité forte a presque le même tempo que les autres types de phrases ; au contraire, la dernière partie des phrases exclamatives est beaucoup plus longue que celle des autres types, par exemple, l'*u* a 25 p, 24,6 σ alors que l'*u* affirmatif avait : 9 p, 14 σ, et l'*u* interrogatif : 10 p, 14,3 σ.

La phrase exclamative se réalise au moyen de l'intensité renforcée et des hauteurs sensibles sur les deux parties éloignées de la phrase ; en général pendant la prononciation de la première et de la dernière partie de la phrase. Le tempo de la phrase traduit la longueur dans la partie du milieu. Les mouvements sont assez décidés.

d) *Les phrases segmentées.* -- Il faut étudier à part les phrases segmentées car elles montrent les caractéristiques particulières des valeurs de la langue parlée. Nous les verrons plus tard dans le groupement de certaines propositions complexes.

La phrase segmentée est, d'après Ch. Bailly, un énoncé divisé en deux parties, séparées par une pause et dont l'une désignée par Z est le but de l'énoncé, le prédicat psychologique, le propos, et l'autre, figurée par *A*, le sujet psychologique ou thème, qui sert de base au propos. Le propos est ce qui importe à celui qui parle, le thème ce qui est utile à l'entendeur :

a) Cet homme, je le connais (A. Z.) ;

b) Je le connais, cet homme (Z. A.).

Ces deux exemples représentent deux phrases segmentées. « Cet homme » est ascendant en *A Z.* et descendant en *Z A.* « Cet homme » dans *Cet homme, je le connais* montre les hauteurs suivantes : a) *e* — 149,1 c/sec. (8 p, 9 σ), *o* (*m*) — 232,5 c/sec. *Cet homme* dans le groupe : *Je le connais, cet homme* (Z A) montre les hauteurs suivantes : (*s*) *e* — 162,3 c/sec., *o* — 157,5 c/sec., $o + m_1$ — 145,9 c/sec., $o + m_2$ — 135,6 c/sec. Par conséquent les résultats de *Ch. Bally* concernant l'élément A concordent avec nos expériences. Il faut pourtant souligner que les phrases segmentées telles que *Cet homme, je le connais* et *Je le connais, cet homme,* ne montrent ni un ordre des mots ordinaire ni des constructions ordinaires ; l'ordre des mots et la construction contiennent l'affectivité. Voilà pourquoi l'intensité est sensiblement élevée dans *cet homme* (Cet homme, je le connais) et dans *je le connais* (Je le connais, cet homme).

Les phrases italiennes : *Quell'uomo, lo conosco,* et *lo conosco quell'uomo* montrent les caractéristiques semblables (quell'uomo, lo conosco) : *e* — 137 c/sec., (*l*) *u* — 157 c/sec., *u* — 159,9 c/sec., (*u*) *o* — 176 c/sec. Le groupe : *lo conosco, quell'uomo* (Z A) montre les hauteurs suivantes dans la partie A : (*k*) *u* — 132,5 c/sec., *e* — 122,8 c/sec., *l* + *u* — 113,4 c/sec., *u* — 104,9 c/sec., *o* — 98,7 c/sec., (*m*) *o* — 91,5 c/sec., 82,7 c/sec. L'intensité est sensible aussi en italien. Le tempo de la phrase a été en général plus long dans le type Z A que dans A Z. Cela peut dépendre de la structure de la langue : en effet, l'italien « uomo » contient plusieurs voyelles prononcées qui, se trouvant à la fin de la phrase affirmative, montrent une longueur plus étendue.

Il faut ensuite souligner qu'en italien la plus grande hauteur ne doit pas avoir lieu à la fin de A (dans A Z). Comme l'italien, à la différence du français, possède en général l'accent sur la pénultième, les caractéristiques de *A* peuvent se réaliser aussi sur la partie préfinale du mot.

En français et en italien la pause est sensible entre la première et la deuxième partie de la phrase segmentée et forme, comme l'a dit très justement Ch. Bally, l'une des caractéristiques essentielles de ce type de phrase.

La phrase segmentée en dehors des caractéristiques soulignées par Ch. Bally et Albert Sechehaye renferment les traits particuliers de l'intensité, car les phrases segmentées contiennent souvent l'ordre des mots qui trahit l'affectivité. »

P. GUBERINA, *Etude expérimentale de l'expression linguistique,* Studia Romanica et Anglica Zagrabiensia, n° 5, julius 1958, pp. 36-42.

3. LA STYLOMETRIE

« " *Im Masse sind, abstrakt ausgedrückt, Qualität und Quantität vereinigt.* "

HEGEL, *Logik*, I, 3.

I. — REMARQUES PRÉLIMINAIRES.

a) *Définition de l'objet de la stylométrie*

L'existence et la réussite des plagiaires me semble garantir à la stylométrie son objet, même si la distribution des traits pertinents dans les « à la manière de » ne respecte pas les proportions originales des modèles, qu'il s'agisse d'écoles ou d'individus. Mais la stylométrie n'est pas en mesure d'appliquer ses méthodes particulières à l'objet de la stylistique générale, car celui-ci n'est pas encore défini positivement. Au contraire, il me semble qu'au cours de leurs investigations et de leurs conquêtes, les linguistes mettent en réserve certains phénomènes afin de pouvoir abstraire avec moins d'ambiguïté des notions telles que langue et langage, langue et parole, norme et écart ; le caractère systématique pris par des concepts élaborés à la faveur d'une théorie « oppositionaliste » conduit à envisager une stylistique par le creux, comme un art d'accommoder les restes, sans grand espoir de rencontrer des structures fortes ou inédites. C'est ainsi que naît l'impression que les difficultés rencontrées par la stylistique littéraire soucieuse de définir son objet sont davantage dues à la volonté des linguistes préoccupés d'intégrer le style dans une théorie unitaire qu'à la nature même de cet objet, auquel un consensus irénique attribue cependant le statut de *propriété spécifique d'un ensemble.*

b) *Précautions humanistes*

Si l'on parle de stylométrie et non de stylistique quantitative, c'est en partie pour échapper aux procès d'intention. Le conflit entre la qualité et la quantité a reçu, dans une bien romantique histoire des idées, des lettres de créance et de noblesse que jamais philosophe bien né n'eût paraphées. Proclamées ou inavouées, les représentations de la qualité et de la quantité nourrissent des préjugés d'autant plus pernicieux qu'il leur revient d'orienter la recherche stylistique en elle-même et de l'intégrer parmi les sciences humaines. Même s'il ne s'agit que de désamorcer ou de désannexer, la révision technique des idées-mères me semble constituer une précaution honnête. En effet, dans le contexte scolastique d'où ces termes ont été tirés, la « qualité » et la « quantité » ne s'opposent pas comme des termes d'une alternative, mais coexistent parfaitement, permettent de parler de la qualité des objets de la mathématique et des degrés d'intensité de la couleur, rendent sensés des groupes nominaux tels que « qualité de la quantité » et « quantité de la qualité » en face de l'attribution plus radicale de ces deux accidents majeurs à la substance, laquelle aurait en propre l'unité, fondement de la quantité et perfection de la qualité. Les commentaires médiévaux des catégories aristotéliciennes inviteraient davantage à dissocier la valeur esthétique, la transcendance du beau, de la simple qualité — ou « comment-c'est-ité », et à chercher un analogué plus approprié dans la notion d'*habitus,* disposition permanente : *et non solum habitus dicitur dispositio totius, sed etiam dispositio partis, quae est pars dispositionis totius !* Dans ce contexte, qualité, quantité et relation apporteraient leur concours au style pris comme habitus. Je note enfin, au moins à titre de curiosité, qu'Aristote a situé l'*habitus* comme un certain intermédiaire entre *habentem* et *habitum,* de quoi concilier, par préjugé, la stylistique des effets et celle des intentions. Sans réclamer le retour à toutes ces notions empruntées à la physique des Grecs, on peut penser qu'une meilleure connaissance de la valeur opératoire des notions de qualité et de quantité dans l'histoire de la philosophie lèverait plus d'une hypothèque et plus d'une excommunication. Le choix du terme de *stylométrie* traduit simplement le refus de l'opposition entre la qualité et la quantité ; il va de soi que le problème de la *mesure* n'en est pas résolu pour autant : mesurer quoi ? comment ? avec quelle exactitude ? renoncer à mesurer quoi ? et pourquoi ?

c) *Pari linguistique*

Il n'est pas sûr que le champ de la stylistique soit à définir négativement en fonction des territoires colonisés par la linguistique générale ou par la grammaire. Etant donné le caractère imprécis de la notion de style, je considère comme recevable toute entreprise d'analyse stylistique qui refuserait toute directive ou toute amputation afin de poursuivre librement l'objet appréhendé globalement au départ. Cela ne signifie bien sûr pas l'ignorance cultivée du progrès de la linguistique. Mais dans la situation actuelle de la réflexion sur l'art, une démarche expérimentale me semble utile. Réalisée avec curiosité et rigueur, elle me semble ne pouvoir être finalement que compatible avec les autres travaux de la linguistique. Cependant, plutôt que de faire table rase, il peut paraître judicieux, voire économique, de s'inspirer, après la critique d'usage et de raison, des respectables figures de la rhétorique : ne pourrait-on pas mesurer catachrèses et synecdoques, litotes et prosopopées ? En tout cas, pour des raisons épistémologiques, je suis porté à penser que la stylistique ne doit pas être pratiquée comme le complément de la grammaire mais comme une entreprise *provisoirement* autonome. L'unité des sciences du langage ne doit pas être le fait d'un postulat initial, mais la conséquence finale de l'unité objective du logis comme comportement, comme œuvre et comme être.

II. FIGURES ET LÉGENDES.

a) *Description des méthodes de la stylométrie*

Tout en étant une propriété spécifique d'un ensemble, le style n'est pas indépendant des éléments qui composent cet ensemble ; bien plus, il leur est immanent ; tous les éléments sont censés être parfaitement intégrés dans l'œuvre dont l'unité permet de parler d'ensemble ; certes, on peut distinguer comme des degrés d'intégration réelle, mais cela n'implique pas que l'analyse du style puisse légitimement abandonner à l'analyse linguistique tel ou tel élément de la parole ; en revanche, l'étude linguistique positive ne pourra céder aucun domaine à la stylistique littéraire. Ce parallélisme de l'analyse linguistique et de l'analyse stylistique me semble fondé sur le fait que tout acte de parole représente un choix (à la limite entre parler et se taire) et crée de l'être (donc une matière à jugement esthétique). L'analyse stylistique et l'appréciation esthétique ne connaissent donc aucune restriction matérielle *a priori*. Certes, certains éléments de l'ensemble sont plus marqués que d'autres ; ce sont les traits pertinents ; leur identification ne doit pas être hypothéquée, en particulier par une notion non-stylistique de « norme ». La stylométrie ne peut donc exclure de son champ de recherches rien de ce qui est mesurable, quitte à préciser plus tard, au vue de l'expérience, les opérations de mesure les plus profitables. On peut mesurer le lexique et la syntaxe d'un style. Il ne sera question, ici, que de l'étude stylistique de la syntaxe, mais cela ne signifie aucunement que la stylométrie lexicale soit considérée comme peu pertinente. La stylométrie usera de tous les moyens de mesurer : on pourra compter, calculer, faire des analyses factorielles, des prévisions statistiques, des comparaisons, étant bien entendu que son objet global demeure cette propriété de l'ensemble sur laquelle s'exerce finalement le jugement esthétique.

b) *Les stylogrammes*

Les traits pertinents du style ne peuvent être établis qu'à l'issue d'une recherche initiale systématique. En toute hypothèse, l'assemblage de ces traits pertinents constitue la référence d'un appareil de mesure que l'on peut espérer plus praticable que l'entreprise initiale, sorte d'analyse expérimentale dont on ne peut se dispenser, mais qui représente moins une opération de mesure qu'une recherche d'un système de mesure. La représentation graphique des résultats, bruts ou élaborés, de l'analyse expérimentale ou de l'analyse stylistique formelle, peut se faire sous forme de *stylogramme*. Il faut entendre par là des figures aisément déchiffrables et qui renseignent sur huit traits pertinents (ou davantage) ainsi que, le cas échéant, sur certaines relations spécifiques entre ces traits pertinents. Pour obtenir un stylogramme, on se donne un point d'origine et huit branches sur lesquelles on reportera, après conversion selon une valeur moyenne (cette moyenne peut être pure convention et ne joue pas un rôle de « norme ») ou sans conversion préalable,

notamment pour les mesures calculées (proportions, rapports), des
grandeurs à partir du point d'origine. Les points finals des segments seront reliés entre eux, chacun à ses voisins, de manière à
former, aux yeux de l'observateur, une *Gestalt* caractéristique :

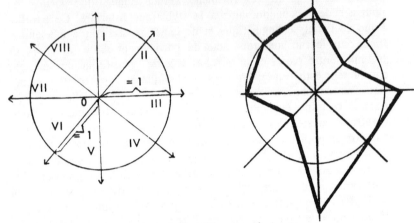

c) *Précisions techniques*

Selon la distribution des traits pertinents I à VIII sur les
branches de l'étoile, on obtient des figures différentes en très grand
nombre, mais inégalement lisibles. Le choix des attributions peut
peser sur les hypothèses ultérieures en matière de corrélation. Il
faut donc à la fois se méfier des images trop parlantes et chercher
une répartition optima. Voici quelques exemples choisis parmi des
milliers de combinaisons possibles :

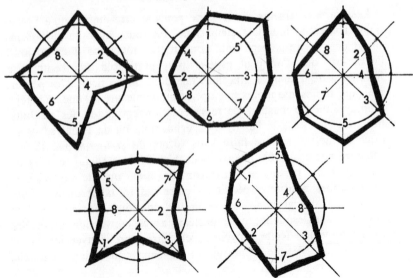

Des stylogrammes à quatre branches ou à seize branches semblent être beaucoup moins lisibles. L'expérience invite à choisir des modèles allant de cinq à douze branches, les modèles à huit branches retenus ici ayant servi en 1956 à rendre compte de quelques travaux de stylistique effectués sous le titre de « Travaux pratiques à la Faculté des Lettres de l'Université de Hambourg » (Romanisches Seminar).

d) Exemples d'application :

1) noms
2) pronoms
3) adjectifs
4) verbes
5) adverbes
6) prépositions
7) conjonctions de coordination
8) conjonctions de subordination

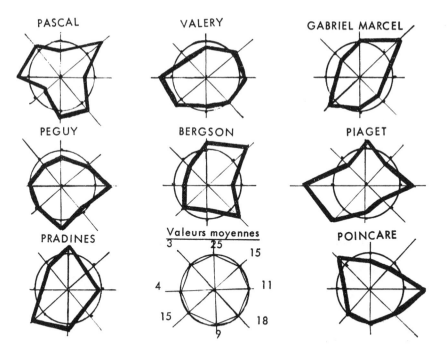

La fabrication de stylogrammes sur papier transparent fabrication facilite la comparaison entre les auteurs. Lorsque les traits pertinents (?) sont des grandeurs homogènes, par exemple, des proportions exprimées en pourcentage, les longueurs des branches sont complémentaires et forment *grosso modo* quatre fois le dia-

8 .

mètre du cercle référentiel. On peut aussi se passer de toute
conversion calculée sur une moyenne conventionnelle et représenter
les valeurs brutes. Mais le stylogramme est alors plus grossier :
l'attention y est attirée par des faits de langue non pertinents en
matière de style (la comparaison entre les substantifs et les conjonctions de coordination, exprimée en valeur absolue de sommes et
non de rapports, serait peu significative). Voici quelques exemples
de stylogrammes exprimant des mesures brutes :

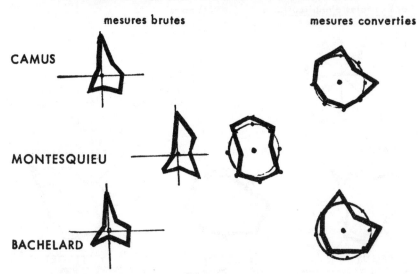

Pour comparer deux auteurs, on peut prendre les valeurs obtenues pour l'un d'entre eux comme définition du cercle référentiel
du stylogramme de l'autre :

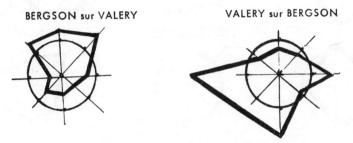

Il n'est pas exclu que l'on puisse trouver des traits pertinents
communs aux styles de textes appartenant à des langues différentes
et obtenir des stylogrammes de comparatiste. On a étudié plusieurs
auteurs allemands en fonction de la même répartition des informations 1 à 8. En voici quelques exemples :

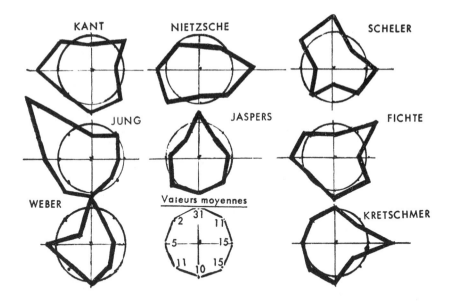

La comparaison des valeurs moyennes établies pour le français et pour l'allemand révèle en première analyse :

Auteurs allemands :

a) Un plus grand nombre de pronoms et un moins grand nombre de noms-substantifs ;

b) Un plus grand nombre de conjonctions de subordination et de verbes ;

c) Un moins grand nombre d'adjectifs et d'adverbes ;

d) Un nombre plus élevé de prépositions, mais cette catégorie n'est pas pertinente, étant donné le rendement de la déclinaison allemande.

L'ensemble de ces stylogrammes n'a d'autre valeur qu'expérimentale. Il ne semble pas que l'analyse classificatrice d'espèces soit très féconde. Mais il serait peut-être imprudent de la rejeter totalement. Les travaux effectués par Lorenz et Cobb sur les maladies mentales paraissent significatifs à cet égard. Voici la conversion de leurs résultats en stylogrammes :

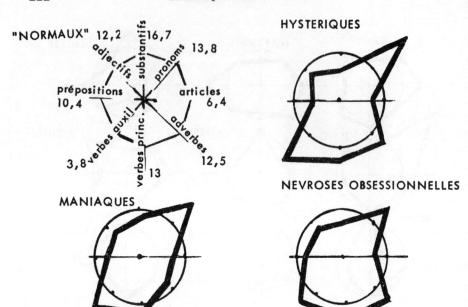

En tout état de cause, les stylogrammes permettent de comparer les auteurs et invitent à formuler des hypothèses de corrélations explicatives. Ils sont assez faciles à établir et à lire, d'où leur utilité dans l'initiation des étudiants à la recherche. On peut concevoir des diagrammes généraux complétés par des diagrammes particuliers (ventilation des pronoms, des modes, des conjonctions de subordination, etc.) ; on peut surtout étudier et représenter des enchaînements et des fonctions. Tout ce qui se mesure peut être exprimé dans des diagrammes ; le stylogramme est censé exprimer des traits pertinents du style, mais il ne s'agit encore là que d'ambitions et d'espoirs. Les exemples cités sont probablement les moins révélateurs qui soient. Que pourrait-on, que devrait-on étudier d'autre pour saisir, analyser et définir (reproduire ?) le style ? »

J. M. Zemb, *Cahiers du C.R.A.L. n° 2,*
Nancy, 1966, pp. 36-40.

4. MOTS-THEMES ET MOTS-CLES

« Nous avons appelé *mots-thèmes* les mots les plus employés par un auteur ; ceux par lesquels se motive la pensée ; ainsi y a-t-il un thème : faire ou dire, pouvoir ou savoir, petit ou grand, homme ou Dieu, etc.

Toute différente est la notion de *mots-clés,* qui ne sont plus considérés dans leur fréquence absolue, mais dans leur fréquence relative ; ce sont les mots dont la fréquence s'écarte de la normale. Ainsi, le verbe « faire » a le rang 4 dans les *Fleurs du mal* et l'adjectif « grand » le rang 10 ; mais ils ont respectivement le rang 2 et le rang 10 (1) dans la liste Vander Beke ; la place que leur accorde Baudelaire correspond donc à celle qu'ils occupent dans la langue et s'il y a un thème « faire » et un thème « grand », on ne peut pas dire qu'il soit *caractéristique* des *Fleurs du mal*.

Par contre, le mot « ange » qui occupe le rang 27 et le mot « parfum » le rang 44 chez Baudelaire, sont les 2.420^e et 1.810^e de la liste Vander Beke ; ils occupent donc une place anormale dans le vocabulaire de l'auteur ; nous les appelons *mots-clés*.

On comprend que la notion de mots-clés ainsi définie, peut être étendue à l'ensemble du vocabulaire ; par exemple, les mots « volupté » que Baudelaire emploie 30 fois, « démon » (14 fois), « extase » (10 fois), etc., sont typiques de son style puisqu'ils sont absents de la liste de Vander Beke et pourraient, à bon droit, être considérés comme des *mots-clés,* beaucoup plus caractéristiques que « parfum » ou « ange » ; cependant nous avons restreint la notion de mots-clés aux seuls mots-thèmes : et nous n'avons pris comme mots-thèmes que les 50 mots les plus fréquents ; tout ceci assez arbitraire et simple question de définition. Le mot-clé est donc un mot-thème dont la fréquence présente un écart caractéristique par rapport à la normale ; cet écart peut être calculé à partir de la *fréquence théorique* d'un mot dans un texte donné, en admettant qu'elle est proportionnelle à la longueur du texte : si le mot « grand » a une fréquence de 2.442 dans la liste de Vander Beke établie sur 1.200.000, on peut calculer qu'il devrait *théoriquement* avoir une fréquence de $\dfrac{2.472 \times 33.000}{1.200.000} = 68$ dans les *Fleurs du mal* où il figure en réalité 71 fois (1).

On a de même :

	Fréquence dans *Fleurs du mal*	Fréquence théorique	Ecart	Ecart réduit
Voir	71	68	+ 3	+ 0,36
Ange	47	0,8	+ 46	+ 51
Dire	38	138	— 100	— 8,50

qui permet de calculer :

$$\text{écart absolu} = \text{fréquence} - \text{fréquence théorique}$$

$$\text{écart réduit} = \frac{\text{écart absolu}}{\sqrt{\text{fréquence théorique}}}$$

L'écart réduit qui est le rapport de l'écart absolu par la racine carrée de la fréquence théorique mesure l'originalité du mot et permet de dresser une liste des mots-clés.

On peut retenir tous les mots qui présentent un écart réduit caractéristique — supérieur à 3 par exemple ; ou retenir uniformément comme nous l'avons fait, les 20 mots qui présentent les plus forts écarts réduits.

On pourra ensuite apprécier le degré d'*excentricité* des mots-clés : les mots-clés chez Claudel, par exemple, sont parmi les plus communs de la langue (homme, Dieu, eau, terre), chez Valéry, au contraire, sans être des mots rares, ils appartiennent à une zone plus excentrique de la langue (azur, songe, or) ; parmi les méthodes qui permettent d'analyser ce caractère, la plus simple, encore que très rudimentaire, est de calculer le rang moyen des mots-clés dans la liste de Vander Beke, c'est-à-dire la somme des rangs que les mots occupent dans la liste, divisée par le nombre de mots-clés. Cet indice est de 325 chez Claudel et de 1.341 chez Valéry (2).

L'EXCENTRICITÉ DU VOCABULAIRE

Il n'est pas impossible d'apprécier — au moins approximativement — l'excentricité de l'ensemble du vocabulaire, et à travers lui du lexique, par rapport à la norme constituée par une liste de fréquence.

On a vu que dans un lexique normal, les 4.000 premiers mots donnent 97,5 % du texte ; l'ensemble des mots situés au-delà du 4.000^e, 2,5 %.

Evidemment, les 6.000 mots de la liste Vander Beke qui sont les 6.000 mots les plus fréquents du vocabulaire des textes compilés en vue de son établissement, ne sont pas en réalité les 6.000 premiers mots du lexique de ces textes, et c'est par une généralisation grossière qu'on admet que le vocabulaire de ces textes reflète le lexique moyen de la langue. Cependant si on admet ce point de vue, et on peut l'admettre dans la pratique, on peut considérer que dans un texte de lexique normal, environ 2 % des mots (répétitions comprises) (3) ne se trouveront que dans la liste de Vander Beke.

Ce chiffre de 2 % fournira un critère qui permettra d'apprécier dans quelle mesure le vocabulaire d'un texte s'écarte *sémantiquement* de la normale. »

P. GUIRAUD, *Les caractères statistiques du vocabulaire*,
Paris, 1954, pp. 64-67.

---

(1) Proclitiques non compris.
(2) Une méthode plus rigoureuse consisterait à calculer la corrélation entre les rangs occupés par les mots-clés dans le texte et dans la liste :

$$r = 1 - \frac{\Sigma(d^2)}{n\mathrm{N}^2}$$

où d = différence de rang ; n = nombre de mots-clés ; N = nombre de mots dans la liste (6.000).
(3) 2 % de 2 N, mots-outils compris, soit 4 % de N, mots-outils non compris.

5. ETUDE STATISTIQUE DES TYPES DE PHRASES

Les repères adoptés par l'auteur pour déterminer les limites de la phrase sont les signes de ponctuation : point, point d'interrogation, point d'exclamation, points de suspension, deux points.

L'unité de représentation schématique est l'énoncé dont la structure fondamentale est représentée par cinq majuscules (cf. B. POTTIER, Introduction à l'étude des structures grammaticales fondamentales).

Le code employé est le suivant :

A : sujet. B : Base prédicative. C : Rection verbale. D : Circonstants. E : Apostrophe ou interjection.
L'ordre A B C D E est l'ordre « normal ».

Ces symboles sont précisés de la façon suivante :

A : insistance sur le sujet. (B) : le sujet n'est pas répété sans que l'absence de A soit pertinente stylistiquement. C : attribut du sujet ou du complément d'objet. C' : complément d'objet direct. C" : complément d'objet indirect. C''' : complément d'agent du verbe passif.

Les déterminants du noyau sont précisés ainsi :

0 : détermination immédiate. 1 : détermination prépositionnelle, 2 : détermination relative. 2' : détermination conjonctive.

Un élément représenté par plusieurs noyaux est représenté par des symboles répétés.

Deux tableaux numériques peuvent être obtenus ainsi :

1) Tableau détaillé.

En face du schéma de chaque phrase se prolonge une ligne elle-même divisée en dix colonnes. Dans la première, on inscrit le nombre d'unités de vocabulaire relevées dans la phrase (U) ; dans la seconde, le nombre de formes verbales ayant fonction de verbe (V) dont sont exclus les participes passés adjectivés ; dans la troisième, le nombre d'adjectifs qualificatifs (Q) auxquels s'ajoutent les participes adjectivés ; dans la quatrième, le nombre de substantifs ou de mots substantivés (S) ; la cinquième est réservée pour les observations particulières que demanderait un texte déterminé (nombre d'adverbes, de mots-outils, etc.) ; les quatre suivantes sont destinées à enregistrer les nombres de figures de rhétorique rencontrées dans le texte, car elles jouent un rôle que l'on sous-estime trop souvent dans l'appréciation de l'art d'un écrivain, même moderne ou contemporain : la sixième pour les figures de construction (*c*), la septième pour les figures de mots (*m*), la huitième pour les figures de pensée (*p*), la neuvième pour le total des figures par phrase (F) ; la dixième reste disponible pour telle observation suggérée par un texte particulier. Le total des nombres inscrits dans chaque colonne peut être obtenu aisément.

2) Tableau d'ensemble.

Il s'établit ensuite pour la totalité du texte étudié et comprend les relevés suivants : nombre de phrases, nombre d'énoncés, nombre moyen d'énoncés par phrase, nombre des divers types de schémas, enfin indication des cinq types les plus fréquemment rencontrés, par ordre décroissant, avec le nombre de fois où ils apparaissent. Les types y sont représentés par le schéma général (seules apparaissent les lettres-symboles majuscules : A B C D E).

On pourrait dès maintenant passer à une exploitation des informations fournies par les schémas et les tableaux ; il vaut cependant mieux calculer auparavant et systématiquement une série de rapports ou de coefficients dont la connaissance préalable facilitera l'interprétation des résultats acquis.

Moyennes et indices

Il est commode de dresser deux séries de moyennes et une série d'indices.

1) Moyennes :

A) Connaissant le nombre total de phrases et d'énoncés, comme celui des diverses rubriques des colonnes 1 à 10 du tableau détaillé, nous pouvons calculer les nombres moyens d'unités de vocabulaire, de formes verbales, adjectives, substantives, etc., et celui des figures (*c, m, p,* F). Ce nombre moyen est calculé sur l'ensemble du texte ; on peut aussi le calculer sur une ou plusieurs parties si elles apparaissent différentes de structure ou de vocabulaire. Il est intéressant d'avoir deux moyennes, l'une par phrase, l'autre par énoncé, puisque c'est là l'unité de comptage des schémas : peut-être pourra-t-on ensuite établir un rapport entre ces moyennes et le nombre des schémas ou des types de schéma.

B) A partir des mêmes données numériques nous pouvons aussi calculer le nombre moyen de mots d'une catégorie par rapport à une autre. Ce tableau a neuf colonnes dont la neuvième reste disponible pour les observations éventuellement inscrites dans la colonne 10 du tableau détaillé, les huit autres indiquant : le nombre moyen d'unités de vocabulaire correspondant à UN verbe, UN adjectif, UN substantif (U/1V, U/1Q, U/1S), puis le nombre moyen de substantifs correspondant à UN verbe et à UN adjectif (S/1V, S/1Q), enfin le nombre moyen d'unités de vocabulaire correspondant à UNE figure (U/1F). Ces nombres moyens sont toujours calculés pour l'ensemble du texte (première ligne horizontale) ; on peut les calculer aussi pour une ou plusieurs parties du texte (lignes suivantes). Ces moyennes complètent utilement celles de la première série.

2) Indices :

Ils peuvent apparaître nombreux : nous en prévoyons une quinzaine d'une manière régulière, et un seizième facultatif (correspondant à une observation particulière — soit colonne 5 ou 10 du tableau détaillé, soit colonne 9 de la deuxième série des moyennes). Cela ne veut pas dire que tous les indices seront révélateurs d'une propriété du texte, mais cette liste doit jouer le rôle d'aide-mémoire, et le calcul de tel ou tel indice conduira souvent à une nouvelle réflexion ou à une nouvelle interrogation sur le texte ; il n'aura donc pas été vain.

Tous ces indices sont calculés et présentés de la même façon, en valeurs s'échelonnant de 0 à 1, avec 2 décimales.

On indiquera successivement :

1. L'indice d'UNICITÉ de la phrase, obtenu en divisant le nombre des phrases par celui des énoncés, indique si la phrase ne contient qu'un seul énoncé ou si elle se subdivise. Il peut éclairer sur le rythme comme sur l'enchaînement logique, etc.

2. L'indice de VARIÉTÉ DES TYPES de schéma, obtenu en divisant le nombre de types différents par le nombre des énoncés, renseigne sur la souplesse des constructions, la variété ou la monotonie, c'est-à-dire un effet sans doute recherché par l'auteur.

3. L'indice d'ANOMALIE indique la proportion de schémas dans lesquels il y a ellipse ou inversion d'un ou plusieurs éléments ; il s'obtient en divisant le nombre de schémas à ellipse ou inversion par le nombre d'énoncés. Il révèle l'importance accordée par l'auteur à ces procédés qui lui ont permis de varier ton et rythme mais qui convenaient sans doute mieux soit au genre du sujet, soit au point de vue duquel il l'a examiné ou décrit.

Les quatre indices suivants viennent préciser ces indications :

4. L'indice d'INVERSION DU SUJET s'obtient en divisant le nombre des schémas présentant cette inversion par celui des énoncés.

5. L'indice d'INVERSION DU RÉGIME s'obtient en divisant le nombre des schémas présentant cette inversion par celui des énoncés.

6. L'indice d'INVERSION DU CIRCONSTANT, obtenu par la division du nombre des schémas présentant cette inversion par celui des énoncés.

7. L'indice d'ELLIPSE DU VERBE (à l'exclusion des schémas contenant une « vraie » proposition sans sujet ou un verbe contenant normalement son sujet), obtenu par les divisions du nombre des schémas à ellipse par le nombre d'énoncés, informe sur la fréquence des propositions nominales ou sur certains effets stylistiques.

8. L'indice de COORDINATION INITIALE ne s'applique qu'aux phrases. Il s'obtient en divisant le nombre de phrases « coordonnées » par le nombre total de phrases. Il est important pour suivre un raisonnement comme pour voir une description.

9. L'indice de COORDINATION INTERNE ne s'applique qu'aux énoncés. On le calcule en divisant le nombre d'énoncés coordonnés au précédent par la différence entre le nombre d'énoncés et le nombre de phrases. Il marque le rythme de l'énumération ou la recherche de la concision, etc.

10. L'indice de SUBORDINATION DES NOYAUX A, C, D, obtenu en divisant le nombre de ces noyaux constitués d'une proposition subordonnée par le nombre d'énoncés. Il révèle la plus ou moins grande complexité de constitution des noyaux des éléments fondamentaux.

11. L'indice de SUBORDINATION DES ÉNONCÉS ne s'applique qu'aux subordonnées autres que celles des noyaux, c'est-à-dire à toutes celles que les indices 2 ou + symbolisent sur les schémas. Il s'obtient en divisant le nombre de ces indices par celui des énoncés. Il indique la plus ou moins grande fréquence d'un des procédés employés pour étoffer un énoncé, et peut être comparé au nombre moyen des unités de vocabulaire par phrase comme aux indices de coordination ; il correspond à un développement poussé de la phrase.

Pour permettre une utilisation systématique des moyennes d'unités par figure ou par catégorie morphologique, il est commode de les transposer en indices variant de 0 à 1, comme ceux que nous venons d'énumérer. Ils se calculent pour l'ensemble du texte.

12. L'indice de DENSITÉ VERBALE s'obtient en divisant le total de la colonne des formes verbales (V) par le nombre d'unités de vocabulaire (U). Il donne une mesure très expressive de fréquence des formes verbales, conjuguées ou non, ayant fonction de verbe, et par conséquent une indication très importante sur le dynamisme interne du texte.

13. L'indice de DENSITÉ QUALIFICATIVE, obtenu en divisant le nombre d'adjectifs qualificatifs (Q) par le nombre d'unités de vocabulaire (U). Particulièrement révélateur d'un certain procédé de description ou de définition, il varie souvent en sens inverse du précédent.

14. L'indice de DENSITÉ NOMINALE, obtenu en divisant le nombre total des substantifs (S) par le nombre total d'unités de vocabulaire (U). Variant souvent en sens inverse des indices de densité verbale ou qualificative, il permet de connaître la répartition des mots pleins entre leurs trois catégories.

15. L'indice de DENSITÉ FIGURATIVE s'obtient en divisant le nombre total des figures (F) par le nombre total d'unités de vocabulaire (U). C'est l'un des moyens les plus oubliés mais les plus simples et les plus efficaces pour mesurer et apprécier le degré d'élaboration stylistique d'un texte. Dès que cet indice s'élève on a intérêt à reprendre le tableau détaillé qui en donne la distribution par phrase et par catégorie de figure : un auteur emploie ici uniquement des figures de construction, là surtout des figures de mots, un autre recourt plutôt aux figures de pensée (animation par exemple).

16. Eventuellement un autre indice, exceptionnel, caractérisant un texte, tiré par un calcul semblable des données des colonnes 5 ou 10 du tableau numérique détaillé, ou de la colonne 9 de la deuxième série des moyennes.

La valeur de chacun de ces indices peut être portée graphiquement sur la ligne correspondante, dessinant ainsi comme un « profil stylistique ».

Les indices, buts apparents de la recherche quantitative, sont la source des synthèses instantanées et des comparaisons ultérieures qu'elle permet.

On peut d'ailleurs aller plus loin et nous le ferons aussi souvent que ce sera utile.

D'une part il est toujours possible, suivant le même système, de développer les schémas en symbolisant les éléments fondamentaux de chacune des propositions subordonnées contenues dans les énoncés et représentées seulement par l'encadrement de la lettre symbole pour les noyaux et par l'indice 2 ou 2′ pour leurs déterminants. Les lettres-symboles seront les minuscules correspondantes a, b, c, d, e et (R) indiquant le terme de relation. Mais ce terme est soit une conjonction complétive (*que, se* interrogatif indirect) et dans ce cas il est représenté simplement par (R), soit une conjonction circonstancielle (R/d), soit un pronom relatif susceptible de remplir diverses fonctions (sujet, régime, circonstant) (R/a, R/c, R/d) et rattaché au terme qu'il détermine par une flèche verticale, puisque ce développement du schéma s'effectue sur des plans successifs. Un exemple suffira pour l'instant. La phrase : « Aos lados da cadeira de Jacinto pendiam gordos tubos acústicos, por onde ele decerto soprava as suas ordens através do 202 » se schématise : $D_1 \ B \ A_{02}$

$$\uparrow (R/d) \ a \ d \ b \ c'_{\ 0} \ d$$

révélant ainsi les anomalies de construction que contient aussi la proposition relative...

D'autre part il sera parfois intéressant de regrouper ces schémas et ces nombres dans le cadre de la *période* à laquelle appartiennent les phrases analysées ; et il sera toujours nécessaire de les rapporter aux règles de la *versification* observées plus ou moins fidèlement par l'auteur-poète.

Enfin les tableaux détaillés permettent au statisticien de calculer les écarts-types, les phénomènes aléatoires, les seuils à partir desquels ils perdent ce caractère, etc.

Mais ce que nous souhaitions, c'était proposer d'abord un système simple, immédiat et efficace de synthèse des caractères stylistiques d'un texte. Cette synthèse est présentée de telle sorte qu'elle peut être comparée aussi simplement et efficacement à d'autres textes, du même auteur ou d'autres auteurs. Ce sont ces comparaisons qui nous semblent particulièrement fructueuses, d'autant plus que l'on présente souvent les phénomènes stylistiques comme purement qualitatifs, singuliers et donc incommensurables.

Il ne s'agit pas un instant pour nous de prétendre ramener l'étude d'un texte à une numération dont l'automatisme tuerait toute sensibilité ; il ne s'agit pas davantage de prétendre définir un auteur par un coefficient.

Tout au contraire il s'agit, après avoir été le plus loin possible dans sa compréhension, de faire le point et d'établir des rapports entre les observations. Correspondances ou oppositions mesurables et mesurées révèlent ce qui fait l'originalité ou la qualité d'un texte ou d'un auteur, son art entendu comme le recours volontaire à tels procédés pour s'exprimer de la manière qu'il estimait la plus efficace ou la plus belle.

*
* *

Quelques exemples concrets nous permettront d'illustrer les indications précédentes et de montrer combien leur application est à la fois simple et éclairante. Nous les emprunterons à des auteurs brésiliens comme à des auteurs portugais, en commençant par des classiques.

L'un des titres de gloire d'António Ferreira est d'avoir écrit la première tragédie en langue portugaise, langue à laquelle il porta toute sa dévotion. Jalon de l'histoire littéraire, sa *Castro* résiste à l'épreuve du temps et révèle les qualités d'une grande œuvre. Nous nous contenterons de citer deux extraits de l'acte IV, où l'action atteint son paroxysme : Coelho attaque, Inès est condamnée ; celle-ci réplique, supplie le roi, en obtient la grâce.

TEXTE A

(1) Por mágoa dessas lágrimas te rogo
Que este tempo, que tens, inda que estreito,
Tomes para remédio de tu'alma.
(2) O que el-Rei em ti faz, faz com justiça.
(3) Nós a trazemos cá, não com tenção
De sermos em ti crus : mas de salvarmos
Este Reino, que pede esta tua morte.
(4) Que nunca, ó Deus, quisera que tal meo
Nos fora necessário. (5) A el-Rei perdoa,
Que crueza não faz : se a nós fazemos,
Por ti ante o grã Deus será pedida
Vingança juste, se te não parece
Que perdão merecemos nas tenções,
Com que el-Rei conselhamos. (6) O' ditosa,
Dona Inès, tua morte ! pois só nela
Se ganha ual geral vida a todo Reino.
(7) Bem vês por tua causa como estava,
Além desse pecado, em que te tinha
O Ifante forçada (que assi o cremos)
Mas pois para remédio é necessário
A morte sua, ou tua, é necessário
Que tu sofras a tua com paciência,
Que isso te ficará por maior glória
Que aquela, que esperavas, cá do Mundo.
(8) E quanto mais injusta te parece,
Tanto mais justa glória lá terás,
Onde tudo se paga por medida.

(9) Nós, que a teu parecer mal te matamos,
Não viviremos muito : là nos tens
Antes de muito tempo ant'esse trono
Do grã Juiz, onde daremos conta
Do mal, que te fazemos. (10) Não ouviste
Já las Romãs, e Gregas com que esfôrço
Morreram muitas só por glória sua ?
(11) Morre pois, Castro, morre de vontade,
Pois não pode deixar de ser tua morte.

Le premier monologue, celui du conseiller, n'est pas un réquisitoire. Coelho tient la condamnation comme acquise pour raison d'Etat et conseille à Inès de se préparer à subir son destin ; c'est devant Dieu qu'elle pourra faire appel. Cette hypocrisie est déplaisante, comme l'affectation apportée par Coelho à dissimuler la joie qu'il ressent. Il dissimule de même ses raisons sous trop d'arguties et sous un ton trop doucereux pour ne pas être profondément antipathique. Si c'est bien cela que l'auteur a voulu nous montrer, en quoi la schématisation proposée nous aide-t-elle à saisir comment il y est parvenu ?

Schéma a

PH	SCHÉMA	1 U	2 V	3 Q	4 S	6 c	7 m	8 p	9 F
1	$D_1(B)[C']_2$•	20	3	1	5	2	1	1	4
2	$C'_2(B)D$•	9	2	0	2	2		1	3
3	$ABCD_{1\phi12}$•	22	4	1	3	3		2	5
4	$DE(B)[C']$•	10	2	1	2			2	2
5	$C'' -_2(B) :|[D], DC''' BA_0[D]_{2,+}$•	33	7	2	7	3	1	1	5
6	E, C, E, A !$|\phi DBA_0$•	17	1	2	4	4		1	5
7	$D(B)[C]D_{022},|\phi DBCA_{0\phi0}|BC[A][D]_2$•	53	9	2	8	7	1	1	9
8	$\phi[D]C'_0 D_2(B)$•	18	3	2	2	3		1	4
9	$A_2BD : |DC'(B)D_0 D_{012+}$•	32	5	1	6	2	2	2	6
10	(B)[C'] ?	16	2	0	4	1		2	3
11	(B), E, (B) D, [D]•	14	5	0	2	4	1	1	6
	Totaux	244	43	12	45	29	6	15	50

				Ordre	Type	Nombre
Total Phrases			11	1	DBC	2
Total Enoncés			16	2		
Moyenne EN/PH			1,4	3		
Total Types			15	4		
				5		

	1	2	3	4	5	6	7	8	9	10
	U	V	Q	S		c	m	p	F	
Totaux	244	43	12	45		29	6	15	50	
Moyennes/PH	22,1	3,9	1,0	4,0					4,5	
Moyennes/EN	15,2	2,6	0,7	2,7					3,1	

Nombre de ...	U/1V	U/1Q	U/1S	S/1V	S/1Q	U/1F	
Texte	5,6	2,0	5,4	1,0	3,7	4,8	
Partie							

INDICES :

		0	1	2	3	4	5	6	7	8	9	10
1 Unicité (PH/EN)	0,68							×				
2 Variété (Types/EN)	0,93										×	
3 Anomalie (E/N)	0,75							×				
4 Inversion A —	0,21			×								
5 — C —	0,31			×								
6 — D —	0,43				×							
7 Ellipse B —	0,06	×										
8 Coord. entre PH	0,40	×										
9 Coord. entre EN	0,40					×						
10 Subord. ACD (/EN)	0,62							×				
11 — dans EN (/EN)	0,68							×				
12 Densité V (/U Texte)	0,17		×									
13 — Q —	0,04	×										
14 — S —	0,15	×										
15 — F —	0,20		×									
16												

Le monologue de 36 vers se répartit en 11 phrases seulement (soit 3,2 vers par phrase) dont à peine 4 se subdivisent en énoncés (16). Aussi l'indice d'unicité est-il élevé : la plupart des phrases, mêmes longues (moyenne 22 mots) se déroulent amplement, régulièrement, logiquement. Les indices de coordination entre énoncés, de subordination des noyaux et des énoncés sont eux aussi élevés (0,40 - 0,62 - 0,68) exprimant la solidité de la construction logico-formelle de la tirade. Plus élevé encore est l'indice de variété

(0,93) : les 16 énoncés sont bâtis sur 15 schémas différents. Il n'y a pas moins de 16 éléments fondamentaux inversés, et le plus notable est l'indice d'inversion de C (régimes). Peu d'adjectifs, mais beaucoup de verbes, plus même que de substantifs, voilà le signe de la plénitude du style dont la recherche est soulignée par le fait que l'indice de densité figurative les dépasse tous ; ce sont, il est vrai, surtout des figures de construction (58 %). »

Y. ROCHE, *Cahiers du monde hispanique,*
1965, pp. 102-111.

6. MATRICES DE TRANSITION POUR LES CLASSES DE MOTS

« Le pourcentage des formes personnelles du verbe pour l'ensemble des textes français indiqués ci-dessus est d'environ 10 %. Ce tableau montre tout simplement que des différences importantes permettent de grouper les différents auteurs, ainsi, par exemple, Comte et Gide. Mais dans l'ensemble, cette étude de la fréquence des classes de mots n'a pas donné de résultats sensationnels ; il faut croire que cette fréquence est davantage un fait de langue, qu'une caractéristique propre à tel ou tel auteur. Cet échec est dû sans doute au fait qu'on néglige complètement dans ces analyses qui s'intéressent exclusivement à la recherche des fréquences, la caractéristique importante de la langue que représente l'ordre de succession des mots appartenant à diverses classes.

Dans la suite : article - substantif - verbe - pronom - substantif qui figure dans la phrase « Der Mann ruft seinen Hund » (L'homme appelle son chien) la distribution de fréquence sera, pour cette séquence :

Substantif. 2
Article. 1
Verbe. 1
Pronom. 1

Mais cette même distribution de fréquence reste valable pour la phrase interrogative : verbe - article - substantif - pronom - substantif (Ruft der Mann seinen Hund ? - Est-ce que l'homme appelle son chien ?).

Et pourtant l'ordre de succession des éléments dans les deux phrases est bien différent. Un simple calcul montre que deux substantifs, un article, un pronom et un verbe peuvent donner lieu à soixante combinaisons différentes.

L'ordre de succession peut être représenté par une « matrice de transition ».

La question sera alors : combien de fois l'élément j suivra-t-il l'élément i ? Le résultat est une matrice, qui aura pour notre exemple ci-dessus, la forme suivante :

i \ j	Substantif	Article	Verbe	Pronom
Substantif	0	0	1	0
Article	1	0	0	0
Verbe	0	0	0	1
Pronom	1	0	0	0

Pour la proposition interrogative, la matrice aura la forme suivante :

i \ j	Substantif	Article	Verbe	Pronom
Substantif	0	0	0	1
Article	1	0	0	0
Verbe	0	1	0	0
Pronom	1	0	0	0

Nous constatons qu'au moyen des matrices de transition, la description de la structure d'une phrase est bien plus précise qu'au moyen des distributions de fréquence.

Les différents éléments de la matrice z_{ij} (digramme) renseignent sur la fréquence de succession de i et de j. Nous établissons la norme de sorte que la somme de chaque ligne (c'est-à-dire pour chaque i) soit 1, donc :

$$p'_{ij} = \frac{z_{ij}}{\sum_i z_{ij}}$$

Une valeur p'_{ij} répond à la question :

Avec quelle fréquence relative la classe de mots j suivra-t-elle la classe mots i ? Dans cette formule, la valeur reste indépendante du nombre de classes de mots i. On peut imaginer d'autres formules, et, en premier lieu, par exemple :

$$p_{ij} = \frac{z_{ij}}{\sum_i \sum_j z_{ij}}$$

Si bien que :

$$\sum_i \sum_j p_{ij} = 1.$$

Cette valeur répond à la question :

Quelle est, dans les textes analysés, la fréquence de succession de la classe des mots i à la classe des mots j, par rapport à toutes les autres successions ?

De même qu'on peut poser la question pour la classe des mots subséquents, on peut aussi poser la question pour la classe de mots précédente, par exemple :

Combien de fois la classe i précède-t-elle la classe j ?

A cette question correspond la formule :

$$p''_{ij} = \frac{z_{ij}}{\underset{j}{\Sigma}\, z_{ij}}$$

et $\underset{j}{\Sigma}\, p_{ij} = 1$ pour chaque colonne, c'est-à-dire pour chaque j).

Cette valeur est indépendante du nombre de la classe de mots du deuxième membre.

Pour garder l'indépendance vis-à-vis des deux membres, on emploiera la formule :

$$p^*_{ij} = \frac{z_{ij}}{\sqrt{\underset{i}{\Sigma}\, z_{ij} - \underset{j}{\Sigma}\, z_{ij}}}$$

Pour montrer qu'il est possible de dégager les différences stylistiques au moyen de matrices de transition, nous adoptons un système de coordonnées perpendiculaires et inscrivons sur l'axe horizontal (en abscisse) les valeurs p'_{ij} d'un échantillon de 8.000 éléments de phrases choisies dans « *l'Analytique transcendantale* » de la « *Critique de la raison pure* » de Kant ; sur l'axe vertical (en ordonnée) les valeurs p'_{ij} d'un échantillon de même importance pris dans la « *Dialectique transcendantale* » (*fig. 4*). Si les deux chiffres d'une transition déterminée sont semblables, alors le point sera situé sur la ligne 45° en portant du point 0. Si les nombres sont différents, l'écart des points par rapport à la ligne 45° sera d'autant plus grand que la différence entre les deux chiffres sera plus grande. Si les textes étaient identiques du point de vue grammatical, alors tous les points seraient situés sur la ligne 45°. Dans le graphique, les transitions de substantif (notées par des points) et celles du verbe (notées par des croix) vers les classes de mots sont indiquées de la façon suivante :

1. Substantif.
2. Verbe.
3. Adjectif.
4. Pronom.

5. Article.   9. Adverbe.
6. Préposition.   10. Nom propre.
7. Conjonction.   11. Virgule.
8. Numéral.   12. Point.

Les valeurs se groupent nettement autour de la ligne 45°, ce qui permet de conclure à une grande similitude grammaticale des deux textes de Kant. Les lignes parallèles à la ligne 45° indiquent un écart de 3 %, écart qui n'a jamais été dépassé, dans le cas examiné.

La comparaison entre le texte de la « *Dialectique* » et un texte de même longueur des « *Années d'apprentissage de Wilhelm Meister* » donnera une représentation graphique tout à fait différentes *(fig. 5)*. Pour dix valeurs retenues, l'écart des valeurs sortira de la zone d'écart des 3 %. Nous ne nous arrêterons pas aux différentes transitions.

Nous allons montrer, à l'aide de quelques figures, l'importance de quelques probabilités de transition. Nous avons analysé des textes de trois auteurs qui ont vécu à la même époque :

1. I. KANT : *Critique de la raison pure ;*
2. J. W. GOETHE : *Théorie des couleurs, partie didactique ;*
3. J. G. HERDER : *De l'origine du langage.*

Les trois textes peuvent être considérés comme des traités scientifiques. Le problème du genre littéraire ne se pose donc pas. Au total les échantillons comportaient chacun 20.000 mots et signes de ponctuation. Pour faciliter le contrôle, l'ensemble du corpus choisi chez un auteur a été divisé en deux parties dont chacune comptait 10.000 éléments.

Les *fig. 6 et 7* montrent quelques valeurs de transition, qui caractérisent le style de Kant, en ce qui concerne la place des formes impersonnelles du verbe ; les colonnes en pointillé donnent les valeurs pour les deux parties qui comportent chacune 10.000 éléments.

La *fig. 8* représente un trigramme ; c'est la fréquence relative, avec laquelle trois classes déterminées de mots, ici il s'agit des formes impersonnelles du verbe, du verbe auxiliaire, et des formes personnelles du verbe, se suivent. Une répartition entre deux sous-groupes n'était pas possible pour des raisons de statistique. Le trigramme que vous voyez ici fournit des renseignements importants sur la forme verbale dans les subordonnées allemandes.

La *fig. 9* montre quelques particularités dans l'emploi des adjectifs chez ces trois auteurs. Il est intéressant de noter la valeur élevée de la séquence Adjectif - Substantif chez Kant, tandis que les valeurs p'_{ij} ne diffèrent guère pour Kant et Goethe.

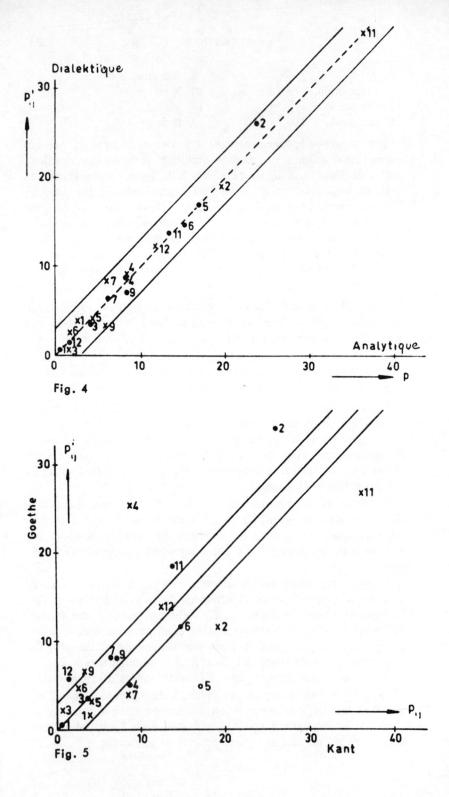

Fig. 4

Fig. 5

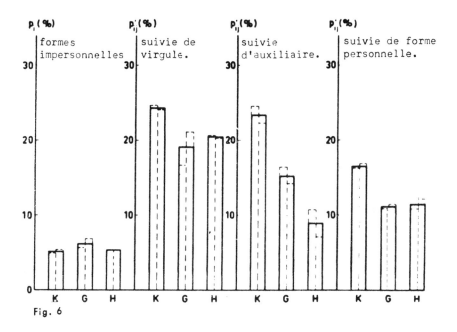

Fig. 6

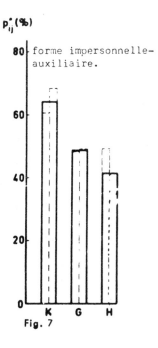

Fig. 7

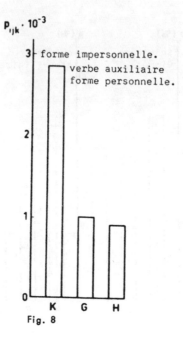

Fig. 8

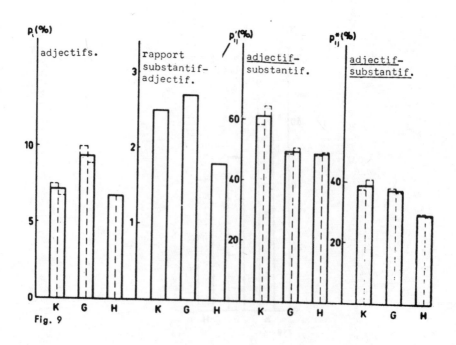

Fig. 9

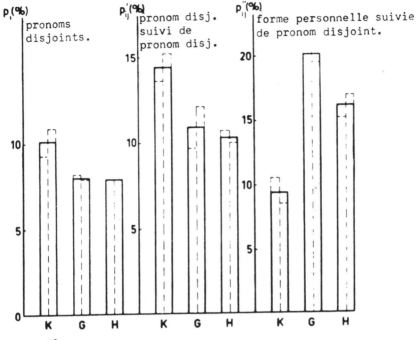

Fig. 10

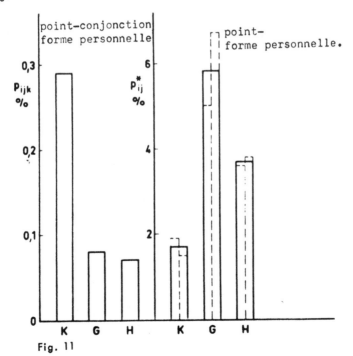

Fig. 11

La *fig. 10* indique quelques fréquences pour la position du pronom employé comme substantif, et la *fig. 11* indique deux particularités stylistiques concernant les débuts de phrases chez Kant, d'une part la valeur très élevée du trigramme : point - conjonction - forme personnelle du verbe et, d'autre part, la basse valeur pour l'apparition d'une personnelle en début de phrase.

Nous n'avons pu présenter qu'un tout petit choix de ces probabilités de transition : les matrices apportent une quantité d'informations particulières qu'il faudrait soumettre à une analyse linguistique critique. »

J. Lauter et D. Wickmann, *Cahiers du C.R.A.L.,*
n° 2, Nancy, 1966, pp. 19-22.

7. LES VECTEURS DU STYLE

La présente étude est une analyse factorielle des variations des vecteurs ou « dimensions (stylistiques) fondamentales » dans un ensemble de textes anglais.

« Il y a deux types distincts de problèmes à envisager dans un plan d'étude destiné à identifier les dimensions principales d'un ensemble de phénomènes : premièrement, comment pouvons-nous obtenir un échantillon assez hétérogène des faits que nous voulons étudier, et deuxièmement, quelles mesures devons-nous prendre en vue d'échantillonner toutes les façons dont le phénomène varie d'une manière pertinente. Des considérations d'ordre pratique limitent ces deux problèmes.

L'échantillon d'objets étudiés ici consiste en 150 passages de prose anglaise d'origine et de styles variés [suit un inventaire et description de ces passages].

Les mesures prises sur ces 150 passages sont de deux types : subjectives et objectives. Les mesures objectives comprennent différents décomptes, indices et pourcentages fondés sur l'énumération de certaines classes de mots, propositions, phrases et autres entités linguistiques, et elles incluent quelques-unes des mesures utilisées dans des études stylistiques antérieures. Les mesures subjectives ont été établies en partie pour subvenir à l'interprétation des résultats des mesures objectives, en partie pour fournir des repères à certains traits stylistiques que les mesures objectives ne pouvaient guère fournir.

Il y avait aussi un intérêt intrinsèque à étudier dans quelle mesure un groupe de juges qualifiés pouvaient être d'accord dans leurs évaluations et à déterminer l'ensemble des moyens qu'ils pouvaient trouver pour caractériser les passages. En vue de rendre l'évaluation aussi simple que possible on a choisi 29 degrés de détermination avec l'idée de couvrir les principales qualités et traits de style dans toute la mesure où ils pouvaient être déterminés *a priori*, et huit juges expérimentés — ayant tous une formation en littérature anglaise — furent choisis pour évaluer chacun des 29 indices dans les 150 passages, évaluation qu'on peut schématiser de la façon suivante :

pertinent — | — | — | — | — | — | — | — | non pertinent.

On a fait alors une moyenne des 8 évaluations obtenues pour chaque indice dans chaque passage. Au total on a obtenu 68 totaux pour chacun des 150 passages : les 29 évaluations des 8 juges et 39 mesures objectives. Le nom des mesures sont portés dans la première colonne du premier tableau ; la place ne permet malheureusement une description complète des procédures mises en œuvre pour obtenir les mesures objectives.

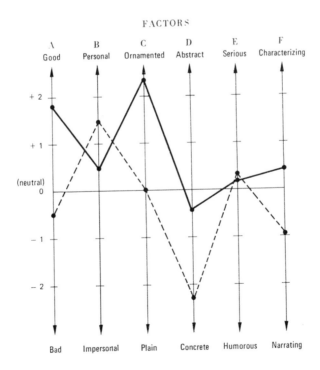

Les 68 × 150 totaux ont formé la base de l'analyse statistique. La corrélation de chaque mesure avec chacune des autres a été

TABLE 1. — *Results for 68 Measures of Prose Style ; Reliability Cœfficients and Loadings on Six Dimensions (Factors) of Prose Style.*

Variable	Variable Number	Reliability	General Stylistic Evaluation	Personal Affect	Ornamentation	Abstractness	Seriousness	Characterization
			A	B	C	D	E	F
Subjective Ratings *								
Profound-superficial	1	.84	.43	—.11	.06	.53	.41	.15
Subtle-obvious	2	.81	.20	—.17	.09	.72	—.09	.15
Abstract-concrete	3	.90	.02	—.01	.18	.64	.11	.16
Meaningful-meaningless	4	.70	.70	—.11	—.04	.04	.41	.03
Succinct-wordy	5	.78	.51	—.15	—.65	—.15	.14	.01
Graceful-awkward	6	.73	.84	—.01	.07	.17	—.08	.12
Vigorous-placid	7	.80	.26	.63	.17	—.06	.21	—.10
Lush-austere	8	.80	—.01	.43	.55	.07	—.29	.17
Earnest-flippant	9	.87	.06	—.05	—.01	.05	.71	.13
Intimate-remote	10	.87	.10	.82	.02	—.33	.03	—.01
Elegant-uncouth	11	.82	.33	—.29	.44	.40	—.11	.02
Natural-affected	12	.80	.49	.06	—.51	—.26	.29	.08
Clear-hazy	13	.78	.72	.16	—.09	—.45	.10	—.17
Interesting-boring	14	.78	.84	.25	—.04	.12	.01	.06
Strong-weak	15	.64	.88	.21	.13	.00	.11	—.07
Opinioniated-impartial	16	.89	—.01	.53	.36	.01	.07	.02
Original-trite	17	.77	.54	—.08	.04	.44	—.20	.15
Ordered-chaotic	18	.69	.65	—.29	—.04	—.15	.06	—.09
Vivid-pale	19	.80	.61	.54	.07	—.09	—.09	—.01
Personal-impersonal	20	.86	.03	.83	.14	—.26	.00	.01
Precise-vague	21	.71	.64	.00	—.10	—.47	.03	—.17
Masculine-feminine	22	.85	.22	.06	.08	—.08	.58	—.09
Varied-monotonous	23	.75	.75	.22	.04	.20	—.10	.15
Emotional-rational	24	.90	—.05	.77	.22	—.12	—.02	.09
Complex-simple	25	.82	—.09	—.18	.48	.51	—.07	.04
Pleasant-unpleasant	26	.75	.88	.15	—.03	.07	—.11	.08
Serious-humorous	27	.92	.01	—.12	.00	.13	.70	.08
Florid-plain	28	.82	—.08	.33	.66	.16	—.28	.11
Good-bad	29	.74	.95	.01	—.02	.12	—.05	.02

* The positive pole of the adjectival scales is represented by the *first* of the two adjectives specified.

	Variable Number	Reliability	General Stylistic Evaluation	Personal Affect	Ornamentation	Abstractness	Seriousness	Characterization
			A	B	C	D	E	F

Objective Measures (All based on 300 words)

	Variable Number	Reliability	A	B	C	D	E	F
No. paragraphs	30	—	—.09	—.13	—.50	—.02	—.23	—.03
No. syllables	31	.86	—.10	—.58	.30	.05	.09	—.23
No. sentences	32	.85	.05	—.03	—.61	.13	—.18	.05
Standard deviation sentence length ...	33	.17	.11	.25	.54	.00	.12	—.01
No. clauses	34	.78	.01	.28	—.60	.26	—.22	.04
Clause complexity index	35	.60	—.08	.18	.39	.02	.18	—.15
% noun clauses	36	—	—.02	.01	—.22	.45	.13	—.25
% adjectival clauses	37	—	—.13	—.07	.19	—.21	.05	.34
% adverbial clauses	38	—	.11	.09	.04	—.20	—.17	.06
% parenthetical clauses	39	—	—.01	.04	.08	—.01	—.02	—.29
% "action" verbs	40	.76	.06	.11	—.40	—.17	—.23	—.01
% "cognitive" verbs	41	.58	.06	.46	.07	.12	.05	—.06
% transitive verbs	42	.33	.01	—.06	.03	—.15	—.03	—.63
% intransitive verbs	43	.26	—.14	.14	—.09	—.05	—.17	.32
% copulative verbs	44	.44	.04	—.04	.06	.18	.12	.43
% Latin-derived verbs	45	.57	—.06	—.33	.20	.12	.10	—.25
% passive verbs	46	.49	—.06	—.45	.15	—.07	.16	.12
Mean tense	47	.88	—.12	—.15	.11	—.02	—.01	.04
Entropy of tense	48	.42	—.16	.07	—.02	.06	—.04	—.29
No. infinitives	49	—	.04	.16	—.14	—.01	.05	—.02
No. participles	50	—	.08	—.08	.17	—.31	—.07	—.15
No. gerunds	51	—	.13	—.20	—.03	.08	—.04	—.15
No. proper nouns	52	.83	—.04	.01	—.03	.01	—.01	—.38
No. common nouns	53	.74	—.01	—.49	.18	—.22	—.11	.13
% unmodited common nouns preceded by "the"	54	.45	.07	.07	—.50	.10	.03	.18
% nouns with Latin suffixes	55	.69	—.06	—.22	.42	.22	.20	—.22
No. articles	56	.52	.18	—.28	—.11	.01	.04	.20
% indefinite articles	57	.48	.07	—.09	—.10	—.01	—.48	.01
No. personal pronouns	58	.84	.11	.60	—.23	.20	—.10	—.09
No. possessive pronouns	59	.64	—.07	.30	.09	.08	—.21	—.14
No. indefinite pronouns	60	.43	.01	.28	—.18	.14	.21	.27
No. indefinite and quantitative determiners	61	.27	—.10	—.09	.11	—.24	.35	.20
No. demonstrative pronouns	62	.44	—.18	.11	—.05	.05	.22	.13
No. numerical expressions	63	.67	—.01	—.07	—.09	—.49	—.06	—.02
No. prepositions	64	.58	.01	—.34	.35	—.01	.09	—.01
No. pronouns	65	.83	—.01	.58	—.26	.18	—.14	—.13
No. determiners	66	.52	—.19	.01	.00	—.45	.34	.25
No. descriptive adjectives	67	.66	.11	—.18	.38	.09	—.10	.20
No. participial modifiers	68	.38	.09	—.05	.33	.01	—.13	—.01

établie — et les résultats exposés dans un vaste tableau comportant 68 rangées et 68 colonnes. Cette matrice de corrélation a été alors l'objet d'une analyse factorielle en vue de déterminer combien de dimensions fondamentales seraient nécessaires, au minimum, pour rendre compte de toutes les interrelations entre les mesures. »

[Suit une évaluation des *vecteurs* stylistiques établie par l'analyse factorielle des corrélations et la conclusion.]

« Tels sont donc les six dimensions indépendantes du style identifiées dans cette étude : évaluation générale du style, impression personnelle, ornementation, degré d'abstraction, sérieux, caractérisation.

A simple titre d'indication de la possibilité d'utiliser ces vecteurs pour une typologie du style nous présentons dans la figure 1 les « profils » de deux passages mesurés au cours de cette étude. L'un est un choix du conte de F. Scott Fitzgerald, *A Diamond as Big as the Ritr*, dans lequel l'auteur fait une peinture brillante des impressions du héros et de son compagnon cependant qu'ils errent dans le palais de diamant. L'autre est un passage d'un type d'écriture très différent, celui de Mickey Spillane (extrait de *Vengeance is Mine*) ».

J.-B. CARROLL, *Vectors in prose style,* in *Style in Language* (ed. Th. A. Sebeok), New York, 1960, pp. 238 sq. (trad. P.G.).

8. ETUDE DE LA DISTRIBUTION DES PRONOMS PERSONNELS ET POSSESSIFS

« Peut-on appliquer l'analyse numérique à des textes de faible étendue ? Les statistiques et les dénombrements n'ont de valeur que quand on les fonde sur un très grand nombre de mots, et il semble *a priori* parfaitement vain de raisonner arithmétiquement sur la fréquence d'un élément de langage dans des tranches de 1.000 ou de 5.000 mots seulement.

Il est cependant des cas où un comptage réduit peut se révéler utile et significatif. On ne saurait certes en tirer des affirmations générales, ni prétendre étayer ainsi des hypothèses. Mais on peut ainsi illustrer un fait déjà établi, ou prolonger, dans des directions inexplorées, les résultats déjà obtenus par des méthodes plus sûres.

Une enquête en cours, menée sur plus d'un million de mots, et dont les résultats seront publiés prochainement, révèle assez clairement que la distribution des pronoms personnels et possessifs fournit des indications intéressantes. C'est ainsi que le rapport entre le nombre des pronoms personnels « de dialogue » (1re et 2e personnes du singulier et du pluriel) et le nombre des possessifs (adjectifs et pronoms) des mêmes personnes varie d'une façon très significative suivant les textes considérés. Sans entrer ici dans les détails, disons que dans la langue parlée d'aujourd'hui, le pronom personnel est à peu près 10 fois plus fréquent que le possessif (1), alors que dans la tragédie classique la proportion n'est que du double. En totalisant d'une part tous les pronoms des 1re et 2e personnes *(je, me, moi, tu, te, toi, nous, vous)* et d'autre part les possessifs correspondants *(mon, mien, ton, tien, notre, nôtre, votre, vôtre)*, puis en divisant le premier nombre par le second, on obtient un indice dont les variations ne semblent pas dues au hasard. Ainsi dans la tragédie classique, nous venons de le voir, il est à peu près de 2. Plus exactement, il n'y descend guère en dessous de 1,5, et dépasse rarement 3 ; en gros, on peut dire qu'il tend à augmenter assez régulièrement de Garnier à Racine, et que chez chacun des auteurs (Garnier, Mairet, Corneille, Racine) il augmente souvent du début de l'œuvre à la fin. Il est frappant que dès que l'on quitte la tragédie pour la comédie, l'indice augmente ; le passage des vers à la prose fait apparaître également des chiffres plus élevés : ainsi, dans *Les Plaideurs,* on trouve 3,27 ; un sondage sur le premier acte du *Misanthrope* donne 3,98 ; mais le premier acte de *L'Avare* donne 4,31, et *La Critique de l'Ecole des Femmes* 6,46. Ne parlons pas ici du roman, ni de la poésie lyrique, où interviennent d'autres éléments qu'il serait trop long de développer. Restons dans le cas du théâtre, c'est-à-dire du dialogue ininterrompu, et tentons une épreuve pour voir si l'on peut admettre, comme les chiffres ci-dessus le suggèrent, que notre indice baisse quand le langage des interlocuteurs se fait plus solennel, qu'il monte quand on se rapproche du langage familier.

*
* *

Il est tentant de chercher la réponse à cette question dans une comédie où des styles différents coexistent. Ainsi *L'Avare* s'ouvre sur deux scènes galantes, écrites en style précieux, auxquelles succède brusquement la querelle qu'Harpagon fait à La Flèche, sur un ton fort éloigné de la rhétorique ; puis viennent deux scènes d'un style moyen où Harpagon s'oppose aux jeunes gens, Cléante, Elise et Valère.

On peut donc prévoir une cassure entre la scène 2 et la scène 3 (changement de personnages, du sujet, de ton), puis un retour en arrière avec la scène 4. Or voici ce que donne la comparaison entre le nombre des pronoms personnels des 1re et 2e personnes et celui des possessifs qui leur correspondent :

	Pers.	Poss.	Indice		
sc. 1. (Elise, Valère)	111	32	3,46 ⎫	2,93	
2. (Elise, Cléante)	85	35	2,42 ⎭		
3. (Harpagon, La Flèche)	109	13		8,38 ⎬ 4,31	
4. (Harp., Elise, Cléante)	164	35	4,68 ⎫	5,25	
5. (Harp., Elise, Valère)	62	8	7,75 ⎭		
Total :	531	123		4,31	

C'est bien, à peu près, ce qu'on pouvait attendre ; quand parlent les jeunes gens, dans leur style romanesque, l'indice est bas, comparable à celui de la comédie en vers, assez proche encore de celui de la tragédie ou de la tragi-comédie ; quand ils cèdent la place à Harpagon et à son valet, l'indice monte, atteint celui du français familier de notre temps ; quand enfin les mêmes affrontent Harpagon, on retrouve des chiffres moyens, intermédiaires entre ceux qui ont été relevés auparavant.

On pourrait s'étonner de l'indice élevé de la scène 5, presque aussi haut que celui de la scène 3. Mais il se fonde sur des nombres trop faibles pour qu'on lui accorde beaucoup de poids : dans un passage aussi court, la marge d'erreur est forcément grande, car un possessif de plus ou de moins ferait varier notre indice de + 1,2 ou de — 0,8 alors que dans la scène 3, un peu plus longue mais surtout plus dense en pronoms, la variation ne serait déjà plus que de + 0,7 ou — 0,6. Il vaut donc mieux, dans ce cas, examiner ensemble les scènes de même nature (4 et 5), et obtenir ainsi un indice moyen, sur lequel l'addition ou la soustraction d'un possessif n'agirait plus que dans la limite de 0,11.

D'ailleurs, si l'on craint que ces trois chiffres de 2,93, 8,38, 5,27 et les oppositions que nous croyons voir s'y refléter ne soient que l'œuvre d'un hasard complaisant, une vérification s'impose : c'est celle qui consiste à calculer le même indice non plus par scène, mais par rôle. Et voici ce qu'on trouvera :

	Pers.	Poss.	Indice	
Cléante (sc. 2, 4)	91	36	2,52 ⎫	2,67
Elise (sc. 1, 2, 4, 5)	99	35	2,82 ⎭	
Valère (sc. 1, 5)	95	20		4,75
Harpagon (sc. 3, 4, 5)	206	20	7,10 ⎫	7,69
La Flèche (sc. 3)	40	3	13,33 ⎭	
Total :	531	123		

Là encore, n'attachons pas trop de valeur aux chiffres relevés dans le rôle de La Flèche, qui n'a que de brèves répliques et ne compte ici que comme contradicteur d'Harpagon ; on peut, si l'on veut, considérer les deux personnages ensemble.

Mais, cette réserve faite, est-ce un hasard si les deux jeunes gens, l'ingénue et le jeune muguet, sont très proches des héros bien-disants des genres sérieux ? Et si à l'autre extrémité nous trouvons l'avare grondeur ? Si enfin Valère, comme le veut son personnage, se situe à mi-chemin entre Harpagon et ses enfants ? Notons même, bien qu'il ne faille formuler qu'avec prudence des remarques sur des passages aussi brefs, que le Valère de la scène 1 est plus proche d'Elise (4,50), alors que celui de la scène 5 se rapproche du langage de l'avare (5,33) *(v. le tableau 1)*.

Pour vérifier l'écart entre deux des rôles qui viennent d'être examinés, une autre épreuve a été faite sur une partie de l'acte IV (scènes 2 à 5), où s'affrontent de nouveau Harpagon et Cléante. En négligeant les quelques répliques de Maître Jacques, on trouve, pour un total de 1.490 mots (739 chez Harpagon, 751 chez Cléante) :

Harpagon :	96 pers.	15 poss.	Indice : 6,40
Cléante :	89 pers.	31 poss.	Indice : 2,87

Si les deux indices se sont légèrement rapprochés (et le parallélisme de certaines répliques suffit à l'expliquer), ils restent pourtant voisins de ceux qui ont été observés à l'acte I, et continuent à marquer le même écart stylistique entre les deux personnages.

On pourrait objecter que cet écart est illusoire ; que le nombre des pronoms personnels est sensiblement égal chez les deux personnages ; que toute la différence vient du fréquent emploi, chez Cléante, de la formule de respect : « mon père », alors qu'Harpagon ne dit qu'une seule fois (au vocatif) : « mon fils ». Il est évident que ce trait de vocabulaire — qui d'ailleurs ne peut être séparé du style — exerce son influence. Mais il n'explique pas tout. Retirons à Harpagon son unique « mon fils », à Cléante ses 10 « mon père » ; nous aurons à comparer alors des effectifs de 14 et de 21, et nous trouverons des indices de 6,85 et de 4,23. L'écart reste sensible, on le voit. On pourrait le faire apparaître par un autre calcul : chacun des deux personnages emploie exactement le même nombre de pronoms et pronominaux de dialogue, vocatifs déduits : 110 (96 + chez Harpagon, 89 + 21 chez Cléante). Mais chez le premier le possessif occupe 12,7 % de cet ensemble, chez l'autre 19 %.

. . . .

Tableau N° 1

L'AVARE - acte 1 - sc. 1 à 5

	CLEANTE	ELISE	VALERE	HARPAGON	LA FLECHE	Total	Indice	Fréquence
sc. 1 mots		490	627			1117		
pr. pers.		48	63			111 ⎱	3,46	12,8 %
poss.		18	14			32 ⎰		
sc. 2 mots	761	152				913		
pr. pers.	63	22				85 ⎱	2,42	13,1 %
poss.	24	11				35 ⎰		
sc. 3 mots				475	266	741		
pr. pers.				69	40	109 ⎱	8,38	16,4 %
poss.				10	3	13 ⎰		
sc. 4 mots	217	160		1122		1499		
pr. pers.	28	26		110		164 ⎱	4,68	13,2 %
poss.	12	6		17		35 ⎰		
sc. 5 mots		31	682	268		981		
pr. pers.		3	32	27		62 ⎱	7,87	7,1 %
poss.		0	6	2		8 ⎰		
TOTAL	978 91 36 ⎱127	833 99 35 ⎱134	1309 95 20 ⎱115	1865 206 29 ⎱235	266 40 ⎱43	5251 531 123 ⎱654		
Indice :	2,52	2,82	4,75	7,10	13,3	4,31		
Fréquence :	12,9 %	16 %	8,7 %	12,6 %	16,1 %	12,4 %		

Ce sondage semble bien confirmer ce que des dénombrements plus vastes avaient révélé, à savoir que le rapport entre ces deux séries de mots-outils, les personnels et les possessifs, fournit une indication utile sur le caractère plus ou moins familier du style d'un texte. Mais il faut se demander alors si ce rapport ne serait pas tout bonnement le reflet d'un autre rapport numérique, celui qui existe entre le nombre des verbes et celui des substantifs. Car un pronom personnel, qu'il soit sujet ou complément, suppose en général l'existence d'un verbe (on peut négliger numériquement le cas des pronoms du type *moi*, compléments d'une préposition) ; et le possessif, surtout sous sa forme adjective, de loin la plus fréquente, accompagne un nom. Mais on doit objecter aussitôt, en raisonnant à l'inverse, que la présence d'un verbe peut n'amener aucun pronom personnel, comme elle peut en amener un, ou deux, ou plus ; et que rien ne permet de penser qu'à l'intérieur de l'effectif des substantifs la proportion de ceux qui sont déterminés par un possessif soit constante.

A cette question, une vérification répondra mieux que des raisonnements. Voici cinq textes d'étendue comparable, tous dépouillés par M. P. Guiraud ou sous sa direction, quatre tragédies de Corneille, une comédie de Regnard (2). Classons-les dans l'ordre croissant des indices (qui en l'occurrence coïncide avec l'ordre chronologique, et ce n'est pas un hasard) ; ajoutons pour chacun le pourcentage des verbes et des substantifs tel que le fournit l'auteur des Index, et le rapport qui peut être établi entre ces deux chiffres :

Auteur et texte	Indice pers./poss. (3)	Subst % (d'après P. Guiraud)	Verbes %	Nbre de V. pour 1,00 subst.
Corneille *Horace*	2,00	18,1	18,6	1,02
— *Cinna*	2,25	18,5	19,5	1,05
— *Polyeucte*	2,60	18,5	21,0	1,13
— *Nicomède*	2,90	17,5	18,8	1,07
Regnard *Lég. Univ.*	3,15	18,2	18,6	1,02

Si dans les trois premières pièces de Corneille les deux chiffres semblent évoluer parallèlement, la suite montre que ce n'est là qu'une apparence. Il n'y a pas de corrélation constante entre la proportion personnels-possessifs et la proportion verbes-substantifs, et chacune mérite d'être étudiée pour elle-même.

Revenant à l'étude des deux passages de Molière, répétons qu'il n'y aurait pas à s'étonner si, sur des « échantillons » aussi brefs, on obtenait parfois des résultats aberrants ou inexplicables. Ceux-ci ont bien voulu confirmer un fait pour lequel nous manquions d'exemples pris dans la comédie en prose. Ils ont ainsi contribué à montrer qu'il existe, à côté des aspects les plus visibles d'un style (vocabulaire, longueur et sonorité des mots, longueur et structure des phrases...), d'autres faits, moins apparents sans doute, certainement moins conscients chez l'auteur, l'interprète, le spectateur ou le lecteur, des faits qui se dissimulent dans le tissu conjonctif des mots grammaticaux, d'où l'analyse numérique seule peut les extraire. Peut-être n'est-il pas sans intérêt, pour caractériser le style et la langue d'un texte, de mettre en lumière celles de ces fréquences ou de ces relations qui se révèlent significatives. »

> Ch. MULLER, *Sur quelques scènes de Molière. Essai d'un indice du style familier*, « Français moderne », XXX, 1962, pp. 99-106.

---

(1) D'après l'enquête pour le Français élémentaire, où l'on a dénombré 30.694 formes de pronoms personnels et de pronoms ou adjectifs possessifs sur un total de 312.000 mots, on obtient un rapport personnel/possessif de 10,03 pour l'ensemble des 3 personnes, de 8,96 pour les 1re et 2e personnes. Le chiffre le plus fort, donc la disproportion la plus grande entre personnel et possessif, est fourni par la 2e personne du singulier (12,23) ; le plus faible, par la 1re personne du pluriel (6,93), certainement à cause de la tendance à remplacer *nous*, sujet atone, par *on*.

(2) Index du Vocabulaire du Théâtre classique, publiés sous la direction de Pierre Guiraud, Libr. Klincksieck, Paris. *Cinna*, 1955. — *Horace*, 1956. — *Polyeucte*, 1957. — *Nicomède*, 1959. — *Le Légataire universel* (par M. P. Calame), 1960.

(3) Ou, si l'on préfère, et pour faciliter la comparaison, nombre de personnels pour 1,00 possessif.

9. LE STYLE ET LES « TRANSFORMATIONS »

« Trois caractéristiques importantes au moins des règles de transformation les rendent plus prometteuses comme instrument de pénétration dans l'étude du style que les règles de structure de phrase.

En premier lieu, un grand nombre de transformations sont facultatives, et ceci en un sens fort différent de celui dans lequel est facultatif le choix de l'expansion du symbole VP (c'est-à-dire syntagme verbal). L'expansion de VP doit se réaliser par le moyen de l'une des règles variées de la grammaire ou bien la dérivation n'aboutit pas à une phrase. Mais une règle de transformation facultative peut ne pas être appliquée du tout. Etant donné une suite ou une paire de suites d'une structure telle que certaines transformations facultatives peuvent s'appliquer, la non application de ces règles n'empêchera pas la dérivation d'aboutir à une phrase. Ainsi « Dickens wrote *Bleak House* » est une phrase, aussi bien que « *Bleak House* was written by Dickens », qui a subi la transformation passive. De même, « Dickens was the writer of *Bleak House* » est une phrase qui procède de la même phrase nucléaire que les deux autres par une autre transformation facultative, l' « agentive nominalisation ». Techniquement, les transformations doivent être appliquées à des suites sous-jacentes de certains types structuraux, mais pour les fins de cet exposé on peut les considérer comme des manipulations — réarrangement, combinaison, addition, suppression — opérées sur des phrases pleinement achevées plutôt que comme des moyens d'obtenir des phrases complètement achevées à partir de symboles abstraits incomplets, tels que NP. Chaque application d'une transformation facultative à une phrase produit une nouvelle phrase, semblable d'une certaine façon à la phrase initiale. Ainsi, une grammaire comportant des règles de transformation produira beaucoup de paires et des séries délimitées de phrases, comme la série de trois phrases sur Dickens, qui sont structuralement en étroite relation, et non pas simplement du fait que ce sont des phrases. De telles séries apparaîtront au locuteur comme disant « la même chose » — comme des variantes — au sens précisément que demande la stylistique.

Une deuxième raison, liée à la première, pour laquelle les faits de transformation sont pertinents pour l'étude du style, c'est le fait qu'une transformation s'applique à une ou plusieurs suites ou éléments structurés et non pas à de simples symboles comme VP, et qu'elle s'applique à ces suites en vertu de leur structure. Une transformation opère des changements dans une structure, mais normalement elle laisse inchangée une partie de cette structure. Et dans chaque cas, la nouvelle structure comporte avec l'ancienne une relation qui peut être précisée et que le locuteur peut éventuellement ressentir intuitivement. De plus, la transformation conserve au moins certains morphèmes de la suite initiale : c'est-à-dire que les transformations sont précisées de telle sorte que « Columbus discovered America » ne peut devenir par transformation passive « *Bleak House* was written by Dickens », bien que cette phrase ait la même structure que la transformée correcte « America was discovered by Columbus ». Cette propriété des transformations — la conservation de certains traits de la suite initiale — rend compte du fait que des séries de phrases, qui sont des variantes transformationnelles apparaissent comme des façons différentes de rendre une même proposition. C'est à nouveau le type de relation qui semble intuitivement sous-jacent à la notion de style et pour lequel seule une grammaire transformationnelle fournit un modèle formel.

Le troisième avantage d'une grammaire transformationnelle pour la stylistique réside dans la possibilité qu'elle offre d'expliquer comment sont produites les phrases complexes et comment elles sont reliées aux phrases simples. Les écrivains diffèrent notablement par la quantité et la forme de complexité syntaxique qu'ils admettent, mais ce sont là des questions qu'il était difficile d'aborder avec les méthodes conventionnelles d'analyse. La complexité de la phrase étant le résultat des transformations généralisées qu'elle a subies, la réduction de la phrase aux phrases simples qui la composent et l'énumération des transformations généralisées qui ont été appliquées (dans l'ordre de leur application), rendent compte de sa complexité. Et comme le même jeu de phrases simples peut ordinairement être combiné de différentes façons, on peut produire, à partir de ce jeu de phrases simples, plusieurs phrases complexes, dont chacune ne différera des autres que par son histoire transformationnelle, car elle formule les mêmes « propositions » simples. De telles différences peuvent être abordées de façon intéressante par l'analyse transformationnelle. Il en serait ainsi pour des variations majeures dans le type de composition : auto-enchâssement s'opposant à récursivité à gauche ou récursivité à droite par exemple, ou bien constructions endocentriques s'opposant aux constructions exocentriques. Ces possibilités grammaticales profondes, qui existent dans la langue, peuvent être exploitées différemment d'un auteur à l'autre et, s'il en est ainsi, ces différences sont certainement intéressantes du point de vue stylistique.

En résumé : une grammaire générative fournit l'instrument permettant de réduire une phrase prise dans un énoncé en ses phrases nucléaires (ou « suites » pour être précis) et de spécifier les opérations grammaticales qui ont été effectuées sur elles. Elle permet à l'analyste de construire à partir du jeu de phrases nucléaires d'autres phrases non-nucléaires. Celles-ci peuvent raisonnablement être considérées comme des variantes de la phrase initiale en ceci qu'elles sont simplement des constructions différentes obtenues à partir des mêmes unités grammaticales élémentaires. Ainsi l'idée de variantes de l'expression, qui est cruciale pour la notion de style, trouve un équivalent clair dans l'armature de la grammaire transformationnelle.

Mais s'agit-il là d'un équivalent rigoureux ? Ce que nous avons appelé les « variantes transformationnelles », ce sont les différentes dérivations à partir des mêmes phrases nucléaires. La notion de style implique que l'on trouve différentes façons d'exprimer le même contenu. Les phrases nucléaires ne sont assurément pas du

« contenu ». Mais elles ont un contenu et une part importante de ce contenu se conserve à travers les opérations transformationnelles. « Dickens was the writer of *Bleak House* and America was discovered by Colombus », disent pour une large part, sinon exactement, la même chose que « Dickens write *Bleak House* and Columbus discovered America ». Assurément certaines transformations apportent un contenu nouveau ou éliminent des traits du contenu initial et aucune transformation ne laisse le contenu absolument inaltéré. Mais il importe de rappeler que les autres manières de faire jouer les phrases (par exemple la substitution de synonymes) changent également le contenu. Et, pour envisager la question sous un angle différent — le sens le plus usuel du mot « contenu » — le contenu *cognitif* — doit être tel que les transformations le laissent en général inaltéré (de même qu'il existe des synonymes). En tout cas, les variantes transformationnelles sont fort proches des « différentes expressions d'un même contenu » et autres sortes de variantes. De plus, elles ont l'avantage pratique d'être accessibles à des analyses formelles et non impressionnistes. Il y a, en définitive, quelque raison de considérer que le style est, pour une part, une façon caractéristique de déployer l'appareil transformationnel d'une langue et l'on peut attendre de l'analyse transformationnelle une aide valable pour la description des styles. »

R. Ohmann, *Generative Grammars and the Concept of Literary Style,* Word XX, 3 décembre 1964, pp. 423-439 (trad. P. K.).

CHAPITRE V

ANALYSES STYLISTIQUES

On trouvera dans ce chapitre cinq exemples d'analyses stylistiques. Les trois premiers correspondent aux méthodes qui ont été exposées dans le chapitre II : « langue et style » ; les trois autres aux vues exprimées par les stylisticiens pour qui le style est « immanent » au texte (chap. III, « Immanence du style »).

Chacune de ces études formant un tout, il nous a paru indispensable de les donner chaque fois dans leur totalité.

1. UN TEXTE DE FLAUBERT, COMMENTE PAR M. CRESSOT.

Sur l'étendue de la plaine, des lions et des cadavres étaient couchés, et les morts se confondaient avec des vêtements et des armures. A presque tous le visage ou bien un bras manquait ; quelques-uns paraissaient intacts encore ; d'autres étaient desséchés complètement et des crânes poudreux emplissaient des casques ; des pieds qui n'avaient plus de chair sortaient tout droit des cnémides, des squelettes gardaient leurs manteaux ; des ossements, nettoyés par le soleil, faisaient des taches luisantes au milieu du sable.

Les lions reposaient la poitrine contre le sol et les deux pattes allongées, tout en clignant leurs paupières sous l'éclat du jour, exagéré par la réverbération des roches blanches. D'autres, assis sur leur croupe, regardaient fixement devant eux ou bien, à demi-perdus dans leurs grosses crinières, ils dormaient roulés en boule, et tous avaient l'air repus, las, ennuyés. Ils étaient immobiles comme la montagne et les morts (1). La nuit descendait ; de larges bandes rouges rayaient le ciel à l'occident.

Dans un de ces amas qui bosselaient irrégulièrement la plaine, quelque chose de plus vague qu'un spectre se leva. Alors un des lions se mit à marcher, découpant avec sa forme monstrueuse une ombre noire sur le fond du ciel pourpre ; quand il fut près (2) de l'homme, il le renversa, d'un seul coup de patte.

Puis, étalé dessus à plat ventre, du bout de ses crocs, lentement il étirait les entrailles.

Ensuite il ouvrit sa gueule toute grande, et durant quelques minutes il poussa un long rugissement, que les échos de la montagne répétèrent, et qui se perdit enfin dans la solitude.

---

(1) 1863 comme la montagne et comme les morts.
(2) 1863 quant il fut *tout près*...

Tout à coup, de petits graviers roulèrent d'en haut. On entendit un frôlement de pas rapides, et du côté de la herse, du côté de la gorge, des museaux pointus, des oreilles droites parurent ; des prunelles fauves brillaient. C'étaient les chacals arrivant pour manger les restes.

Le Carthaginois, qui regardait penché au haut du précipice, s'en retourna.

(G. FLAUBERT, *Salammbô*, éd. Conard, pp. 400-401.)

Le passage nous décrit le défilé de la Hache au moment où expire le dernier mercenaire. Réserve faite de la vision africaine, ce n'est pas la première fois que la littérature nous offre le tableau d'un soir de bataille ou d'un lendemain de carnage. Celui de Flaubert occupe dans le genre une place de choix. La mérite-t-il, et pourquoi la mérite-t-il ?

A) La langue. — Si nous exceptons les lions et les chacals, peut-être aussi les roches blanches, nous ne relevons pas de termes qui apportent une couleur locale particulièrement intense. Le lexique militaire, très sobre, ne nous fournit que deux mots : *cnémides, herse.* La ·note didactique *réverbération* rappelle une observation de Flaubert au cours d'un voyage en Afrique. Les autres termes sont courants, banaux, à peu près sans couleur, et c'est très bien ainsi : rien ne doit nous distraire du spectacle de la mort et je ne vois guère à noter que deux nouveautés : *des ossements, nettoyés par le soleil* qui rajeunit *blanchis par le soleil,* et *l'éclat du jour, exagéré...* qui relève de la langue picturale. Mais un mot banal peut être utilisé d'une manière qui ne l'est pas. Des épithètes peu fouillées comme dans *bandes rouges, ombre noire, ciel pourpre,* par un jeu de savantes oppositions, peuvent concourir à des tableaux remarquables : *découpant avec sa forme monstrueuse une ombre noire sur le fond du ciel pourpre.* L'adjectif *monstrueuse* frappe par sa répercussion morale autant sinon plus que par son contenu physique. Dire des lions, comme l'écrivait Flaubert en 1863 qu'ils sont *immobiles comme la montagne et comme les morts,* c'est dire une banalité ; supprimer en 1879 le second *comme,* c'est transformer cette banalité en une trouvaille remarquable : l'assimilation de la montagne et des morts, ceux-ci étant considérés comme des accidents de terrain. *Quelque chose* est d'une pauvreté volontaire. *Spectre,* banal en toute autre circonstance, est bien venu dans ce paysage de mort. *Repus, las, ennuyés,* impressionnent fortement parce qu'il y a là autre chose qu'une simple énumération, chaque mot corrige et intensifie le précédent et du physique nous trans-

porte dans du spirituel. Des phrases : *des crânes poudreux emplis-*
saient des casques ; des pieds qui n'avaient plus de chair sortaient
tout droit des cnémides ; des squelettes gardaient leurs manteaux ;
des ossements, nettoyés par le soleil, faisaient des taches luisantes
au milieu du sable, ont je ne sais quoi d'indigent : les verbes sont
faibles. Au premier abord du moins, car nous ne tardons pas à
déceler la réussite complète de Flaubert : avoir su donner comme
un dernier élan vital, comme une survivance, aux restes inanimés.
L'expérience est tentante, modifions les sujets : *des casques étaient*
remplis de crânes poudreux..., des manteaux recouvraient des sque-
lettes, tout l'effet disparaît.

B) Le matériel grammatical. — Nous pénétrons dans un
monde de nuances que nous n'avons pas rencontrées chez Balzac.
Ici tout est médité, pesé. Examinons l'emploi d'un ou deux articles,
de ces petits mots qui modifient de mille façons non pas le contenu
du substantif, mais la nature de son contact avec notre esprit.
Flaubert écrit : *des lions et des cadavres étaient couchés.* Rien
ne l'empêchait de mettre le défini, puisqu'il s'agit de choses dont
il a été déjà question. Mais l'indéfini, qui ici implique une idée
de nombre indéterminé, suppose une addition faite par le spectateur, et laisse à chacune des unités son individualité, alors que
le défini ne nous eût fourni qu'une vision synthétique. Après quoi,
l'effet étant produit, Flaubert revient au défini.

Presque à la fin du passage, Flaubert écrit : *C'étaient les chacals.*
Il eût pu dire : *C'étaient des chacals.* Qui ne voit que le défini
de notoriété, les chacals bien connus, dont l'arrivée doit nécessairement se produire, est infiniment plus expressif ?

Quand il s'agit de parties du corps, l'article se substitue à
l'ordinaire au possessif, et en fait Flaubert écrit *les deux pattes*
allongées, mais presque aussitôt, nous trouvons : *tout en clignant*
leurs paupières, assis sur leur croupe. Est-ce simple souci de
variété ? Il ne semble pas. Le possessif éclaire moins que l'article
défini ; *assis sur la croupe* aurait donné trop d'importance au
substantif ; par contre, *les deux pattes allongées* méritait l'éclairage.
Il s'agit des deux pattes de devant, de celles que nous évoquons
spontanément quand nous nous représentons un lion. Le possessif
dans leurs grosses crinières fait des crinières quelque chose d'extérieur à l'animal et correspond à un commencement d'image.

Ce passage d'autre part présente une intéressante alternance du
passé défini, temps-point qui note des actions momentanées et de
l'imparfait, temps-ligne, qui note la durée et qui, à ce titre, est

susceptible de prendre une valeur de tableau, ou de cadre dans lequel va s'inscrire une action subite :

Dans un de ces amas qui bosselaient irrégulièrement la plaine, quelque chose de plus vague qu'un spectre se leva.

Il fournit une vision au ralenti :

Puis, étalé dessus à plat ventre, du bout de ses crocs, lentement il étirait les entrailles. Sans doute, l'action est transposée en tableau ; mais cette idée de ralentissement ne doit pas être exclue, et elle vient fort à propos pour appuyer sur la satiété de l'animal ; de plus cet imparfait qui nous fait prévoir quelque chose qui d'ailleurs ne se produit pas, ne traduit-il pas aussi, et admirablement, l'indifférence de l'animal ?

On méditera également avec fruit le changement de temps dans cette phrase : *...des museaux pointus, des oreilles droites parurent, des prunelles fauves brillaient.*

Flaubert affectionne le participe présent : *C'étaient les chacals arrivant pour manger les restes.* Il ne recourt pas à la relative qui serait trop proche de celle qui suit. Mais je me demande si cet emploi d'un tour gauche associé à des termes grégaires comme *manger* et *restes* n'est pas voulu pour atteindre un dramatique terre à terre.

C'est avec des nuances de ce genre qu'un écrivain digne de ce nom donne à une phrase, non point figurément, mais au propre, ce qu'on appelle le relief.

C) La phrase et l'ordre des mots. — Un mot de la composition nous aidera à saisir l'économie de la phrase. Dans une première partie qui irait jusqu'à *à l'occident,* Flaubert a à traduire de l'immobilité, il construit un tableau. Dans la seconde, jusqu'à la fin du passage, il évoque un drame, le dernier avant que tout retombe dans le silence, dans la nuit, dans le néant. Le passage du tableau au drame sera marqué par une différence dans la structure de la phrase. Et c'est ici le triomphe de Flaubert.

Considérons tout d'abord la liaison des phrases entre elles. Dans la première partie, exception faite de la phrase initiale, règne l'asyndète qui correspond à une vision fragmentaire, laissant à chaque détail son individualité, avant de tout regrouper en déployant le fond de toile : *de larges bandes rouges rayaient le ciel à l'occident.*

L'emploi de deux *et* sollicite l'attention : *et les morts se confondaient... et tous avaient l'air repus...* Ce serait faire un contresens que d'y voir l'adjonction pure et simple de nouveaux détails. Ces *et* dont Flaubert a le secret marquent autre chose qu'une addition, ils « ramènent en arrière » des détails complémentaires, comme une touche ajoutée après coup.

Dans la deuxième partie au contraire, la liaison chronologique est assurée, sobrement et sans artifice, par *alors, puis, ensuite, tout à coup.* Il s'agissait de souligner les étapes de la disparition progressive de la vie.

L'asyndète finale n'échappera à personne : elle nous détache définitivement du tableau ; le rideau tombe.

Il n'est pas jusqu'à la ponctuation qui ne corresponde à des intentions. Comparons *ils dormaient roulés en boule* (vision synthétique) et *il le renversa, d'un seul coup de patte* où le circonstanciel bien détaché vient comme une précision d'appoint.

L'ordre des mots est étudié avec non moins de soin. Opposons par la pensée : *d'autres étaient desséchés complètement* et *d'autres étaient complètement desséchés.*

Les phrases commencent volontiers par le circonstanciel :

1) *Sur l'étendue de la plaine, des lions et des cadavres étaient couchés...*

2) *Dans un de ces amas qui bosselaient irrégulièrement la plaine, quelque chose de plus vague qu'un spectre se leva.*

3) *...du côté de la herse, du côté de la gorge, des museaux pointus des oreilles droites parurent.*

4) *Puis, étalé à plat ventre, du bout de ses crocs, lentement, il étirait les entrailles.*

Toutes ces phrases suivent le mouvement même du regard. La caractérisation, antérieure à l'objet lui-même, apporte un éclairage intense et, si je puis dire, le tableau est peint avant d'être totalement dessiné. Nous constatons que dans les trois premières phrases, le verbe vient en finale, apportant le dernier trait qui campe et qui affirme. Dans la phrase 4, l'antéposition d'une file de circonstanciels, en retardant le procès, apporte un ralentissement opportun à tous égards, comme nous l'avons vu plus haut.

Dans cette autre : *à demi-perdus dans leurs grosses crinières, ils dormaient roulés en boule,* où les circonstanciels enveloppent le verbe, la phrase a l'air de tourner sur elle-même, traduisant par son mouvement même l'attitude des fauves. Celle-ci : *et du côté de la herse, du côté de la gorge, des museaux pointus, des oreilles droites parurent ; des prunelles fauves brillaient,* par l'exiguïté de ses éléments, rend opportunément les détails de la vision pointilliste.

Cette autre : *et durant quelques minutes il poussa un long rugissement que les échos de la montagne répétèrent, et qui se perdit enfin dans la solitude,* avec la rallonge apportée par la seconde relative, traduit la durée de ce bruit, que l'on voit monter, qui atteint son sommet avec la masse sonore *répétèrent* pour décroître ensuite. Tout ceci est excellent, mais, selon mon goût, l'art flaubertien atteint son apogée dans la première et la dernière phrase du passage. La première : *Sur toute l'étendue de la plaine, des lions et des cadavres étaient couchés, et les morts se confondaient avec des vêtements et des armures,* vaut à la fois par sa qualité picturale et par sa plasticité. Le ternaire lui donne une profondeur et une grandeur inégalables. La dernière : *Le Carthaginois, qui regardait penché au haut du précipice, s'en retourna,* par sa nudité, par sa sécheresse, par tout ce qu'elle implique de sous-entendus, se grave inoubliablement dans l'esprit.

Conclusion. — Probablement n'avons-nous pas tout dit. Mais du moins avons-nous rendu compte des intentions essentielles, et reconstitué les problèmes que Flaubert s'était donné comme tâche de résoudre pour ajuster son expression à sa pensée. Nous avons constaté l'absence de toute supercherie ; pas de jongleries avec les mots, pas de sophistications. Nous nous sentons en présence d'un art raffiné mais d'un authentique aloi. Le gros effort de Flaubert porte sur la phrase à laquelle, selon le mot de Maupassant, il parvient à faire tout dire, même ce qu'elle ne dit pas.

Là s'arrête le rôle de la stylistique. Aux littéraires de porter un jugement de valeur ! »

M. Cressot, Le style et ses techniques,
Paris, 1947, pp. 243-249.

2. UNE PAGE DE BOSSUET EXPLIQUEE PAR L. SPITZER.

« Qu'il me soit permis de m'arrêter un peu plus sur le caractère « désenchanté » de la phrase de Bossuet. C'est que l'expérience que nous avons faite en considérant cette phrase, peut nous enseigner une vérité plus générale. Une expérience de ce genre, en effet, l'empreinte profonde que laissent en nous une phrase ou une expression frappantes chez un auteur, ne restera jamais isolée si nous poursuivons l'étude du style de cet auteur. Dès le moment où j'interprétais la phrase de Bossuet dépeignant le *desengaño* baroque par un mouvement descendant, je *savais* que je trouverais chez lui d'autres passages montrant, sinon la même texture de phrase, du moins une « innervation » similaire de la langue par le sentiment du désenchantement profondément vécu. Un centre de vie ne peut pas ne pas se manifester *constamment* dans un style.

Voici une petite série de passages analogues, résultat d'une recherche improvisée et sans ambition d'être exhaustive, qui prouvent la *constance* de cet élément de style particulier que j'avais noté chez Bossuet. Le premier est tiré de l'oraison funèbre d'Henriette-Anne d'Angleterre :

La voilà, malgré ce grand cœur, cette princesse si admirée et si chérie ; la voilà telle que la mort nous l'a faite : encore ce reste tel quel va disparaître, cette ombre de gloire va s'évanouir ; et nous l'allons voir dépouillée même de cette triste décoration. Elle va descendre à ces sombres lieux, à ces demeures souterraines, pour y dormir dans la poussière avec les grands de la terre, comme Job ; avec ces princes anéantis, parmi lesquels à peine peut-on la placer, tant les rangs y sont pressés, tant la mort est prompte à remplir ces places. Mais ici notre imagination nous abuse encore. La mort ne nous laisse pas assez de corps pour occuper quelque place, et on ne voit là que les tombeaux qui fassent figure. Notre chair change bientôt de nature ; notre corps prend un autre nom ; même celui de cadavre, dit Tertullien, parce qu'il nous montre encore quelque forme humaine, ne lui demeure pas longtemps ; il devient un je ne sais quoi, qui n'a plus de nom dans aucune langue ; tant il est vrai que tout meurt en lui, jusqu'à ces termes funèbres par lesquels on exprimait ses malheureux restes.

Le contenu, clairement centré sur le thème baroque *Sic transit...*, a trouvé ici sa forme adéquate, non dans une ample période, mais dans l'effacement progressif de tout ce qui est visible, et par conséquent désignable par le langage, dans le corps humain. C'est la disparition des pronoms démonstratifs au profit des indéfinis qui dépeindra la destruction du corps. Le début par *la voilà*, ironiquement répété, montre une pensée qui s'agrippe à la personne physique de cette morte (bien que l'ironie désespérante de *telle que la mort l'a faite*, équivalant à un... *la mort qui l'a défaite* comme l'a senti Chateaubriand, nous mette tout de suite en présence de la destruction). Mais déjà cette forme est en voie de disparition. Pourtant le prédicateur, debout devant le cercueil, peut encore montrer du doigt *ce reste, cette ombre de gloire..., cette triste décoration.* Suit la descente imaginée d'Henriette dans l'Achéron, où les démonstratifs se rapporteront maintenant, non plus à la personne visible, mais à l'invisible : *ces sombres lieux... ces demeures souterraines... avec ces rois et ces princes anéantis.* Le « démonstratif

imaginatif » peut encore, un instant, voisiner avec le pronom
personnel *(Elle)*. Mais dorénavant nous perdrons de vue son individualité, et le démonstratif devra céder la place à l'indéfini, déniant
toute extension spatiale au corps humain : *quelque place... quelque
figure... quelque forme humaine.* Un nouveau nom, éphémère
(cadavre), surgit devant nous, pour s'évanouir aussitôt, et alors
apparaît finalement le *Je ne sais quoi,* pronom indéfini suprême,
« qui n'a plus de nom dans aucune langue », qui ne remplace
aucun terme imaginable. L'œil du prédicateur a suivi la décompo-
sition du corps visible à travers les ombres par delà même les
confins de la langue et de l'imagination humaine, jusqu'au néant
absolu. Le fait que Bossuet se soit aventuré, selon son propre
aveu, jusqu'au « néant linguistique » nous montre bien que sa
gradation savante de pronoms était délibérément choisie. Il symbo-
lise l'anéantissement du corps par l'anéantissement de la parole
qui pouvait se définir. S'il n'y a pas de rythme unifié dans tout
le passage, on remarquera pourtant le mouvement général descendant, et, comparable à une suite de terrasses élargies et donnant
toutes sur l'abîme, la disposition de ces longues incidentes qui
indiquent les vastes royaumes souterrains de la mort, de la mort
de la personne et de la parole humaines :

1) *Pour y dormir... avec les grands... avec ces rois... parmi lesquels... tout les rangs y sont pressés, tant la mort est prompte...*

2) *Qui n'a plus de nom dans aucune langue, tant il est vrai que
   tout meurt en lui, jusqu'à ces termes funèbres.*

On remarquera aussi la symétrie des incidentes, avec *tant* marquant les paliers. Soyons sûrs, cependant, que Bossuet, après nous
avoir montré la *vanitas vanitatum* de l'homme conduira celui-ci
vers Dieu, comme dans l'oraison d'Anne de Gonzague : « Mais
quoi, messieurs, tout est-il donc désespéré pour nous ? Dieu... ne
nous laisse-t-il aucune espérance ? »

Comme Pascal, Bossuet relève l'homme après l'avoir abattu.
Mais avant de le relever, il faut qu'il l'abatte ; et il faut qu'il nous
montre, dans toute sa force dramatique, le spectacle de cet abat-
tement. L'on sait, d'après la description d'une gazette du temps,
que Bossuet désignait vraiment du doigt la « décoration », « la
« pompe funèbre », extraordinairement somptueuse, qui avait été
préparée en l'honneur de l'illustre défunte. Le principe de la pompe
funèbre même relève du *desengaño* baroque. Les grands de la terre
ne nous y sont montrés dans leur gloire et apparat terrestres de
créatures suréminentes que pour être anéantis par la Mort, elle-
même majesté impériale ne respectant aucune grandeur humaine.
Bossuet verra donc dans la pompe funèbre un décor de théâtre

laborieusement érigé pour être détruit, pour s'anéantir dans le « dépouillement ». Aussi les termes qui expriment la pompe et ceux qui expriment le dépouillement, voisinent-ils dans le texte : *dormir dans la poussière avec les grands de la terre..., ces princes anéantis...* Pour Bossuet la mort démasque la vanité humaine. Qui dit « démasquer », dit scène et théâtre. Au rebours d'un Montaigne, Bossuet voit dans la mort un coup de théâtre qui a son maximum d'effet là où les masques abondent, c'est-à-dire à la Cour. Selon son expression, il « ouvrira un tombeau » devant ces sensibilités hypocrites. Ce sera comme une seconde représentation de théâtre, toute en paroles puissantes et dramatiques, qu'il surajoutera à celle que la Mort avait déjà donnée.

L'anéantissement de la personne humaine dans la mort est un des thèmes favoris de Bossuet, qui en trouve des équivalents linguistiques toujours nouveaux. Dans le passage suivant, tiré de la même oraison sur Anne de Gonzague, nous assistons à une « liquéfaction » progressive de l'homme :

Elle viendra cette heure dernière : elle approche, nous y touchons, la voilà venue. Il faut dire avec Anne de Gonzague : il n'y a plus ni princesse, ni Palatine ; ces grands noms, dont on s'étourdit, ne subsistent plus. Il faut dire avec elle : je m'en vais, je suis emporté par une force inévitable ; tout fuit, tout diminue, tout disparaît à mes yeux. Il ne reste plus à l'homme que le néant et le péché ; pour tout fonds, le néant ; pour toute acquisition, le péché. Le reste, qu'on croyait tenir, échappe : semblable à de l'eau gelée, dont le vil cristal se fond entre les mains qui le serrent, et ne fait que les salir.

Il ne suffit pas de relever dans ces phrases les métaphores de liquéfaction. Il y a en elles encore comme une descente ou une chute dans un gouffre sans fond, suggérée par la succession des verbes : *il n'y a plus — ne subsistent plus — je m'en vais, je suis emporté — tout fuit, tout diminue, tout disparaît — le reste... échappe — le vil cristal se fond.* Sans doute, Dieu réapparaîtra (dans la suite que j'ai supprimée), mais ce sera aux yeux d'un être humain d'abord anéanti.

Il en va de même dans l'esquisse d'un Sermon pour le jour de Pâques. La rapidité de la vie humaine et sa marche vers l'abîme y sont marquées par la répétition d' « impératifs impérieux » : *Marche ! Marche !* d'injonctions : *Il faut avancer toujours, il faut aller sur le bord* (du précipice), *il faut marcher,* qui mènent encore une fois au même évanouissement des réalités illusoires : *tout est tombé, tout est évanoui, tout est échappé.*

Dans un passage parallèle *(Sermon sur l'impénitence finale)*, l'idée de la vanité du temps humain est développée sous la forme, non d'une marche descendante, mais sous celle d'une course effrénée :

Que faites-vous cependant, grand homme d'affaires, homme qui êtes de tous les secrets, et sans lequel cette grande comédie du monde manquerait d'un personnage nécessaire ; que faites-vous pour la grande affaire, pour l'affaire de l'éternité ? C'est à l'affaire de l'éternité que doivent céder tous les emplois ; c'est à l'affaire de l'éternité que doivent servir tous les temps. Dites-moi, en quel état est donc cette affaire ? — Ah ! pensons-y, direz-vous. — Vous êtes donc averti que vous êtes malade dangereusement, puisque vous songez enfin à votre salut ? Mais, hélas ! que le temps est court pour démêler une affaire si enveloppée que celle de vos comptes et de votre vie ! Je ne parle point en ce lieu, ni de votre famille qui vous distrait, ni de la maladie qui vous accable, ni de la crainte qui vous étonne, ni des vapeurs qui vous offusquent, ni des douleurs qui vous pressent : je ne regarde que l'empressement. Ecoutez de quelle force on frappe à la porte ; on la rompra bientôt, si l'on n'ouvre. Sentence sur sentence, ajournement sur ajournement, pour vous appeler devant Dieu et devant sa chambre de justice. Ecoutez avec quelle presse il vous parle par son prophète. « La fin est venue, la fin est venue ; maintenant la fin est sur toi, et j'enverrai ma fureur contre toi, et je te jugerai selon tes voies ; et tu sauras que je suis le Seigneur. » O Seigneur, que vous me pressez ! Encore une nouvelle recharge : « La fin est venue, la fin est venue ; la justice que tu croyais endormie, s'est éveillée contre toi ; la voilà qu'elle est à la porte, Ecce venit. » « Le jour de vengeance est proche. » Toutes les erreurs te semblaient vaines, et toutes les menaces trop éloignées ; et « maintenant, dit le Seigneur, je te frapperai de près, et je mettrai tous tes crimes sur ta tête, et tu sauras que je suis le Seigneur qui frappe. » Tels sont, Messieurs, les ajournements par lesquels Dieu nous appelle à son tribunal. Mais enfin voici le jour qu'il faut comparaître : Ecce dies, ecce venit, egressa est contritio. L'ange qui préside à la mort recule d'un moment à l'autre, pour étendre le temps de la pénitence ; mais enfin il vient un ordre d'en haut : Fac conclusionem : Pressez, concluez ; l'audience est ouverte, le Juge est assis : criminel, venez plaider votre cause. Mais que vous avez peu de temps pour vous préparer ! Ah ! que vous jetterez de cris superflus ! ah ! que vous soupirerez amèrement après tant d'années perdues ! Vainement, inutilement. Il n'y a plus de temps pour vous ; vous entrez au séjour de l'éternité.

Ici l'abolition du temps humain au moment de la mort se fait sentir sous la forme d'un sentiment plus aigu du temps qui presse, de l'accélération de la durée. L'homme d'affaires se trouve engagé dans une dernière affaire, le procès institué par Dieu, le Juge, qui ne donne point de répit au pécheur, qui vient même le relancer à sa porte, dans sa maison. Bossuet s'est laissé inspirer par certain verset d'Ezéchiel : *Finis venit, venit finis ; evigilavit adversum te ; ecce venit ; Ecce dies, ecce venit, egressa est contritio,* dans lequel il a senti un rythme pressant, accéléré. Il donne donc au passage inspiré par le texte scriptural un mouvement haletant, essoufflé, convulsif : interjections, phrases d'autant plus courtes qu'elles expriment plus de violence *(on la rompra bientôt si l'on n'ouvre),* impératifs, phrases nominales *(sentence sur sentence, ajournement sur ajournement)* ; et le tout ponctué par des répétitions de mots, non seulement des mots d'Ezéchiel *(la fin est venue),* mais de mots-clés introduits par Bossuet : *presse, presser, empressement ; jour, ajournement, séjour ;* et surtout le mot *temps : tous les temps, étendre le temps, peu de temps,* et enfin *plus de temps,* où le temps s'abolit pour faire place à l'éternité.

Jamais le « temps qui presse » n'a été rendu par des équivalents acoustiques et moteurs aussi expressifs, qui nous font témoins auriculaires du temps qui fuit goutte à goutte. Avant d'être arrivés au Jugement, désabusés *(vainement, inutilement),* nous avons déjà expérimenté dans nos sens la vanité et l'inutilité du temps humain.

Ailleurs c'étaient les verbes qui entraînaient l'homme au néant ; dans le passage qui suit, ce sont les substantifs qui établissent toute une hiérarchie ironique de non-valeurs ; c'est le thème de la vanité de la gloire :

S'il a fallu quelque récompense à ces grandes actions des Romains, Dieu leur en a su trouver une convenable à leurs mérites comme à leurs désirs. Il leur donne pour récompense l'empire du monde, comme un présent de nul prix. O rois, confondez-vous dans votre grandeur ; conquérants, ne vantez pas vos victoires. Il leur donne pour récompense la gloire des hommes : récompense qui ne vient pas jusqu'à eux, qui s'efforce de s'attacher, quoi ? peut-être à leurs médailles, ou à leurs statues déterrées, restes des ans et des barbares ; aux ruines de leurs monuments et de leurs ouvrages qui disputent avec le temps ; ou plutôt à leur idée, à leur ombre, à ce qu'on appelle leur nom. Voilà le digne prix de tant de travaux, et dans le comble de leurs vœux la conviction de leur erreur. Venez, rassasiez-vous, grands de la terre ; saisissez-vous, si vous pouvez, de ce fantôme de gloire, à l'exemple de ces grands hommes que vous admirez.

Ici Bossuet, se basant sur le texte d'Augustin : *Receperunt mercedem, vani vanam,* développe concurremment les deux idées :

vanité des hommes, vanité des récompenses. Les hommes seront
les spectateurs désabusés *(O rois, confondez-vous dans votre grandeur... Venez, rassasiez-vous, grands de la terre)* de la vanité des
récompenses. La récompense, notion ironiquement répétée, est
graduellement privée de toute réalité. La récompense ne rejoint pas
les récompensés, elle « ne vient pas jusqu'à eux », elle s'attache
à « quoi » ? A une série d'objets de plus en plus irréels : aux
« médailles » des hommes, à leurs « statues déterrées », aux
« ruines » de leurs monuments et de leurs ouvrages, ou plutôt, en
fin de compte, à leur « idée », à leur « ombre », à « ce qu'on
appelle leur nom ». Ce soutirement progressif de toute substance
fait penser à un passage *(Criticon, III, 21)* de l'écrivain baroque
espagnol Balthasar Gracian, où l'on voit les hommes comparés à
des danseurs de corde qui « se reposent, non pas sur une corde...,
mais sur un fil de soie ; *moins encore.* sur un cheveu ; *c'est encore
trop,* sur un fil d'araignée ; *c'est encore quelque chose ;* sur leur filet
de vie, *ce qui est moins* ». De même, chez Bossuet, toute réalité
est abolie ; le regard monte de dessous terre vers des hauteurs
que n'illumine aucune idée platonique et où ne se sont révélés que
des *flatus vocis.*

Même là où le rythme ascendant serait indiqué, la période ne
s'élève pas, mais s'éteint dans ce passage. Néanmoins il n'est pas
difficile de trouver chez Bossuet des périodes qui, bien qu'évidemment destinées à nous désillusionner, montrent cependant un rythme
ascensionnel. Ainsi dans le *Sermon sur la providence :*

*Et certainement, chrétiens, quand, rappelant en mon esprit la
mémoire de tous les siècles, je vois si souvent les grandeurs du
monde entre les mains des impies ; quand je vois les enfants
d'Abraham et le seul peuple qui adore Dieu relégué en la Pales-
tine, en un petit coin de l'Asie, environné de superbes monarchies
des Orientaux infidèles ; et pour dire quelque chose qui nous touche
de plus près, quand je vois cet ennemi déclaré du nom chrétien
soutenir avec tant d'armées les blasphèmes de Mahomet contre
l'Evangile, abattre sous son croissant la croix de Jésus-Christ notre
Sauveur, diminuer toujours la chrétienté par des armes si fortu-
nées ; et que je considère d'ailleurs que, tout déclaré qu'il est contre
Jésus-Christ, ce sage distributeur des couronnes le voit du plus haut
des cieux assis sur le trône du grand Constantin, et ne craint pas
de lui abandonner un si grand empire, comme un présent de peu
d'importance : ah ! qu'il m'est aisé de comprendre qu'il fait peu
d'état de telles faveurs et de tous les biens qu'il donne pour la vie
présente !*

Et toi, ô vanité et grandeur humaine, triomphe d'un jour, superbe néant, què tu parais peu à ma vue quand je te regarde par cet endroit !

Et dans le *Discours sur l'Histoire universelle :*

Mai, si vous le (Darius) comparez avec Alexandre, son esprit avec ce génie perçant et sublime, sa valeur avec la hauteur et la fermeté de ce courage invincible qui se sentoit animé par les obstacles, avec cette ardeur immense d'accroître tous les jours son nom, qui lui faisoit préférer à tous les périls, à tous les travaux et à mille morts, le moindre degré de gloire ; enfin avec cette confiance qui lui faisoit sentir au fond de son cœur que tout lui devoit céder comme à un homme que sa destinée rendoit supérieur aux autres, confiance qu'il inspiroit non seulement à ses chefs, mais encore aux moindres de ses soldats, qu'il élevoit par ce moyen au-dessus des difficultés, et au-dessus d'eux-mêmes : vous jugerez aisément auquel des deux appartenait la gloire.

On pourrait citer encore le long passage sur la gloire d'Alexandre dans le *Sermon sur la Profession de foi de Mme de la Vallière*, où il semble que Bossuet ait voulu donner un pendant à la description enthousiaste d'Alexandre que Montaigne avait insérée dans un de ses *Essais* (II, 36). Mais la rhétorique de Montaigne est cumulative. Elle groupe en gerbe les titres du jeune conquérant à la grandeur. Celle de Bossuet, au contraire, excelle dans le dépouillement : Alxandre a eu tout ce qu'il a voulu, mais tout ce qu'il a voulu n'est rien. Ici, comme dans les exemples précédents, la période ne se gonfle que pour se dégonfler. L'enflure de la phrase est donc précisément une caricature de l'homme enflé de faux orgueil.

Nous voici bien loin du livre de M. Sayce (1) : en parlant si longuement de Bossuet, nous sommes cependant restés au centre d'un problème que la lecture du livre de M. Sayce nous avait fait poser. Au lieu de disperser en des chapitres divers les caractéristiques d'un auteur, nous nous sommes efforcé de grouper tout ce que nous avons relevé autour d'une observation hypothétique centrale, celle qu'une seule phrase de Bossuet, citée par M. Sayce, nous avait suggérée : le lien entre une certaine forme linguistique (la course de la phrase vers le néant) et le contenu baroque (le desengaño). Il ne s'agit, bien entendu, que d'un aspect, un seul, du style de Bossuet. Mais cet aspect est important s'il se retrouve partout et s'il informe la pensée et le style. Car alors il s'agit d'une *constante.*

L. S<small>PITZER</small>, *Stylistique et critique littéraire*, « Critique »,
n° 98, juillet 1955, pp. 602-609.

---

(1) L'article se présente, en effet, comme un compte rendu du livre de M. R. A. Sayce. *Style in French Prosa* (Londres, 1953).

3. DECODAGE D'UN TEXTE
NIVEAUX ET ASPECTS DANS UN SONNET TCHEREMISSE

« ...Dans les pages qui suivent, nous entreprenons l'examen détaillé d'un chant tchérémisse. Parmi les constatations qui en résulteront, certaines se trouveront avoir un haut niveau de généralité : elles seront vraies pour tout échantillon linguistique, quotidien (non-marqué) ou poétique (marqué), parlé (codé une fois) ou chanté (codé deux fois). D'autres s'appliqueront au discours poétique (qui peut comprendre prières, proverbes, énigmes, incantations, etc., aussi bien que des chants), mais certaines seront ultérieurement restreintes à ce genre particulier. D'autres encore caractériseront un groupe de chants par exemple du type que nous appelons sonnet. Enfin, certaines de nos constatations ne concerneront que ce message particulier et lui seul...

Le texte expliqué a été relevé dans le village tchérémisse de /iadəkplak *(Serednyj Jadykbeljak)... En voici la transcription phonologique :*

iumən kükü ačam kodəldaleš ; kükü šulder abam kodəldaleš ; iumen barsenge izam kodəldaleš ; barsenge šuldər iəngam kodəldaleš ; kenež ləbe šolám kodəldaleš ləbe šulder šüžarem kodəldaleš ; kenež saska ške kaialam, saska peledəšem kodəldaleš.

Conformément à la notion de niveau, introduite plus haut, il convient d'établir le fondement de l'analyse du système du mètre dans ce texte par une description préalable de son organisation linguistique ou système glottique au sens large. Les deux niveaux peuvent alors être étudiés sous deux aspects : en termes d'unités non-signifiantes et en termes d'unités signifiantes. Ces distinctions fournissent quatre groupes d'objets d'étude : phonèmes, traits distinctifs et configuratifs ; morphèmes ; rythme et mètre ; images, métaphores, symboles, etc.

Le texte tel qu'il est imprimé consiste en une suite de lettres, interrompue par des espacements et des signes de ponctuation. Les lettres sont, naturellement, en relation chacune avec un phonème et les espacements et signes de ponctuation représentent des traits configuratifs divers.

Trois types de marques de ponctuation se présentent : virgule (,) et point (.), représentés chacun une fois, et point et virgule (;), six fois. Point et virgule et point sont des allographes, c'est-à-dire des représentations différentes de la même jonction. Le premier se rencontre à l'intérieur d'un texte, le second en position finale ;

ces graphèmes représentent ce que nous avons appelé ailleurs des jonctions terminales (A). Les virgules représentent des jonctions suspensives (B) en opposition aux jonctions ouvertes (C) ou fermées (D) à l'intérieur de ces groupes...

Nous proposons d'utiliser ces jonctions comme des marques de délimitation, pour déterminer des articulations à l'intérieur desquelles il sera possible de procéder à des relevés pertinents du point de vue du mètre. Ainsi, en termes de A, sept grandes articulations peuvent être établies, ou, avec B, huit. Une articulation terminée par A ou B s'appellera un vers. Une transcription vers par vers fournit un schéma d'apparence plus traditionnelle :

1. iumən kükü ačam kodəldaleš
2. kükü šuldər abam kodəldaleš.
3. iumən barsenge izam kodəldaleš
4. barsenge šulder iəngam kodəldaleš
5. kenež ləbe šol'em kodəldaleš
6. ləbe šuldər šüzarem kodəldaleš
7. kenež saska ške kaialam
8. saska peledəšem kodəldaleš.

Chaque vers ou grande articulation est maintenant représenté en transcription analytique, c'est-à-dire analysé en sept composantes, qui se manifestent en proportions variables en différents points du texte. On suppose ici que le schéma quantitatif des traits distinctifs d'un texte poétique s'écarte de façon significative du schéma « normal », c'est-à-dire de la distribution qui prévaut dans le langage en général. Chaque texte, par ailleurs, sera vraisemblablement caractérisé par son profil componentiel, tel qu'il apparaît dans le tableau ci-joint (*Cf.* tableau I).

Une séquence délimitée par une jonction A est appelée phrase si elle comporte au moins une proposition non-subordonnée. Le texte comporte ainsi six phrases minimales — c'est-à-dire phrases à une proposition ; elles correspondent aux vers 1, 2, 3, 4, 5, 6. Les deux vers restants, 7 et 8, constituent ensemble la septième phrase, qui est plus complexe que chacune des précédentes, puisqu'elle consiste en deux propositions coordonnées.

Il y a plusieurs types de phrases dans la langue, dont le plus courant est la phrase prédicative. C'est une séquence délimitée par une jonction plus forte que C et comportant un verbe fini (ou certains équivalents). Notre texte comporte huit phrases prédicatives, chacune correspondant à un vers.

Chaque phrase prédicative peut se subdiviser en deux constituants immédiats : le groupe sujet-prédicat et l'expansion du sujet. A son tour, chaque groupe sujet-prédicat peut se subdiviser en deux cons-

tituants immédiats, le prédicat et le sujet. Le prédicat, dans chacune des huit phrases, consiste en un verbe fini, qui exprime l'action. Le sujet, tout au long du poème, est un substantif unique
qui porte la marque de la première personne, soit lexicalement (7),
soit grammaticalement.

Dans la dernière proposition seule, l'expansion du sujet proprement dit est un substantif /saska/ qui forme avec le sujet qui le suit
immédiatement une construction apport - support. Dans chacune
des sept propositions précédentes, la situation est plus complexe : le
sujet proprement dit, avec son expansion, forme une construction
substantive coordonnée paratactiquement, qui se trouve, dans sa
totalité, dans une relation d'agent avec l'action (prédicat). L'expansion elle-même consiste en un substantif qui fonctionne comme support, précédé d'un autre qui fonctionne comme apport : le second est
ou bien au génitif (1, 3) ou bien au nominatif. De plus, le mot qui
fonctionne comme support aux vers 1, 3, 5, 7, passe à la fonction
apport aux vers 2, 4, 6 et 8 respectivement.

Les limites de mots sont obligatoires aux jonctions A et B et
sont aussi obligatoires aux jonctions C. Dans ce texte, tout mot
situé sur une limite A ou B est un verbe et tout mot situé sur une
limite C est un substantif... Dans la dernière phrase, il y a trois
mots ; il y en a quatre dans toutes les autres.

Le dernier mot d'une proposition est un verbe qui ne se présente
que sous deux occurrences : /kai-al-am/, « je pars » (7) et /kodə-ld-
al-es/, « il reste » (les autres vers). Trois sous-classes de substantifs
sont utilisées : un pronom, huit noms communs et six termes de
parenté. Le pronom est le réfléchi /ške/ « ego, moi-même ». Les
noms communs sont /barseᵑ-ge/ « hirondelle », /iumə-n/ « du
ciel », /keᵑež/ « été », /kükü/ « coucou », /ləbe/ « papillon »,
/peled-əš-em/ « ma floraison », /saska/ « fleur », et /šulder/
« aile ».

Les termes élémentaires de parenté dans cette langue constituent
une classe partielle de formes et peuvent être développés en une
classe distributionnelle complète de la manière suivante. Il existe
un suffixe de dérivation -i, qui fonctionne comme un vocatif apparaissant seulement avec les substantifs désignant les personnes considérées dans cette culture comme parents plus âgés que ego (/ške/).
A cette classe appartiennent par exemple : /ača/ « père », /aba/
« mère », /iza/ « frère aîné ; frère cadet du père », /ieᵑga/ « épouse
du frère aîné, épouse du frère cadet du père », etc. Chaque membre
de cette classe est en relation réciproque avec un autre substantif
désignant une personne considérée comme plus jeune que ego,
comme par exemple /sol'ə/ « frère cadet » (réciproque de /iza/) et

Table 1

```
1.                  i u m ə n k ü k ü a č a m k o d ə l d a l e š
Vocalic             + + - + - - + - + + - + - - + - + ± - + ± + -
Compact             - - - ± - + - + - + + - + ± - ±   - + ± +
Grave               - + + - - -     + + -
Flat-sharp          - +       + +         +     -       - -
Tense               + + - + + + + +   + + + - -   - + + +
Continuous-strident         - - ±   - - + - + +
Nasal               + + - -   - + - -       -

2.                  k ü k ü š u l d ə r a b a m k o d ə l d a l e š
Vocalic             - + - + - + ± - + ± + - + - - + - + ± - + ± + -
Compact             + - + - + -   - ± + - + - + ± - ±   - + ± +
Grave               - - + - + + + - - -
Flat-sharp          + + + -         + - - -
Tense               + + + + + +     - - + - + + + - -   - + + +
Continuous-strident - - + + - -     - - + - + +
Nasal               - - - - -       + - - -

3.                  i u m ə n b a r s e ŋ g e i z a m k o d ə l d a l e š
Vocalic             + + - + - - + ± - + - + + - + - - + - + ± - + ± + -
Compact             - - - ± - - + - ± + + ± - - + - + ± - ±   - + ± +
Grave               - + + - + - - + - - - + + -     -
Flat-sharp          - +       - -   - -       + -       - -
Tense               + + - - + + + - + + - + + + - -   - + + +
Continuous-strident         - + - + - + - + +
Nasal               + + - -   - + -   - + - -       -

4.                  b a r s e ŋ g e š u l d ə r i ə ŋ g a m k o d ə l d a l e š
Vocalic             - + ± - + - + - + ± - + ± + + - - + - - + - + ± - + ± + -
Compact             - + - ± + + ± + - - ± - ± + + + - + ± - ±   - + ± +
Grave               + - - + - + - - + + + - - -
Flat-sharp          - - - + - - + - - - - -
Tense               - + + + - + + + - - + - - + + + - -   - + + +
Continuous-strident - + - + + - - - - - + - + +
Nasal               - - + - - + - - + - - - -

5.                  k e ŋ e ž l ɔ b c š o l' ɔ m k o d ə l d a l e š
Vocalic             - + - + - ± + - + - + ± + - - + - + ± - + ± + -
Compact             + ± + ± + ± - ± + ± ± - + ± - ±   - + ± +
Grave               - + - + - + + + - - -
Flat-sharp          - - - - + + + - - -
Tense               + + + - - - + + + - + + - -   - + + +
Continuous-strident -   + + + + - - + - + +
Nasal               - + - - - - + - - -

6.                  l ə b e š u l d ɔ r š ü ž a r e m k o d ə l d a l e s
Vocalic             ± + - + - + ± - + ± - + - + + ± - - + - + ± - + ± + -
Compact             ± - ± + - ± + - + + + - + - + ± - ± - + ± +
Grave               + - + - - - - + - - -
Flat-sharp          -   - + - + - + - - -
Tense               - - + + + - - + + - + + + + - -   - + + +
Continuous-strident +   + + - + - + - - - + - + +
Nasal               - - - - - + - - -

7.                  k e ŋ e ž s a s k a š k e k a i a l a m
Vocalic             - + - + - - + - - + - - + - + + + ± + -
Compact             + ± + ± + - + - + + + + ± + + - + + -
Grave               - + - - - - - +
Flat-sharp          - - - - - -
Tense               + + + - + + + + + + + + + + +   +
Continuous-strident - + + + - + - - +
Nasal               - + - - - - - - +

8.                  s a s k a p e l e d ə š e m k o d ə l d a l e š
Vocalic             - + - - + ± + - + - + - + - - + - + ± - + ± + -
Compact             - + - + + - ± ± - ± + ± - + ± - ±   - + ± +
Grave               - - + - - - - + + -
Flat-sharp          - - - - - + - - -
Tense               + + + + + + + - - + + + - -   - + + +
Continuous-strident + + - + + - + - - + - + +
Nasal               - - - - - + - - -
```

/šužar/ « sœur cadette » (réciproque de /aka/ sœur aînée) et ainsi de suite. Quoique les substantifs de la série « junior » ne fassent pas la distinction entre la forme vocative et la forme référentielle, ils constituent avec les membres de la classe où elle existe la totalité de la classe distributionnelle des termes de parenté.

Dans les paragraphes précédents, toutes les racines trouvées dans ce texte ont été commentées ; il reste à donner la liste des suffixes.

Suffixes de dérivation formant des noms : ajouté à des noms : -ge, comme dans /barseŋ-ge/ ; ajouté à des verbes : -əs, comme dans /peled-əš-em/ ; formant des verbes ajouté à des verbes : -al, comme dans /kai-al-am/ et /kodəld-al-eš/, et -ld, comme dans /kodə-ld-aleš/.

Personnes : prem. sing. : -m~-em~-am comme dans /ača-m/, /aba-m/, /iza-m/, /ieŋga-m/, /šolə-m/, /šüžar-em/, /peldəš-em/, /kaial-am/ ; et 3e sing. : -eš comme dans /kodəldal-eš/.

Cas — génitif : -n, comme dans /iumə-n/.

En poésie, -al et -ld se rencontrent habituellement comme suite de phonèmes dépourvus de signification glottique, mais ils fonctionnent au niveau métrique pour amener l'isochronie des unités pertinentes, c'est-à-dire des vers.

Concluons ce chapitre par une traduction du texte :

1. Coucou du ciel, mon père, il demeure.
2. Aile du coucou, ma mère, elle demeure.
3. Hirondelle du ciel, mon frère aîné, il demeure.
4. Aile de l'hirondelle, femme de mon frère aîné, elle demeure.
5. Papillon d'été, mon frère cadet, il demeure.
6. Aile du papillon, ma sœur cadette, elle demeure.
7. Fleur d'été, moi-même, je pars.
8. Floraison de cette mienne fleur, elle demeure.

*
* *

Dans l'analyse glottique, le texte était segmenté en constituants et les segments obtenus étaient décrits et classés. Dans l'analyse métrique, on appliquera aux segments pertinents — ceux qui ont été obtenus précédemment et ceux qui seront reconnus nécessaires — des critères quantitatifs.

Le premier objectif est d'étudier les aspects du matériel phonique — traits distinctifs, phonèmes et impulsions syllabiques — qui apparaissent avec une régularité numérique dans différentes formes significatives. En d'autres termes, il nous faut spécifier quelle unité est répétée, à quelle fréquence et dans quel segment d'unité supérieure.

L'unité sémiotique maximale est le texte chanté (équivalent à l'énoncé au niveau glottique). Elle est divisée en huit vers (équivalents aux propositions) dont les deux derniers forment un couple de vers (correspondant à une phrase). Il sera commode de se référer à ce couple de vers comme à l'*envoi*, en l'opposant ainsi aux six vers précédents, ou *sizain* (sestet).

En suivant l'analyse grammaticale en constituants immédiats, chaque vers peut être divisé en deux membres (métriques) : le premier membre, dans chaque vers, comporte le premier et le second mot du vers ; le second membre le dernier mot, plus, sauf dans le dernier vers, l'avant-dernier. Il est éclairant de considérer l'organisation du vers comme une suite de cases, I, II, III, IV. La case IV est occupée, tout au long du poème, par les verbes finis, qui sont, syntaxiquement, les prédicats. La case III est occupée, ou bien par le sujet proprement dit, qui porte toujours la marque de la première personne : *a*) inhérente à la racine (/ške/) ou *b*) suffixée à un terme de parenté dans tous les vers du sizain, ou bien par le suffixe de la prem. pers. sing. d'un radical qui appartient lui-même à la case II. La case I est occupée par le premier nom commun, qui fonctionne toujours comme épithète du second nom commun, qui occupe la case II. On notera que le mot qui occupe la case II dans un vers impair occupe la case I dans le vers pair suivant. La division de chaque vers en deux membres correspond en général à la division en cases I-II d'une part et cases III-IV de l'autre, mais, dans le dernier vers, le mot central a un statut ambigu : la racine se rattache à II, mais la marque de la prem. pers. sing., à III. Le tableau II donne une représentation graphique de l'analyse en cases :

TABLEAU II

I	II	III	IV
1. iumən	kükü	ača-m	kodəldaleš
2. kükü	šulder	aba-m	kodəldaleš
3. iumən	barsenge	iza-m	kodəldaleš
4. barsenge	šulder	ianga-m	kodəldaleš
5. kenež	ləbe	šol'e-m	kodəldaleš
6. ləbe	šulder	šüžare-m	kodəldaleš
7. kenež	saska	ške	kaialam
8. saska	peledəš-	-em	kodəldaleš

Le profil componentiel du texte peut être obtenu par des opérations mathématiques simples à partir des données fournies par les transcriptions analytiques vers par vers. Le tableau III donne le pourcentage des phonèmes (φ) par traits distinctifs vers par vers :

$$\frac{\Sigma_{(+)} + \Sigma_{(-)} + \Sigma_{(\pm)} \; 100}{\Sigma \, \varphi}$$

TABLEAU III

Traits distinctifs	Vers							
	1.	2.	3.	4.	5.	6.	7.	8.
Vocalique ...	100	100	100	100	100	100	100	100
Compact ...	91	83	89	83	83	78	95	88
Grave	48	42	59	47	46	41	40	50
Grave-perçant .	35	33	37	33	42	37	35	42
Tendu	74	79	74	73	71	74	85	83
Continu-strident ...	39	50	37	47	46	48	45	50
Nasal	43	42	44	43	42	37	50	46

Ces tableaux reflètent le profil d'un seul message et sont, par conséquent, purement descriptifs. Pour découvrir ce qui est métriquement pertinent, c'est-à-dire pour déterminer comment ces schémas s'écartent des pourcentages caractéristiques dans la langue, si les fréquences sont plus élevées ou plus basses qu'elles ne le seraient dans une répartition aléatoire, il faudrait avoir établi les profils de nombreux messages similaires et les comparer...

(...*On peut cependant interpréter certaines tendances du système...*)

On peut dériver de ces données des profils comparatifs trait par trait. Le tableau suivant, par exemple, est une représentation du texte faisant apparaître la distribution des traits de gravité :

```
1.   − + +   −   −   −       +   + −   −   −   − .
2.       −   −   + −     + + + −     −   − .
3.   − + +   − +     − − +   − − −   + + −   − − .
4.   +     − − +   − + −     −   +   + + −   −   − .
5.   − + −     + − +   +   + −   − − . .
6.       + −   + −     − + + −   − − .
7.   − + −   −   −     −   −     + .
8.   −   −     + −   − −     − + + −   − − .
```

L'examen de cette composante du message montre une diminution du rapport +/− pour les vers 7 et 8 (33) par rapport aux vers 1-6 (.67).

L'étude des traits distinctifs à des fins métriques peut ensuite être rendue plus fine en examinant des unités plus petites que le vers, par exemple les membres. L'exemple suivant représente le

texte en termes du trait continu-strident, les membres étant placés
entre parenthèses :

1. (0 0 0 0 0 — 0 — 0)   (0 — 0 0 — 0 — 0 + — 0 + 0 +)
2. (— 0 — 0 + 0 + — 0 —)   (0 0 0 0 — 0 — 0 + — 0 + 0 +)
3. (0 0 0 0 0 0 0 —+ 0 0 — 0)   (0 — 0 0 — 0 — 0 + — 0 + 0 +)
4. (0 0 — + 0 0 — 0 + 0 + — 0 —) (0 0 0 — 0 0 — 0 — 0 + — 0 + 0 +)
5. (— 0 0 0 + + 0 0 0)   (+ 0 + 0 0 — 0 — 0 + — 0 + 0 +)
6. (+ 0 0 0 + 0 + — 0 —)   (+ 0 + 0 — 0 0 —, 0 — 0 + — 0 + 0 +)
7. (— 0 0 0 + + 0 + — 0)   (+ — 0 — 0 0 0 + 0 0)
8. (+ 0 + 0 0 0 + 0 — 0 + 0 0)   (— 0 — 0 + — 0 + 0 +)

La proportion des phonèmes distingués par ce trait est un peu plus faible dans le premier membre (37/89 = .42) que dans le second (54/110 = .49). Ce qui est plus intéressant, c'est que la proportion des réponses positives aux réponses négatives en ce qui concerne ce trait particulier est à peu près constante dans les seconds membres (1,1,4/3,3/4,4/3,5/3,1,1) alors qu'elle augmente du début à la fin pour les premiers membres (0/2,1/2,1/2,3/4,2,3/2,3/2,2).

La signification métrique des répétitions de phonèmes ou de séquences de phonèmes est fonction de leur position par rapport aux différentes jonctions. Des termes conventionnels comme allitération et rime — ou, plus exactement peut-être, la figure classique de l'homéotéleute [— ... —] s'appliqueront à des identités récurrentes respectivement en position initiale de mot ou en position finale de vers. L'allitération réunit en trois groupes les mots occupant la case III : /a-a/ (1-2) ; /i-i/ (3-4) et /š-š-š/ (5-6-7) ; les terminaisons également constituent une sorte de rime intérieure qui inclut les /əm/ dans 8 mais saute, dans 7, à la fin de la case IV. Les homéo-téleutes unissent les vers du sizain entre eux et avec 8 (à chaque — A) cependant qu'en même temps le caractère unique de 7 (— B) se trouve souligné. La répétition de séquences de phonèmes constituant des mots peut être appelée en position non-finale *écho*. Ce phénomène s'observe dans la case I, qui est, en fait, entièrement occupée par des séquences en écho. Celles-ci sont répétées après une première apparition dans la même case ou bien dans la section la plus proche : /iumən/ (1-3) et /keнež/ (5-7) illustrent le premier cas et le passage régulier entre vers pairs et impairs des cases II à I qui a été noté plus haut illustre le deuxième cas.

La distribution des impulsions syllabiques dans les articulations pertinentes est la suivante : on ne rencontre pas de frontière de mots après plus de quatre syllabes, de frontière de membre après plus de sept, de frontière de vers après plus de onze et le texte s'arrête après 81 syllabes. Un seul mot est monosyllabique, le mot pivot /ške/ « ego » et tous les autres ont entre deux et quatre syllabes. Le nombre de syllabes par membre va de quatre à sept de telle sorte que dans le sizain le nombre des syllabes est toujours inférieur dans le premier membre à celui du second alors que dans le vers 7 les deux membres sont égaux et que dans le vers 8 la proportion est inversée : (4 + 6), (4 + 6), (5 + 6), (4 + 6), (4 + 7), mais (4 + 4) et (6 + 4). Dans les vers, le nombre de syllabes varie du minimum de 8 (7) au maximum indiqué (3,4,6,), avec une majorité de vers de 10 (1,2,5,8). Il n'y a pas de vers de neuf syllabes.

Si le mètre est la norme arithmétique, le code, une construction purement théorique, la somme de ses manifestations contrôlées dans tel ou tel message peut être appelée son rythme. Le rythme, donc, renvoie à l'organisation concrète des matériaux dans leur aspect phonique, gouvernée par quelques règles obligatoires aussi bien que par les tendances à la conformité à (ou à la déviation de) la norme. Le système rythmique, de plus, est informé de sens, ce qui nous conduit à une nouvelle série de problèmes, ceux qui concernent le système sémiotique du texte et ses relations avec l'organisation phonique.

Ce texte réalise son unité thématique par la corrélation et l'entrelacement de certains couples de signes. Les termes de chaque dichotomie sont en relation ou bien d'égalité — disposition la moins fréquente — ou en opposition, cas le plus fréquent. Les égalités, qui se rencontrent entre membres figurant dans le même vers, sont métaphoriques ; les oppositions, qui vont de vers à vers, sont métonymiques. Les couples eux-mêmes sont groupés en développement ascendant à plusieurs dimensions qui reflète la disposition hiérarchisée des unités rythmiques.

Dans chacun des sept premiers vers, le sujet proprement dit est mis en relation d'égalité avec son expansion par une construction paratactique ; la similarité unit le terme métaphorique au terme avec lequel il entre en commutation.

La relation d'égalité devient encore plus générale, c'est-à-dire qu'elle englobe le vers 8, si l'on l'exprime en cases : (I + II) ≡ III. Avant d'examiner de plus près cette formule, il peut être utile d'examiner le contenu des termes de gauche et de droite.

Le terme de gauche constitue une classe de vivants, excluant les humains. Les membres de cette classe se résolvent en ensembles d'oppositions lexicales de type paradigmatique à trois degrés d'inclusion : flore (/saska/ « fleur » dans le distique) vs faune (ailée), qui se divise en insecte (/ləbe/ « papillon », 5-6) vs oiseaux, qui à son tour se divise en hirondelle (/barseŋge/3-4) vs coucou (kükü/1-2). L'habitat du papillon et de la fleur sont spécifiés dans le temps (/keneż/ « été ») alors que celui des oiseaux est spécifié spatialement (/iumən/ « du ciel »).

Une autre dichotomie croise les précédentes. Une relation proportionnelle est établie, dans laquelle l'aile (/šuldər/) est à la créature comme la floraison (/peledaš-/) est au fruit. Il y a là une synecdoque transversale où la partie dans le vers pair représente le tout du vers impair.

Cette variété de relations de contiguïté peut en définitive être ramenée à une dichotomie simple sous-jacente : subordonnant vs subordonné. Chaque membre de la classe est subordonnant pour chaque membre qui le suit et vice versa.

Les termes de droite, comme ceux de gauche, constituent une classe d'animés ; mais alors que celle de gauche exclut les humains, celle de droite consiste en termes élémentaires de parenté accompagnés du possessif de la prem. pers. sing. (dans le sizain), en une expression pour *ego* (7) et en la désinence du possessif de la prem. pers. sing. (8).

Quatre critères de classement des relations de parenté sont pris en considération dans ce texte (a-d). Une cinquième composante (e) peut aussi être isolée, mais sa valeur est purement poétique. Un terme (/iəŋga/) désigne une relation secondaire d'alliance ; tous les autres sont primaires et consanguins, si ce n'est que /iza/ est ambivalent en ce qui concerne l'inclusion dans la famille nucléaire.

a) Le chanteur est de sexe masculin, comme nous le savons par les données externes. Cet ego masculin, qui apparaît deux fois ouvertement dans l'envoi, est distingué de ses six parents mentionnés dans les vers du sizain. La relation entretenue entre ego et les autres est explicitement signalée par le morphème -*m* ∼ -*əm* ∼ -*am*.

b) La catégorie du sexe distingue les vers contigus dans le sizain : les vers impairs sont « masculins », les vers impairs « féminins » ;

c) La catégorie de la génération oppose le moi de ego à ses ascendants directs, auxquels appartiennent ses deux parents (1-2) :

d) La différence d'âge dans la génération d'ego fait contraster les vers 3 et (implicitement) 4, comme plus âgés qu'ego et 5-6 comme plus jeune qu'ego ;

e) Enfin, les deux références à ego dans l'envoi peuvent être opposées comme forme pleine (7) vs expression purement relationnelle (8).

Ce système partiel de parenté peut également être transformé, par une opération simple, en une seule dichotomie de base : subordonnant vs subordonné. Comme nous l'avons montré, les sections I-III sont occupées entièrement par des signes dénotant des objets naturels de telle sorte qu'ils sont humains en III et non-humains en II. Vers par vers, le contenu de I-II se fait équivalent à — devient un substitut métaphorique de — celui de III. Chaque être humain acquiert un symbole naturel : « mon père » est assimilé au « coucou du ciel » et « ma mère » à « l'aile du coucou », « mon frère aîné » à l' « hirondelle du ciel » et sa femme à « l'aile de l'hirondelle », « mon frère cadet » au « papillon d'été » et « ma sœur cadette » à « l'aile du papillon » et finalement « moi-même » à « la fleur d'été » et « la floraison de la fleur ». Une conséquence de ce jeu d'équations, c'est que toutes les relations qui se trouvent dans la partie gauche se rencontrent également dans la partie droite : par exemple, comme le coucou (le tout) est à l'aile (la partie), ainsi mon père est à ma mère et comme la fleur est à sa floraison, ainsi la pleine expression d'ego est-elle à sa forme réduite. On voit que, de même, toute parenté masculine est comparée à une créature ailée et que les termes féminins correspondants sont comparés à l'aile des oiseaux ou papillons respectifs : le masculin est au féminin comme le tout à la partie. La catégorie b), qui figure comme synecdoque, est, par ailleurs, en distribution complémentaire avec une autre réalisation de la même figure, la catégorie e) : comme le tout est à la partie, ainsi la présence pleine (lexicale) de ego par rapport à la simple trace du moi. Les deux catégories sont donc des variantes de la dichotomie subordonnant/subordonné.

L'ordre dans lequel les couples sont amenés est loin d'être fortuit : les membres de la génération aînée précèdent les membres de la génération contemporaine, dans laquelle les aînés passent avant les cadets, ordre hiérarchique imposé dans cette culture. Ces deux oppositions — parents d'ego vs génération d'ego, aînés d'ego vs cadets — représentent encore une fois la dichotomie de base.

Une dyade reste à observer, le contenu de la case IV. Nous trouvons ici deux antonymes : la racine tchérémisse pour « partir » (7) et son opposé, celle de « demeurer » (dans tous les autres vers). Ce contraste lexical entre immobilité et mouvement, permanence et changement est renforcé par les désinences : le locuteur participe expressément à la communication (« je pars », par opposition aux six troisièmes personnes du sizain d'une part et à son moi subordonné d'autre part (il ou elle ou cela « demeure ») (8).

Il nous faut poser maintenant la question même qui a souvent été posée à travers le monde à propos des mythes et d'autres formes de littérature orale : pourquoi ce texte — comme, à vrai dire, les textes chantés tchérémisses en général — présente-t-il une telle tendance à la multiplication (sinon à la répétition exacte) de la même opposition de base ? Levi-Strauss a fourni — dans un autre contexte — une explication pénétrante. Selon lui, la répétition a pour fonction de rendre apparente la structure du chant : « la structure émerge — si l'on peut dire — du fait de la répétition ».

Quel est le message que transmet ce chanteur populaire ?... L'implication du chanteur dans le texte est une marque caractéristique du monologue lyrique, le chant dit « traditionnel » des Tchérémisses. Les enregistreurs ont rattaché celui-ci à sa fonction : il a été classé dans le groupe important des « chants des recrues », relié à l'un des événements les plus traumatisants de la vie des jeunes Tchérémisses, la circonstance cruelle de l'incorporation dans l'armée russe, arrachant le jeune homme à son milieu familial et l'éloignant de sa demeure.

Le chant apparaît comme un thème romantique des plus conventionnels. Le sizain peint l'harmonie de l'homme et de la nature, le cercle de famille et l'environnement du village s'accordent. Les images sont des symboles d'ordre et de stabilité : elles indiquent la permanence ; elles « demeurent ». La préoccupation du moi qui apparaît dans l'envoi est également de veine romantique. « Moi » aussi je fais partie de ce paysage, j'appartiens à cette nature, j'ai ma place dans la famille. Mais il y a ici un paradoxe apparent : la fleur d'été passe, mais sa floraison, son essence « demeure ». De même, la forme extérieure de mon « moi » s'en va, mais (conclut le chanteur) mon être intérieur essentiel, mes pensées à votre égard et le souvenir que vous gardez de moi — demeurent ici, à la maison.

Sur un plan plus élevé, le sujet du chant, c'est la mort et sa négation, l'immortalité, exprimant la même expérience culturelle que celle que résume un autre genre du répertoire populaire tchérémisse, un proverbe : « Un homme meurt, son nom demeure. »

...L'emploi que nous avons fait du terme de *sonnet* appelle une explication. Il est employé ici dans son sens génétique. Le mode d'expression tchérémisse rappelle en effet de très près le *strambotto* médiéval sicilien, à partir duquel s'est développé le sonnet familier à la tradition occidentale. Chantés par les ménestrels ces poèmes « étaient longs de huit vers et étaient divisés en groupes de deux vers. Les divisions du contenu correspondaient souvent à un ou plusieurs de ces groupes. Souvent quelques vers supplémentaires venaient s'y ajouter... ». Les vers étaient en général endécasyllabiques. La forme était assez souple et elle a abouti dans la littérature occidentale à une grande variété. Cariteo, auteur italien du XVᵉ siècle, continue à user du huitain, mais en France, on passe au dizain et « en Angleterre le strambotto encouragea vraisemblablement la composition de bien des poèmes ressemblant au sonnet par leur nature, mais variant du sizain au dizain » (cit. Brewer W. Sonnets and sestinas, Boston, 1937).

Le sonnet tchérémisse, lui aussi, est typiquement un huitain, mais sa longueur n'est pas fixée. Les variations sont fréquentes. Le trait distinctif est l'existence d'un contraste entre deux parties, l'envoi... et le thème introductif... contenu dans le sizain. Le contraste est élaboré de façon analogue sur le plan phonique et sur le plan sémiotique. »

> T. A. Sebeok, *Decoding a Text : Levels and Aspects
> in a Cheremis Sonnet* in *Style in Language,* New York,
> 1960, pp. 213-235, (Trad. P. K.).

4. UN SONNET DE BAUDELAIRE EXPLIQUE PAR R. JAKOBSON ET C. LEVI-STRAUSS

1. *Les amoureux fervents et les savants austères*
2. *Aiment également, dans leur mûre saison,*
3. *Les chats puissants et doux, orgueil de la maison,*
4. *Qui comme eux sont frileux et comme eux sédentaires.*

5. *Amis de la science et de la volupté,*
6. *Ils cherchent le silence et l'horreur des ténèbres ;*
7. *L'Erèbe les eût pris pour ses coursiers funèbres,*
8. *S'ils pouvaient au servage incliner leur fierté.*

9. *Ils prennent en songeant les nobles attitudes*
10. *Des grands sphinx allongés au fond des solitudes,*
11. *Qui semblent s'endormir dans un rêve sans fin ;*

12. *Leurs reins féconds sont pleins d'étincelles magiques,*
13. *Et des parcelles d'or, ainsi qu'un sable fin,*
14. *Etoilent vaguement leurs prunelles mystiques.*

« Si l'on en croit le feuilleton « Le Chat Trott » de Champfleury, où ce sonnet de Baudelaire fut publié pour la première fois (*Le Corsaire*, numéro du 14 novembre 1847), il aurait été déjà écrit au mois de mars 1840, et — contrairement aux affirmations de certains exégètes — le texte du *Corsaire* et celui des *Fleurs du Mal* coïncident mot à mot.

Dans la répartition des rimes, le poète suit le schéma *aBBa CddC eeFgFg* (où les vers à rimes masculines sont symbolisés par des majuscules et les vers à rimes féminines par des minuscules). Cette chaîne de rimes se divise en trois groupes de vers, à savoir deux quatrains et un sizain composé de deux tercets, mais qui forment une certaine unité, puisque la disposition des rimes est régie dans les sonnets, ainsi que l'a fait voir Grammont, « par les mêmes règles que dans toute strophe de six vers » (1).

Le groupement des rimes, dans le sonnet cité, est le corollaire de trois lois dissimilatrices : 1° deux rimes plates ne peuvent pas se suivre ; 2° si deux vers contigus appartiennent à deux rimes différentes, l'une d'elles doit être féminine et l'autre masculine ; 3° à la fin des strophes contiguës, les vers féminins et masculins alternent : 4 *sédentaires* — 8 *fierté* — 14 *mystiques*. Suivant le canon classique, les rimes dites féminines se terminent toujours par une syllabe muette et les rimes masculines par une syllabe pleine, mais la différence entre les deux classes de rimes persiste également dans la prononciation courante qui supprime l'*e* caduc de la syllabe finale, la dernière voyelle pleine étant suivie de consonnes dans toutes les rimes féminines du sonnet *(austères — sédentaires, ténèbres — funèbres, attitudes — solitudes, magiques — mystiques)*, tandis que toutes ses rimes masculines finissent en voyelle *(saison — maison, volupté — fierté, fin — fin)*.

Le rapport étroit entre le classement des rimes et le choix des catégories grammaticales met en relief le rôle important que jouent la grammaire ainsi que la rime, dans la structure de ce sonnet.

Tous les vers finissent en des noms, soit substantifs (8), soit adjectifs (6). Tous ces substantifs sont au féminin. Le nom final est au pluriel dans les huit vers à rime féminine, qui tous sont plus longs, ou bien d'une syllabe dans la norme traditionnelle, ou bien d'une consonne postvocalique dans la prononciation d'aujourd'hui, tandis que les vers plus brefs, ceux à rime masculine, se terminent dans les six cas par un nom au singulier.

Dans les deux quatrains, les rimes masculines sont formées par des substantifs et les rimes féminines par des adjectifs, à l'exception du mot-clé 6 *ténèbres* rimant avec 7 *funèbres*. On reviendra plus loin sur le problème général du rapport entre les deux vers en question. Quant aux tercets, les trois vers du premier finissent tous par des substantifs, et ceux du deuxième par des adjectifs. Ainsi, la rime qui lie les deux tercets, la seule rime homonyme (11 *sans fin* — 13 *sable fin*), oppose au substantif du genre féminin un adjectif du genre masculin — et, parmi les rimes masculines du sonnet, c'est le seul adjectif et l'unique exemple du genre masculin.

Le sonnet comprend trois phrases complexes délimitées par un point, à savoir chacun des deux quatrains et l'ensemble des deux tercets. D'après le nombre des propositions indépendantes et des formes verbales personnelles, les trois phrases présentent une progression arithmétique : 1° un seul verbum finitum *(aiment)* ; 2° deux *(cherchent, eût pris)* ; 3° trois *(prennent, sont, étoilent)*. D'autre part, dans leurs propositions subordonnées les trois phrases n'ont chacune qu'un seul verbum finitum : 1° *qui... sont ;* 2° *s'ils pouvaient ;* 3° *qui semblent.*

La division ternaire du sonnet implique une antinomie entre les unités strophiques à deux rimes et à trois rimes. Elle est contrebalancée par une dichotomie qui partage la pièce en deux couples de strophes, c'est-à-dire en deux paires de quatrains et deux paires de tercets. Ce principe binaire, soutenu à son tour par l'organisation grammaticale du texte, implique lui aussi une antinomie, cette fois entre la première section à quatre rimes et la seconde à trois, et entre les deux premières subdivisions ou strophes de quatre vers et les deux dernières strophes de trois vers. C'est sur la tension entre ces deux modes d'agencement, et entre leurs éléments symétriques et dissymétriques, que se base la composition de toute la pièce.

On observe un parallélisme syntactique net entre le couple des quatrains d'une part, et celui des tercets de l'autre. Le premier quatrain ainsi que le premier tercet comportent deux propositions dont la seconde — relative, et introduite dans les deux cas par le même pronom *qui* — embrasse le dernier vers de la strophe et s'attache à un substantif masculin au pluriel, lequel sert de complément dans la proposition principale (³ *Les chats,* ¹⁰ *Des... sphinx).* Le deuxième quatrain (et également le deuxième tercet) contiennent deux propositions coordonnées dont la seconde, complexe à son tour, embrasse les deux derniers vers de la strophe (7-8 et 13-14) et comporte une proposition subordonnée, rattachée à la principale par une conjonction. Dans le quatrain, cette proposition est conditionnelle (⁸ *S'ils pouvaient) ;* celle du tercet est comparative (¹³ *ainsi qu'un).* La première est post-posée, tandis que la seconde, incomplète, est une incise.

Dans le texte du *Corsaire* (1847), la ponctuation du sonnet correspond à cette division. Le premier tercet se termine par un point, ainsi que le premier quatrain. Dans le second tercet et dans le second quatrain, les deux derniers vers sont précédés d'un point-virgule.

L'aspect sémantique des sujets grammaticaux renforce ce parallélisme entre les deux quatrains d'une part, et entre les deux tercets de l'autre

I) Quatrains	II) Tercets
1. Premier	1. Premier
2. Deuxième	2. Deuxième

Les sujets du premier quatrain et du premier tercet ne désignent que des êtres animés, tandis que l'un des deux sujets du deuxième quatrain, et tous les sujets grammaticaux du deuxième tercet, sont des substantifs inanimés : [7] *L'Erèbe,* [12] *Leurs reins,* [13] *des parcelles,* [13] *un sable.* En plus de ces correspondances pour ainsi dire horizontales, on observe une correspondance qu'on pourrait nommer verticale, et qui oppose l'ensemble des deux quatrains à l'ensemble des deux tercets. Tandis que tous les *objets directs* dans les deux tercets sont des substantifs inanimés *([9] les nobles attitudes,* [14] *leurs prunelles),* le seul objet direct du premier quatrain est un substantif animé *([3] Les chats)* et les objets du deuxième quatrain comprennent, à côté des substantifs inanimés *([6] le silence et l'horreur),* le pronom *les,* qui se rapporte aux chats de la phrase précédente. Au point de vue du *rapport entre le sujet et l'objet,* le sonnet présente deux correspondances qu'on pourrait dire diagonales : une diagonale descendante unit les deux strophes extérieures (le quatrain initial et le tercet final) et les oppose à la diagonale ascendante qui, elle, lie les deux strophes intérieures. Dans les strophes extérieures, l'objet fait partie de la même classe sémantique que le sujet : ce sont des animés dans le premier quatrain *(amoureux, savants — chats)* et des inanimés dans le deuxième tercet *(reins, parcelles — prunelles).* En revanche, dans les strophes intérieures, l'objet appartient à une classe opposée à celle du sujet : dans le premier tercet l'objet inanimé s'oppose au sujet animé *(ils* [= chats] — *attitudes),* tandis que, dans le deuxième quatrain, le même rapport *(ils* [= chats] — *silence, horreur)* alterne avec celui de l'objet animé et du sujet inanimé *(Erèbe — les* [= chats]).

Ainsi, chacune des quatre strophes garde son individualité : le genre animé, qui est commun au sujet et à l'objet dans le premier quatrain, appartient uniquement au sujet dans le premier tercet ; dans le deuxième quatrain, ce genre caractérise ou bien le sujet, ou bien l'objet ; et dans le deuxième tercet, ni l'un ni l'autre.

Le début et la fin du sonnet offrent plusieurs correspondances frappantes dans leur structure grammaticale. A la fin ainsi qu'au début, mais nulle part ailleurs, on trouve deux sujets avec un seul prédicat et un seul objet direct. Chacun de ces sujets, ainsi que l'objet, possède un déterminant (*Les amoureux fervents, les savants austères — Les chats puissants et doux ; des parcelles d'or, un sable fin — leurs prunelles mystiques*), et les deux prédicats, le premier et le dernier dans le sonnet, sont les seuls à être accompagnés d'adverbes, tous deux tirés d'adjectifs et liés l'un à l'autre par une rime assonancée : [2] *Aiment également* — [14] *Etoilent vaguement*. Le second prédicat du sonnet et l'avant-dernier sont les seuls à avoir une copule et un attribut, et dans les deux cas, cet attribut est mis en relief par une rime interne : [4] *Qui comme eux* sont fril*eux ;* [12] Leurs *reins féconds* sont *pleins*. En général, les deux strophes extérieures sont les seules riches en adjectifs : neuf dans le quatrain et cinq dans le tercet, tandis que les deux strophes intérieures n'ont que trois adjectifs en tout (*funèbres, nobles, grands*).

Comme nous l'avons déjà noté, c'est uniquement au début et à la fin du poème que les sujets font partie de la même classe que l'objet : l'un et l'autre appartiennent au genre animé dans le premier quatrain, et au genre inanimé dans le second tercet. Les êtres animés, leurs fonctions et leurs activités, dominent la strophe initiale. La première ligne ne contient que des adjectifs. Parmi ces adjectifs les deux formes substantivées qui servent de sujets — *Les amoureux* et *les savants* — laissent apparaître des racines verbales : le texte est inauguré par « ceux qui aiment » et par « ceux qui savent ». Dans la dernière ligne de la pièce, c'est le contraire : le verbe transitif *Etoilent.* qui sert de prédicat, est dérivé d'un substantif. Ce dernier est apparenté à la série des appellatifs inanimés et concrets qui dominent ce tercet et le distinguent des trois strophes antérieures. On notera une nette homophonie entre ce verbe et des membres de la série en question : /etesɛlə/ - /e de parsɛlə/ - /etwalə/. Finalement, les propositions subordonnées, que les deux strophes contiennent dans leur dernier vers, renferment chacune un infinitif adverbal, et ces deux compléments d'objet sont les seuls infinitifs de tout le poème : [8] *S'ils pouvaient... incliner ;* [11] *Qui semblent s'endormir.*

Comme nous l'avons vu, ni la scission dichotomique du sonnet, ni le partage en trois strophes, n'aboutissent à un équilibre des parties isométriques. Mais si l'on divisait les quatorze vers en deux parties égales, le septième vers terminerait la première moitié de la pièce, et le huitième marquerait le début de la seconde. Or, il est significatif que ce soient ces deux vers moyens qui se distinguent le plus nettement, par leur constitution grammaticale, de tout le reste du poème.

Ainsi, à plusieurs égards, le poème se divise en trois parties : le couple moyen et deux groupes isométriques, c'est-à-dire les six vers qui précèdent et les six qui suivent le couple. On a donc une sorte de distique inséré entre deux sizains.

Toutes les formes personnelles des verbes et des pronoms, et tous les sujets des propositions verbales, sont au pluriel dans tout le sonnet, sauf dans le septième vers — *L'Erèbe les eût pris pour ses coursiers funèbres* — qui contient le seul nom propre du poème, et le seul cas où le verbum finitum et son sujet sont tous les deux au singulier. En outre, c'est le seul vers où le pronom possessif *(ses)* renvoie au singulier.

La troisième personne est l'unique personne usitée dans le sonnet. L'unique temps verbal est le présent, sauf au septième et au huitième vers où le poète envisage une action imaginée *(⁷ eût pris)* sortant d'une prémisse irréelle *(⁸ S'ils pouvaient)*.

Le sonnet manifeste une tendance prononcée à pourvoir chaque verbe et chaque substantif d'un déterminant. Toute forme verbale est accompagnée d'un terme régi (substantif, pronom, infinitif), ou bien d'un attribut. Tous les verbes transitifs régissent uniquement des substantifs *(²⁻³ Aiment... Les chats ; ⁶ cherchent le silence et l'horreur ; ⁹ prennent... les attitudes ; ¹⁴ Etoilent... leurs prunelles).* Le pronom qui sert d'objet dans le septième vers est la seule exception : *les eût pris.*

Sauf les compléments adnominaux qui ne sont jamais accompagnés d'aucun déterminant dans le sonnet, les substantifs (y compris les adjectifs substantivés) sont toujours déterminés par des épithètes (par exemple : ³ *chats puissants et doux*) ou par des compléments *(⁵ Amis de la science et de la volupté).* C'est encore dans le septième vers qu'on trouve l'unique exception : *L'Erèbe les eût pris.*

Toutes les cinq épithètes dans le premier quatrain *(¹ fervents, ¹ austères, ² mûre. ³ puissants, ³ doux)* et toutes les six dans les deux tercets *(⁹ nobles, ¹⁰ grands. ¹² féconds, ¹² magiques, ¹³ fin, ¹⁴ mystiques)* sont des adjectifs qualificatifs, tandis que le second quatrain n'a pas d'autres adjectifs que l'épithète déterminative du septième vers *(coursiers funèbres).*

C'est aussi ce vers qui renverse l'ordre animé-inanimé gouvernant le rapport entre le sujet et l'objet dans les autres vers de ce quatrain, et qui reste, dans tout le sonnet, le seul à adopter l'ordre inanimé-animé.

On voit que plusieurs particularités frappantes distinguent uniquement le septième vers, ou bien uniquement les deux derniers vers du second quatrain. Cependant, il faut dire que la tendance à mettre en relief le distique médian du sonnet est en concurrence avec le principe de la trichotomie asymétrique — qui oppose le second quatrain entier au premier quatrain d'une part, et au sizain final de l'autre, et qui crée de cette manière une strophe centrale, distincte à plusieurs points de vue des strophes marginales. Ainsi, nous avons fait remarquer que le septième vers est le seul à mettre le sujet et le prédicat au singulier, mais cette observation peut être élargie : les vers du second quatrain sont les seuls qui mettent au singulier, ou bien le sujet, ou bien l'objet ; et si, dans le septième vers, le singulier du sujet *(L'Erèbe)* s'oppose au pluriel de l'objet *(les)*, les vers voisins renversent ce rapport, en employant le pluriel pour le sujet, et le singulier pour l'objet *([6] Ils cherchent le silence et l'horreur ; [8] S'ils pouvaient... incliner leur fierté)*. Dans les autres strophes l'objet et le sujet sont tous les deux au pluriel *([1-3] Les amoureux... et les savants... Aiment... Les chats ; [9] Ils prennent... les... attitudes ; [13-14] Et des parcelles... Etoilent... leurs prunelles)*. On notera que, dans le second quatrain, le singulier du sujet et de l'objet coïncide avec l'inanimé, et le pluriel avec l'animé. L'importance des nombres grammaticaux pour Baudelaire devient particulièrement notable, en raison du rôle que leur opposition joue dans les rimes du sonnet.

Ajoutons que, par leur structure, les rimes du second quatrain se distinguent de toutes les autres rimes de la pièce. Parmi les rimes féminines celle du second quatrain, *ténèbres - funèbres*, est la seule qui confronte deux parties du discours différentes. En outre, toutes les rimes du sonnet, sauf celles du quatrain en question, présentent un ou plusieurs phonèmes identiques qui précèdent, immédiatement ou à quelque distance, la syllabe tonique, d'ordinaire munie d'une consonne d'appui : [1] sav*ants* aus*tères* - [4] séd*entaires*, [2] *mûre saison* - [3] *maison*, [9] att*itudes* - [10] sol*itudes*, [11] *un rêve sans fin* - [13] *un sable fin* - [12] étin*celles magiques* - [14] prun*elles mystiques*. Dans le deuxième quatrain, ni le couple [5] volup*té* - [8] fier*té*, ni [6] tén*èbres* - [7] fun*èbres*, n'offrent aucune responsion dans les syllabes antérieures à la rime propre. D'autre part, les mots finaux du septième et du huitième vers allitèrent : [7] *funèbres* - [8] *fierté*, et le sixième vers se trouve lié au cinquième : [6] *té*nèbres répète la dernière syllabe de [5] volup*té* et une rime interne — [5] *science* - [6] *silence* — renforce l'affinité entre les deux vers. Ainsi, les rimes elles-mêmes attestent un certain relâchement de la liaison entre les deux moitiés du second quatrain.

Ce sont les voyelles nasales qui jouent un rôle saillant dans la texture phonique du sonnet. Ces voyelles « comme voilées par la nasalité », suivant l'expression heureuse de Grammont (2), sont d'une haute fréquence dans le premier quatrain (9 nasales, de deux à trois par ligne) et surtout dans le sizain final (21 nasales, avec une tendance montante le long du premier tiercet — [9] 3 - [10] 4 - [11] 6 : « Qui *semblent* s'*endormir* d*ans un* rêve s*ans* fi*n* — et avec une tendance descendante le long du second — [12] 5 - [13] 3 - [14] 1). En revanche, le second quatrain n'en a que trois : une par vers, sauf au septième, l'unique vers du sonnet sans voyelles nasales ; et ce quatrain est l'unique strophe dont la rime masculine n'a pas de voyelle nasale. D'autre part, dans le second quatrain, le rôle de dominante phonique passe des voyelles aux phonèmes consonantiques, en particulier aux liquides. Seul le second quatrain montre un excédent de phonèmes liquides, à savoir 23, contre 15 au premier quatrain, 11 au premier tiercet, et 14 au second. Le nombre des /r/ est légèrement supérieur à celui des /l/ dans les quatrains, légèrement inférieur dans les tercets. Le septième vers, qui n'a que deux /l/ contient cinq /r/, c'est-à-dire plus que ne compte aucun autre vers du sonnet : « L'*Erèbe* les eût p*r*is pou*r* ses cou*r*siers funèb*r*es. On se rappellera que, selon Grammont, c'est par opposition à /r/ que /l/ « donne l'impression d'un son qui n'est ni grinçant, ni raclant, ni raboteux, mais au contraire qui file, qui coule..., qui est limpide » (3).

Le caractère abrupt de tout /r/ et particulièrement du r français, par rapport au *glissando* du /l/ ressort nettement de l'analyse acoustique de ces phonèmes dans l'étude récente de Mlle Durand (4), et le recul des /r/ devant les /l/ accompagne éloquemment le passage du félin empirique à ses transfigurations fabuleuses.

Les six premiers vers du sonnet sont unis par un trait réitératif : une paire symétrique de termes coordonnés, liés par la même conjonction *et : [1] Les amoureux fervents et les savants austères ; [3] Les chats puissants et doux ; [4] Qui comme eux sont frileux et comme eux sédentaires ; [5] Amis de la science et de la volupté*, binarisme des déterminants, formant un chiasme avec le binarisme des déterminés dans le vers suivant — [6] *le silence et l'horreur des ténèbres* — qui met fin à ces constructions binaires. Cette construction commune à presque tous les vers de ce « sizain » ne réapparaît plus à la suite. Les juxtaposés sans conjonction sont une variation sur le même schème : [2] *Aiment également, dans leur mûre saison* (compléments circonstanciels parallèles) [3] *Les chats...*, *orgueil...* (substantif apposé à un autre).

Ces paires de termes coordonnés et les rimes (non seulement extérieures et soulignant des rapports sémantiques, telles que [1] *austères* - [4] *sédentaires,* [2] *saison* - [3] *maison*, mais aussi et surtout intérieures), servent à cimenter les vers de cette introduction :

¹ *amoureux* - ⁴ *comme eux* - ⁵ *frileux* - ⁴ *comme eux ;* ¹ *fervents* - ¹ *savants* - ² *également* - ² *dans* - ³ *puissants ;* ⁵ *science* - ⁶ *silence.* Ainsi tous les adjectifs caractérisant les personnages du premier quatrain deviennent des mots rimant, à une seule exception : ³ *doux.* Une double figure étymologique liant les débuts de trois vers — ¹ *Les amoureux* - ² *Aiment* - ⁵ *Amis* — concourt à l'unification de cette « similistrophe » à six vers, qui commence et finit par un couple de vers dont les premiers hémistiches riment entre eux : ¹ *fervents* - ² *également ;* ⁵ *science* - ⁶ *silence.*

³ *Les chats,* objet direct de la proposition qui embrasse les trois premiers vers du sonnet, devient le sujet sous-entendu dans les propositions des trois vers suivants (⁴ *Qui comme eux sont frileux ;* ⁶ *Ils cherchent le silence),* en nous laissant voir l'ébauche d'une division de ce quasi-sizain en deux quasi-tercets. Le « distique » moyen récapitule la métamorphose des chats : d'objet (cette fois-ci sous-entendu) au septième vers *(L'Erèbe les eût pris),* en sujet grammatical, également sous-entendu, au huitième vers *(S'ils pouvaient).* A cet égard le huitième vers se raccroche à la phrase suivante *(⁹ Ils prennent).*

En général, les propositions subordonnées postposées forment une sorte de transition entre la proposition subordonnante et la phrase qui suit. Ainsi, le sujet sous-entendu « chats » du neuvième et du dixième vers fait place à un renvoi à la métaphore « sphinx » dans la proposition relative du onzième vers *(Qui semblent s'endormir dans un rêve sans fin)* et, par conséquent, rapproche ce vers des tropes servant de sujets grammaticaux dans le tercet final. L'article indéfini, complètement étranger aux dix premiers vers avec leurs quatorze articles définis, est le seul admis dans les quatre derniers vers du sonnet.

Ainsi, grâce aux renvois ambigus des deux propositions relatives, celle du onzième et celle du quatrième vers, les quatre vers de clôture nous permettent d'entrevoir le contour d'un quatrain imaginaire qui « fait semblant » de correspondre au véritable quatrain initial du sonnet. D'autre part, le tercet final a une structure formelle qui semble reflétée dans les trois premières lignes du sonnet.

Le sujet animé n'est jamais exprimé par un substantif, mais plutôt par des adjectifs substantivés dans la première ligne du sonnet *(Les amoureux, les savants)* et par des pronoms personnels ou relatifs dans les propositions ultérieures. Les êtres humains n'apparaissent que dans la première proposition, où le double sujet les désigne à l'aide des adjectifs verbaux substantivés.

Les chats, nommés dans le titre du sonnet, ne figurent en nom dans le texte qu'une seule fois — dans la première proposition, où ils servent d'objet direct : [1] *Les amoureux... et les savants...* [2] *Aiment...* [3] *Les chats.* Non seulement le mot « chats » ne réapparaît plus au cours du poème, mais même la chuintante initiale /ʃ/ ne revient que dans un seul mot : [6]/ilʃɛrʃə/. Elle désigne, avec redoublement, la première action des félins. Cette chuintante sourde, associée au nom du héros du sonnet, est soigneusement évitée par la suite.

Dès le troisième vers, les chats deviennent un sujet sous-entendu qui est le dernier sujet animé du sonnet. Le substantif *chats* dans les rôles de sujet, d'objet et de complément adnominal, est remplacé par les pronoms anaphoriques [6,8,9] *ils,* [7] *les,* [8,12,14] *leur(s)* ; et ce n'est qu'aux chats que se rapportent les substantifs pronominaux *ils* et *les.* Ces formes accessoires (adverbales) se rencontrent uniquement dans les deux strophes intérieures, dans le second quatrain et dans le premier tercet. Dans le quatrain initial c'est la forme autonome [4] *eux* (bis) qui leur correspond, et elle ne se rapporte qu'aux personnes humains du sonnet, tandis que le dernier tercet ne contient aucun substantif pronominal.

Les deux sujets de la proposition initiale du sonnet ont un seul prédicat et un seul objet ; c'est ainsi que [1] *Les amoureux fervents et les savants austères* finissent, [2] *dans leur mûre saison,* par trouver *leur identité dans un être intermédiaire, l'animal qui englobe les traits antinomiques de deux conditions, humaines mais opposées.* Les deux catégories humaines s'opposent comme : sensuel/intellectuel et la médiation se fait par les chats. Dès lors le rôle de sujet est implicitement assumé par les chats qui sont à la fois savants et amoureux.

Les deux quatrains présentent objectivement le personnage du chat, tandis que les deux tercets opèrent sa transfiguration. Cependant, le second quatrain diffère fondamentalement du premier et, en général, de toutes les autres strophes. La formulation équivoque : *ils cherchent le silence et l'horreur des ténèbres* donne lieu à une méprise évoquée dans le septième vers du sonnet et dénoncée dans le vers suivant. Le caractère aberrant de ce quatrain surtout l'écart de sa dernière moitié et du septième vers en particulier est accentué par les traits distinctifs de sa texture grammaticale et phonique.

L'affinité sémantique entre *L'Erèbe* (« région ténébreuse confinant à l'Enfer », substitut métonymique pour « les puissances des ténèbres » et particulièrement pour *Erèbe,* « frère de la Nuit ») et le penchant des chats pour *l'horreur des ténèbres,* corroborée par la similarité phonique entre /tenɛbrə/ et /erɛbə/ a failli associer les chats, héros du poème, à la besogne horrifique des *coursiers funèbres.* Dans le vers insinuant que *L'Erèbe les eût pris pour ses cour-*

siers, s'agit-il d'un désir frustré, ou d'une fausse reconnaissance ? La signification de ce passage, sur laquelle les critiques se sont interrogés (5) reste à dessein ambiguë.

Chacun des quatrains et des tercets cherche pour les chats une nouvelle identification. Mais, si le premier quatrain a lié les chats à deux types de condition humaine, grâce à leur fierté ils parviennent à rejeter la nouvelle identification tentée dans le deuxième quatrain, qui les associe à une condition animale : celle de coursiers placés dans un cadre mythologique. Au cours de toute la pièce, c'est *l'unique équivalence rejetée.* La composition grammaticale de ce passage, qui contraste nettement avec celle des autres strophes, trahit son caractère insolite : mode irréel, manque d'épithètes qualificatives, un sujet inanimé au singulier, dépourvu de tout déterminant, et régissant un objet animé au pluriel.

Des oxymores allusifs unissent les strophes. [8] *S'ils* POUVAIENT *au servage incliner leur fierté,* — mais ils ne « peuvent » pas le faire, parce qu'ils sont véritablement [3] PUISSANTS. Ils ne peuvent pas être passivement [7] PRIS pour jouer un rôle actif, et voici qu'activement ils [9] PRENNENT eux-mêmes un rôle passif, parce qu'ils sont obstinément sédentaires.

[8] *Leur fierté* les prédestine aux [9] *nobles attitudes* [10] *Des grands sphinx.* Les [10] *sphinx allongés* et les chats qui les miment [9] *en songeant* se trouvent unis par un lien paronomastique entre les deux participes, seules formes participiales du sonnet : /ãsɔzã/ et /alɔže/. Les chats paraissent s'identifier aux sphinx qui, à leur tour, [11] *semblent s'endormir,* mais la comparaison illusoire, assimilant les chats sédentaires (et implicitement tous ceux qui sont [4] *comme eux*), à l'immobilité des êtres surnaturels, gagne la valeur d'une métamorphose. Les chats et les êtres humains qui leur sont identifiés se rejoignent dans les monstres fabuleux à tête humaine et à corps de bête. Ainsi, l'identification rejetée se trouve remplacée par une nouvelle identification, également mythologique.

En songeant, les chats parviennent à s'identifier aux [7] *grands sphinx,* et une chaîne de paronomasies, liées à ces mots-clés et combinant des voyelles nasales avec les constrictives dentales et labiales, renforce la métamorphose : [9] *en* songeant /ãsɔ̃/ — [10] *grands sphinx* /...ãsfɛ̃.../ — [10] *fond* /fɔ̃/ — [11] *semblent* /sã.../ — [11] *s'endormir* /sã.../ — [11] *dans un* /ãzœ̃/ — [11] *sans fin* /sãfɛ̃/. La nasale aiguë /ɛ̃/ et les autres phonèmes du mot [10] *sphinx* /sfɛ̃ks/ continuent dans le dernier tercet : [12] *reins* /ɛ̃/ — [12] *pleins* /...ɛ̃/ — [12] *étincelles* /...ɛ̃s.../ — [13] ainsi /ɛ̃s/ — [13] *qu'un sable*/ /kœ̃s.../.

On a lu dans le premier quatrain : ³ *Les chats puissants et doux, orgueil de la maison.* Faut-il entendre que les chats, fiers de leur domicile, sont l'incarnation de cet orgueil, ou bien est-ce la maison, orgueilleuse de ses habitants félins, qui comme l'Erèbe, tient à les domestiquer ? Quoi qu'il en soit, la ³ *maison* qui circonscrit les chats dans le premier quatrain se transforme en un désert spacieux, ¹⁰ *fond des solitudes,* et la peur du froid, rapprochant les chats ⁴ *frileux* et les amoureux ¹ *fervents* (notez la paronomasie /fɛrvã/ - /frilø/) trouve un climat approprié dans les solitudes austères (comme sont les savants) du désert torride (à l'instar des amoureux fervents) entourant les sphinx. Sur le plan temporel, la ² *mûre saison,* qui rimait avec ³ *la maison* dans le premier quatrain et se rapprochait d'elle par la signification. a trouvé une contrepartie nette dans le premier tercet : ces deux groupes visiblement parallèles (² *dans leur mûre saison* et ¹¹ *dans un rêve sans fin*) s'opposent mutuellement, l'un évoquant les jours comptés et l'autre, l'éternité. Ailleurs dans le sonnet, il n'y a plus de constructions, ni avec *dans,* ni avec aucune autre préposition adverbale.

Le miracle des chats domine les deux tercets. La métamorphose se déroule jusqu'à la fin du sonnet. Si, dans le premier tercet, l'image des sphinx allongés dans le désert vacillait déjà entre la créature et son simulacre, dans le tercet suivant les êtres animés s'effacent derrière des parcelles de matière. Les synecdoques remplacent les *chats-sphinx* par des parties de leur corps : ¹² *leurs reins,* ¹⁴ *leurs prunelles.* Le sujet sous-entendu des strophes intérieures redevient *complément* dans le dernier tercet : les chats apparaissent d'abord comme un complément *implicite du sujet* — ¹² *Leurs reins féconds sont pleins* ·—, puis, dans la dernière proposition du poème, ce n'est plus qu'un complément implicite de l'objet : ¹⁴ *Etoilent vaguement leurs prunelles.* Les chats se trouvent donc liés à l'*objet du verbe transitif* dans la dernière proposition du sonnet, et au sujet dans l'avant-dernière qui est une proposition attributive. Ainsi s'établit une double correspondance, dans un cas avec les chats, objet direct de la première proposition du sonnet, et, dans l'autre cas, avec les chats — sujet de la seconde proposition, attributive elle aussi.

Si, au début du sonnet, le sujet et l'objet étaient également de la classe de l'animé, les deux termes de la proposition finale appartiennent tous les deux à la classe de l'inanimé. En général, tous les substantifs du dernier tercet sont des noms concrets de cette classe : ¹² *reins,* ¹² *étincelles,* ¹³ *parcelles,* ¹³ *or,* ¹³ *sable,* ¹⁴ *prunelles,* tandis que dans les strophes antérieures, tous les appellatifs inanimés, sauf les adnominaux, étaient des noms abstraits : ² *saison,*

[3] *orgueil,* [6] *silence,* [6] *horreur.* [8] *servage,* [8] *fierté,* [9] *attitudes,* [11] *rêve.*
Le genre féminin inanimé, commun au sujet et à l'objet de la pro-
position finale — [13-14] *des parcelles d'or... Étoilent... leurs prunelles*
— contre-balance le sujet et l'objet de la proposition initiale, tous
les deux au masculin animé — [1-3] *Les amoureux... et les savants...
Aiment... Les chats.* Dans tout le sonnet [13] *parcelles* est l'unique
sujet au féminin, et il contraste avec le masculin à la fin du même
vers, [13] *sable fin,* qui, lui est le seul exemple du genre masculin
dans les rimes masculines du sonnet.

Dans le dernier tercet, les parcelles ultimes de matière prennent
tour à tour la place de l'objet et du sujet. Ce sont ces parcelles
incandescentes qu'une nouvelle identification, la dernière du sonnet,
associe avec le [13] *sable fin* et transforme en étoiles.

La rime remarquable qui lie les deux tercets est l'unique rime
homonyme de tout le sonnet et la seule, parmi ses rimes masculines, qui juxtapose des parties de discours différentes. Il y a une
certaine symétrie syntactique entre les deux mots qui riment,
puisque tous les deux terminent des propositions subordonnées,
l'une complète et l'autre elliptique. La responsion, loin de se borner
à la dernière syllabe du vers, rapproche étroitement les lignes toutes
entières : [11] /sãblə sãdormir dãzœ̃ rɛvə sã fɛ̃/ — [13] /parsɛl dɔr
ɛsi kœ̃ sablə fɛ̃/. Ce n'est pas hasard que précisément cette rime,
unissant les deux tercets, évoque *un sable fin* en reprenant ainsi le
motif du désert, où le premier tercet a placé *un rêve sans fin* des
grands sphinx.

[3] *La maison,* circonscrivant les chats dans le premier quatrain,
s'abolit dans le premier tercet où règnent les solitudes désertiques,
véritable maison à l'envers des chats-sphinx. A son tour, cette
« non-maison » fait place à la multitude cosmique des chats
(ceux-ci, comme tous les personnages du sonnet, sont traités comme
des *pluralia tantum*). Ils deviennent, si l'on peut dire, la maison
de la non-maison, puisqu'ils renferment, dans leurs prunelles, le
sable des déserts et la lumière des étoiles.

L'épilogue reprend le thème initial des amoureux et des savants
unis dans *Les chats puissants et doux.* Le premier vers du second
tercet semble donner une réponse au vers initial du second quatrain. Les chats étant [5] *Amis... de la volupté,* [12] *Leurs reins féconds
sont pleins.* On est tenté de croire qu'il s'agit de la forme procréa-
trice, mais l'œuvre de Baudelaire accueille volontiers les solutions
ambiguës. S'agit-il d'une puissance propre aux reins, ou d'étincelles
électriques dans le poil de l'animal ? Quoi qu'il en soit, un pouvoir
magique leur est attribué. Mais le second quatrain s'ouvrait par

deux compléments coordonnés : [5] *Amis de la science et de la volupté*, et le tercet final se rapporte, non seulement aux [1] *amoureux fervents*, mais également aux [1] *savants austères*.

Le dernier tercet fait rimer ses suffixes pour accentuer le rapport sémantique étroit entre les [12] *étin*CELLES, [13] *par*CELLES *d'or* et [14] *prun*ELLES des chats-sphinx d'une part, et d'autre part, entre les étincelles [13] *Mag*IQUES émanant de l'animal et ses prunelles [14] *Myst*IQUES éclairées d'une lumière interne, et ouvertes au sens caché. Comme pour mettre à nu l'équivalence des morphèmes, cette rime, seule dans le sonnet, se trouve dépourvue de la consonne d'appui, et l'allitération des m/initiaux juxtapose les deux adjectifs. *L'horreur des ténèbres* se dissipe sous cette double luminescence. Cette lumière est reflétée sur le plan phonique par la prédominance des phonèmes au timbre clair dans le vocalisme nasal de la strophe finale (7 palataux contre 6 vélaires), tandis que dans les strophes antérieures, ce sont les vélaires qui ont manifesté une grande supériorité numérique (16 contre 0 dans dans le premier quatrain, 2 contre 1 dans le second, et 10 contre 5 dans le premier tercet).

Avec la prépondérance des synecdoques à la fin du sonnet, qui substituent les parties au tout de l'animal et, d'autre part, le tout de l'univers à l'animal qui en fait partie, les images cherchent, comme à dessein, à se perdre dans l'imprécision. L'article défini cède à l'indéfini, et la désignation que donne le poète à sa métaphore verbale — [14] *Etoilent vaguement* — reflète à merveille la poétique de l'épilogue. La conformité entre les tercets et les quatrains correspondants (parallélisme horizontal) est frappante. Si, aux limites étroites dans l'espace ([3] *maison*) et dans le temps ([2] *mûre saison*), imposées par le premier quatrain, le premier tercet répond par l'éloignement ou la suppression des bornes ([10] *fond des solitudes*, [11] *rêve sans fin*), de même, dans le second tercet, la magie des lumières irradiées par les chats triomphe de [6] *l'horreur des ténèbres*, dont le second quatrain avait failli tirer des conséquences trompeuses.

En rassemblant maintenant les pièces de notre analyse, tâchons de montrer comment les différents niveaux auxquels on s'est placé se recoupent, se complètent ou se combinent, donnant ainsi au poème le caractère d'un objet absolu.

D'abord les divisions du texte. On peut en distinguer plusieurs, qui sont parfaitement nettes, tant du point de vue grammatical que de celui des rapports sémantiques entre les diverses parties du poème.

Comme on l'a déjà signalé, une *première division correspond aux trois parties* qui se terminent chacune par un point, à savoir, les deux quatrains et l'ensemble des deux tercets. Le premier quatrain expose, sous forme de tableau *objectif et statique,* une situation de fait ou admise pour telle. Le deuxième attribue aux chats une intention interprétée par les puissances de l'Erèbe, et, **aux puissances de l'Erèbe,** une intention sur les chats repoussée par ceux-ci. Ces deux parties envisagent donc les chats du dehors, l'une dans la passivité à laquelle sont surtout sensibles les amoureux et les savants, l'autre dans l'activité perçue par les puissances de l'Erèbe. En revanche, la dernière partie surmonte cette opposition en reconnaissant aux chats une *passivité activement assumée,* et interprétée non plus du dehors, mais du dedans.

Une seconde division permet d'opposer l'ensemble des deux tercets à l'ensemble des deux quatrains, tout en faisant apparaître une relation étroite entre le premier quatrain et le premier tercet, et entre le second quatrain et le second tercet. En effet :

1° L'ensemble des deux quatrains s'oppose à l'ensemble des deux tercets, en ce sens que ces derniers éliminent le point de vue de l'observateur *(amoureux, savants,* puissance de l'*Erèbe),* et situent l'être des chats en dehors de toutes limites spatiales et temporelles ;

2° Le premier quatrain introduisait ces limites spatio-temporelles *(maison, saison) ;* le premier tercet les abolit *(au fond des solitudes, rêve sans fin) ;*

3° Le second quatrain définit les chats en fonction des ténèbres où ils se placent, le second tercet en fonction de la lumière qu'ils irradient (étincelles, étoiles).

Enfin, une troisième division se surajoute à la précédente, en regroupant, cette fois dans un chiasme, d'une part le quatrain initial et le tercet final, et d'autre part les strophes internes : second quatrain et premier tercet : dans le premier groupe, les propositions indépendantes assignent aux chats la fonction de complément, tandis que les deux autres strophes, dès leur début, assignent aux chats la fonction du sujet.

Or, ces phénomènes de distribution formelle ont un fondement sémantique. Le point de départ du premier quatrain est fourni par le voisinage, dans la même maison, des chats avec les savants ou les amoureux. Une double ressemblance découle de cette contiguïté *(comme eux, comme eux).* Dans le tercet final aussi, une relation de contiguïté évolue jusqu'à la ressemblance : mais, tandis que dans le premier quatrain, le rapport métonymique des habitants félins et humains de la maison fonde leur *rapport métaphorique,* dans le dernier tercet, cette situation se trouve, en quelque sorte, intériorisée : le rapport de contiguïté relève de la *synecdoque* plutôt que de la métonymie propre. Les parties du corps du chat *(reins, prunelles)* préparent une évocation métaphorique du chat astral et cosmique, qui s'accompagne du *passage de la précision* à l'imprécision *(également - vaguement)*. Entre les strophes intérieures, l'analogie repose sur des rapports d'équivalence, l'un rejeté par le deuxième quatrain (chats et *coursiers funèbres*), l'autre accepté par le premier tercet (chats et *sphinx*), ce qui amène, dans le premier cas, à un refus de contiguïté (entre les chats et l'Erèbe) et, dans le second, à l'établissement des chats *au fond des solitudes*. On voit donc qu'à l'inverse du cas précédent le passage se fait d'une relation d'équivalence. forme renforcée de la ressemblance (donc une démarche métaphorique) à des relations de contiguïté (donc métonymiques) soit négatives, soit positives.

Jusqu'à présent, le poème nous est apparu formé de systèmes d'équivalences qui s'emboîtent les uns dans les autres, et qui offrent dans leur ensemble l'aspect d'un *système clos*. Il nous reste à envisager un dernier aspect, sous lequel le poème apparaît comme système ouvert, en progression dynamique du début à la fin.

On se souvient que, dans la première partie de ce travail, on avait mis en lumière une division du poème en deux sizains, séparés par un distique dont la structure contrastait vigoureusement avec le reste. Or, au cours de notre récapitulation, nous avions provisoirement laissé cette division de côté. C'est qu'à la différence des autres, elle nous semble marquer les étapes d'une progression, de l'ordre du réel (premier sizain) à celui du surréel (deuxième sizain). Ce passage s'opère à travers le distique, qui, pour un bref instant et par l'accumulation de procédés sémantiques et formels, entraîne le lecteur dans un univers doublement irréel, puisqu'il partage avec le premier sizain le caractère d'extériorité, tout en devançant la résonance mythologique du second sizain :

vers :	1 à 6	7 et 8	9 à 14
	extrinsèque		intrinsèque
	empirique	mythologique	
	réel	irréel	surréel

Par cette brusque oscillation, et de ton, et de thème, le distique remplit une fonction qui n'est pas sans évoquer celle d'une modulation dans une composition musicale.

Le but de cette modulation est de résoudre l'opposition implicite ou explicite depuis le début du poème, entre démarche métaphorique et démarche métonymique. La solution apportée par le sizain final consiste à transférer cette opposition au sein même de la métonymie, tout en l'exprimant par des moyens métaphoriques. En effet, chacun des deux tercets propose des chats une image inversée. Dans le premier tercet, les chats primitivement enclos dans la maison en sont, si l'on peut dire, extravasés pour s'épanouir spatialement et temporellement dans les déserts infinis et le rêve sans fin. Le mouvement va du dedans vers le dehors, des chats reclus vers les chats en liberté. Dans le second tercet, la suppression des frontières se trouve intériorisée par les chats atteignant des proportions cosmiques, puisqu'ils recèlent dans certaines parties de leur corps *(reins et prunelles)* le sable du désert et les étoiles du ciel. Dans les deux cas, la transformation s'opère à l'aide de procédés métaphoriques. Mais les deux transformations ne sont pas exactement en équilibre : la première tient encore de l'apparence *(prennent... les... attitudes... qui semblent s'endormir)*, et du rêve *(en songeant... dans un rêve...)*, tandis que la seconde clôt véritablement la démarche par son caractère affirmatif *(sont pleins... Etoilent)*. Dans la première, les chats ferment les yeux pour s'endormir, ils les tiennent ouverts dans la seconde.

Pourtant, ces amples métaphores du sizain final ne font que transposer, à l'échelle de l'univers, une opposition qui était déjà implicitement formulée dans le premier vers du poème. Les « amoureux » et les « savants » assemblent respectivement des termes qui se trouvent entre eux dans un rapport contracté ou dilaté : l'homme amoureux est conjoint à la femme, comme le savant l'est à l'univers ; soit deux types de conjonction, l'une rapprochée, l'autre éloignée (6). C'est le même rapport qu'évoquent les transfigurations finales : dilatation des chats dans le temps et l'espace, constriction du temps et de l'espace dans la personne des chats. Mais, ici encore et comme nous l'avons déjà remarqué, la symétrie n'est pas complète entre les deux formules : la dernière rassemble en son sein toutes les oppositions : les reins féconds rappellent la *volupté* des amoureux, comme les prunelles, la *science* des savants ; *magiques* se réfère à la ferveur active des uns, *mystiques* à l'attitude contemplative des autres.

Deux remarques pour terminer.

Le fait que tous les sujets grammaticaux du sonnet (à l'exception du nom propre *L'Erèbe*) soient au pluriel, et que toutes les rimes féminines soient formées avec des pluriels (y compris le substantif *solitudes*), est curieusement éclairé (comme d'ailleurs l'ensemble du sonnet) par quelques passages de *Foules :* « Multitude, solitude : termes égaux et convertibles par le poète actif et fécond... Le poète jouit de cet incomparable privilège, qu'il peut à sa guise être lui-même et autrui... Ce que les hommes nomment amour est bien petit, bien restreint, et bien faible, comparé à cette ineffable orgie, à cette sainte prostitution de l'âme qui se donne tout entière, poésie et charité, à l'imprévu qui se montre, à l'inconnu qui passe (7).

Dans le sonnet de Baudelaire, les chats sont initialement qualifiés de *puissants et doux* et le vers final rapproche leurs prunelles des étoiles. Crépet et Blin (8) renvoient à un vers de Sainte-Beuve : « ...l'astre puissant et doux » (1829), et retrouvent les mêmes épithètes dans un poème de Brizeux (1832) où les femmes sont ainsi apostrophées · « Etres deux fois doués ! Etres puissants et doux ! »

Cela confirmerait, s'il en était besoin, que pour Baudelaire, l'image du chat est étroitement liée à celle de la femme, comme le montrent d'ailleurs explicitement les deux poèmes du même recueil intitulés « Le Chat », à savoir le sonnet : « Viens, mon beau chat, sur mon cœur amoureux » (qui contient le vers révélateur : « Je vois ma femme en esprit... ») et le poème « Dans ma cervelle se promène... Un beau chat, fort doux... » (qui pose carrément la question, « est-il fée, est-il dieu ? »). Ce motif de vacillation entre mâle et femelle est sous-jacent dans « Les Chats », où il transparaît sous des ambiguïtés intentionnelles *(Les amoureux... Aiment... Les chats puissants et doux... ; Leurs reins féconds...).* Michel Butor note avec raison que, chez Baudelaire, « ces deux aspects : féminité, supervirilité, bien loin de s'exclure, se lient » (9). Tous les personnages du sonnet sont du genre masculin, mais *les chats* et leur alter ego *les grands sphinx*, participent d'une nature androgyne. La même ambiguïté est soulignée, tout au long du sonnet, par le choix paradoxal de substantifs féminins comme rimes dites masculines (10). De la constellation initiale du poème, formée par les amoureux et les savants, les chats permettent, par leur médiation, d'éliminer la femme, laissant face à face — sinon même confondus — « le poète des Chats », libéré de l'amour « bien restreint », et l'univers, délivré de l'austérité du savant. »

R. JAKOBSON et C. LÉVI-STRAUSS, « *Les Chats* »*de Baudelaire,* L'Homme, II, 1, 1962, pp. 5-21.

(1) M. Grammont, *Petit traité de versification française,* Paris, 1908, p. 86.
(2) M. Grammont, *Traité de phonétique,* Paris, 1930, p. 384.
(3) M. Grammont, *Traité...,* p. 388.

(4) M. Durand, « La spécificité du phonème. Application au cas de R/L », *Journal de Psychologie*, LVII, 1960, pp. 405-419.

(5) *Cf. L'Intermédiaire des chercheurs et des curieux*, LXVII, col. 338 et 509.

(6) M. E. Benveniste, qui a bien voulu lire cette éude en manuscrit, nous a fait observer qu'entre « les amoureux fervents » et « les savants austères », la « mûre saison » joue aussi le rôle de terme médiateur : c'est, en effet, dans leur mûre saison qu'ils se rejoignent pour s'identifier « également » aux chats. Car, poursuit M. Benveniste, rester « amoureux fervents » jusque dans la « mûre saison » signifie déjà qu'on est hors de la 'vie commune, tout comme sont les « savants austères » par vocation : la situation initiale du sonnet est celle de la vie hors du monde (néanmoins la vie souterraine est refusée), et elle se développe, transférée aux chats, de la réclusion frileuse vers les grandes solitudes étoilées où science et volupté sont rêve sans fin.

A l'appui de ces remarques, dont nous remercions leur auteur, on peut citer certaines formules d'un autre poème des *Fleurs du Mal :* « Le savant amour... fruit d'automne aux saveurs souveraines » (L'Amour du mensonge).

(7) Ch. Baudelaire, *Œuvres,* II, Bibliothèque de la Pléiade, Paris, 1961, pp. 243 *sq.*

(8) Ch. Baudelaire, *Les Fleurs du Mal.* Edition critique établie par J. Crépet et G. Blin, Paris, 1942, p. 413.

(9) M. Butor, *Histoire extraordinaire, essai sur un rêve de Baudelaire,* Paris, 1961, p. 85.

(10) Dans la plaquette de L. Rudrauf, *Rime et sexe* (Tartu, 1936), l'exposé d'une « théorie de l'alternance des rimes masculines et féminines dans la poésie française » est « suivi d'une controverse » avec Maurice Grammont (pp. 47 *sq.*). Selon ce dernier, « pour l'alternance établie au xvie siècle et reposant sur la présence ou l'absence d'un *e* inaccentué à la fin du mot, on s'est servi des termes rimes *féminines* et rimes *masculines,* parce que l'*e* inaccentué à la fin d'un mot était, dans la grande majorité des cas, la marque du féminin : un petit chat/une petite chatte ». On pourrait plutôt dire que la désinence spécifique du féminin l'opposant au masculin contenait toujours « l'*e* inaccentué ». Or, Rudrauf exprime certains doutes : « Mais est-ce uniquement la considération grammaticale qui a guidé les poètes du xvie siècle dans l'établissement de la règle d'alternance et dans le choix des épithètes « masculines » et « féminines » pour désigner les deux sortes de rimes ? N'oublions pas que les poètes de la Pléiade écrivaient leurs strophes en vue du chant, et que le chant accentue, bien plus que la diction parlée, l'alternance d'une syllabe forte (masculine) et d'une syllabe faible (féminine). Plus ou moins consciemment, le point de vue musical et le point de vue sexuel doivent avoir joué un rôle à côté de l'analogie grammaticale... » (p. 49).

Etant donné que cette alternance des rimes reposant sur la présence ou l'absence d'un *e* inaccentué à la fin des vers a cessé d'être réelle, Grammont la voit céder sa place à une alternance des rimes finissant par une consonne ou par une voyelle accentuée. Tout en étant prêt à reconnaître que « les finales vocaliques sont toutes masculines » (p. 46), Rudrauf est, en même temps, tenté d'établir une échelle à 24 rangs pour les rimes consonantiques, « allant des finales les plus brusques et les plus viriles aux plus fémininement suaves » (pp. 12 *sq.*) : les rimes à une occlusive sourde forment l'extrême pôle masculin (1°) et les rimes à une spirante sonore le pôle féminin (24°) de l'échelle en question. Si l'on applique cette tentative de classement aux rimes consonantiques des « Chats », on y observe un mouvement graduel vers le pôle masculin qui finit par atténuer le contraste entre les deux genres de rimes : 1 *austères* — 4 *sédentaires* (liquide : 19°) ; 6 *ténèbres* — 7 *funèbres* (occlusive sonore et liquide : 15°) ; 9 *attitudes* — 10 *solitudes* (occlusive sonore : 13°) : 12 *magiques* — 14 *mystiques* (occlusive sourde : 1°).

5. SUR UN VERS DE CHARLES BAUDELAIRE
Par Nicolas Ruwet

« 0. On voudrait ici, à partir de l'analyse minutieuse d'un vers isolé, donner quelques indications sur les lumières que la méthode structurale peut apporter à l'étude de certains problèmes de poétique, notamment les suivants :

(1) Comment rendre compte d'une manière simple de la complexité et de la richesse « *rythmiques* » de tel vers particulier, ainsi que des phénomènes dits d' « *harmonie du vers* » ?

(2) Comment aborder la question, si controversée, des *correspondances* entre le son et le sens en poésie ?

Quatre principes doivent guider l'analyse :

a) Elle doit toujours porter, non sur des termes, considérés comme des « choses en soi », mais sur *des relations*. Ce principe implique, entre autres choses, que l'on accorde une égale attention aux différences et aux similitudes ;

b) Une place centrale doit être donnée à la notion de NIVEAU ; on admet que la manière la plus simple de rendre compte de la complexité des faits revient à distinguer *différents niveaux linguistiques abstraits,* tels que ceux de la syntaxe, de la phonologie, de la métrique, etc. ; à *chaque niveau pris séparément,* une analyse relativement simple sera possible, et la complexité sera restituée par la mise en relation des différents niveaux ;

c) Les problèmes qui impliquent la substance (au sens hjelmslévien du terme, et qu'il s'agisse de la substance sémantique ou de la substance phonique) doivent autant que possible être traités après qu'auront été résolus les problèmes de forme. C'est ce principe qui nous impose de n'aborder le problème 2 qu'après le problème 1 ;

d) On part de l'hypothèse que le langage poétique se distingue du langage ordinaire en ce qu'il *superpose,* dans la chaîne syntagmatique, *aux relations ordinaires fondées sur la contiguïté (concaténation), des relations fondées sur l'équivalence.* « La fonction poétique projette le principe d'équivalence de l'axe de la sélection sur l'axe de la combinaison (1). » Ce rôle des *rapports d'équivalence dans la chaîne, qui est évident dans des phénomènes codés tels que le mètre et la rime,* doit être envisagé systématiquement, à la fois du point de vue des rapports entre éléments successifs, appartenant à un même niveau, et du point de vue des rapports entre éléments appartenant à des niveaux différents (c'est ici qu'apparaît la question de l'équivalence entre son et sens, niveau phonique et niveau sémantique).

1. Le vers choisi est le suivant, qui clôt la première strophe de *L'Albatros* de Baudelaire,

> Le navire glissant sur les gouffres amers.

1.1 Les principes *b)* et *d)* nous amènent à distinguer rigoureusement deux niveaux, celui de la syntaxe et celui de la métrique. Notre thèse est que l'on rendra compte de la richesse rythmique d'un vers en termes des interférences, tensions, ambiguïtés, qui résultent du jeu de ces deux niveaux. C'est là une idée qui est reconnue dans la notion traditionnelle de l'enjambement, mais dont on n'a guère tiré toutes les conséquences.

1.1 SYNTAXE. Il importe avant tout de distinguer entre l'ordre syntaxique formel (qui se décrit en termes de fonctions syntaxiques telles que sujet ou prédicat, et de relations de diverses sortes entre les unités, telles que l'implication simple, l'implication mutuelle, etc.) et la manifestation de cet ordre dans l'expression, sous forme d'intonation, de pauses, etc. ; cette manifestation peut en effet varier considérablement. Nous nous en tenons ici à la structure formelle.

Laissons de côté la fonction de ce vers dans la phrase qui l'englobe ; il constitue un tout, un groupe nominal, objet du verbe *suivent* (au vers 3). Tenons-nous en à sa constitution interne. Pour simplifier, on peut le considérer comme le résultat d'une transformation simple de la proposition « le navire glisse sur les gouffres amers ». Cette proposition s'analyse elle-même en trois éléments, sujet (S), prédicatif (P) et adjonctif (A).

> le navire / glisse / sur les gouffres amers.

De ces trois éléments, les deux premiers sont fondamentaux — s'impliquent mutuellement — et le troisième secondaire — il implique les deux premiers, dans la mesure où, si l'on supprime A, le résultat est toujours une proposition, ce qui n'est plus vrai si l'on supprime S ou P. D'autre part, l'élément A est complexe, et on y retrouve, à un rang plus bas, une même distinction entre un élément principal (déterminé), « les gouffres », et un élément secondaire (déterminant), « amers ». La structure de l'ensemble présente donc nettement un caractère hiérarchisé, la relation (et la division) fondamentale passant entre « le navire » et « glisse » (ou « glissant »). On peut représenter cette structure comme suit :

S   P   A
le navire // glisse //
                    sur / les gouffres
                                amers

Comme on le dit plus haut, la manifestation de cette hiérarchie syntaxique dans la substance phonique peut varier ; elle peut par exemple se traduire par une joncture (une pause) principale après « le navire », mais cette joncture pourrait aussi bien se trouver après « glisse » (« glissant »).

1.2. MÉTRIQUE. Nous avons ici affaire à des rapports d'équivalence. Le vers est un alexandrin, il comporte douze syllabes équivalentes, divisées par une césure (2) en deux groupes de six ; chacun de ceux-ci se divise à son tour en deux groupes de trois. Soit, en notation phonologique :

3 + 3   3 + 3
lə navi/rə glisã /! syrlegu/frəzamer //

Remarquons que la répartition des *e* muets, notés /ə/, contribue à accentuer la symétrie des deux hexamètres : on trouve un /ə/ à la quatrième syllabe de chaque hexamètre (il y est au surplus chaque fois précédé d'un /r/).

1.3. RAPPORTS ENTRE LA MÉTRIQUE ET LA SYNTAXE. Il importe de bien distinguer plusieurs choses. D'une part, les divisions métriques relevées sont déjà, évidemment, liées à la syntaxe, puisque, par exemple, la règle métrique de la césure après la sixième syllabe signifie simplement que celle-ci doit coïncider avec une division syntaxique. Mais la nature même de cette division syntaxique n'importe pas : *la division métrique n'est pas liée à la hiérarchie syntaxique proprement dite.* D'autre part, en divisant chaque hexamètre en trois plus trois syllabes, on s'est également basé sur les divisions syntaxiques : des divisions syntaxiques différentes amèneraient à diviser, par exemple, en 4 + 2, ou 2 + 4, etc. Mais, ici encore, la hiérarchie syntaxique même n'est pas en cause. Ajoutons que les divisions métriques — qui séparent les syllabes — ne correspondent qu'approximativement aux divisions syntaxiques — qui séparent des morphèmes, des mots ou des groupes (syntagmes) ; en français, en effet, les limites de syllabes ne coïncident jamais nécessairement avec celles des morphèmes (voir les deux schémas).

Ceci dit, si on compare les deux schémas, on constate une dissymétrie entre les divisions opérées aux deux niveaux. Les deux hiérarchies ne se recouvrent pas complètement, alors que la division syntaxique principale passe entre « le navire » (S) et « glissant » (P), la division métrique principale passe entre « le navire glissant » (6) et « sur les gouffres amers » (6). D'où *une tension*, qui donne sa vie propre à ce vers, et le distingue, notamment, de beaucoup d'autres alexandrins dont le schéma métrique se laisserait également ramener à (3 + 3) + (3 + 3). Enfin, une dissymétrie plus fine résulte du fait que, des quatre « accents » métriques, trois portent sur des syllabes correspondant à des lexèmes, et le quatrième, celui de /glisã/, porte sur une syllabe qui correspond à un suffixe.

2. *L'équivalence* métrique établie entre les quatre groupes de trois syllabes nous autorise à rechercher si des équivalences existent également à d'autres niveaux, entre les éléments correspondant à ces quatre groupes métriques. Nous en trouvons effectivement, *à deux niveaux, l'un grammatical, et l'autre phonologique*. Il est remarquable que ces deux types d'équivalences ne se recouvrent pas, et que l'on trouve ici, de nouveau, un mélange de symétrie et d'asymétrie, d'un autre ordre que celui dégagé plus haut aux niveaux syntaxique et métrique. On peut représenter les choses dans un schéma (où GR indique les correspondances grammaticales et PH les correspondances phonologiques) :

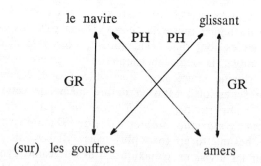

2.1. Il y a équivalence grammaticale entre « le navire » et « les gouffres » (article + nom concret masculin) d'une part, et entre « glissant » et « amers » (participe/adjectif, en position de déterminants par rapport aux noms) d'autre part.

2.2. Les équivalences phoniques forment un chiasme : /navir(ǝ)/ - /[z]amer/ et /glis(ã)/ - /gufr(ǝz)/ (3). En effet, dans le premier cas, *a)* la structure syllabique est la même : CVCVC ; *b)* la première voyelle, /a/, est identique : quant à la seconde, /e/ ne se distingue de /i/ que par un seul trait distinctif : relativement compact/relativement diffus (4) ; *c)* parmi les consonnes, dont aucune n'est

occlusive, la dernière est identique, /r/, et il y a des correspondances croisées entre les autres : ^{1}/n/ : ^{2}/m/ :: ^{1}/z/ : ^{2}/v/ :: aigu :
grave - /n/ et /m/ étant toutes deux nasales, et /z/ et /v/ étant
toutes deux des continues sonores (les chiffres indiquent la place
des consonnes, dans la première ou la seconde syllabe du mot).

Entre /glis(ã)/ et /gufr(əz)/, on a les correspondances suivantes :
a) du point de vue des voyelles, /i/ s'oppose à /u/ comme aigu à
grave ; b) dans les consonnes, l'initiale, /g/, est identique, /s/ :
/f/ :: aigu : grave, /l/ : /r/ :: continu : discontinu (tous les autres
traits des phonèmes de ces deux oppositions étant identiques).
Notons la dissymétrie, qui tient à la position différente des deux
liquides, /r/ et /l/, dans la structure syllabique.

3.   Jusqu'à présent, nous n'avons dégagé que des équivalences
formelles. L'appel à la substance phonique (dans le cas des traits
distinctifs) n'a eu pour but que de mettre en relief les équivalences
ou les oppositions entre les divers éléments, sans qu'un poids
spécial soit donné à la nature même de cette substance. Il suffisait
de savoir que tel phonème est le même que tel autre, ou qu'il s'en
différencie par tel ou tel trait distinctif, appartenant à telle ou telle
dimension (par exemple grave/aigu) ; le contenu spécifique de cette
dimension n'entrait pas en ligne de compte.

Le plus souvent, il n'est pas possible de pousser plus loin que
cette analyse purement formelle, qui rend compte, par le jeu de
symétries et d'asymétries qu'elle dégage, de la physionomie propre
de tel vers, de ce qu'on appelle l' « harmonie du vers ». Parfois,
cependant, il est permis de poursuivre l'analyse selon d'autres
voies. Et tout d'abord, on peut souvent constater que, aux éléments
que l'analyse phonique et grammaticale rapproche (et/ou oppose),
correspondent sur le plan sémantique des éléments qui sont également équivalents ou opposés. Les équivalences phoniques servent
ici à mettre en relief les équivalences sémantiques, et cette mise en
relief sera surtout intéressante là où il s'agit d'équivalences de
sens subtiles, qui, autrement, passeraient inaperçues ; cependant,
nous restons toujours dans le cas où l'on ne pose pas la question
de l'équivalence entre les substances phoniques et sémantiques
elles-mêmes (5).

3.1.   Une fois l'analyse amenée à ce point, on est parfois en
position de déterminer s'il existe des *équivalences pertinentes* entre
la substance phonique et la substance sémantique, entre le son et
le sens. C'est seulement à ce stade que l'on peut donner à cette
équivalence possible une forme relationnelle. En effet, parler d'équivalences entre le son et le sens en termes d'éléments isolés à chaque

niveau laisse la porte ouverte à l'arbitraire, comme en témoignent la plupart des travaux faits sur cette question (6). La relation entre le son et le sens prendra donc la forme d'une proportion : sous l'angle de la substance $S_1 : S_2 :: s_1 : s_2$ (où S = son, signifiant, s = sens, signifié).

Si l'on considère cette proportion, et si l'on tient compte de la dualité du système (axe paradigmatique) et de la chaîne (axe syntagmatique), deux cas peuvent se présenter.

3.11. Seuls S_1 et s_1 sont présents dans la chaîne, et la relation à S_2 et s_2 ne vaut que selon l'axe du système. C'est de ce point de vue qu'il faut considérer, par exemple, le sonnet du Cygne de Mallarmé : si l'on a le droit de rapprocher, d'une part, l'abondance des /i/, et, de l'autre, les idées de froid, de stérilité..., c'est parce qu'il est possible de dégager, dans le système, une proportion /i/ : /u/ :: aigu : grave, et qu'il n'est pas arbitraire, en se basant en dernière analyse sur une description physique des substances, de rapprocher les dimensions grave/aigu et chaud/froid.

3.12. Les quatre termes de la proportion sont présents à la fois dans le système et dans la chaîne. C'est le cas le plus favorable, qui se présente précisément dans le vers qui nous occupe. Avant de l'examiner, une précision s'impose encore toutefois.

3.13. Si l'on a le droit de comparer la substance phonique à la substance sémantique, c'est parce que, en dernière analyse, ces deux substances sont, du point de vue non-linguistique, de même nature (7). L'une et l'autre ont une réalité, et sont susceptibles d'être décrites sous deux aspects au moins : l'aspect purement physique (acoustique en particulier dans le cas de la substance phonique) et l'aspect phénoménologique, ou d'appréciation, dans la terminologie de Hjelmslev (du point de vue phonique, cet aspect correspond au point de vue perceptif, auditif). Il s'agit donc, quand on cherche des équivalences entre son et sens, de choisir l'aspect sous lequel on les décrira ; il s'agit de rendre les deux substances commensurables en les décrivant d'un même point de vue, physique, phénoménologique, ou éventuellement les deux ensemble. C'est là la raison pour laquelle nous avons choisi de décrire le niveau phonique en termes acoustiques et auditifs plutôt que dans la terminologie articulatoire traditionnelle : en effet, il n'est en général pas possible de donner de la substance du contenu une description qui ait un commun dénominateur immédiatement perceptible avec une description articulatoire de la substance de l'expression.

3.2. Ceci dit, revenons à notre vers de *L'Albatros*. Si nous choisissons — arbitrairement, car nous pourrions suivre la voie inverse

— de partir des relations établies sur le plan phonique, nous constatons d'abord que, de /navire(ə)/ - /[z]amer/, on ne peut pas tirer
grand-chose : on ne voit guère quelles dimensions de contenu pourraient correspondre aux dimensions pertinentes sur le plan de
l'expression. Il en va autrement avec /glis(ã)/ - /gufr(əz)/. En effet,
on a vu que ces éléments, à partir d'une base commune, s'opposent comme aigu (/is/) à grave (/uf/) et comme continu, « lisse » (/l/)
à discontinu, « rugueux » (/r/). Il n'est pas difficile de trouver sur
le plan du contenu des dimensions qui correspondent à ces dimensions de l'expression : le « navire glissant » s'oppose aux « gouffres
amers » comme le haut au bas, le clair au sombre, la surface à la
profondeur. Le commun dénominateur synesthésique est évident.

4.   Il est entendu que cette analyse n'épuise pas le sens de ce vers.
Celui-ci doit, bien évidemment, être considéré aussi dans ses relations avec le reste du poème, qui ne prend à son tour tout son sens
que replacé dans le contexte entier de l'œuvre de Baudelaire (il
suffit de penser à l'importance que revêt dans celle-ci le thème du
gouffre ; l'expression gouffre(s) amer(s) y apparaît elle-même à
plusieurs reprises) (8).

D'une manière générale, l'analyse d'un vers isolé — qui pourrait
étonner, si l'on pense qu'un vers n'est en général qu'un élément
dans un ensemble — se justifie pour des raisons purement prag-
matiques : un poème a une structure multidimensionnelle très
complexe, et si on veut se concentrer précisément sur l'interaction
des différents niveaux, mieux vaut commencer par limiter la taille
de l'objet d'étude. D'un autre côté, peu de vers pourraient sans
doute se prêter à une analyse aussi poussée et c'est au niveau
d'unités plus vastes que joue d'habitude la fonction poétique. Mais
ce type d'analyse permet au moins d'éclairer un phénomène assez
curieux, qui est celui de la vie autonome que certains vers se
mettent à vivre, dans la mémoire du public, en dehors de leur
contexte. Plusieurs analyses analogues à celle présentée ici (9)
semblent indiquer que, hors les cas de vers à caractère gnomique
ou proverbial (Corneille...), il s'agit presque toujours de vers dont
la structure interne, faite de complexes rapports de symétrie et
d'asymétrie à tous les niveaux, est particulièrement dense. Ces
considérations peuvent avoir une certaine importance pour une
théorie esthétique du fragment : combien d'œuvres, parmi les plus
grandes, ne valent finalement, au-delà d'une certaine cohérence
élémentaire de l'ensemble, que par des fragments...

Au sujet des rapports de notre vers à son contexte, une chose
au moins mérite d'être retenue. D'un côté, ce vers occupe une place
marginale dans l'ensemble du texte (par rapport au thème de

celui-ci : l'albatros métaphore du poète) ; c'est en partie ce qui a permis de l'isoler aisément. D'un autre côté, il vient approfondir certaines des dimensions sémantiques qui dominent le reste du poème. Ainsi, « le navire *glissant*.. » fait écho aux « albatros, *indolents* compagnons de voyage » (v. 3), et les « gouffres amers » ajoutent un terme, la profondeur des océans, à la dimension Haut(ciel, poète)-Bas (surface de l'eau, hommes ordinaires), qui est en quelque sorte l'axe sémantique du poème. Surtout, si la figure centrale est le poète-albatros, qui se meut avec aisance dans un univers vertigineux, « le navire glissant... » vient apporter, dans une partie marginale du texte, une préfiguration de cette image. « Le navire » — qui est dans un rapport de CONTIGUÏTÉ avec les albatros, comme avec « les hommes d'équipage » — glisse sur les gouffres... » ; autrement dit, son prédicat est dans un rapport d'ÉQUIVALENCE avec ceux du poète et de l'albatros, « qui hante la tempête et se rit de l'archer ». Ainsi se trouvent confirmées, et cette loi de l'univers mythique et poétique, que « toute métonymie est légèrement métaphorique, toute métaphore a une teinte métonymique » (10), et cette tendance, qui n'en est qu'un cas particulier, selon laquelle les éléments qui organisent l'ensemble se retrouvent, sous une forme affaiblie, au niveau des sous-ensembles (11).

*
* *

ANNEXE

L'Albatros

Souvent, pour s'amuser, les hommes d'équipage
Prennent des albatros, vastes oiseaux des mers,
Qui suivent, indolents compagnons de voyage,
Le navire glissant sur les gouffres amers.

A peine les ont-ils déposés sur les planches,
Que ces rois de l'azur, maladroits et honteux,
Laissent piteusement leurs grandes ailes blanches
Comme des avirons traîner à côté d'eux.

Ce voyageur ailé, comme il est gauche et veule !
Lui, naguère si beau, qu'il est comique et laid !
L'un agace son bec avec un brûle-gueule,
L'autre mime, en boitant, l'infirme qui volait !

Le Poète est semblable au prince des nuées
Qui hante la tempête et se rit de l'archer ;
Exilé sur le sol au milieu des huées,
Ses ailes de géant l'empêchent de marcher.

N. Ruwet, « *Sur un vers de Ch. Baudelaire* »
in *Linguistics,* octobre 1965, pp. 69-73.

---

(1) Roman Jakobson, *Essais de linguistique générale,* tr. fr. (Paris, 1963), p. 220. Voir aussi, spécialement, p. 232.

(2) Il est entendu qu'une césure n'est pas à identifier à une coupe ou à un arrêt. Comme dans le cas de la syntaxe, nous laissons de côté la question de la manifestation de la césure, de même d'ailleurs que celle de la nature (intensité, hauteur...) de l'accent.

(3) On a noté entre parenthèses les phonèmes qui représentent des éléments se rattachant grammaticalement aux unités considérées, mais que ne jouent pas de rôle dans les équivalences phoniques. Inversement, sont entre crochets les phonèmes qui participent à ces équivalences phoniques, mais qui représentent des éléments se rattachant à d'autres unités grammaticales. Ces distinctions sont rendues nécessaires par la non-coïncidence entre frontières de syllabes et frontières de morphènes.

(4) Pour la définition des traits distinctifs, voir Jakobson, *Essais de linguistique générale,* ch. 6.

(5) Cette utilisation des équivalences formelles pour souligner les équivalences sémantiques est illustrée par les vers célèbres de Racine, « Le jour n'est pas plus pur que le fond de mon cœur », et de Malherbe, « Et les fruits passeront la promesse des fleurs ». Plus subtilement encore, chez Baudelaire :
> Mais les bijoux perdus de l'antique Palmyre,
> Les métaux inconnus, les perles de la mer.
> (*Bénédiction*)

(6) Le nombre d'absurdités qui ont pu être proférées sur cette question est effarant. On en trouvera une belle collection rassemblée et critiquée, dans le livre de Paul Delbouille, *Poésie et sonorité* (Paris, 1961).

(7) Sur tout ceci, voir les travaux de Louis Hjelmslev, en particulier, dans les *Essais linguistiques* (Copenhague, 1959), « La stratification du langage » et « Pour une sémantique structurale ». La substance de l'expression (substance phonique) est en fait, si on l'envisage dans sa totalité, une partie de la substance du contenu, envisagée elle-même dans sa totalité (*Essais*, p. 61).

(8) Cf. Benjamin Fondane, *Baudelaire et l'expression du gouffre* (Paris, 1947), ainsi que Pierre Guiraud, « Champ stylistique du *Gouffre* de Baudelaire », *Orbis Litterarum,* 75-84 (1958).

(9) Par exemple, de « Le jour n'est pas plus pur que le fond de mon cœur » (Racine), « La chair est triste, hélas, et j'ai lu tous les livres » (Mallarmé), etc.

(10) Roman Jakobson, *Essais de linguistique générale,* p. 238.

(11) Ce rôle sémantique du vers apparaît bien si on s'essaie à y faire varier certains éléments, fidèle au principe de l'analyse structurale (en général très difficile à appliquer intégralement en poésie) que c'est à coups de substitutions, en faisant varier les termes, que l'on dégage les traits pertinents. Que l'on substitue, par exemple, au prédicat entier de « navires », une expression plus banale, telle que « fendant les flots », et l'on verra disparaître les dimensions pertinentes de la verticalité, et de l'aisance dans le vertigineux.

ORIENTATION BIBLIOGRAPHIQUE

L'immensité du sujet et les limites du présent ouvrage ne permettent pas de donner ici une bibliographie systématique.

Le choix de nos textes constitue une première orientation. Le lecteur est invité à les replacer dans les ouvrages et les articles dont ils sont tirés.

Il pourra, par ailleurs, se reporter d'une part à un certain nombre de manuels de base, d'autre part à des bibliographies partielles, enfin à des recueils collectifs (annales de congrès, colloques, etc...), qui donnent une image des diverses tendances et comportent, en général, des indications bibliographiques.

I. - LISTE ALPHABÉTIQUE DES AUTEURS CITÉS.

G. ANTOINE. — *Revue d'Enseignement supérieur* I, Paris, S.E.V.P.E.N., 1959.

Ch. BALLY. — *Traité de Stylistique française*, Paris, Klincksieck, 1951.

R. BARTHES. — *Critique et Vérité*, Paris, éd. du Seuil, 1966.

R. BARTHES. — *Le degré zéro de l'écriture*, Paris, éd. du Seuil, 1953.

E. BENVENISTE. — *Problèmes de linguistique générale*, Paris, Gallimard, 1966.

M. BIERWISCH. — « Poetik und Linguistik » in *Mathematik und Dichtung*, Munich, Nymphenburger Verlag, 1965.

Ch. BRUNEAU. — *Romance Philology*. Vol. 5, Univ. of California, 1951.

W. BUSSE. — *Bulletin des Jeunes Romanistes*, 10-12, Paris, Klincksieck, 1964.

J. B. CARROL. — « Vectors in prose style », in *Style in Language,* Cambridge, Mass. M.I.T. Press, 1960.

M. CRESSOT. — *Le Style et ses Techniques*, Paris, P.U.F., 1947.

P. DELATTRE. — *Revue d'Esthétique* XVIII, 3 et 4, Paris, Klincksieck, 1965.

L. DOLEZEL. — « Vers la stylistique structurale », in *Travaux linguistiques de Prague, n° I*, Prague et Paris, Klincksieck, 1966.

J. DUBOIS. — *Lettres françaises*, 20-4, Paris, 1967.

L. FLYDAL. — *Le Français moderne*, juillet, Paris, d'Artrey, 1962.

I. FÓNAGY. — *Problèmes du langage*, (Collection Diogène), Paris, Gallimard, 1966.

R. FOWLER. — « Linguistic Theory and the Study of Literature » in *Essays on Style and Language*, Londres, Routledge Kegan, 1966.

I. FRANGES. — *Actes du VIIIe Congrès de la F.I.L.M.*, Paris, Belles Lettres, 1961.

G. GENETTE. — *Figures* I et II, Paris, éd. du Seuil, 1966.

G. GENETTE. — « Raison de la critique pure » in *Chemins actuels de la critique*, Paris, Plon, 1967.

G. G. GRANGER. — *Essai d'une philosophie du style*, Paris, Colin, 1968.

P. GUBERINA. — *Etude expérimentale de l'expression linguistique*, Zagreb, Studia Romanica et Anglica Zagrabiensia., n° 5, 1958.

P. GUIRAUD. — *La stylistique*, Paris, P.U.F., 1954.

P. GUIRAUD. — *Les caractères statistiques du vocabulaire*, Paris, P.U.F., 1954.

M. A. K. HALLIDAY. — « The Linguistic Study of Literary Texts » in *Proceedings of the IX Int. Congr. of the linguists*, Paris-La Haye, Mouton, 1964.

K. HAUSENBLAS. — « Ueber die Bedeutung sprachlicher Einheiten und Texten » in *Travaux linguistiques de Prague II*, Prague et Paris, Klincksieck, 1967.

G. HERDAN. — « Discussion de la communication de E. Benveniste » in *Proceedings of Int. Congr. of the Linguists*, Paris-La Haye, Mouton, 1964.

H. HJELMSLEV. — *Prolégomènes à une théorie du langage*, Paris, Ed. de Minuit, 1968.

R. JAKOBSON. — *Essais de Linguistique générale,* Paris, Ed. de Minuit, 1963.

R. JAKOBSON et C. LEVI-STRAUSS. — « Les Chats » de Baudelaire in *l'Homme,* II, I, Paris, Ed. Mouton, 1962.

A. JUILLAND. — « Stylistique et linguistique », in *Language XXX,* Stanford University, 1953.

P. LARTHOMAS. — *Le Français moderne,* Paris, Ed. d'Artrey, 1964.

J. LAUTER et D. WICKMANN. — *Cahiers du C.R.A.L.,* n° 2, Nancy, Faculté des lettres, 1966.

G. LEECH. — « This bread I break », Language and interpretation in *A Review of English Literature, VI,* 1965.

S.-R. LEVIN. — *Linguistic Structures in Poetry,* s' Gravenhague, *Humanities,* 1962.

S.-R. LEVIN. — « Poésie et grammaticalité » in *Proc. of the IX Int. Congr. of the Linguists,* Mouton, 1964.

LEVI-STRAUSS et R. JAKOBSON. — « Les Chats » de Baudelaire, in *l'Homme II, 1,* Paris, Mouton, 1962.

H. MORIER. — *La psychologie des styles,* Genève, Georg, 1959.

Ch. MULLER. — « Sur quelques scènes de Molière, Essai d'un indice du style familier », Paris, in *Le Français moderne XXX,* d'Artrey, 1962.

R. OHMANN. — « Generative Grammars and the Concept of Literary Style » in *Word XX,* 1964.

M. RIFFATERRE. — « Stylistic Context », in *Word 16,* diffusion, Klincksieck, 1960.

M. RIFFATERRE. — « Vers la définition linguistique du style » in *Word 17,* Paris, Klincksieck, 1961.

M. RIFFATERRE. — « Problèmes d'analyse du style littéraire » in *Romance Philology,* XIV, University of California, 1961.

M. RIFFATERRE. — « The stylistic fonction » in *Proceedings of the IX Int. Congr. of Linguists,* Paris-La Haye, Mouton, 1964.

Y. ROCHE. — *Cahiers du Monde hispanique,* Toulouse, Institut d'études hispaniques, 1965.

R. A. SAYCE. — *Style in french prose,* Oxford, O.U.P., 1953.

N. RUWET. — « Sur un vers de Ch. Baudelaire », in *Linguistcis X,* Paris-La Haye, Mouton, 1965.

T. A. SEBEOK. — « Decoding a Text : Levels and Aspects in a Cheremis Sonnet », in *Style in Langage,* New York, 1960.

L. SPITZER. — « Stylistique et critique littéraire », in *Critique n° 98,* Paris, Ed. de Minuit, 1955.

E. STANKIEWICZ. — « Problèmes du langage émotif », in *Approaches to Semiotics.* Bloomington, Indiana U.P., 1964.

T. TODOROV. — *Les Lettres françaises,* Paris, 20 avril 1967.

K. TOGEBY. — « Littérature et linguistique », in *Orbis Litterarum XXII,* 1967.

St ULLMANN. — *Le Français moderne,* XXIII, Paris, d'Artrey, 1955.

D. WICKMANN et J. LAUTER. — *Cahiers du C.R.A.L.,* n° 2, Nancy, Faculté des lettres, 1966.

J.-M. ZEMB. — *Cahiers du C.R.A.L.* n° 2, Nancy, Faculté des lettres, 1966.

P. ZUMTHOR. — *Langue et techniques poétiques à l'époque romane (XI-XIIIᵉ s.),* Paris, Klincksieck, 1963.

II. - BIBLIOGRAPHIES GÉNÉRALES.

K. SHAPIRO. — *A bibliography of modern prosody.* Baltimore 1948.

H. HATZFELD. — *A critical bibliography of the new stylistics applied to the romance literatures.* 1900-1952. Chapell Hill. Univ. of North Carolina Press, 1953.

H. Hatzfeld. — *Bibliografia critica de la nuova estilistica aplicada a las literaturas romanicas.* Madrid, 1955 (complète le précédent jusqu'en 1955).

H. Hatzfeld et Y. Le Hir. — *Essai de bibliographie critique de stylistique française et romane* (1955-1960), Paris P.U.F., 1962.

H. Hatzfeld. — *A critical bibliography of the new stylistics applied to the romance literatures* (1953-1965), Chapell Hill, Univ. of North Carolina Press, 1966.

L. T. Milic. — *Style and Stylistics. An analytical bibliography*, Scribner, New York, 1967.

R. W. Bailey et D. M. Burton. — *English stylistics. A bibliography.* M.I.T. University Press, Cambridge Mass, 1968 .

J. Peytard. — « Rapports et interférences de la linguistique et de la littérature » in n° spécial de la *Nouvelle Critique*, 1968.

J.-C. Chevalier et P. Kuentz. — Bibliographie du numéro 3 de *Langue Française.* Septembre 1969, pp. 124-128. Paris, Larousse.

III. - DICTIONNAIRES , ENCYCLOPÉDIES.

Y. Le Hir. — *Esthétique et structure du vers français d'après les théoriciens du XVIᵉ siècle à nos jours*, Paris, P.U.F. 1956.

Y. Le Hir. — *Rhétorique et stylistique de la Pléiade au Parnasse*, Paris, P.U.F., 1960.

J. Vachek. — *Dictionnaire de linguistique de l'école de Prague*, Utrecht, Het Spectrum, 1960.

H. Lausberg. — *Handbuch der literarischen Rhetorik*, 2 vol., Munich M. Hueber, 1960.

H. Morier. — *Dictionnaire de poétique et de rhétorique*, Paris, P.U.F., 1961.

O. Preminger. — *Encyclopedia of poetry and poetics*, Princeton U.P., 1965.

IV. - THÉORIE DU STYLE.

J. Marouzeau. — *Précis de stylistique française*, Paris, Masson, 1940.

C. Bally. — *Linguistique générale et linguistique française*, Berne, A. Francke. 1944.

M. Cressot. — *Le style et ses techniques.* Paris, P.U.F. (réédité en 1965), 1947.

W. Kayser — *Das sprachliche Kunstwerk. Eine Einführung in die Literaturwissenschaft*, Berne, Francke, 1948 (trad. espagnole en 1958).

R. Wellek et A. Warren. — *Theory of literature.* New York Harcourt, Brace, 1949 (trad. française en cours), Paris, 1971.

R. A. Sayce. — *Style in french prose.* Oxford, Univ. Press. 1953.

P. Guiraud. — *La stylistique* (6ᵉ éd. 1970), P.U.F., Paris, 1954.

W. Nowottny — *The language poets use*, Londres, Athlone, 1962.

S. Ullmann. — *Language and style*, Oxford, Blackwell, 1964.

J. Mukarovsky. — *Kapitel aus der Poetik*, Frankfurt, 1967.

G. Genette. — *Figures II*, Paris, Le Seuil, 1969.

W. Koch. — *Vom Morphem zum Textem*, Hildesheim, 1969.

R. Barthes. — *S/Z*, Paris, Le Seuil, 1970.

J. Cl. Chevalier. — « Alcools ». *Analyse des formes poétiques*, Paris, Minard, 1970.

J. Dubois, F. Edeline, J. M. Klinkenberg, P. Minguet, F. Pire, H. Trinon. — *Rhétorique générale*, Paris, Larousse, 1970.

H. Meschonnic. — *Pour la poétique*, Paris, Gallimard, 1970.

J. Kristeva. — *Seméiôtikè*. Paris, Le Seuil, 1970.

C. Morhange-Begue. — « La chanson du Mal Aimé. » *Analyse structurale et stylistique*, Paris, Minard, 1970.

L. Peytard et E. Genouvrier. — *Linguistique et enseignement du français*, Paris, Larousse, 1970.

M. Riffaterre. — *Essais de stylistique structurale* (trad. fr.), Paris, Flammarion, 1971.

J. Sumpff. — *Introduction à la stylistique du français*, Paris, Larousse, 1971.

T. Todorov. — *Poétique de la prose*, Paris, Le Seuil, 1971.

V. - OUVRAGES COLLECTIFS.

Théories et problèmes, Orbis Literarum. Suppl. 2, 1958.

E. Garvin (ed). — *A Prague school reader on esthetics, literary structure and style*, Washington, Vachek, 1958.

Sebeok (ed). — *Style in language*. New York, Mitchell Press, 1960.

Langue et littérature. Actes du VIIIe congrès de la F.I.L.M. Liège, 1961, Paris, Belles Lettres, 1964.

Poetics, Poetyka, Poetica. s' Gravenhague, 1961.

Style et littérature. (Zumthor, Guiraud, Kibedi Varga), La Haye, Mouton, 1962.

« Littérature et stylistique ». *Cahiers de l'Association internationale d'études françaises*, XVI. Les Belles Lettres, 1964.

Enkvist, Spencer, Gregory. — *Linguistics and style*, Oxford U.P., 1964.

Proceedings of the IXth Int. congress of linguists. La Haye, Mouton, 1964.

« New attitudes to style ». *A Review of English Literature*, avril 1965.

Mathematik und Dichtung. Nymphenburger Verl. Munich, 1965.

Todorov (ed.). — *Théorie de la littérature. Textes des formalistes russes*. Paris, Ed. du Seuil, 1965.

Fowler (ed.). — *Essays on style and language*. Londres, Routledge Kegan Paul, 1966.

Chatman & Levin (ed.). — *Essays on the language of literature*. Boston, Houghton Hifflin, 1967.

G. Poulet. (ed.). — *Les chemins actuels de la critique*. Paris, Plon, 1967.

« Recherches de stylistique ». *Cahiers du C.R.A.L.*, Nancy, Fac. des Lettres, 1967, n° 2.

« Théorie d'ensemble ». Paris, Tel-Quel, Le Seuil, 1968.

« Linguistique et littérature ». Travaux du colloque de Cluny, Paris, *La Nouvelle Critique*, décembre 1968.

« Linguistique et littérature ». *Langages* n° 12, Paris, Larousse, décembre 1968.

« Qu'est-ce que le structuralisme ? ». Paris, Le Seuil, 1968.

« Le cercle de Prague ». *Change* n° 3, Paris, 1969.

J. Dubois & J. Sumpf (ed.). — « L'analyse du discours ». *Langages* n° 13, Paris, Larousse, mars 1969.

M. Arrivé et J.-C. Chevalier (ed.). — « La stylistique ». *Langue Française* n° 3, Paris, Larousse, septembre 1969.

A. Jacob. — *Points de vue sur le langage*. Paris, Klincksieck, 1969.

P.J. Strelka. (ed.). — *Patterns in literary style*. Pennsylvania, U.P., 1970,

Todorov (ed.). — « L'énonciation ». *Langages* n° 17, Paris, Larousse, mars 1970.

Beiträge zur Textlinguistik, München, 1971. (Wilhelm Fink Verlag).

Change, n° 3. *Le cercle de Prague*, Paris, Le Seuil, 1969.

Communications n° 16. *Recherches rhétoriques*, Paris, Le Seuil, 1970.

Langage n° 23. *Le discours politique*, Paris, Larousse, 1971.

Langue française n° 7. *La description linguistique des textes littéraires*, Paris, Larousse, 1971.

Nouvelle Critique. N° spécial : *Littérature et idéologie*, Paris, 1971.

Poétique n° 7. *Hommage à Roman Jakobson* (trad. fr. inédites de plusieurs articles de Jakobson), Paris, Le Seuil, 1971.

VI. - BIBLIOGRAPHIES SPÉCIALES.

La stylistique descriptive.

Ch. BALLY. — *Traité de stylistique française*. Francke Berne, 1904.

M. GRAMMONT. — *Le vers français, ses moyens d'expression, son harmonie*, Paris, Delagrave, 1913.

H. MORIER. — *Le rythme du vers libre symboliste étudié chez Verhaeren, Henri de Régnier, Viélé-Griffin et ses relations avec le sens*, Genève, les Presses Académiques, 1943-44.

L. ARBUSOW. — *Colores rhetorici*, Göttingen, Vandenhœck et Ruprecht, 1948.

A. SPIRE. — *Plaisir poétique et plaisir musculaire. Essai sur l'évolution des techniques poétiques*. Paris, Corti, 1949.

J. MAROUZEAU. — *Précis de stylistique française*, 3ᵉ ed., Paris, Masson, 1950.

P. GUIRAUD. — *Langage et versification d'après l'œuvre de Paul Valéry*, Paris, Klincksieck, 1953.

C. BROOKE-ROSE. — *A grammar of Metaphor*, London, Secker et Warburg, 1958.

P. DELBOUILLE. — *Poésie et sonorités*, Paris, Belles Lettres, 1961.

G. DEVOTO. — *Nuovi studi di stilistica*, Firenze, F. Le Monnier, 1962.

K. BURKE. — *A grammar of Motives and a Rhetoric of Motives*, Cleveland, Peter Smith, 1962.

M. BLACK. — *Models and Metaphor*, Cornell U.P., 1962.

M. BODKIN. — *Archetypal patterns in poetry*, London, Oxford, I.P., 1963.

W. A. KOCH. — *Recurrence and three-modal approach to Poetry*, La Haye, Mouton, 1966.

J. COHEN. — *Structure du langage poétique*, Paris, Flammarion, 1966.

M. CRESSOT. — *Le Style et ses techniques*, n. éd., Paris, PUF, 1969.

La stylistique fonctionnelle.

F. BOAS. — « Race, Language and Culture », in « *Studies in the History of Culture* », New York, Free Press, 1948.

E. CURTIUS. — *Europäische Literatur und lateinisches Mittelalter*, Berne, Francke, 1948.

R. BARTHES. — *Le degré zéro de l'écriture*, Paris, Ed. du Seuil, 1953.

J. RYCHNER. — *La chanson de geste ; essai sur l'art épique des jongleurs*, Genève, Droz, 1955.

A. L. KROEBER. — *Style and civilizations*, Ithaca, 1957.

R. DRAGONETTI. — *La technique poétique des trouvères dans la chanson courtoise*, Bruges, De Tempel, 1960.

R. JAKOBSON. — *Poetry of Grammar and grammar of poetry in Poetics*, La Haye, Mouton, 1961.

P. ZUMTHOR. — *Langues et techniques poétiques à l'époque romane,* Paris, Klinck-
    sieck, 1963.

R. JAKOBSON. — *Essais de linguistique générale,* Trad. N. Ruwet, Paris, Ed. de
    Minuit, Paris, 1963.

P. GUIRAUD. — *Essais de stylistique,* Paris, Klincksieck, 1970.

R. JAKOBSON. — *Selected writings,* Vol IV, (à paraître).

La stylistique génétique.

B. CROCE. — *Rettorica, grammatica e filosofia del linguàggio. Problemi di esté-
    tica,* Bari, 1923.

Ch. CHASSE. — *Styles et Physiologie. Petite histoire naturelle des écrivains,* Paris,
    A. Michel, 1928.

H. MORIER. — *La psychologie des styles,* Genève, Georg, 1959.

L. SPITZER. — *Romanische Stil und Literaturstudien,* Marburg, 1931.

L. SPITZER. — *Language an poetry : Language on enquiry into its meaning and
    function,* New York, 1957.

L. SPITZER. — *Stilstudien,* ed. München, Hueber, 1961.

L. SPITZER. — *Linguistics and Literary History,* n. éd., New York, Princeton V.
    Pr. 1962.

L. SPITZER. — *Eine Methode Literatur zu interpretieren,* n. ed. München, Hanser,
    1966.

L. SPITZER. — *Etudes de Style,* Gallimard, Paris, 1970.

La stylistique quantitative.

W. FUCKS. — *On mathematical analysis of style,* Broomerike, 1952.

P. GUIRAUD et J. WHATMOUGH. — *Bibliographie de la statistique linguistique,*
    Utrecht, Spectrum, 1954.

P. GUIRAUD. — *Les caractères statistiques du vocabulaire,* Paris, P.U.F., 1954.

G. HERDAN. — *Language as choice and chance,* Groningen, P. Noordhoff, 1956.

P. GUIRAUD. — *Problèmes et méthodes de la statistique linguistique,* Paris, P.U.F.,
    1960.

Statistical methods in Linguistics N° 1, Stockholm, 1962.

H. KREUZER und R. GUNZENHAEUSER. — *Mathematik und Dichtung,* München,
    Nymphenbuyer V., 1962.

Kvantitavni Linguistika N° 2 and 10, Prague, 1963-1966.

G. HERDAN — *The advanced theory of Language as choice and chance,* Berlin-
    New York, Springer. Verlag, 1966.

Ch. MULLER. — *Initiation à la statistique linguistique,* Paris, Larousse, 1968.

R. W. BAILEY and L. DOLEZEL. — *An annotated bibliography of statistical stylistics.*
    Ann Arbor, 1968.

L. DOLEZEL and R. W. BAILEY (ed.). — *Statistics and Style,* New York, 1969.

C. B. WILLIAMS. — *Style and Vocabulary. Numerical studies,* London, 1970.

La structure des messages.

Le sujet, encore récent, n'a pas fait l'objet d'une étude d'ensemble. Mais on
en trouvera les données et de nombreux exemples dans les récents ouvrages
collectifs de la bibliographie générale.

S. R. LEVIN. — *Linguistic structures in poetry,* La Haye, Mouton, 1962.

M. RIFFATERRE. — « Criteria for style analysis », in *Word* 15, 1959.

—. — « Stylistic context », in *Word* 16, 1960.

—. — « Problèmes d'analyse du style littéraire », in *Romance Philology,* 14, 1961.

—. — « Vers la Définition linguistique du Style », in *Word,* 17, 1961.

A) INDEX NOMINUM

A

ALEMBERT (D') 8.
ALONSO (D.) 9.
ANTOINE (G.) **29-37**, 71.

B

BACHELARD (G.) 1, 79, 136.
BACHTIN (M.) 196.
BALLY (C.) **19-23**, 35, 99, **107-114**, 122, 124 125, 142, 155, 214.
BARTHES (R.) 10, **50-52**, **83-85**.
BENVENISTE (E.) 73, 74, 75, **79-82**.
BIERWISCH (M.) **64-69**.
BLOCH (B.) 13, 150.
BLOOMFIELD (L.) 179, 184.
BRUNEAU (C.) **24-26**, 34, 124.
BUFFON (G.) **4-6**, 32, 141.
BÜHLER (K.) 160, 189.
BURKS (A. W.) 180, 181.
BUSSE (W.) **116-120**.

C

CARNAP (R.) 180.
CARROLL (J.-B.) **242-246**.
CHATEAUBRIAND (F.-R.) 8.
CHATMAN (S.) 159.
CHOMSKY (N.) 51, 64, 198, 199.
COCTEAU (J.) 30, 34.
CRESSOT (M.) **26-29**, 71, **259-264**.
CROCE (B.) 30, 123, 124.

D

DELATTRE (P.) **203-208**.
DEVOTO (G.) 34, 125.
DOLEZEL (L.) **62-64**, **99-101**, **192-198**.
DRAGONETTI (R.) 78.
DUBOIS (J.) 49-50.
DU BOS (C.) 34.
DUMARSAIS (C.) 121.

F

FLAUBERT (G.) 11.
FLYDAL (F.) **131-135**.
FONAGY (I.) **190-192**.
FONTANIER (P.) 121.
FOURQUET (J.) 74.

FOWLER (R.) **86-87**.
FRANGES (I.) **123-126**.
FREUD (S.) 178.

G

GARDINER (A.) 180.
GARVIN (P.-L.) 97.
GAYNOR (F.) 13.
GENETTE (G.) **69-70**, **74-75**, **121-123**.
GOURMONT (R. de) 11.
GRANGER (G.-G.) **53-54**, **103-104**.
GUBERINA (P.) **208-214**.
GUILLAUME (G.) 35, 73.
GUIRAUD (P.) 34, **136-141**, **222-224**.

H

HALLIDAY (M.-A.-K) **186-190**.
HAUSENBLAS (K.) **101-102**.
HAVRANEK (B.) 14.
HERDAN (G.) **47-49**.
HJELMSLEV (L.) 44, 46, **55-57**, 117, 131.
HOCKETT (C.-F.) 13.
HUGO (V.) 30.
HUMBOLDT (W. von) 51, 181.
HUSSERL (E.) 181.
HYMES (H.) 13, 164.

I

IMBS (P.) 74, 150.

J

JACOB (M.) 31, 32.
JAKOBSON (R.) 65, 67, 70, 75, 92, 93, 101, **155-164**, 166, 167, 168, **173-178**, **179-186**, **284-302**.
JESPERSEN (O.) 186.
JOHANSEN (S.) 117, 119, 120.
JOOS (M.) 157.
JUILLAND (A.) **37-44**.

K

KAYSER (W.) 10.
KLOSTER-JENSEN (M.) 133.
KORINEK (I.-M.) 12.
KROEBER (A.-L.) 13.

L

LACAN (J.) 178.
LAFORGUE (J.) 30.
LARTHOMAS (P.) **71-74.**
LAUTER (J.) 13, **234-242.**
LEECH (G.) **97-98.**
LE HIR (Y.) 130.
LÉVIN (S.-K.) 10, **168-170**, **198-200.**
LÉVI-STRAUSS (C.) **284-302.**

M

MALINOWSKI (B.) 161.
MALRAUX (A.) 11.
MARKS (B.-A.) 191.
MAROUZEAU (J.) 12, 27, 71, 124, 150.
MARTY (A.) 159.
MATHÉSIUS (V.) 15.
MAURON (C.) 136.
MITTERAND (H.) 150.
MORIER (H.) 9, **141-145.**
MUKAROVSKI (J.) 150.
MULLER (C.) **249-255.**

N

NOWOTTNY (W.) 86.

O

OHMANN (R.) **246-249.**
OSGOOD (C.-E) 14.

P

PARENT (M.) 149 s.
PARKER (D.) **161.**
PEI (M.) 13.
PEIRCE (C.-S.) 180, 181.
PIKE (K.) 131.
PLATON 141.
POTTIER (B.) 225.
PROUST (M.) 30.

R

RICHARD (J.-P.) 136.
RIFFATERRE (M.) 14, 15, **87-91**, **91-93**, **94-96**, **146-151**, 155, **165-168**, **171-172.**

ROBINS (R.-H.) 9.
ROCHE (Y.) **225-234.**
RUSSELL (B.) 180-181.
RUWET (N.) **303-311.**

S

SAPIR (E.) 10, 157.
SAPORTA (S.) 86, 159.
SAYCE (R. A.) 10-12, **145-146.**
SECHEHAYE (A.) 214.
SEBEOK (T. A.) 86, **272-284.**
SENEQUE 141.
SORENSEN (H.) 45.
SPITZER (L.) 125, **136-141**, 196, **264-271.**
STAËL (Mme de) 11.
STANKIEWICZ (E.) 114-116.
STENDER-PETERSEN (A.) 44-46.
STENDHAL 11.

T

TODOROV (T.) **53.**
TOGEBY (K.) **44-46.**
TRIM (J. L. M.) 87.

U

ULLMANN (S.) 71, **126-130.**

V

VINOGRADOV (V.) 196.
VOEGELIN (C. F.) 157.

W

WAGNER (R. L.) 159.
WARREN (A.) 15.
WELLEK (R.) 15.
WHITEHALL (H.) 43.
WHORF (B. L.) 184.
WICKMANN (D.) 13, **234-242.**

Z

ZEMB (J. M.), **214-222.**
ZUMTHOR (P.) **75-79.**

B) INDEX RERUM

A

académisme, 54.
acceptabilité, 51.
actualisation, 59, 63, 97.
affectivité, 19-20, 107 s, 110-111, 115.
ambiguïté, 98.
anomalie, 52, 97, 227.
aoriste, 80-82.
appliquée (stylistique), 24.
archaïsme, 61, 89, 94, 148, 167.
aspect, **184.**
attente déçue, 92, 166.
automatisation, 59, 63.
automatisme, 59, 97.
autonyme, 180.

C

cacoglossie, 135.
chiasme, 127.
choix, 28, 36, 71-72, 97, 123 s, 141.
cité (discours), 179.
classes de mots, 237.
code, 52-53, 70, 103, 158, 182 s.
code a priori ; a posteriori, 54.
code (changement de), 116.
cohésion, 97, 141, 186 s.
combinaison, 163, 173 s.
communication, 26, 36, 63, 103, 149,
    158, 167, 182 s.
comparable (position), 168.
compétence poétique, 65-66.
conative (fonction), 160.
conglomérat (cluster), 171.
connecteur, 183.
connotateur, 56-57.
connotateur glossématique, 117.
connotation, 55, 114, 116-120, 149,
    171.
connotation (langage de). 55-57.
consonnes, 203 s.
contact, 158.
contexte (voir micro-macro-), 87 s, 98,
    158, 167, 171.
contextuelle (frontière), 194.
contiguïté, 173 s.
contraste, 91, 167, 171.
convenance, 78.
convergence, 171-172.
coordination, 228.
couplage (coupling), 118, 168 s.
cryptanalyste, 69.

D

décodage, 87-88, 91, 165 s, 172.
décodeur, 91-93, 158, 165 s.
degré zéro, 85.
déictique, 187.
délimitation, 20.
dénotation, 55, 116-120.
densité, 229.
désautomatisation, 63.
description, 75.
description (modèle de), 51.
descriptive (stylistique), 187.
désignateur, 183.
destinataire, 158, 160, 182 s.
destinateur, 158, 182 s.
détail, 139.
déviation, 21, 68, 115, 122, 123, 125,
    140, 150, 166.
diachronique (stylistique), 28.
dialecte, 69.
dialogue, 197, 247 s.
diction, 7.
direct (discours), 179.
discours, 52-53, 75, 80.
discours (système du), 79 s.
distribution, 99, 246.
dominante, 63.

E

écart, 22, 34, 40, 41, 68, 75, 121, 122,
    124, 140, 147, 150, 223.
écriture, 9, 50.
écrivain (style d'), 25.
ellipse, 228.
élocution, 7.
éloquence, 4, 110.
embrayeur, 179 s.
émetteur, 103.
émotif (langage), 114.
émotive (fonction), 158, 163.
emphase, 89.
emprunt, 167.
encodeur, 158, 165 s.
enjambement, 60.
énoncé, 49, 185.
énonciation, 49, 79 s, 182 s.
énonciative (phrase), 209.
épique, 77, 174, 196.
équivalence, 66, 164, 168, 170.
esthétique (fonction), 100.

etymon spirituel, 138 s.
euglossie, 135.
évocation, 129.
évocation des milieux, 113 s.
excentricité (d'un vocabulaire), 224.
exclamative (phrase), 212.
expressif, 107, 114, 116, 158.
expression, 36, 107, 112.
expressivité, 107, 116, 206.

F

factorielle (analyse), 242.
faire, 35.
familiarisme, 149.
figure, 33, 52, 61, 98, 101, 121.
fonctions (du langage), 92, 158.
formalisme, 69, 70.
formule, 76.
fréquence, 151, 223, 234 s, 242 s.

G

genèse, 95.
genre, 54, 61, 71, 79, 85.
genre (grammatical), 183.
grammaire (d'auteur), 38.
grammaire générative, 65, 192 s, 254.
grammaire recognitive, 66.
grammaire transformationnelle, 253.
grammaticale (description), 94.
grammaticalité, 57, 66, 198 s.

H

histoire (système de l'), 79 s.

I

identification, 20.
idiolecte, 94.
immanence, 44, 155-172.
impressionisme, 96.
incantatoire (fonction), 160.
index, 181.
indicateur, 56.
indice, 227 s.
indice acoustique, 203.
indirect (discours), 81, 179.
indirect libre (discours), 73, 179, 192.
individuel, 21 s, 27, 31, 142.
information, 159.
innovation, 40, 109.
instrumentalisation, 118.
intensité affective, 110.
intention, 22, 28, 33, 109, 120.
intention esthétique, 22, 33.
interprétation, 98.
interrogative (phrase), 211.
intonation, 142, 212.
inversion, 28, 126 s, 228.

L

langue (d'auteur), 38, 145 s.
langue (fait de), 38 s.
langue littéraire, 38, 107 s, 117, 120.
langue parlée, langue écrite, 73.
langue poétique, 58 s, 75, 168.
langue et style, 38, 45.
lyrique, 163, 174.

M

macrocontexte, 88.
manière d'être, 144.
matrice de transition, 234 s.
maxime, 73.
message, 70, 100, 158.
message (orientation vers le), 91, 103, 162.
mesure, 220.
métalangage, 164, 177.
métalinguistique (fonction), 161.
métaphore, 97, 101, 114-115, 120, 133, 173 s, 200.
métaphore grammaticale, 191.
métonymie, 101, 173 s.
métrique, 54, 65.
microcontexte, 87.
mode, 184.
modelant (système-secondaire), 52.
modèle génératif, 51.
monologue intérieur, 197.
morphologie, 59.
mots (stylistique des —), 33.
mot-clé, 222 s.
mot-thème, 222 s.
motif, 76, 87.

N

narrateur, 80, 192.
narratif, 192.
néologisme, 24, 61, 89, 90, 94, 101, 148, 167.
nivellement, 90.
nombre, 183.
nom propre, 180.
norme, 41, 44, 61, 97, 115, 123, 125, 146, 167, 173, 217.
nucléaire (phrase), 246.

O

onomatopée, 132, 133.
ordre, 6.
ordre (temps relatif), 184.
ordre des mots, 61.

P

paradigmatique, 168, 190.
parallélisme, 60, 67, 168 s, 174, 176.
parfait, 82.
parole, 146 s.
passé simple, 80-85.
personnalité, 145, 167.
personne verbale, 80, 182.
phatique (fonction), 161.
phonologie, 59, 70.
phrase (type de), 208 s, 225 s.
physionomie, 55-56.
poésie, 180.
poétique, 64.
poétique (fonction), 155 s, 162, 166.
portrait stylistique, 21.
position, 168 s.
procédé, 33, 36.
procès, 182.
pronom personnel, 80-81, 184, 246.
pronom possessif, 246.
prospectif, 80.
protagoniste, 182.
psychologie, 25, 43-44, 142 s.

Q

qualificateur, 183.
quantificateur, 183.

R

récepteur, 103.
récit, 75, 81, 83.
référentielle (fonction), 158, 163, 167.
régionalisme, 149.
registre, 78.
régularité, 67-68.
relief (mise en), 127.
réseau, 100, 102, 119.
restriction, 91.
rhétorique, 8, 52, 53, 72, 75, 76, 101, 121, 123, 125, 146, 175, 216, 225.
rime, 60.
rupture (effet de), 92.
rythme, 60.

S

segmentée (phrase), 213.

sélection, 66, 163, 173 s.
sémantique, 44, 61, 62, 99, 173.
sensibilité, 19, 27.
signal, 56.
similarité, 173 s.
situation, 49.
sons (expressivité des), 115, 117.
statistique, 29, 34, 40, 62, 222-251.
statut, 184.
stratification, 99.
stylistique (fonction), 92, 167.
stylogramme, 217.
stylométrie, 214 s.
subjective (stylistique), 142.
subordination, 228.
substitution, 167, 173 s, 190 s.
sujet, 49.
suprasyntaxique, 101, 192.
surcode, 104.
symbole, 131, 186.
symétrie, 126-127.
symptôme, 125.
synecdoque, 175.
syntagmatique, 168, 190.
syntaxe, 61-73.
syntaxe affective, 111 s.

T

temps, 73, 80, 184.
terme-clé, 77.
testimonial, 184.
texte, 49.
textuel (élément), 99.
thème, 76 s.
transfert, 190 s.
transformation, 252.
transphrastique, 86 s.
tropes, 61, 101, 178.
type, 77.
type de phrase, 229 s.

V

valeur, 34, 42.
variante, 95, 248.
variante transformationnelle, 248.
vecteur du style, 242 s.
versification, 65-66.
vocabulaire, 60.
vraisemblance, 84.

TABLE DES MATIÈRES

Préface 1

Introduction : Qu'est-ce que le style ? 3

Chapitre I. Problèmes théoriques de la stylistique 17

  A. La Stylistique entre la linguistique et la littérature 19
    1. La Stylistique de Bally 19
    2. La possibilité d'une « stylistique littéraire » 23
      a) La Stylistique appliquée : Une science de ramassage
        (Ch. Bruneau) 24
      b) « Déterminer les lois qui régissent le choix de
        l'expression » (M. Cressot) 26
      c) Validité et limites de la stylistique littéraire (G. An-
        toine) 29
    3. La Stylistique peut-elle être considérée comme une bran-
      che de la linguistique ? 37
      a) Y a-t-il une spécificité de la stylistique littéraire ?
        (A. Juilland) 37
      b) Critique littéraire et linguistique (K. Togeby) 44
    4. La Stylistique comme médiation entre la littérature et la
      linguistique 47
      a) Linguistique structurale et études littéraires (G. Her-
        dan) 47
      b) Pour une théorie de la situation du texte et du sujet
        (J. Dubois) 49
      c) Science de la littérature et sémiologie (R. Barthes,
        T. Todorov, G.-G. Granger, L. Hjelmslev) 50

  B. La notion de « Langue Poétique » 58
    1. Thèses des philologues slaves 58
    2. La théorie statistique de la langue poétique (L. Dolezel) 62
    3. Poétique et Linguistique (M. Bierwisch) 64
    4. Le langage poétique (G. Genette) 69

  C. La notion de « Genre Littéraire » 71
    1. La notion de genre littéraire en stylistique (P. Larthomas,
      G. Genette) 71
    2. Style et registres (P. Zumthor) 75
    3. Système de l' « Histoire » et système du « Discours »
      (E. Benveniste) 79
    4. Roman et Passé simple (R. Barthes) 83

D. Le « Texte » comme unité d'analyse 86
1. Le niveau transphrastique (R. Fowler) 86
2. Le « Contexte » stylistique (M. Riffaterre) 87
3. L'Orientation vers le message (M. Riffaterre) 91
4. Vers une analyse structurale du style (M. Riffaterre) 94
5. « Langage et Interprétation » (G. Leech) 97
6. Vers la stylistique structurale (L. Dolezel) 99
7. De la signification des unités linguistiques et des textes (K. Hausenblas) 101
8. Un jeu d'échecs sans échiquier (C.-G. Granger) 103

CHAPITRE II. Langue et Style 105

A. Le Style comme expressivité 107
1. L'expression linguistique de la vie (C. Bally) 107
2. Caractères affectifs du Langage (Ch. Bally) 110
3. Le langage émotif (E. Stankiewcz) 114
4. Connotation et Dénotation (W. Busse) 116

B. Le Style comme « Choix » 121
1. Figure et Ecart (G. Genette) 121
2. Les déviations stylistiques (I. Franges) 123
3. L'Inversion du sujet dans la prose romantique (St Ullmann) 126
4. Les instruments de l'artiste en langage (L. Flydal) 131

C. La « Psychologie des Styles » 136
1. La critique de Léo Spitzer (P. Guiraud) 136
2. La psychologie des styles (H. Morier) 141
3. Y a-t-il une « langue d'auteur » ? 145
a) Définition du « Style d'auteur » (R. A. Sayce) 145
b) Le concept de « Langue d'Auteur » (M. Riffaterre) .. 146

CHAPITRE III. Immanence du Style 153

A. Immanence du fait stylistique 155
1. L'Immanence du style. Fonction « poétique » et communication (R. Jakobson) 155
2. La fonction stylistique (M. Riffaterre) 165
3. Le « Couplage » et la langue poétique (S.-K. Levin) 168
4. Contraste et Convergence (M. Riffaterre) 171

B. La Spécificité du style 173
1. Métaphore et Métonymie (R. Jakobson) 173
2. Les « Embrayeurs » (R. Jakobson) 179
3. La « Cohésion » (M.-A.-K. Halliday) 186

4. Le transfert grammatical (I. Fonagy) 190

5. Structure distributionnelle du style narratif (L. Dolezel) 192

6. Poésie et grammaticalité (S.-R. Levin) 198

CHAPITRE IV. Techniques d'Analyse 201

  1. Les attributs physiques de la parole et l'esthétique du français (P. Delattre) 203

  2. Etude expérimentale des différents types de phrases (P. Guberina) 208

  3. La Stylométrie (J.-M. Zemb) 214

  4. Mots-Thèmes et Mots-Clés (P. Guiraud) 222

  5. Etude statistique des types de phrases (Y. Roche) 225

  6. Matrices de transition pour les classes de mots (J. Lauter et D. Wickmann) 234

  7. Les vecteurs du style (J.-B. Carrol) 242

  8. Etude de la distribution des pronoms personnels et possessifs (Ch. Muller) 246

  9. Le style et les « Transformations » (R. Ohmann) 252

CHAPITRE V. Analyses Stylistiques 257

  1. Un texte de Flaubert, commenté par M. Cressot 259

  2. Une page de Bossuet expliquée par L. Spitzer 264

  3. Décodage d'un texte. Niveaux et aspects dans un sonnet tchérémisse (T.-A. Sebeok) 272

  4. Un sonnet de Baudelaire expliqué par R. Jakobson et C. Lévi-Strauss 284

  5. Sur un vers de Charles Baudelaire, par N. Ruwet 303

BIBLIOGRAPHIE 313

INDEX 319

RÉIMPRESSION OFFSET
IMPRIMERIE
A. BONTEMPS
LIMOGES (FRANCE)